铁路科技图书出版基金资助出版

苏通大桥辅航道连续刚构桥
建造技术

文武松　周新亚　编著

中　国　铁　道　出　版　社

2010年·北　京

内 容 简 介

本书在普遍分析国内外已建成大跨度连续刚构桥的成功经验和存在问题的基础上，归纳总结了有代表性的同类桥梁混凝土的收缩徐变规律，详细总结了苏通长江大桥辅航道连续刚构桥的设计、辅助设施施工、基础及下部结构施工、上部连续刚构施工、上部结构施工监控等工作，并详细列出了施工各阶段应力、变形、高程控制等监控结果。

图书在版编目（CIP）数据

苏通大桥辅航道连续刚构桥建造技术/文武松，周新亚编著.
北京：中国铁道出版社，2010. 11
ISBN 978-7-113-11966-9

Ⅰ. ①苏… Ⅱ. ①文…②周… Ⅲ. ①刚构桥－桥梁工程－研究－江苏省 Ⅳ. ①U448. 23

中国版本图书馆 CIP 数据核字(2010)第 193507 号

书　名：苏通大桥辅航道连续刚构桥建造技术
作　者： 文武松　周新亚

责任编辑： 傅希刚　　**编辑部电话：** 路(021)73142，市(010)51873142　**电子信箱：** fxg711@163. com
封面设计： 崔　欣
责任校对： 张玉华
责任印制： 郭向伟

出版发行： 中国铁道出版社（100054，北京市宣武区右安门西街 8 号）
网　　址： http://www. tdpress. com
印　　刷： 北京铭成印刷有限公司
版　　本： 2010 年 11 月第 1 版　2010 年 11 月第 1 次印刷
开　　本： 787 mm×1 092 mm　1/16　印张：19. 5　字数：473 千
书　　号： ISBN 978-7-113-11966-9
定　　价： 76. 00 元

编委会名单

主　编: 文武松 周新亚

编　委:（以姓氏笔画为序）

孔德珠　方华兵　王清云　叶庆旱　田启贤

刘屹嵩　刘防震　刘　凯　刘海江　孙黄花

朱　琪　余本俊　吴杰良　吴爱兵　宋承永

张爱明　张辉明　李　亭　杨　峰　连泽平

陈　祥　孟晓明　姚　华　查道宏　赵志刚

徐炳法　袁先留　高振东　曹春元　渠慎标

盛智平　章德春　黄亮华　傅新军　彭兴珍

程　晨　董　鹏　赖世广　熊仁俊　熊仕坤

潘　军　戴宗诚

序　言

大跨度预应力混凝土连续刚构桥在建成后的运营过程中，容易出现梁体下挠、腹板开裂的通病，控制这些通病的产生，是我国预应力混凝土连续梁（刚构）桥建设当前亟待解决的难题。梁体下挠、腹板开裂问题同样存在于苏通长江大桥的建设当中。苏通长江大桥辅航道桥，采用（140＋268＋140）m的连续刚构桥，其跨度为同类桥梁工程世界第二。中铁大桥局集团有限公司承接该工程项目，充分发挥专业优势，与时俱进，博采众长，挑战施工极限，铸造精品工程，用试验研究的方法建设苏通长江大桥，为攻克桥梁施工技术难题贡献力量。

在三年多的实践过程中，我们对268 m连续刚构桥进行了深入细致研究。从认识上对当前大跨度桥梁施工控制存在的问题进行了反思；从工艺上对施工设计进行了改进和创新。普遍分析了国内外已建成的大跨度连续刚构桥的成功经验和需改进措施，归纳总结出有代表性的同类桥梁混凝土的收缩徐变资料，以期从源头和过程控制中分析解决这一难题。功夫不负有心人，在大桥建成后的竣工验收中，包括中国工程院院士郑皆连在内的验收专家组一致认为，苏通长江大桥辅桥施工技术先进，管理科学规范，工程质量优良，代表了中国预应力混凝土桥梁建设的新水平。通过近两年的观测，成桥桥面线形平顺，结构竖向刚度和截面强度满足要求，结构处于良好工作状态，与设计线形符合较好。

在苏通长江大桥辅航道桥的施工过程中，得到了建设单位江苏省交通厅苏通大桥建设指挥部、设计单位中交公路规划设计院、武汉大通公路桥梁工程咨询监理有限责任公司、西南交通大学、东南大学、中铁大桥局集团有限公司、中铁大桥勘测设计院有限公司、中铁大桥局桥梁科学研究院有限公司等单位的领导、专家和教授的大力支持和帮助，在此一并表示衷心的感谢！

文武松

2010-6-22

目 录

第一章 工程概况

苏通长江公路大桥位于长江下游江苏南通河段，连接江苏省苏州市和南通市。大桥上游距江阴长江公路大桥约 82 km，下游距长江入海口 108 km。

苏通长江公路大桥由跨江大桥和南北接线组成，全长 32.42 km，其中跨江大桥长 8 206 m，北岸接线长约 15.04 km，南岸接线长约 9.18 km。跨江大桥包括主桥、南岸辅桥和南北引桥，其中主桥为主跨 1 088 m 的双塔双索面钢箱梁斜拉桥，辅桥为主跨 268 m 的预应力混凝土连续刚构桥，引桥为跨径 30 m、50 m、75 m 的预应力混凝土连续箱梁桥。苏通长江公路大桥 D1 合同段为南岸辅航道桥工程。

苏通长江公路大桥桥位区江面宽，基岩深，河势变化复杂，通航标准高（891 × 62 m），过往船只密度大，运输量大。苏通大桥辅航道通航标准为（220 × 39）m，设计为（140 + 268 + 140）m 三跨预应力混凝土连续刚构桥，为 D1 合同段的 77 号 ~ 80 号墩，其中 77 号墩为北过渡墩，80 号墩为南过渡墩，78 号墩为北主墩，79 号墩为南主墩，起讫桩号分别为 K21 + 419.000 和 K21 + 967.000。

第一节 工程地质

苏通大桥地处长江三角洲冲击平原，第四纪地层厚度大，分布较稳定，南岸辅航道区基岩埋深在 310 m 左右。

77 号墩（北过渡墩）处地层沉积韵律较明显，从上至下依次分布的大致层位为：全新统地层（Q_4）③ ~ ④工程地质层的淤泥质亚黏土、亚黏土及亚黏土夹粉砂；上更新统地层（Q_3）$⑤_2$ 粉细砂、$⑥_1$ 中粗砾砂、$⑥_2$ 粉细砂、⑦粉细砂、$⑧_1$ 中粗砾砂、$⑧_2$ 粉细砂。

80 号墩（南过渡墩）处地层沉积韵律也较明显，从上至下依次分布的大致层位为：全新统地层（Q_4）③ ~ ④工程地质层的淤泥质亚黏土、亚黏土及亚黏土夹粉砂；上更新统地层（Q_3）$⑤_2$ 粉细砂、$⑥_1$ 中粗砾砂、$⑥_2$ 粉细砂、⑦粉细砂、$⑧_1$ 中粗砾砂、$⑧_2$ 粉细砂；中更新统地层（Q_2）⑨黏土及亚黏土、⑩粉细砂、⑪亚黏土及黏土、⑫粉细砂、⑬黏土及亚黏土。

78 号墩（北主墩）处地层沉积韵律也较明显，从上至下依次分布的大致层位为：全新统地层（Q_4）③ ~ ④工程地质层的淤泥质亚黏土、亚黏土及亚黏土夹粉砂；上更新统地层（Q_3）$⑤_2$ 粉细砂、$⑥_1$ 中粗砾砂、$⑥_2$ 粉细砂、⑦粉细砂、$⑧_1$ 中粗砾砂、$⑧_2$ 粉细砂。

79 号墩（南主墩）处地层沉积韵律也较明显，从上至下依次分布的大致层位为：全新统地层（Q_4）③ ~ ④工程地质层的淤泥质亚黏土、亚黏土及亚黏土夹粉砂；上更新统地层（Q_3）$⑤_2$ 粉细砂、$⑥_1$ 中粗砾砂、$⑥_2$ 粉细砂、⑦粉细砂、$⑧_1$ 中粗砾砂、$⑧_2$ 粉细砂；中更新统地层（Q_2）⑨黏土及亚黏土、⑩粉细砂、⑪亚黏土及黏土、⑫粉细砂、⑬黏土及亚黏土。

第二节　气候及水文条件

苏通长江大桥位于长江下游南通河段，临近长江入海口，地处中纬度地带，属北亚热带南部湿润季风气候，季风环流是支配境内气候的主要因素，气候有别于内陆地区，又有别于海洋性气候，气候温和，四季分明，雨水充沛。桥位处极端最高气温 42.2 ℃，极端最低气温 -12.7 ℃，最高月平均气温 30.1 ℃，最低月平均气温 -0.2 ℃。

受季风气候影响，桥位地区冬半年盛行西北风，夏半年以东南风为主，全年以偏东风出现频率最高。桥址处受多种天气系统的影响，天气气候复杂，灾难性天气频繁，强对流天气特别是台风、龙卷风、强风出现的频率较内地明显增多，对工程影响较大的不良天气主要有暴雨、连阴雨、雷暴、台风、龙卷风、霜冻、大风、大雪、雾等。

长江流域以雨洪径流为主，每年 5 ~ 10 月为汛期，11 月 ~ 翌年 4 月为枯水期，洪峰多出现在 6 ~ 8 月，1 月或 2 月水位最低。项目所在区域附近的天生港、浒浦水文站实测最大潮差为 4.01 m，平均潮差潮位为 2.07 m。设计 300 年一遇洪水位为 +5.29 m，最高 20 年一遇设计通航水位为 +4.3 m，最低设计通航水位(98% 保证率)为 -1.46 m，常水位为 +1.0 m。苏通大桥位于徐六泾节点段，该段河势经过长期的自然演变和人类活动，其河宽逐渐缩窄，深槽不断南移，河势逐渐趋于稳定。过渡墩位处 300 年一遇最大局部冲刷为 7.6 m。

第三节　下 部 结 构

一、过渡墩基础

过渡墩基础设计为高桩分离式承台结构，每墩 18 根直径为 1.8 m 的钻孔灌注摩擦桩，单幅桥 9 根桩，呈行列式布置。钻孔桩采用 C35 水下混凝土。过渡墩桩基础结构数据见表 1.3.1。

表 1.3.1　过渡墩桩基础结构数据表

墩　号	桩径(m)	数量(根)	地面标高(m)	桩顶标高(m)	桩底标高(m)	桩长(m)	说　明
77 号	1.8	9	-3.80	-3.0	-113	110	单幅
80 号	1.8	9	-5.24	-3.0	-113	110	单幅

77 号墩、80 号墩承台平面尺寸为 14 m × 14 m，承台顶面标高为 +1.0 m，底面标高为 -3.0 m，厚度为 4.0 m，桩身埋入承台 20 cm，采用钢吊箱围堰施工。承台封底采用 C30 水下混凝土，结构采用 C35 大体积混凝土。墩身为空心墩，平面尺寸为 4 m × 7.5 m，长、短边壁厚分别为 0.7 m 和 1.0 m，墩柱四角采用 0.1 m × 0.1 m 倒角，其墩顶及墩底 2 m 范围内为实心段。北过渡墩（77 号墩）墩身高度为 56.524 m，南过渡墩（80 号墩）墩身高度为 49.39 m。墩身采用爬模方法施工，墩身采用 C40 混凝土。过渡墩基础结构见图 1.3.1。

二、主墩基础

主墩基础设计为高桩整体式承台，分离式墩身结构，基础采用 42 根 φ2.5 ~ 2.8m 变直径钻孔灌注摩擦桩，呈梅花形布置。

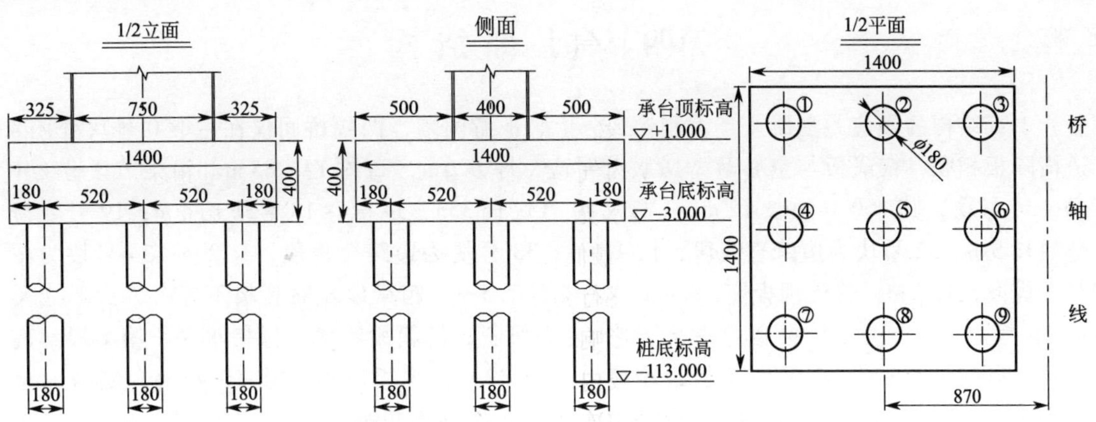

图 1.3.1　过渡墩基础结构图（单位：标高为 m，其余为 cm）

主墩基础结构见图 1.3.2。

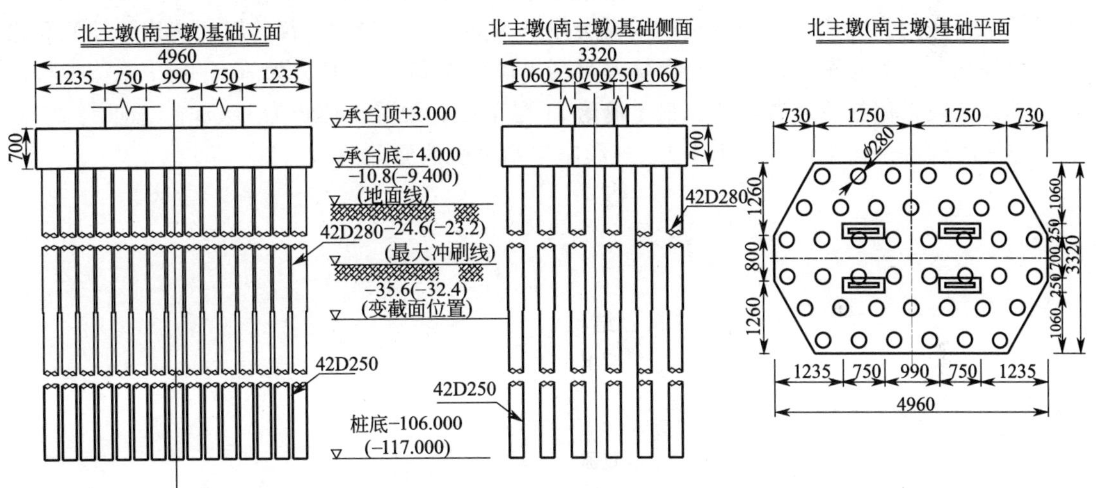

图 1.3.2　主墩基础结构图（单位：标高为 m，其余为 cm）

北主墩（78 号墩）桩底标高为 −106 m，南主墩（79 号墩）桩底标高为 −117 m，桩顶标高均为 −4.0 m，桩长分别为 102 m 和 113 m，变截面高程分别为 −35.6 m 和 −34.2 m。钻孔桩采用 C35 水下混凝土。承台的平面尺寸为 33.2 m × 49.6 m，承台四角设 7.3 m × 12.6 m 的倒角，承台顶面、底面标高分别为 +3.0 m 和 −4.0 m。承台四周设防撞混凝土结构，四周防撞混凝土与承台混凝土一起浇筑，主墩承台也采用吊箱围堰施工。承台封底采用 C30 水下混凝土，结构采用 C35 大体积混凝土，承台施工时采取在竖直方向上分两次浇筑完成，第一次浇筑高度为 3 m，第二次浇筑高度为 4 m。主墩（78 号墩、79 号墩）墩身为空心双薄壁墩身，平面尺寸为 2.5 m × 7.5 m，长、短边壁厚分别为 0.6 m 和 0.8 m，墩底 2 m 范围为实心段。为承受可能出现的撞击荷载，墩身内设置了厚度为 0.6 m、高度为 8.5 m 的隔墙。78 号墩墩身高度为 42.201（42.031）m，79 号墩墩身高度为 38.191（38.001）m。墩身施工方法为爬模，墩身采用 C60 混凝土。

第四节　上部结构

上部结构为预应力混凝土连续刚构，分上、下游两幅，两幅桥间仅在主墩0号块处用4道横隔板相联，横隔板与空心薄壁墩墩壁对应，厚0.5m，高约14.085m。箱梁节段分为0号~34号块，其中0号块长12m，1号~10号块长3m，11号~18号块长4m，19号~31号块长5m。32号块为边跨直线段，长4.6m；33号块为边跨合拢段，长2m；34号块为中跨合拢段，长2m；箱梁顶板宽16.4m，底板宽7.5m。箱梁以左右腹板不等高方式形成梁顶2%横坡，以相应设计标高为原点分别向左右倾斜，但箱梁底横向保持水平。箱梁根部高15m，跨中高4.5m，箱梁内顶板最小厚度为0.32m，腹板厚度1.0~0.45m，底板厚度1.7~0.32m，底板厚度变化规律同梁底变化曲线。梁顶面顺桥向设1.5%纵坡，由南向北抬升。梁底变化曲线为1.6次抛物线，曲线方程为$y=0.00452x^{1.6}$。

箱梁节段重量：0号块和两个1号块在托架上同时浇筑，混凝土总体积为1082 m^3，总重量为2810t，在竖直方向上分两次浇筑；边跨直线段混凝土体积为125 m^3，总重为324t，采用托架一次现浇完成；边跨合拢段混凝土体积31 m^3，总重81t，浇筑时利用边跨挂篮和边跨直线段托架作为支撑结构；中跨合拢段混凝土体积为27 m^3，总重为70t，利用挂篮模板浇筑。其余节段采用挂篮悬臂浇筑，最重的为11号节段，混凝土体积为114 m^3，总重为297t。

连续刚构桥结构平面见图1.4.1，连续刚构箱梁横截面见图1.4.2。

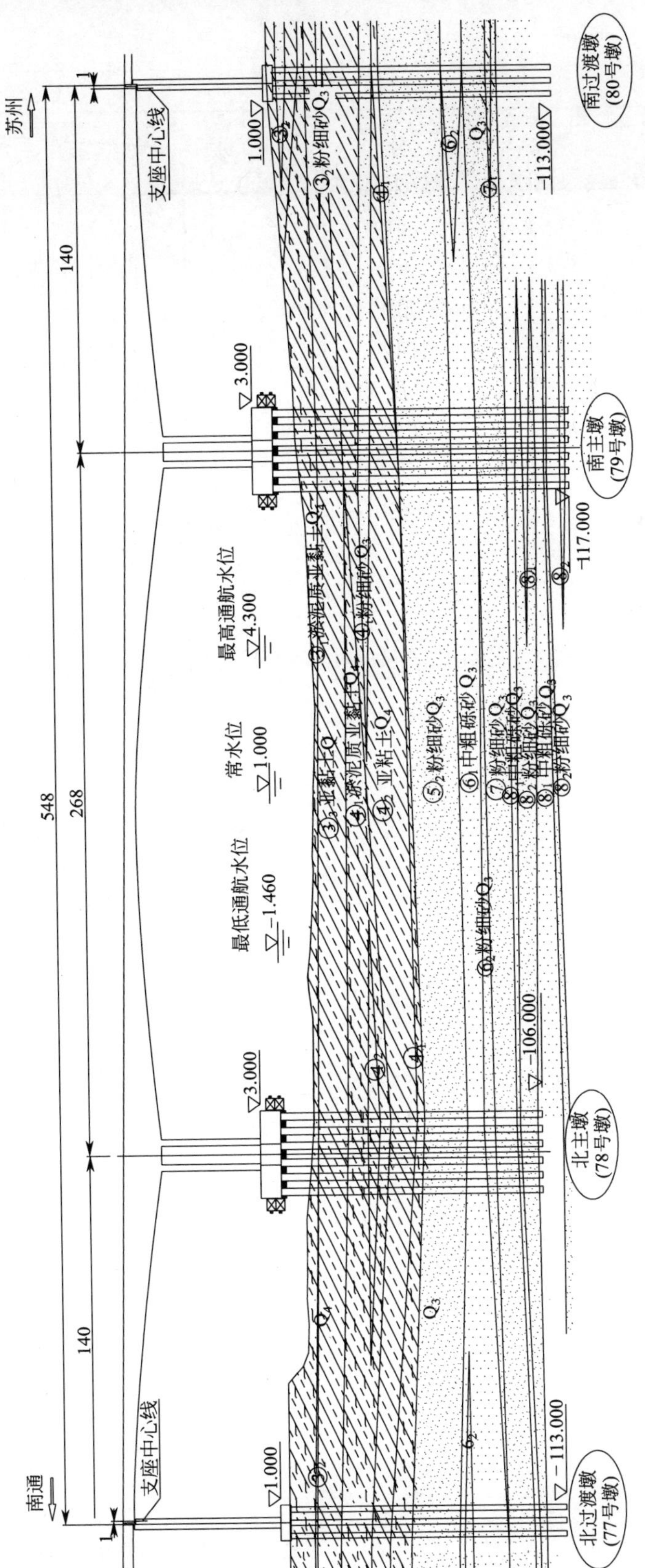

图 1.4.1 连续刚构桥结构平面示意图(单位:m)

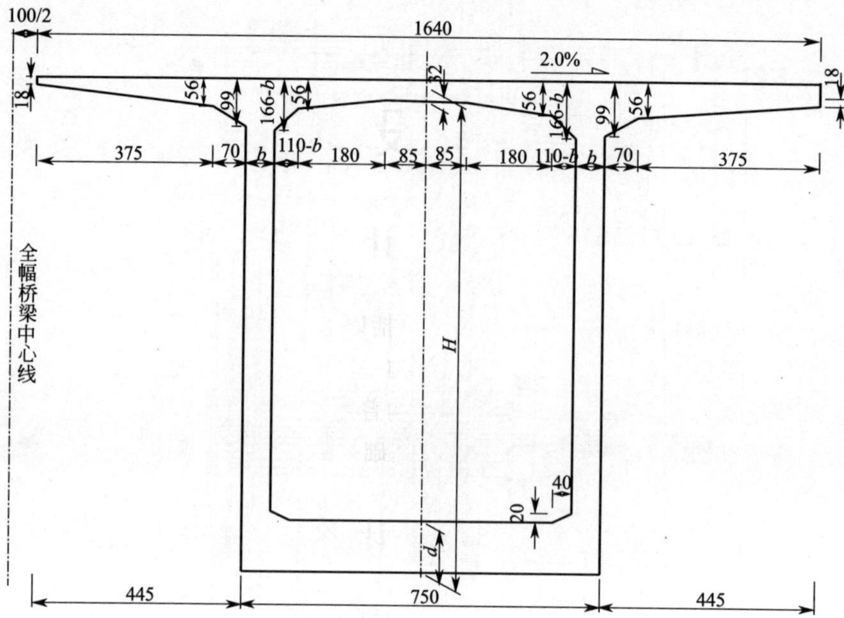

图 1.4.2　连续刚构箱梁横截面示意图（单位：cm）

第二章　设　计

第一节　设计范围

苏通大桥辅桥连续刚构桥施工图设计图纸包括以下三部分：

1. 连续刚构上部构造(一)，主要为上部结构一般构造及预应力布置；
2. 连续刚构上部构造(二)，主要为上部结构普通钢筋构造；
3. 连续刚构下部构造及基础，主要为墩与基础一般构造及普通钢筋构造。

第二节　设计依据

1. 江苏省苏通大桥建设指挥部与中交公路规划设计院签订的《苏通大桥跨江大桥工程技术及施工图设计合同》；
2. 江苏省交通厅《关于苏通长江公路大桥技术设计的批复》；
3. 交通部《关于苏通长江公路大桥初步设计的批复》；
4. 交通部《关于苏通长江公路大桥通航净空尺度和技术要求的批复》；
5. 《公路工程基本建设项目设计文件编制办法》；
6. 《苏通长江公路大桥跨江大桥工程初步设计》；
7. 《苏通长江公路大桥跨江大桥工程主桥技术设计》；
8. 国家和交通部现行有关标准、规范、规程、办法等；
9. 项目主管部门批准的有关文件等；
10. 《苏通长江公路大桥跨江大桥工程施工图设计》；
11. 苏通长江公路大桥辅桥连续刚构设计变更等。

第三节　设计规范

一、设计遵守的主要规范

1. 《公路工程技术标准》(JTJ 001—97)；
2. 《公路工程结构可靠度设计统一标准》(GB/T 50283—1999)；
3. 《公路桥涵设计通用规范》(JTJ 021—89)；
4. 《公路钢筋混凝土及预应力混凝土桥涵设计规范》(JTJ 023—85)；
5. 《公路桥涵地基与基础设计规范》(JTJ 024—85)；
6. 《公路桥涵钢结构及木结构设计规范》(JTJ 025—86)；
7. 《公路工程抗震设计规范》(JTJ 004—89)；
8. 《公路路线设计规范》(JTJ 011—94)；

9. 《公路勘测规范》(JTJ 061—99)；
10. 《公路工程地质勘察规范》(JTJ 064—98)；
11. 《桥梁用结构钢》(GB/T 714—2000)；
12. 《公路桥涵施工技术规范》(JTJ 041—2000)；
13. 《公路工程质量检验评定标准》(JTJ 071—98)。

二、设计参考的主要规范

1. 《公路工程技术标准》(修订本送审稿)；
2. 《公路桥涵设计通用规范》(修订本送审稿)；
3. 《公路桥梁抗风设计规范》(送审稿)；
4. 《公路钢筋混凝土及预应力混凝土桥涵设计规范》(修订本送审稿)；
5. 《美国公路桥梁设计规范》(1994 版)；
6. 《海港水文规范》(JTJ 213—2000)；
7. 《港口工程桩基规范》(JTJ 254—98)。

第四节　主要技术标准和设计基础资料

1. 公路等级：平原微丘区全封闭双向六车道高速公路。
2. 计算行车速度：100 km/h。
3. 桥梁结构设计基准期：60 年。
4. 车辆荷载等级：汽车—超 20 级，挂车—120。
5. 桥面净空及标准横断面：桥梁标准宽度为 34 m，净空高度为 5 m，见图 2.4.1。

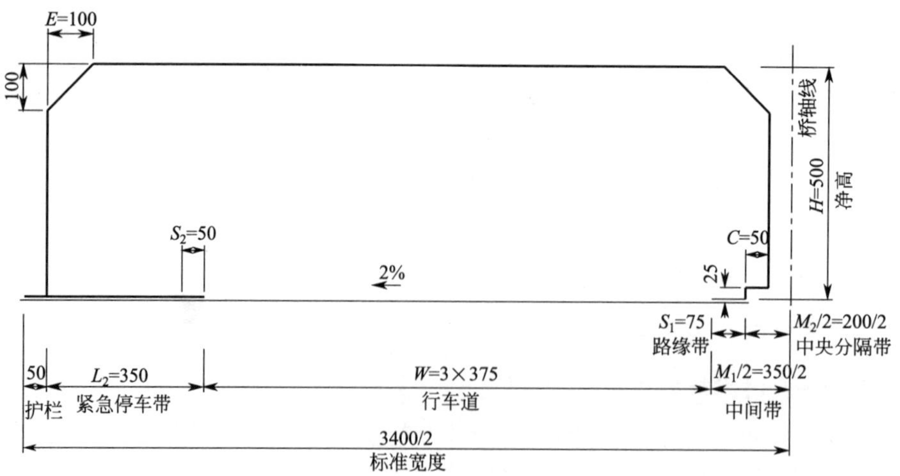

图 2.4.1　桥面净空及桥梁标准横断面（单位：cm）

6. 纵坡：≤3%。
7. 横坡：2%。
8. 通航净空尺度和通航孔数量经交通部批准，专用通航孔通航净空尺度和通航孔数量见表 2.4.1。

表 2.4.1　通航净空尺度和通航孔数量

通航孔名称	航道类型	代表船型	通航净空尺度(m)		通航孔数量
			净　宽	净　高	
专用通航孔	单孔双向	7000 t 级散杂船	220	39	1

9. 抗震设防标准和设计地震动参数：地震基本烈度为Ⅵ度，抗震设防标准见表 2.4.2。

表 2.4.2　辅桥连续刚构桥抗震设防标准

地震设防概率水平	结构性能要求	结构校核目标
P1:50 年 10% (重现期 475 年)	结构利用延性抗震	主要结构校核极限承载能力
P2:50 年 2% (重现期 2475 年)	控制位移或变形	校核位移或变形

设计地震动参数见江苏省地震工程研究院的《苏通长江公路大桥施工图阶段设计地震动工程参数研究报告》。

10. 抗风设计标准：

运营阶段设计重现期　　100 年

施工阶段设计重现期　　30 年

设计风速见江苏省气象科学研究所 2003 年提交的《苏通长江公路大桥桥位三期气象观测风参数研究报告》。

11. 温度与湿度：桥位地区年平均气温 15.4 ℃，月平均最高气温 30.1 ℃，月平均最低气温 -0.2 ℃；年平均相对湿度 79%。

12. 设计洪水频率：1/300。

13. 设计水位：设计洪水位和设计通航水位见表 2.4.3。

表 2.4.3　设计水位一览表

项　　目	设计洪水位	最高设计通航水位	最低设计通航水位
标　　准	300 年一遇	20 年一遇	98% 保证率
数值(m)	5.29	4.30	-1.46

14. 设计潮流速和潮流量：设计潮流速和潮流量见表 2.4.4 和表 2.4.5。

表 2.4.4　辅桥连续刚构桥位设计最大垂线平均潮流速

项　　目	300 年一遇		20 年一遇	
	北主墩	南主墩	北主墩	南主墩
涨潮(m/s)	2.14	2.30	1.93	2.09
落潮(m/s)	2.17	2.32	1.84	1.96

表 2.4.5　设计潮流量

项　　目	不同重现期(年)的最大设计潮流量(10^4 m^3/s)	
	300 年一遇	20 年一遇
涨　　潮	17.846	15.759
落　　潮	20.890	17.167

15. 冲刷：根据南京水利科学研究院2003年8月提供的《苏通长江公路大桥施工图设计阶段专用通航孔桥墩局部冲刷补充试验报告》的成果，并参考主桥南边墩一般冲刷值，300年一遇条件下，辅桥连续刚构桥各墩位最大冲刷线高程见表2.4.6。

表2.4.6 辅桥连续刚构各墩最大冲刷线高程

墩　位	起算点高程(m)	一般冲刷(m)	最大局部冲刷(m)	最大冲刷线高程(m)
北过渡墩	-2.6	2.4	7.6	-12.6
北主墩	-10.8	2.4	11.4	-24.6
南主墩	-9.4	2.4	11.4	-23.2
南过渡墩	-0.2	2.4	7.6	-10.2

16. 船舶撞击力标准：根据苏通大桥实际情况，经船舶撞击力标准专题研究，连续刚构桥采用的船舶撞击力标准见表2.4.7。

表2.4.7 辅桥连续刚构桥船舶撞击力标准

通　航　孔	桥　　墩	船撞力(MN)	
		横桥向	纵桥向
专用通航孔	北主墩	41.16	20.58
	南主墩	49.82	24.91

17. 地质：采用交通部第二航务工程勘察设计院2003年6月提供的《苏通大桥施工图设计阶段（STXK1合同段）工程地质勘察报告》的成果。

18. 坐标及高程系统：地面高程采用2003年7月江苏省测绘院测量的成果。平面坐标采用1954年北京坐标系，中央子午带为120°59′。高程采用1985国家黄海基准。

第五节　主要材料

一、混凝土

1. 主梁及主墩墩身　　C60混凝土
2. 过渡墩墩身及支座垫石　　C40混凝土
3. 承台　　C35混凝土
4. 封底混凝土　　C30水下混凝土
5. 钻孔灌注桩　　C35水下混凝土

混凝土技术标准应符合《公路钢筋混凝土及预应力混凝土桥涵设计规范》(JTJ 023—85)、《公路桥涵施工技术规范》(JTJ 041—2000）的规定。由于规范中未直接给出C35混凝土的指标参数，按规范中C30和C40混凝土指标直线内插取用。混凝土容重不应超出规范定值。

二、普通钢筋

采用Ⅰ~Ⅲ级钢筋和钢筋焊网，其技术标准应分别符合《钢筋混凝土用热轧光圆钢筋》(GB 13013—1991)、《钢筋混凝土用热轧带肋钢筋》(GB 1499—1998)、《钢筋混凝土用焊接钢筋网》(YB/T 076—1997) 的规定。

三、预应力钢筋

1. 低松弛高强度预应力钢绞线

(1) 体内预应力钢绞线

应符合 ASTM A 416—1998 的规定。单根钢绞线直径 $\varphi^{j}15.24$ mm，钢绞线面积 $A_y = 140$ mm^2，钢绞线标准强度 $R_y^b = 1\ 860$ MPa，弹性模量 $E_y = 1.95 \times 10^5$ MPa。

(2) 体外预应力钢绞线

应符合 ASTM A 882/882AM—96 的规定。采用无粘结低松弛或环氧喷涂钢绞线，单根钢绞线直径 $\varphi^{j}15.24$ mm，钢绞线面积 $A_y = 140$ mm^2，钢绞线标准强度 $R_y^b = 1\ 860$ MPa，弹性模量 $E_y = 1.95 \times 10^5$ MPa。

2. 精轧螺纹粗钢筋

采用从国外进口的精轧螺纹粗钢筋，标准强度(屈服强度)为 930 MPa，应符合 JIS G 3109 或同水准的标准规定，弹性模量 $E_y = 2.0 \times 10^5$ MPa。

四、其　他

1. 钢　材

所有钢材均必须具有国家技术质量监督部门确认的产品质量证明和出厂合格证明。钢材焊接应采用符合要求的焊条或焊丝。

2. 锚具、连接器及管道成孔

(1) 主梁体内束

纵向预应力钢束锚具采用预应力钢绞线群锚锚具及配套设备，其管道成孔采用塑料波纹管；横向预应力钢束采用扁形锚具，管道成孔采用扁形塑料波纹管，为便于灌浆，扁管高度(内) 采用 22 mm；竖向预应力采用国外进口的精轧螺纹粗钢筋及其配套锚具(采用具有球面支承的垫板)，管道成孔采用 $\varphi_{外} = 60$ mm、壁厚 2.5 mm 的高频焊管，焊管材质为 Q235。锚具应符合《预应力筋锚具、夹具和连接器》(GB/T 14370—2000) 的规定及相关行业标准的要求，并要求采用配套产品；塑料波纹管应符合交通部颁发的《预应力混凝土桥梁用塑料波纹管》(JT/T 529—2004) 的规定，并符合苏通大桥指挥部制定的《苏通大桥塑料波纹管质量管理控制要求》，金属波纹管应符合《预应力混凝土用金属螺旋管》(JG/T 3013) 的有关规定。

(2) 主梁体外束

采用专用锚具，性能应符合国际后张预应力协会(FIP)《后张预应力体系的验收和应用建议》、《体外预应力材料及体系》以及《预应力筋锚具、夹具和连接器》(GB/T 14370—2000) 的有关规定。体外束外套采用高密度聚乙烯管 (HDPE)，应符合《钢绞线钢丝束无粘结预应力筋》(JG 3006—93) 或 AASHTO D 3350 的要求。防腐润滑油脂及固体防腐油脂应符合《无粘结预应力筋专用防腐润滑脂》(JG 3007—93) 的要求。锚固块和转向块处采用预埋无缝钢管成孔，无缝钢管应符合《结构用无缝钢管》(GB/T 8162—1999) 的规定。转向块处必须采用梳束器保证体外束束型。

3. 支座预埋钢板

采用 Q235C 钢板，应符合《碳素结构钢》(GB 700—88) 的规定。

4. 支　　座

采用球形钢支座，应符合《球形支座技术条件》(GB/T 17955—2000) 的规定，同时应满足设计有关要求。供货商应根据设计要求提供有关设计图纸和资料、产品试验鉴定资料等，并经设计认可后使用。

5. 伸缩装置

采用模数式，应符合行业《公路桥梁伸缩装置》(GQF—MZL) 的规定。供应商应根据设计要求提供有关设计图纸和资料、产品试验和使用鉴定资料等，并经设计认可后使用。

6. 防 水 层

采用可靠的高性能防水材料。供应商应提供有关产品试验和使用鉴定材料等，经设计认可后使用。

第六节　设 计 要 点

一、设计计算

1. 计算软件

采用桥梁结构通用计算程序 QJX Windows 2002 年 3.0 版进行纵向和横向分析，并采用韩国桥梁设计程序 MIDAS 进行复核。

2. 主要材料力学性能及相关计算参数

混凝土材料力学性能指标按照规范执行；预应力钢筋力学性能指标见表 2.6.1，相关计算参数见表 2.6.2。

表 2.6.1　预应力钢筋力学性能指标表

力学性能指标	钢绞线	预应力粗钢筋
弹性模量 E(MPa)	195 000	200 000
抗拉标准强度(MPa)	1 860	930(屈服强度)

表 2.6.2　预应力钢筋计算参数表

主要计算参数	钢绞线	预应力粗钢筋
张拉控制应力(MPa)	1 395	837
钢筋松弛率	0.03	0.05
孔道摩阻系数	0.25	0.40
孔道偏差系数	0.001 5	0.001 5
锚具变形及钢束回缩值(m)	0.006	0.002

建议施工时对有关参数进行试验，并及时将结果提供给设计单位。

3. 计算荷载及荷载组合

(1) 恒载：一期恒载包括主梁、横梁等自重。主梁自重按实际断面计，容重为 26 kN/m^3，横隔板按集中荷载考虑。二期恒载包括防撞护栏、泄水管、桥面铺装及调平层等，按 70 kN/m 计。

（2）活载：汽车—超 20 级，挂车—120。

（3）温度：体系升温 20 ℃，体系降温 −20 ℃，主梁上、下缘温差按 BS5400 取值，见图 2.6.1。

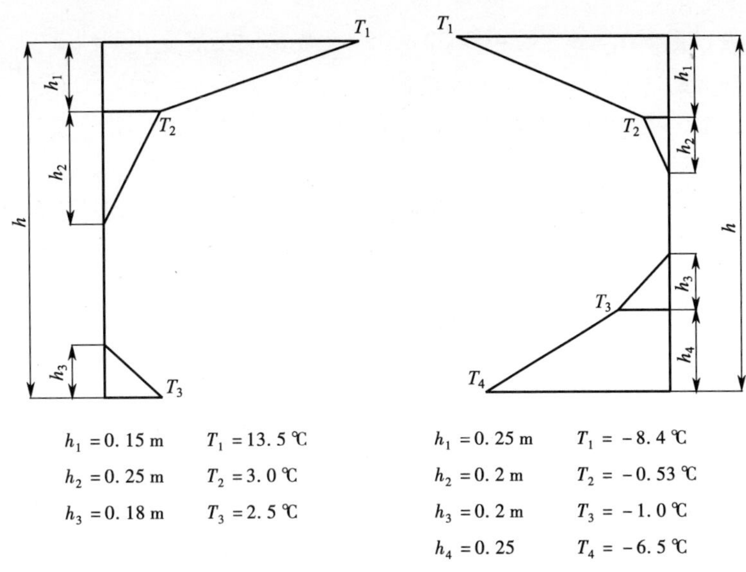

图 2.6.1　主梁温差计算模式

（4）基础变位（不均匀沉降）：按 5 cm 考虑。

（5）收缩徐变影响力：除参照现行规范进行计算外，同时按照混合理论对收缩徐变速度系数 0.021 ~0.002 1 和徐变终极值 2 ~2.5 进行包络分析。

（6）荷载组合：根据《公路桥涵设计通用规范》（JTJ 021—89），除对施工阶段进行控制计算外，使用阶段按以下六种工况组合：

①恒载 + 汽车；

②恒载 + 挂车；

③恒载 + 汽车 + 体系升温 + 日照正温差；

④恒载 + 汽车 + 体系升温 + 日照负温差；

⑤恒载 + 汽车 + 体系降温 + 日照正温差；

⑥恒载 + 汽车 + 体系降温 + 日照负温差。

二、结构设计

1. 主　　梁

（1）总体布置

连续刚构跨径为 140 + 268 + 140 = 548 m，上、下行分幅布置，仅在 0 号块位置两幅桥用横隔梁相联。箱梁顶面设有 2% 横坡，以相应设计标高为原点分别向左右倾斜，但箱梁底横向保持水平，箱梁腹板左右高度不等，形成 2% 横坡。

（2）主梁细部尺寸

① 箱梁宽：顶板 16.4 m，底板 7.5 m；

② 梁高：根部 15 m，高跨比为 1/17.9；跨中 4.5 m，高跨比为 1/60；

③ 梁底变化曲线：1.6 次抛物线，曲线方程为 $y=0.00452x^{1.6}$；

④ 箱内顶板最小厚度：0.28 m，并于该处设置半径 R 为 0.05 m 的圆弧；

⑤ 腹板厚度：0.7 ~ 0.6 ~ 0.5 ~ 0.45 m ；

⑥ 底板厚度：根部 1.7 m、跨中 0.32 m，变化规律同梁底变化曲线。

(3) 预应力布置

主梁采用三向预应力混凝土结构。

①纵向预应力

顶板束：采用 15-31、15-22 和 15-12，直接锚固和下弯相结合(即有部分顶板束锚固在腹板内，以克服主拉应力)，其规格见表 2.6.3。

表 2.6.3　顶板束规格表

锚固于顶板的钢束编号(锚固束)	规　格	锚固于腹板的钢束编号(下弯束)	规　格
T1 ~ T31	15-31	F1 ~ F22	15-31
F30 ~ F31	15-22	F23 ~ F27	15-22
		F28 ~ F29	15-12

中跨底板合拢束：中跨范围布置 15 对 15-31 体内束，最长为 148 m。其中 Z6、Z10、Z14 建议合拢一年后或正式竣工验收前的适当时间进行张拉(结合施工监控及监测结果确定时间)，其余钢束均在中跨合拢时张拉。

边跨底板合拢束：布置 7 对 15-15。

边跨顶板合拢束：为了克服桥面板的温差效应，在边跨靠近端部的顶板内，设置了 4 对 15 – 15 的顶板束。

管道成孔采用塑料波纹管。

体外预应力钢束：设置了 3 对 15-25 体外备用钢束。

② 横向预应力

采用 15-3，纵向布置间距为 0.5 m，单端交错整体张拉，管道成孔采用塑料波纹管扁管，固定端采用 P 型锚。0 号块横隔板横向预应力采用 15-12，两端同时张拉，管道成孔采用塑料波纹管。

③竖向预应力

采用进口精轧螺纹粗钢筋及相应的预应力锚固体系，以保证外形尺寸的精度和连接的可靠性；横断面每个腹板内布置 2 根(为避免与纵向钢束的干扰，个别部位仅用 1 根)，纵向布置间距为 0.5 m；锚垫板下设置螺旋筋，管道成孔采用 $\varphi_{外}=60$ mm、壁厚 2.5 mm 的高频焊管。

(4) 构造钢筋

为了加强根部区域底板的整体受力，在该区域底板处设横向箍筋。箱梁 28 号 ~31 号梁段、34 号梁段的顶、底板横向钢筋布置成双筋。

2. 墩　身

(1) 主墩墩身采用空心双薄壁墩，平面尺寸为 2.5 m × 7.5 m，长边壁厚 0.6 m，短边壁厚 0.8 m，墩底 2 m 范围为实心段。为承受可能出现的撞击荷载，墩身中设置了厚度为 60

cm、高度为 85 cm 的隔墙。过渡墩墩身采用空心墩，平面尺寸为 4 m×7.5 m，长边壁厚 0.7 m，短边壁厚 1 m，墩柱四角采用 0.1 m×0.1 m 倒角，其墩顶及墩底 2 m 范围为实心段。同时，为承受可能出现的撞击荷载，实心段之上 9 m 范围内的⑥、⑦号钢筋进行了加强，钢筋直径由 16 mm 调整为 20 mm，中心线距桥轴线 8.7 m。

（2）为增强墩身的延性，在墩顶、墩底 8 m 区域对箍筋进行加密，并将墩身壁厚内的定位钢筋做成 180°的弯钩。

3. 主墩承台与基础

（1）主墩采用直径 2.5 ~2.8 m 变直径钻孔灌注桩基础，数量为 42 根，呈梅花形布置，按摩擦桩设计。南、北主墩桩长分别为 113 m 和 102 m，变直径位置分别为南主墩 -34.2 m、北主墩 -35.6 m。承台形状为带倒角的矩形，平面尺寸为 49.6 m×33.2 m，厚度为 7 m。

（2）作为防撞设施的一部分，封底混凝土厚度为 2.5 ~4 m。

（3）直径大于等于 25 mm 的钢筋应采用可靠的机械方式连接，连接器技术标准应符合有关技术规定，直径小于 25 mm 的钢筋按照施工规范要求进行连接。

（4）桩身钢筋采用两根一束、径向放置的直径为 40 mm 的Ⅲ级钢筋为主筋，两根主筋分别位于定位钢筋的内、外侧，螺旋筋为直径 12 mm 的Ⅲ级钢筋。每根桩设置 4 根声测管，桩身埋入承台 20 cm。

（5）桩基础应进行桩底注浆，以改善受力性能，提高桩基承载能力和基础的整体刚度。桩身混凝土强度达到 80% 以上，且桩的整体性检测完成后再进行桩底注浆。注浆要点如下：

① 进行注浆的主要目的是提高桩基础的承载力，并减小沉降。同时，注浆可以比较有效地保证桩底承载能力的充分发挥。

② 注浆管布置首先考虑保证注浆的均匀性，同时注意安装和保护，全部采用 4 回路 U 形管形式。

③ 桩端设置注浆管，在其下侧均匀设置 φ8 mm 钻孔；每个钻孔单独制作，形成一个单向阀。其构成由三层组成：第一层为能盖住孔眼的图钉；第二层为比钢管外径小 3 ~5 mm 的橡胶管，长度为 6 cm；第三层为密封胶带，盖住橡胶带两端各 2 cm。

④ 根据计算，每根桩的合理注浆量为 8.5 t，考虑施工损耗，实际注浆量为 105 t。

⑤ 注浆过程中，注浆工作压力为 3 MPa，注浆控制压力为 8 MPa。

（6）钢护筒根据施工需要设置，并满足施工规范要求。

4. 过渡墩承台与基础

（1）采用分离式基础，采用 φ2.0 m 的钻孔灌注桩，每半幅桥为行列式布置，按照摩擦桩设计。桩长 110m，承台平面尺寸为 14 m×14 m，厚度为 4 m。

（2）封底混凝土厚度考虑为 1.5 m。

（3）桩基础桩底标高为 -113.0 m。由于苏通大桥施工图设计阶段工程地质勘查报告（STXK1 合同段）提供的辅桥连续刚构北过渡墩终孔标高为 -98.18 ~ -107.89 m，南过渡墩终孔标高为 -95.41 ~ -105.39 m，设计桩底标高已超出地质资料范围，设计中仍按与终孔标高位置相同的地质资料进行设计。施工时应先进行补充地质钻探，注意地质资料是否有变化。如有变化，应及时通知设计单位进行变更设计。

（4）其余同主墩承台与基础。

5. 其　他

（1）伸缩装置：北侧过渡墩规格为 D480，南侧过渡墩规格为 D560。主梁槽口及缝隙尺寸按照 GQF-MZL 型预留。不同品牌的伸缩装置槽口及缝隙尺寸可能不同，必要时，在确定伸缩装置后，经设计单位认可，可对主梁构造作适当调整。另外，伸缩装置预埋钢筋应与梁体内构造钢筋焊牢。施工缝宽按温度 20 ℃时考虑缝宽，施工单位应根据实际温度进行修正。

（2）支座：采用球形钢支座，规格为 QZ5000，在南北过渡墩上各设置 2 个。靠近中央分隔带侧设置为 DX 型(纵向活动)，其纵向位移量及横向承载力均需特殊设计；远离分隔带侧设置为 SX 型(双向活动)。

（3）支座垫石：由于辅桥 75 m 连续箱梁变更设计，北过渡墩垫石高度进行了调整。

（4）泄水管：在箱梁外侧每 4 m 设置一个铸铁泄水管，但应避开预应力管道及梁端接缝。

三、耐久性设计

1. 混凝土原材料与配合比

为保证混凝土质量、控制裂缝、提高耐久性，施工中所采用的混凝土原材料及配合比除应符合有关规范及标准要求外，设计单位提出如下几点具体要求：

（1）水泥

①尽量采用水化热较低的水泥，控制水泥细度及 C_3S 含量。增加细度及 C_3S 含量可以产生较高的早期强度，加快施工进度，但同时存在着较大水化热导致自身收缩加大的问题，而且早期弹模大，在温度及收缩作用下，造成严重的早期开裂，因此建议采用低细度及低 C_3S 含量的水泥。

②采用低碱含量的水泥，以克服碱—骨料反应。

③水泥中氯离子总量不应超过胶结材料重量的 0. 1% 。

④采用 42. 5 级及其以上的硅酸盐水泥，不采用超量掺有火山灰或粉煤灰的硅酸盐水泥。

（2）粉煤灰等矿物掺合料

①粉煤灰是配置耐久性混凝土的重要组成部分，应适当添加粉煤灰等矿物掺合料。根据以往的工程经验，适当掺加矿物掺合料的混凝土通常较少开裂，在服务期渗透性较小，这主要因为掺加混合材料一方面可降低初龄期混凝土的水化热、强度和弹模，另一方面混合材料的填充效应和二次水化反应显著减少了混凝土的孔隙率和孔径，提高了混凝土的自防护能力。混合材料和未水化的水泥颗粒对混凝土微裂缝具有自愈合的能力。

②掺加的矿物掺合料除符合《公路桥涵施工技术规范》(JTJ 041—2000）要求外，混凝土中磨细低钙粉煤灰质量还应符合表 2. 6. 4 的规定。

表 2. 6. 4　粉煤灰质量指标

粉煤灰等级	45 μm 气流筛筛余量（细度%）	烧失量（%）	需水量比（%）	SO_3 含量（%）	混合砂浆活性指数	
					7 d	28 d
Ⅰ	≤12	≤4	≤95	≤3	≥75	≥85

③当水胶比在 0.4 ~0.5 之间时，粉煤灰最大掺量不宜超过胶结总量的 20%；当水胶比低于 0.4 时，在满足强度与弹性模量要求的前提下，其掺量可适当提高。

(3) 骨 料

骨料应洁净、质地坚固、级配合格、粒径形状良好。

①粗骨料堆积密度大于 1500 kg/m^3，即空隙率不超过 40%。

②粗骨料压碎值不大于 10%，吸水率不大于 2%。

③不宜采用有潜在活性的粗骨料。

④不同细度模数的砂子，累计筛余量控制为 5 mm 筛 0 ~ 5%、0.63 mm 筛 40 ~ 70%、0.16 mm 筛≥95%。

⑤粗细骨料组成应按连续密实级配要求，确定组成比例，以单位体积容重最大、空隙率最小、混凝土和易性最好为控制目标。

(4) 水

除符合《公路桥涵施工技术规范》(JTJ 041—2000)要求外，水中氯离子含量超过 5 mg/cm^3 的水不得使用。

(5) 外 加 剂

①所选用的混凝土外加剂产品，其技术性能指标应符合《混凝土外加剂》(GB 8076—1997) 及相关标准的要求。选定外加剂前，必须与所用水泥进行化学成分和剂量适应性检验。化学成分不适应，不得使用；应通过不同减水剂掺量与混凝土减水率试验曲线找出该减水剂的最佳掺量；如果采用复合型外加剂，在满足减水率和工作性能要求的同时，还要满足缓凝时间、坍落度损失等多项指标的要求。

②建议通过试验验证以决定是否采用超高效减水剂。

③外加剂中氯离子含量不得大于混凝土中胶结材料总重的 0.02%。

④任何提高早期强度的措施都不利于后期强度和耐久性，建议不掺加早强剂。

(6) 混凝土配合比

高耐久性混凝土配合比应满足以下四项技术经济要求：较高的抗压或抗弯拉强度、较高的抗压或抗弯拉弹性模量、较高的抗劈裂强度；高工作性，满足混凝土浇筑成型的工艺要求；高耐久性，满足所处环境条件的耐久性要求；较好的全周期经济性，以最小的投资维持运营修缮成本。

应限制单方混凝土中胶结材料的最低和最高用量。在满足胶结材料最低用量前提下，尽可能降低硅酸盐水泥用量，但应满足硅酸盐水泥最低用量要求。

2. 结构构造

(1) 各构件截面尺寸变化处，均采用渐变过渡，尽量避免刚度突变，减少应力集中。

(2) 箱梁、墩身设置通风孔，预埋直径 100 mm 的 PVC 管成孔，避免水汽在混凝土表面积聚，同时降低箱内外的温差。每个箱梁梁段内设置 6 个通气孔。

(3) 泄水管出口远离混凝土表面。

(4) 在箱梁表面与铺装之间设置性能可靠的防水层。

(5) 混凝土保护层厚度自箍筋外缘算起：主梁(顶板除外)≥2.0 cm、墩身≥6 cm、承台与基桩≥7 cm。

（6）封锚段混凝土强度等级与构件本体混凝土强度等级相同，保护层厚度大于 5 cm。

（7）桥梁伸缩装置两端与主梁连接部分的混凝土，受力比较复杂，除按照最优配合比设计外，还应使用膨胀剂和掺入钢纤维或聚丙烯纤维等增韧材料。

（8）为了提高预应力钢筋的耐久性，采用真空压浆和塑料波纹管。

（9）为提高支座使用寿命减少更换次数，支座采用钢支座。

（10）设置检修平台，预留人洞，便于检查维护。

第三章　施工调研

预应力混凝土梁式桥是公路桥梁中最常用的桥型，预应力混凝土连续刚构桥是预应力混凝土梁式桥梁之一，它因其外形美观、结构尺寸小、桥下净空大、桥下视野开阔，在我国的交通建设中发挥着重要的作用。预应力混凝土连续刚构桥的跨径大小是技术水平的一个重要指标，一定程度上反映了一个国家桥梁设计和施工方面的成就。因此，预应力混凝土连续刚构桥向大跨度发展已成必然趋势。

随着预应力技术的发展，中小跨径预应力混凝土连续刚构桥在国内外已得到广泛使用。大吨位群锚预应力技术的出现和悬臂灌筑技术的发展使预应力混凝土连续刚构桥在大跨径桥梁建设领域也显现出很强的竞争优势。近三十年来我国建成了许多跨径在100 m左右至300 m左右的大跨径预应力混凝土连续刚构桥。但是，这些桥梁在建成后运营不久大多出现梁体开裂，挠度持续增加的问题，而且这些问题带有相当大的普遍性，严重地影响着这类桥的发展。

目前所发现国内大跨度预应力混凝土连续刚构桥的病害是一般预应力混凝土桥梁所常见的，也是应该避免的。对于大跨度预应力混凝土连续刚构桥这样的重要建筑来说，不仅要避免短期的病害，更应着眼于长期的质量。为此中铁大桥局集团利用建设苏通长江公路大桥辅航道连续刚构桥的契机，针对国内已建成大跨径预应力混凝土连续刚构桥建设和后期出现的问题进行了深入研究，以期理清各相关因素的影响程度，为高质量地建设大跨预应力混凝土连续刚构桥，避免或减小病害发生提供科学依据。

第一节　国外发展概况

混凝土刚构桥是一种早在预应力混凝土桥梁开始发展以前就有的桥梁结构形式。1936年，美国就建成了两座钢筋混凝土连续刚构桥，其中Park桥的跨度为(13.3+44.5+13.3)m。预应力技术发展以后，预应力混凝土刚构桥自然地取代了普通钢筋混凝土刚构桥，而且向更大跨度发展。如1953年德国建成的霍雷姆(Horem)桥为三跨连续双线铁路斜腿刚构桥，主跨85.5 m。1955年奥地利建成的煦维登(Schweden)桥为三跨连续直腿刚构公路桥，主跨55 m。从20世纪50年代初到70年代末，跨中带铰的预应力混凝土刚构桥又在世界上风行一时，并且接连地创造出混凝土梁式桥跨度的世界纪录，举世瞩目。但是这种跨中带铰的桥，桥面纵坡不易保持平顺，而且由于混凝土徐变的影响，随着时间的增加，跨中折角会愈来愈严重，妨碍了行车的平顺。这种缺点被充分认识后，跨中带铰的预应力混凝土刚构桥逐渐被连续梁或连续刚构所取代。

大跨度预应力混凝土连续刚构与预应力混凝土连续梁比较，具有节省施工及养护费用、节省大吨位支座、节省悬臂施工所需的梁墩临时固定装置、增加结构刚度和降低梁高等优点，因此跨度超过200 m的预应力混凝土梁式桥都采用连续刚构桥形式。1974

年，瑞士建成弗尔斯瑙桥(Felsenau Bridge)，主跨为(94 + 144 + 144 + 94)m，全桥长1 116 m，分为17孔。上部结构为变高度单室梯形箱梁，其中除4孔主梁与3座双墙式桥墩固结外，其余墩顶均设活动支座。全桥仅在两端桥台处设伸缩缝。该桥以造型优美著称。1974年德国建成了摩泽尔桥(Die Mosel Brucke)，主跨为(106 + 192 + 106)m的预应力混凝土连续刚构桥，全长986 m，仅在两桥台处设伸缩缝。1982年美国建成休斯敦船道桥(Houston Ship Channel Bridge)，主跨为(114.3 + 228.7 + 114.3)m的连续刚构桥，桥面宽18 m，是当时世界上跨度最大的预应力混凝土公路连续刚构桥。1984年德国建成汉诺威—维尔茨堡(Hannover-Wurzburg) 双线高速铁路桥，主跨为(82 + 135 + 82)m，全长794.5 m，该桥两个主墩采用V形墩形式，是当时世界上跨度最大的预应力混凝土铁路连续刚构桥。1985年澳大利亚建成门道桥(Gateway Bridge)，该桥主桥为(130 + 260 + 130)m的预应力混凝土连续刚构公路桥，其主跨打破了1978年由科罗尔—巴贝尔皂泊桥建立的241 m(跨中带铰刚构) 预应力混凝土梁式桥的跨度纪录。从1985年迄今，预应力混凝土梁式桥的跨度记录一直被连续刚构桥所保持，而且还在不断地向更大跨度发展。1990年，葡萄牙建成杜罗河桥(Doulur River Bridge)，主跨为250 m的双线铁路预应力混凝土连续刚桥，创造了20世纪铁路预应力混凝土连续刚构桥的跨度纪录。1998年，挪威拉福特桑德桥(Laftsundet) 海湾桥，刚以主跨298 m的4跨连续刚构打破门道桥的跨度纪录，1999年又被挪威建成主跨为301 m的3跨连续的跨海岛的新施托姆桥(New Stolma Bridge) 所刷新，从而奠定了20世纪预应力混凝土连续刚构桥的跨度纪录。

第二节　国内发展概况

我国在20世纪80年代以后建成了一批大跨度预应力混凝土连续刚构桥，如1988年建成的湖南澧水大桥(主跨135 m)，1988年建成的番禺洛溪大桥(主跨180 m)，1993年建成的三门峡黄河大桥(主跨140 m)，1995年建成的攀枝花金沙江单线铁路桥(主跨168 m)，1995年建成的黄石长江大桥(主跨245 m)，1996年建成的南昆铁路清水河大桥(主跨128 m)，1997年建成的广州虎门大桥(主跨270 m)，1997年建成的江津长江大桥(主跨240 m)，1999年建成的重庆黄花园大桥(主跨250 m)，2000年建成的泸州长江二桥(主跨252 m)，2003年建成的元江大桥(主跨265 m)、下白石大桥(主跨260 m)、澜沧江大桥(主跨200 m)，2004年建成的广州珠江特大桥(主跨250 m)。此外，还有都江堰至汶川高速公路上的庙子坪岷江大桥(主跨220 m) 和宜宾的江安长江大桥(主跨252 m)。可见，自20世纪90年代以来，我国修建跨度在200 m以上的预应力混凝土连续刚构桥数量在世界上也是首屈一指。

第三节　国内外大工程实例

连续刚构自问世后，得到了突飞猛进的发展。目前，国外最大跨度的连续刚构是挪威新施托姆 (New Stolma) 桥，主跨为301 m；国内最大跨度的连续刚构是广东虎门大桥辅航道桥，主跨为270 m。国内外一些著名的大跨度连续刚构桥见表3.3.1。

表 3.3.1　跨度 200 m 以上的预应力混凝土梁桥

桥　　名	主跨(m)	国家	年代	说　　明	荷载	参考书
新施托姆(New Stolma)桥	301	挪威	1999		公	
拉福特桑德(Raftsundet)桥	298	挪威	1998	Lofoten	公	
Sundoya 桥	298	挪威	2003			
虎门桥辅桥	270	中国	1997		公	
元江桥	265	中国	2003		公	
门道(Gateway)桥	260	澳大利亚	1986	Brisbane	公	
瓦洛德(Varodde)桥	260	挪威	1994		公	
下白石桥	2×260	中国	2003		公	
江安大桥	252	中国	在建		公	
泸州长江二桥	252	中国	2000		公	
江岛大桥	250	日本	1995		公	
斯凯(Skye)桥	250	英国	1995		公	
珠江特大桥	250	中国	2004		公	
马鞍石嘉陵江大桥	250	中国	2001		公	
费鲁瓦利阿(Ferroviaria)桥	250	葡萄牙	1990		公	
诺森伯兰(Northumberland)海峡桥	44×250	加拿大	1997		公	
绍特维也纳(Schottwien)桥	250	奥大利亚	1989		公	VSL 86. 12 p22
黄花园桥	3×250	中国	1999		公	
宜水路金沙江大桥	249	中国	2005		公	
黄石长江公路桥	3×245	中国	1995		公	
旧金山桥方案	244	美国	u. p.	Butterflywing		
舍维雷(Chevire)桥	242	法国	1990		公	
Koror-Babelthuap	240. 8	Palau	已毁			
高家花园嘉陵江桥	240	中国	1998		公	
江津长江桥	240	中国	1998		公	
贵州六广河桥	240	中国	2001	西南公路	公	
重庆龙溪河大桥	240	中国	1999		公	
彦岛桥	236	日本	1975		公	
布柳河桥	235	中国	u. c.	广西龙滩水电站	公	
钱塘江下沙桥	3×232	中国	u. c.		公	
浦户桥	230	日本	1972		公	
努达尔斯海湾(Norddalsfjord)桥	230	挪威	1987		公	
New Potomac	229	美国		方案比较	公	
休斯顿运河(Houston Ship Channel)桥	229	美国	1981		公	
伊瓜苏(Iguacu)桥	220	阿根廷	1985		公	

续上表

桥　　名	主跨(m)	国家	年代	说　　明	荷载	参考书
黄河入海口附近公路桥	220	中国			公	桥建 2003.2
穆内穆内(Mooney Mooney)桥	220	澳大利亚	1986		公	
阿木川坝2号桥	220	日本	1989		公	
斯脱维斯特(Stovest)桥	220	挪威	1993		公	
济南黄河公路桥	214	中国	1999		公	
舒本那沙地河(Shubenacadie River)桥	213	加拿大	1978		公	
新纪念(New Memorial)桥	212	泰国	1984		公	
赛尔比约(Selbjorn)桥	212	挪威	1980		公	
多瑙河(Danube River)桥	210	南斯拉夫	1974	Beska	公	
Uruguay	209	阿根廷	1975		公	
Bendorf	208	德国	1964	T构有铰	公	
有明西运河桥	208	日本		$R=500$ m	公	
James River	207	美国	u. c.	Richmond, Virginia	公	CE 2002.17p67
Jamestown-Verrazzano	205	美国	1990		公	ENR87.10.15p11
南澳跨海南北桥	205	中国		$W=17.1$ m,初设	公	
Second Crossing Over Rhine	205	法国	2002	Strasbourg	公	Bd&e2002.1p50
Gustavsberg	200	瑞典	1985.11		公	VSL NewsLetter 85.8
New Benicia-Martinez	200	美国	2003		公	CE 99.9
San Diego-Coronado Bay	200	美国			公	CE 2001.7
澜沧江桥	200	中国		云南	公	
苏通长江大桥辅航道桥	268	中国	2007		公	

一、挪威 Stolma 桥

挪威 Stolma 桥于1999年建成，主桥为连续刚构，跨度组合为(94+301+72)m，箱梁顶面宽9 m，底面宽7 m，箱梁根部梁高为14.0 m，跨中及边跨端部梁高为4.0 m。底板厚度由墩顶处的103 cm逐渐变化为跨中处的27 cm。顶板的厚度根据预应力索的数量调整，由边跨的70 cm变化为主跨的44 cm。主跨腹板厚度由墩顶处的45 cm变化为跨中处的25 cm。

顶板中的后张预应力索的数量由墩顶处的100束变化为跨中的0束。主跨合拢后，在主跨底板中安装了20束预应力索。顶板中每根后张预应力筋的屈服力为3 500 kN，强度要求为1 670~1 870 MPa，而底板预应力筋的屈服力为2 800 kN。由于顶板构造尺寸所限，部分预应力筋布置在腹板的顶部。边跨有一个主要问题是在相对较短的跨长上分3层锚固100根预应力筋，而且还要在顶板中提供足够的抗剪能力。边跨由于剪力和局部弯矩而承受很大的荷载，为此设置了横隔墙以防止底板及腹板荷载过大。

桥梁的总重约260 MN 。Stolma桥见图3.3.1。

图3.3.1 挪威Stolma桥

二、挪威Raftsundet桥

挪威Raftsundet桥于1998年建成，主桥为连续刚构，跨度组合为(86+202+298+125)m，箱梁为单室箱梁，顶面宽10.3 m，底面宽7 m。3号和4号主墩根部梁高14.5 m，2号墩根部梁高8 m。跨中和边跨两端梁高3.5 m，零号块梁高为14.9 m。298 m主跨底板厚26~120 cm，零号块底板厚160 cm，125 m边跨底板厚34~120 cm。298m主跨腹板厚30~40 cm，零号块为55 cm，125 m边跨腹板厚40~45 cm。

由于桥较窄，所用预应力束的吨位不是很大，因此在箱梁截面上，布置2~3层束，直至悬臂很长时才减为一层束；预应力束布置成平弯，但不设弯起束和连续束，为了将来必要时增加承载能力，或减小不可预计的长期挠度，在箱梁内预留了8束体外预应力束的位置；未设横向和竖向预应力。

挪威Raftsundet桥见图3.3.2。

图3.3.2 挪威Raftsundet桥

三、虎门大桥辅航道桥

虎门大桥辅航道桥为预应力连续刚构桥，于1996年建成，1997年通车。主桥桥跨布置为(150+270+150)m，桥宽31 m。上部构造采用上下游平行的两座单独桥方案，单桥宽

15 m，梁高 5 ~ 14.8 m。

纵向预应力采用钢绞线作为预应力材料，锚具采用 VSL6-22EC 型和 VSL6-12EC 型两种，张拉控制力分别为 429 kN 和 234 kN；横向预应力采用钢绞线作为预应力材料，锚具采用 BM15-3 型扁锚，单根绞线控制张拉力为 196 kN。虎门大桥见图 3.3.3。

图 3.3.3　虎门大桥

四、元江大桥

元江大桥为预应力连续刚构桥，于 2003 年建成。主桥桥跨布置为(58 + 182 + 265 + 194 + 70) m。箱梁采用直腹板的单箱单室结构，箱梁顶宽为 22.5 m，底宽为 11.5 m，各跨跨中梁高为 5 m，1 号、4 号墩顶根部梁高 7 m，2 号、3 号墩顶根部梁高 14.5 m。箱梁采用 C55 混凝土，悬臂浇筑梁段长度分为 3 m、4 m、5 m。

箱梁采用三向预应力混凝土结构，纵向预应力钢束分为顶板束和底板束，腹板内不设纵向预应力钢束。纵向预应力采用大吨位群锚体系。顶板预应力钢束采用 15-31 规格的钢绞线束，悬臂浇筑段的每个断面锚固 2 束或 4 束。在每个块件纵向预应力张拉至 50% 时，张拉该根钢绞线至 196 kN。锚头采用单孔可张拉连接器，下一块件浇筑前采用连接器接长；横向预应力采用 15-5 规格的钢绞线束，扁锚锚具，间距 1 m，采用一端张拉，另一端扎花固定的锚固方式；竖向预应力钢束采用 15-7 规格的钢绞线束，上端张拉，下端设置反装的锚具，用锁头固定。每个腹板设置一排，纵向平均间距 50 cm。每个截面的主拉应力基本控制为零。

对中边跨合拢分别采用以下两种施工方法：

1. 边跨合拢前加载，合拢后卸载。当悬臂浇筑完成后，在悬臂端施加 1 000 kN 的压重，然后浇筑合拢段，张拉边跨底板钢束，最后拆除等量压重。

2. 次边跨、中跨合拢前对主梁进行顶推。在次边跨合拢前，对主梁施加 2 000 kN 的顶推力，焊接劲性骨架，然后次边跨合拢将顶推力永久保存在主梁里，最后张拉次边跨底板钢束；在中跨合拢前，对主梁施加 3 000 kN 的顶推力。元江桥见图 3.3.4。

五、澳大利亚门道桥

澳大利亚门道桥于 1985 年建成，主桥为连续刚构，跨度组合为(130 + 260 + 130) m，主跨的上部结构采用了尺寸相当大的单室箱梁，其顶宽约 22 m，底宽 12 m。

图 3.3.4　元江桥

纵向预应力均采用 31 根 φ12.7 mm 的绞线束，以 VSL 的 Ec-5-31 型张拉锚在两端锚固，这些预应力束的极限拉力均为 5 704 kN，张拉达到的初始应力为极限应力的 80%，由于预应力束道相对较直，所以摩阻损失比较小，因此 100 m 以下的悬臂束仅从一端张拉，更长的则由两端张拉；横向上，桥面板以中距 50 cm 的 VSLSOH5-4 型预应力筋后张拉；竖向分别以中距 50 cm 和 75 cm 的单根或双根 VSLφ35 mm 粗钢筋后张拉。门道桥见图 3.3.5。

图 3.3.5　澳大利亚门道桥

六、下白石大桥

下白石大桥主跨为 4 孔连续刚构，于 2003 年建成，主桥跨度组合为(145 + 260 + 260 + 145) m。主桥为上下行分离的双幅独立桥梁，采用单箱单室断面，箱梁顶宽 12 m，底宽 6 m；墩顶处梁高 14 m，跨中梁高 4.2 m。全桥采用悬臂浇筑法，单 T 分 29 个对称节段。

下白石大桥设计为三向预应力体系，均按延伸量和张拉力双控施工。纵、横向预应力束采用 ASTM 416287 A 270 级钢绞线，极限强度 1 860 MPa。竖向预应力采用进口 φ32 mm 精轧螺纹粗钢筋，屈服强度 1 080 MPa，设计张拉力 782 kN。竖向预应力筋全桥通长设置，而下弯束只在 8 号节段之前设置。下白石大桥的见图 3.3.6。

图 3.3.6　下白石大桥

七、泸州长江二桥

泸州长江二桥主跨为 3 孔连续刚构，于 2000 年建成，主桥跨度组合为(145 + 252 + 80.75)m。箱梁为三向预应力结构，采用单箱单室截面，箱梁顶面宽 25 m，底板宽 13 m，箱梁顶板设置成 2% 的双向横坡。箱梁跨中及边跨支架现浇段梁高为 4 m，墩与箱梁相接的根部断面和墩顶零号梁段高为 14 m。从中跨跨中至箱梁根部，箱梁高度以 1.75 次抛物线变化。箱梁腹板在墩顶范围内厚 120 cm，从箱梁根部至 15 号梁段腹板厚 70 cm，从 16 号梁段至 27 号梁段腹板厚 60 m，从 28 号梁段至 40 号梁段腹板厚 50 m。箱梁底板厚除 0 号梁段为 150 cm 外，其余各梁段从箱梁底部截面的 120 cm 厚以二次抛物线渐变到跨中截面的 32 cm 厚，边跨现浇段底板厚从合拢段起到边跨端由 32 cm 直线变化到 60 cm。

箱梁采用三向预应力。纵向预应力束共设置顶板束、中跨底板束、边跨底板束、合拢段临时束和预备束共五种，均采用两端张拉，顶板束和预备束采用 15-27，设计张拉吨位为 5 279 kN，相应的锚具采用 OVM15-27 型，底板束和临时束采用 15-19，设计张拉吨位为 3 715 kN，相应锚具为 OVM15-19 型。预备束孔位预留，钢束根据施工情况予以设置；顶板横向预应力采用 15-4，逐根张拉，设计吨位为 195.5 kN，采用一端张拉的方式，相应的张拉端和锚固端锚具分别为 OVM15B-4 型和 OVM15H-4 型，沿桥轴线 40 cm 左右间距布置，张拉端和锚固端交叉设置。0 号梁段横隔板、隆昌岸边跨端部横隔板以及 13 号锚碇台前后横隔板横向预应力采用 φ32 mm，设计张拉吨位为 542 kN，采用一端张拉方式，相应锚具为 YGM-32 型；竖向预应力钢筋采用 φ32 mm 精轧螺纹粗钢筋，设计张拉吨位为 542 kN，采用一端张拉方式，相应锚具为 YGM-32 型。

泸州长江二桥见图 3.3.7。

八、江安大桥

江安大桥主桥为 3 孔连续刚构，主桥跨径组合为(146 + 252 + 146)m。主桥箱梁采用单箱单室结构，顶板宽 15.5 m，底板宽 8.5 m；箱梁腹板在墩顶范围内厚 120 cm，从箱梁根部至 12

图 3.3.7　泸州长江二桥

号梁段腹板厚 70 cm，从 13 号梁段至 24 号梁段腹板厚 60 cm，从 25 号梁段至 36 号梁段厚 50 cm，箱梁节段间腹板变化采用 50 cm 长渐变过渡，每号梁段的腹板上设有抗剪齿口。箱梁底板厚除 0 号梁段横隔板范围内为 150 cm 外，其余各梁段底板从梁根部截面的 130 cm 以 1.8 次抛物线渐变至跨中的 40 cm 厚，边跨现浇底板厚从合拢跨中到边跨端由 40 cm 直线变化到 60 cm。

箱梁为三向预应力结构。纵向预应力束共设置腹板束、顶板束、中跨底板束、边跨底板束、合拢束和预备束共六种，均采用两端张拉。腹板束、顶板束和预备束采用 15-22，设计张拉吨位为 4 321 kN，相应的锚具采用 OVM15-22 型；中跨底板束和合拢束采用 15-13，设计张拉吨位为 2 548 kN，相应的锚具采用 OVM15-13 型；预备束孔位预留，钢束根据施工情况予以设置。顶板横向预应力采用 15-3，逐根张拉，设计张拉吨位为 196 kN，采用一端张拉方式，相应的预应力锚具张拉端分别为 OVM15B-3，沿桥轴线 60 cm 左右间跨布置，张拉端和锚固端交叉设置。0 号梁段横隔板、边跨端部横隔板横向预应力筋采用 φ32 mm 精轧螺纹钢筋，设计张拉吨位 542 kN。相应锚具位 YGM-32。竖向预应力钢筋长度大于 9 m 的采用 15-3，相应的锚具为 OVM15B-3 型(张拉端) 和 OVM15H-3(锚固端)，预应力钢筋长度小于 9 m 的采用 φ32 mm 精轧螺纹钢筋，设计张拉吨位为 542 kN，相应锚具为 YGM-32 型，竖向预应力钢筋采用梁顶一端张拉方式。

边跨合拢时，劲性骨架安装好后，先对称张拉合拢束设计拉力值的 30%，浇筑合拢混凝土，强度达到 80% 设计值后张拉合拢束设计拉力值的 70% 并灌浆，再张拉合拢段横向预应力和竖向预应力并灌浆。然后箱梁两腹板对称张拉底板束 C01 ~ V04 并灌浆，再张拉 V05 ~ V10 并灌浆，再张拉 C11 ~ C16 并灌浆。边跨 C17 ~ C20 束留待底板束张拉完后再张拉；中跨合拢时，劲性骨架安装好后，先对称张拉合拢束设计拉力值的 30%，浇筑合拢混凝土，强度达到 80% 设计值后张拉合拢束设计拉力值的 70% 并灌浆，再张拉合拢段横向预应力和竖向预应力并灌浆。然后箱梁两腹板对称张拉底板束 B01 ~ B26 并灌浆。最后张拉边跨 C17 ~ C20 束，完成箱梁预应力张拉。

江安大桥见图 3.3.8。

九、江岛大桥

日本江岛大桥主跨为 5 孔连续刚构，于 1995 年建成，主桥跨度组合为（55 + 150 + 250

图 3.3.8　江安大桥

+150 +55)m。该桥岛根县侧主桥墩采用圆形沉井基础，直径约 31 m，沉井兼用临时围堰，用桩尖扩底护基施工方法将沉井固定在基础地基上。主桥墩下部为直径 30 cm、厚 5 m(渡侧 6 m）的顶板和长径 15 m、短径 7 m 的椭圆形空心桥墩组成的大体积混凝土。鸟取县侧主桥墩施工为缩短工期在沉井施工的同时，在场外分大段装配钢筋、钢骨架，用大型起重船一体安装在井筒内。分大段装配的钢筋、钢骨架由顶板和与之相连的桥墩躯体下部钢筋、钢骨架替代模板的钢壳、起吊架台、起吊部件构成。钢筋、钢骨架直径约 30 m、高 15 m(顶板部 6 m + 躯体部 9 m)，重约 1 200 t。

主桥上部结构先使用支架施工墩顶部，墩顶部梁高 15.5 m，腹板宽 0.6 m，底板厚 2.9 m。主桥墩部及侧桥墩部都使用挂篮悬臂施工主梁，悬臂施工后，侧桥墩边跨在支架上合拢，主桥墩部和侧桥墩部使用悬吊支架合拢。最后，主桥墩部主跨中央有铰部施工在悬吊支架上进行，完成桥体施工后，进行桥面施工。

江岛大桥见图 3.3.9。

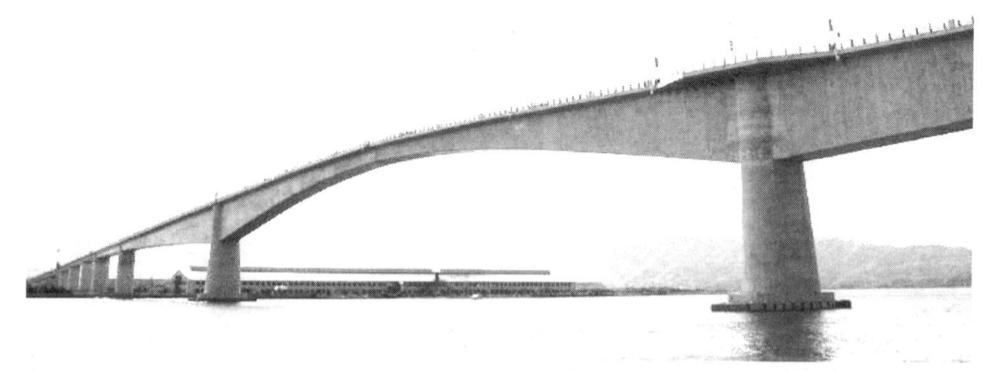

图 3.3.9　江岛大桥

十、珠江特大桥

珠江特大桥是广州南部地区快速路跨越珠江主航道的一座特大桥，主桥上部结构为(138 + 250 + 138)m 三跨预应力混凝土连续刚构，单箱单室结构，半幅桥宽 16.50 m，箱梁底板宽 7.80 m，两侧悬臂翼缘板宽 4.35 m，箱梁根部梁高为 13.8 m，跨中及边跨端部梁高为 4.3 m。

主桥箱梁采用三向预应力结构。顶板纵向束除部分采用15-25（$R_y^b=1\,860$ MPa）高强度低松弛钢绞线外，其余均为15-27钢绞线；底板合拢束全部采用15-19钢绞线。纵向束全部采用塑料波纹管成孔、真空辅助注浆技术进行孔道压浆。纵向束最长索长为250 m；箱梁顶板横向束采用15-4低松弛高强度钢绞线，顺桥向间距1.0 m；竖向采用JLφ32精轧螺纹粗钢筋（屈服强度$\sigma_{0.2}\geqslant 800$ MPa），顺桥向按0.5 m的间距布置，最长的超过14 m，均整根定制，不设接头。

珠江特大桥见图3.3.10。

图3.3.10　珠江特大桥

十一、黄石长江公路桥

黄石长江公路桥主跨为5孔连续刚构，于1995年建成，主桥跨度组合为(142.5 + 3 × 245 + 142.5) m。箱梁为单箱单室截面，箱梁顶面宽20 m，底面宽10.0 m，薄壁墩处梁高13.0 m，合拢段梁高为4.1 m。

主桥箱梁采用三向预应力结构。纵横向束采用φ12.7 mm预应力钢绞线，公称抗拉强度为1 860 MPa，张拉控制应力采用$0.75R_y$，弹性模量为1.9×10^5 MPa，必须符合ASTM A 416—88b或87a的技术标准；竖向采用φ32 mm的40Si2MnMoV精轧螺纹粗钢筋，张拉应力采用屈服强度的0.9倍，弹性模量为2.0×10^5 MPa，必须符合交通部公路规划设计院《预应力高强度精轧螺纹粗钢筋设计、施工暂行规定》。

十二、重庆嘉陵江高家花园大桥

重庆嘉陵江高家花园大桥主跨为3孔连续刚构，于1998年建成，主桥跨度组合为(140 + 240 + 140) m。桥宽31.5 m，中间设1.5 m的中央分隔带，双向6车道，车行道23 m，人行道2 × 3 m。设计荷载：汽—超20，挂—120。主梁为两幅单室箱梁，采用三向预应力钢筋混凝土结构。

十三、江津长江桥

江津长江桥主跨为3孔连续刚构，于1997年建成，主桥跨度组合为(140 + 240 + 140) m。主梁采用单箱单室结构，箱梁宽11.5 m，翼板悬臂5.25 m，全宽22 m。箱梁高度采用2次抛物线方式从箱梁根部高 13.5 m 变化至端部及跨中高 4 m。箱梁底板厚度采用 2 次抛物线方式从箱梁根部厚 120 cm 变化至端部及跨中厚 32 cm。箱梁腹板厚度从根部节段 80 cm 变化到跨中节段 65 cm。

纵向预应力钢束布束采用直束形式，即纵向预应力钢束基本上锚固于箱梁顶部，没有下弯。竖向预应力根部采用双排、跨中段单排 JLφ32 精轧螺纹粗钢筋，纵向间距为 50 cm。

十四、贵州六广河桥

贵州六广河桥主跨为 3 孔连续刚构，于 2001 年建成，主桥跨度组合为(145.1 +240 +145.1)m。上部构造为变截面单箱单室双悬臂箱形梁，全桥分为 0 号梁段、1 ~28 号梁段、现浇段及合拢段。箱梁顶宽 13 m，底宽 7 m。0 号梁段箱高 13.4 m，合拢段、边跨现浇段箱高 4.1 m，其余梁段从悬臂根部至端部按半立方抛物线从 13.4 m 变至 4.1 m。

纵向预应力体系用 15-22 预应力钢绞线，设计张拉吨位为 4297 kN，每个 T 设置钢索 112 束，中跨连续索 26 束，边跨连续索 16 束。箱梁横向按部分预应力 B 类构件设计，营运时最不利荷载组合下产生的拉力由横向预应力束和普通钢筋共同承担。横向预应力也采用 15-3 的钢绞线，张拉端采用 BM15-3 扁锚体系，固定端使用轧花锚，张拉端和固定端交错布置，设计张拉吨位为 508 kN。箱梁竖向采用 φ32 mm 精轧螺纹粗钢筋。

第四节　病害调研和分析

我国第一座大跨预应力混凝土连续刚构桥——广东洛溪大桥，跨径 180 m，于 1988 年建成，是当时在全世界同类桥中跨径仅次于澳大利亚门道桥(跨径 260 m) 的第二大跨预应力混凝土连续刚构桥。该桥的建成，对国内同类桥的建设起了很大的推动作用。之后，该类桥的跨径不断刷新，至 20 世纪 90 年代，桥梁界曾普遍认为这类桥梁的建设技术已十分成熟。但随着这些桥建成运营后，问题开始显现。首先是梁体开裂现象，有些桥是在桥梁建造期间就已出现，之后裂纹在运营期间还不断增多；而有一些桥裂纹则是在运营后出现的。这些梁体裂缝较多出现在腹板上，多为竖向成斜向裂纹，有些桥跨中底板上出现横向裂纹；墩顶上梁横隔板的裂纹有竖向也有横向。裂缝的严重程度各桥有别，有贯穿裂纹，有的长度达几米、几十米甚至上百米，裂纹数量少则几十条，有的桥多达数千条。梁体开裂，原本是混凝土桥的普通问题，但大跨预应力混凝土连续刚构桥的裂纹还有别于其他混凝土桥，有其规律，值得进一步探究。预应力混凝土连续刚构桥的另一问题是下挠现象。预应力混凝土连续刚构桥修建时应考虑运营荷载所产生的挠度和混凝土的收缩徐变因素的影响，按规范要求设置一定的预拱度。但是，许多大跨度预应力混凝土连续刚构桥的下挠却呈现进行发展的特征，即其运营后，下挠度每年都在增加。有些桥下挠度由最初的几毫米发展到数百毫米，并已严重影响到汽车的正常行驶，有些桥运营十多年后挠度还在继续增加，这与以前“徐变挠度三年后基本完成”的认识不相符，需要进一步研究其成因。

以下将针对几座有代表性的大跨预应力混凝土连续刚构桥的开裂和下挠问题进行初步的调研和分析。

一、病害研究

(一) 研究桥一

某大桥辅航道桥主桥为 (150 + 270 + 150) m 的预应力混凝土连续刚构，该桥于 1996 年 6 月合拢，1997 年 5 月 1 日通车。

1. 主梁下挠

根据文献[10]介绍，自 1997 年 12 月至 2000 年 1 月，经过 4 次实测，发现辅航道桥中跨跨中平均下挠了 104 mm，两个边跨跨中各平均上抬了约 4 mm。至 2003 年 12 月实测，中跨跨中下挠了 220 mm。经过连续 7 年对刚构基础承台及墩顶的观测，未发现变位或倾斜，但其主跨跨中挠度却逐年增长。其原因主要是梁体混凝土收缩、徐变的影响。

2. 主梁施工裂缝

根据《某大桥辅航道连续刚构桥上部构造工程监理报告》(1996 年 10 月) 及《某大桥 270 m 刚构 19 号、20 号墩箱梁节段裂缝修补报告》(1996 年 9 月) 介绍，该大桥上部结构于 1994 年 11 月开始浇筑 0 号块，1996 年 6 月 8 日东边跨合拢，6 月 10 日西边跨合拢，6 月 16 日中跨合拢。该桥在悬臂施工至 22 号块以后(1996 年初)，由于挂篮后锚点细节处理不善，浇灌混凝土后挂篮变形，造成新老混凝土梁块界面间出现裂缝。当时由监理、设计、施工三方研究认为裂缝不影响施工，待稳定后修补。合拢后，19 号、20 号两个主墩两侧第 21 号块至第 26 号块之间 5 个断面的腹板裂缝，其中有部分裂缝延伸到顶面，缝长 294 ~ 495 cm，最大缝宽 0.3 ~ 5.0 mm。这些裂缝于 1996 年 7 月至 9 月用复合环氧树脂浆压力灌浆补强。修补时从内侧压浆，发现外侧冒浆，说明所有裂缝均为贯穿裂缝。从 7 月 24 日至 9 月 4 日，历时 43 天，共压浆修补裂缝总长 673.37 m (19 号墩及 20 号墩两侧各 40 条内侧裂缝)。以上压浆修补工作均经该大桥工程施工方、施工监理对修补数量与质量进行了验收。验收结论认为，内侧压浆外侧冒浆，说明绝大部分裂缝充填饱满，符合要求；根据进浆量很大及腹板和顶板冒浆现象，可知浆液不但把裂缝充满，而且还把局部的蜂窝等缺陷也充填密实，使压浆修补工作起到了一举两得、事半功倍的效果。最后，各方代表签字，一致同意通过验收。

针对以上情况进一步探讨，自施工至 22 号块发现挂篮变形，出现裂缝至跨中合拢完毕，各段之间界面经过了多次预应力筋的张拉压紧。因此，上述两个报告中的裂缝是经过预应力筋张拉压紧以后还存在的，也就是说预应力筋是在相邻界面没有完全贴紧的情况下张拉的。这样，断面上应力如何分布，报告中未有说明。合拢后压注的浆显然没有受到合拢前施加的预应力，压浆时保持的 0.25 ~ 0.35 MPa 的压力，在浆液硬固以后是否能保持，能保持多少，报告中也未提及。

报告中提到进浆量很大，腹板和顶板有冒浆现象，揭示了除挂篮变形和界面开裂之外，还有蜂窝类内部空隙的施工缺点。

从理论上说，裂缝或内部空隙的压浆修补应在悬臂施工预应力筋张拉之前，在合拢时连续力筋张拉之前进行，使新老节段紧密贴合的情况下施加预应力。

(二) 研究桥二

某长江大桥主桥为(162.5 + 3 × 245.0 + 162.5) m 预应力混凝土连续刚构，该桥于 1992 年 7 月开工，1995 年 5 月主桥中跨合拢，全桥贯通，1995 年 12 月建成通车，2002 年 11 月开始改扩建。

该桥主墩为钢筋混凝土双薄壁墩，单壁宽 10 m，厚 3 m。基础为钢围堰钻孔群桩基础。上部结构为变高度预应力混凝土单室矩形箱梁，箱宽 10 m，顶面宽 19.6 m，墩顶梁高 13 m，合拢段梁高 4.1 m。箱底面曲线为二次抛物线。墩顶位置，顶板厚 50 cm，底板厚 150 cm，腹板厚 129 cm；其余部位，顶板厚从 25 cm 渐变至 50 cm，底板厚从 32 cm 渐变至悬臂根部的 135 cm。腹板厚度为 50、65、80 cm 三种，在距墩中心 33m 及 71.5 m 处，采取突变形式过渡。梁体设计为三向预应力结构。纵向及横向预应力采用 $R_y = 1\,860$ MPa 低松弛钢绞线，顶板索采用 OVM15-31 型钢绞线索，设计张拉吨位为 4 271 kN；底板索采用 OVM15-22 型钢绞线索，设计张拉吨位为 3 031 kN；横向索采用 OVM15-4 型扁锚体系，设计张拉吨位为 551 kN。竖向预应力筋采用 φ32 mm 精轧螺纹钢筋，设计张拉吨位为 542 kN。

该桥通车后，经过近 7 年的运营，出现了较为严重的病害，主要表现为主梁下挠及箱梁裂缝（根据文献介绍）。

1. 病害情况

(1) 箱梁裂缝

根据参考文献[9]介绍，1995 年 12 月初开始发现南北边跨现浇梁段距梁端 20 m 范围内，箱梁腹板内外出现与水平呈 45°左右的斜裂缝。自 1996 年 10 月到 1997 年 6 月，共进行了 17 次观察，检查出箱梁内侧 119 条、外侧 78 条裂缝，其中 49 条裂缝内外贯通，合计 148 条裂缝。其中贯通裂缝宽度大于 0.4 mm，缝长大于 4 m 的有 37 条。

文献[3]中表述：通过详细检查，共查出箱梁裂缝 6 638 条，其中 5 328 条分布在箱梁腹板内表面上（上游腹板 2 200 条，下游腹板 3 128 条），1 073 条分布在腹板外表面上（上游 272 条，下游 801 条），237 条分布在底板上。这些裂缝可分为三类：一类是跨中一定范围内腹板的斜向裂缝；二类是底板的横向裂缝；三类是墩顶横隔板的竖向和横向裂缝。根据资料，该大桥各跨主梁跨中 36 m 的区段内，主梁腹板、各跨跨中底板严重开裂，基本上为贯穿的受力裂缝（但资料中未说明裂缝的尺寸和间距）。

(2) 主梁下挠

文献[3]显示，该桥运营 7 年后（2002 年）与成桥时相比，大桥北岸次边跨（2 号墩与 3 号墩之间）跨中下挠累计已达 30.5 cm，中跨（3 号与 4 号墩之间）跨中下挠已达 21.2 cm，南岸次边跨（4 号与 5 号墩之间）跨中下挠已达 22.6 cm。

(3) 抗弯刚度下降

对主桥结构自振特性测试发现，实测桥跨结构一阶竖弯自振频率较交工验收时降低了 12.5%，进一步证明了梁体开裂降低了梁体的抗弯刚度。经分析认为，裂缝成因主要是主拉应力偏大、预压应力降低、荷载增加等。

2. 病害原因分析

经过分析检算[3]，认为腹板裂缝成因主要是主拉应力偏大，边跨预应力束以直束为主，未考虑利用弯起束来克服主拉应力。经过对原设计复核计算[3]发现，裂缝区域主拉应力在不考虑竖向预应力时达到 2.6 MPa，计入竖向预应力时为 1.7 MPa，数值偏大，安全储备较小。此外，有效预应力的降低、腹板厚度的负误差等对腹板裂缝也有一定影响。文献[3]还认为，大桥主梁下挠和正弯矩区底板裂缝与纵向有效预应力（包括顶部悬臂力筋与底部连续力筋的预应力）的降低有直接关系，而顶板悬臂力筋有效预应力的降低对主梁下挠影响更大(对于有效预应力降低的原因，文献中未多加分析)。

3. 修复加固处理

对于上述病害，采取了以下五种措施处理：(1)混凝土缺陷修补和裂缝封闭；(2)在箱梁腹板和底板受拉部分粘贴碳纤维布；(3)增加体外力筋，改善结构受力状态；(4)对未灌浆的底板索进行灌浆；(5)对外露及原封锚破损的锚头进行规范封锚。经过上述处理，主梁下挠现象得到抑制，增加了预应力储备，提高了强度和刚度，主梁自振频率明显恢复。

(三) 研究桥三

某黄河公路大桥主桥为(105 + 4 × 140 + 105)m 的六跨预应力混凝土连续刚构，该桥于1992 年建成通车，全长 1 310 m。上部结构为变高度单室矩形箱梁，顶宽 18.5 m，箱宽 9 m，梁高 8 m ~ 3 m。梁体为三向预应力结构。纵向及横向预应力筋用钢绞线束，竖向预应力筋用精轧螺纹粗钢筋。主墩为双薄壁墩，群桩基础，桩深达 70 m。

1. 桥梁病害的几次检查测试情况

(1) 主梁下挠

从 1996 年开始，该桥管理处每年两次对大桥进行观测，发现主桥跨中普遍下挠，但下挠程度比较稳定，未发现有进一步发展趋势。

1999 年 10 月，西安公路交通大学工程检测中心对大桥进行了全面检查，发现每跨跨中普遍下挠(以上文献中均未列具体数字)。

(2) 箱梁裂缝

1999 年 10 月，西安公路交通大学工程检测中心对大桥进行了全面检查，发现箱梁腹板有大量斜裂缝。

2002 年 6 月，河南省公路局委托长安大学测试分析中心进行全面检查和静动载试验。检查结果与两年前观测结果比较，发现病害加剧，且有发展趋势。主桥 6 孔箱梁共发现裂缝 733 条，其中缝宽在 0.3 mm 以上者有 139 条，0.5 mm 以上者有 48 条，1.0 mm 以上者有 10 条。大部分斜裂缝与主拉应力方向一致，与两年前相比，原裂缝长度延伸者有 189 条，新发现裂缝 289 条，约占裂缝总数的 40% 。大部分裂缝与荷载有关，梁体抗裂性下降。

桥上有超重车行驶。该桥原设计活载为汽超—20 级和挂—120 级，实际上有些单车毛重已达 600 kN，却仍按常规通过大桥。

静动载试验说明，目前桥梁承载力尚能满足设计要求，但承载力有下降趋势。

2. 病害原因分析

(1) 由于超限重车通过造成裂缝和无法恢复的变形。

(2) 经过对原设计进行复核计算发现，考虑竖向预应力时，腹板主拉应力达 2.4 MPa。由于力筋锈蚀和预应力损失，实际主拉应力会远大于此值，并超过混凝土的实际抗拉强度。

(3) 荷载增加、有效预应力降低以及徐变影响都可能造成跨中桥面下挠。

3. 修补加固措施

(1) 混凝土裂缝缝宽大于 0.15 mm 者进行压浆修补，缝宽小于 0.15 mm 者进行封闭处理。

(2) 在裂缝范围，腹板内部贴钢板、腹板外部贴碳纤维布补强。

(3) 增设体外力筋。均为腹板弯起束，每跨 12 束，每束张拉力为 420 t，分 4 组弯起。这些体外力筋在跨中为底板束，在墩顶为顶板束，弯起处梁体设转向块，在墩顶横隔板凿孔为力筋孔道，并加设斜锚块，使体外力筋交叉锚固在主墩横隔板。

（4）桥面铺装层破损部分清除，洗净后，新铺一层沥青混凝土。

加固工程于2003年7月开始，2003年12月完成。

（四）研究桥四

某大桥为跨度(46+80+46)m的预应力混凝土连续刚构桥，C50混凝土，三向预应力，单室箱梁，桥面宽15m，箱高4.5~1.8m。该桥1990年6月完工，1994年6月发现桥面中部纵向裂缝[9]。1995年5月发现裂缝桥面有发展，测得缝长15m，宽0.10~0.20mm。在箱内顶板中间有不连续的纵向裂缝，缝宽0.10~0.12mm。同时发现中跨1/4和边跨1/2处腹板与水平呈25°~50°的斜裂缝，1995年12月测得腹板裂缝宽度达0.47mm。1997年1月17日检查，发现桥面纵缝长度达110m，箱内不连续裂缝长达60m，最大缝宽0.3mm。腹板斜裂缝未增加，但长度有所增加。1997年8月检查发现，腹板最大缝宽达0.595mm。

顶板纵向裂缝原因：横向有效预应力降低，温度及收缩影响，原设计冲击系数为1，实测为1.3；腹板斜裂缝原因：竖向预应力失效，顶底板均用直束，未利用弯起力筋，以至主拉应力过大。至1997年8月，裂缝尚未稳定，拟在稳定后再进行处理。

（五）研究桥五

某大桥为主桥跨度(75+7×120+75)m的预应力混凝土连续刚构桥，C50(实际C60)混凝土，三向预应力，单室箱梁，桥面宽18.32m，梁高2.6~6.5m。

该桥1993年10月完工，1996年11月发现主桥9孔箱梁裂缝多发生在内腹板1/4处，并与顶板成25°~50°夹角[9]。1997年4月17~25日检查，共发现272条裂缝，其中东侧92条、西侧180条，最长4m，最宽1.80mm，部分裂缝有水渍。1997年8月13~27日检查，箱内温度34℃~36℃，发现新增裂缝98条，其中东侧48条、西侧50条。新增加的裂缝最长3m，最宽0.58mm。

根据文献[9]分析，裂缝原因：全桥未设连续束、下弯束或弯起束，而竖向力筋的预加应力可能损失过大；主桥施工将多次逐孔合拢改为5孔一次合拢；该地气温变化大，温差及收缩影响大；不能排除施工影响。文献[9]中提到，由于该桥计算十分复杂，大桥裂缝还有待进一步观测分析论证，当时尚未处理。

二、病害原因初步分析与防治对策研究

（一）刚构桥病害综述与原因分析

以上几座连续刚构桥病害调研资料中反映的病害主要是跨中下挠与梁体裂缝，也发现有桥面铺装层破损以及施工中挂篮位移引起相邻梁块间界面开裂等情况。在梁体裂缝中，以腹板斜裂缝为多，也有顶底板的纵向及横向裂缝、墩顶横隔板竖向与横向裂缝，有因受力引起的裂缝，也有因温差收缩引起的裂缝。

以上研究的信息提出警示，在大跨预应力混凝土连续刚构桥建设时，对上述问题不能掉以轻心，并应力求避免。但以上各桥距桥梁建成时间均不长，资料收集、病害调查内容还很不完备，该类桥梁在建设中，在考虑保证质量措施时应该有更全面的观点。

为确保大跨度预应力混凝土连续刚构桥的优良性能，防止病害的措施应贯穿在设计、施工、运营、保养的各个环节。从单纯的强度观点转变到以耐久性为主的全面质量观点是20世纪80年代以后设计思想的一个重要发展。对混凝土结构来说，防止裂缝是提高混凝土耐

久性的重要问题。所谓耐久性，是指保持使用性能的持久性，而桥梁过度下挠或上拱都是对使用性能的损害。所以，梁体裂缝和过度下挠都是“混凝土结构耐久性”所要解决的问题。连续刚构是墩梁固结结构，桥墩与基础及上部结构联成一体，它的设计、施工、检查与维护应和梁部结构一同样给予考虑和关注。

（二）各类裂缝原因分析和防止措施

1. 早期裂缝的防止

有些表面裂缝是由内部微裂发展而成的。混凝土早期，或因水化热引起的温差应力，或因干燥收缩引起的收缩应力，或因外加荷载产生的应力(例如在张拉预应力筋时，从锚块传到混凝土上的压应力)，会引起混凝土内部的早期微裂。这些内部微裂在互不连贯、未形成水分或有害气体的通道时，不会影响混凝土的耐久性。但是，在环境因素(如冷热交替、干湿交替及外力）的反复作用下，这些内部微裂会逐渐扩展成相互贯通，并延伸到混凝土表面，成为外界水分及腐蚀性介质入侵的通道。这种情况若不加以防止，就会加速混凝土的损坏。混凝土损坏的四种因素(钢筋腐蚀、冻融循环、碱硅反应和硫酸盐侵蚀）都与水分介入引起的膨胀开裂有关。防止这种微裂，也就防止了由微裂扩展而成的腐蚀介质通道。防止这类裂缝的具体措施有：

（1）采用低水化热的高性能混凝土，在不降低强度的情况下，降低早期的温度应力。

（2）加强养护，在养护过程中，既要防止混凝土表面水分的蒸发，以避免早期的收缩裂缝，又要防止因水化热引起的温差所产生的温度裂缝。

（3）控制张拉预应力筋时混凝土的压应力，一般应限制在小于 $0.6f_{ck}$。根据《1990 CEB-FIP 模式规范》10.3.5 节，在荷载的罕遇组合下，如混凝土的应力超过 $0.6f_{ck}$，则可能出现纵向裂缝。纵向裂缝的出现能导致耐久性降低。我国现行公路预应力混凝土桥涵设计规范（JTJ D 62—2004）规定，在预应力和构件自重等施工荷载作用下，截面边缘混凝土法向应力应小于 $0.70f_{ck}$，“加强养护”对于防止早期裂缝是十分重要的。丹麦大贝尔特桥施工时，对承包人提出了关于混凝土养护的严格要求，简述如下：

①应该对混凝土进行保护，防止水分从表面蒸发，应该在达到 0.5 kg/(m^3·h)的蒸发量以前即进行养护。

②已灌筑的混凝土应加以保护，不使其受水侵蚀。

③在混凝土硬固到足以抵抗霜冻以前，应对混凝土加以保护，使其不受霜冻危害。

④混凝土的最高温度决不允许在任何一点超过 70 ℃，如有文件依据可以证明其无害，则在水化过程中混凝土温度只可超过 50 ℃。

⑤对于温度膨胀不受相邻结构约束的板或墙，混凝土平均温度与表面温度之差不得超过 15 ℃，这一般相当于结构中心与表面的温度差不超过 20 ℃。同时灌筑的相邻板或墙的平均温差不得超过 20 ℃，早先灌筑的和新近灌筑的板或墙的平均温差不得超过 12 ℃（以上三项温度要求在工地语言中简化为 D15(20)，D20 与 D12)。以上温差只有在有证明说明由该项温差引起的拉应力总是小于当时混凝土抗拉强度的情况下，才可以被超过。

（4）为了满足以上要求，可采取下述措施：

①对于贴着模板灌筑的表面，可将模板留在原地，暂缓拆除，以取得养护的效果，直到混凝土达到所要求的成熟度。

②如果较早拆模，任何表面保护的实施均不得迟于拆模后 1 h。保护措施包括经常浸水、

雾室，或用水或蒸汽密封的薄膜或类似的材料覆盖。

③对于自由表面，可按上述方法养护。若规范容许，可采取表面喷雾或覆盖养护薄膜。

类型 A 混凝土：不允许用养护薄膜；

类型 B 混凝土：允许用养护薄膜。

④施工时应预见到在硬化(水化）时，必须单独或综合地实施以下工作：

A. 灌筑混凝土时调整温度；

B. 对早先灌筑的混凝土加热或绝缘；

C. 延迟拆模时间，使之迟于强度要求的拆模时间；

D. 通过埋入管路，在管内通循环冷水降温，或埋入电阻丝加温，以调节温度；

E. 遮蔽灌筑区，以避风雨。

2. 腹板斜裂缝的防止

（1）防止了混凝土的早期裂缝，基本上就能保证混凝土固有的抗拉强度不致消失，对混凝土的抗裂性是有利的。

（2）将顶板悬臂束下弯、底板连续束上弯，对于降低腹板主拉应力，是一种合理的布筋形式。每节梁段至少应有两根顶板束下弯至腹板中性轴以下锚固。但是，一般情况，中间跨底板连续束上弯将使腹板内管道拥挤，并须在顶板上设置锚头，困难较多，故中间跨一般仅将顶板束下弯，底板连续束不上弯进入腹板。但边跨底板连续束可上弯，进入靠端支座一侧腹板，锚固在端截面中性轴以上，纵向力筋弯入腹板，要考虑力筋管道对腹板截面的削弱，应适当增加腹板厚度，并妥善处理锚固区的细节设计。

（3）竖向力筋由于长度较短，应力容易损失，设在顶板的锚头如封闭不严密，又容易进水，导致腐蚀，故竖向力筋施工时，应严格控制各道工序，确保锚下混凝土的质量、垫板的平整、灌浆的饱满、锚头的密封，否则，不如取消竖向力筋。有些桥梁设计，腹板内不用竖向力筋，仅依靠纵向力筋及纵向弯起力筋产生的预应力，并适当增加腹板的厚度来降低主拉应力，也取得了防止裂缝的良好效果。从技术及经济效果来说，利用弯束、确保混凝土质量、适当增加腹板厚度要比采用竖向预应力筋有利得多。因为竖向力筋施工麻烦，稍有疏漏就会产生病害。

3. 预应力与预应力管道

顶板与底板的横向裂缝主要是由于预应力损失超过设计预期值，或因超重车过桥所致。设计时准确估计各项预应力损失，预留适当储备，施工时严格质量控制，运营时在采取加固措施以前禁止超重车辆过桥，这类裂缝就可以避免。

预应力筋管道造成的截面削弱和应力集中，以及对混凝土收缩的约束往往是沿管道纵向裂缝形成的原因。为了减少这种不利的影响，施工时应保证保护层的厚度、管道间距和管道周围混凝土的质量，尤其要注意保护层混凝土的质量。在张拉底板纵向力筋时，张拉顺序的安排应考虑使应力均匀分布，并保证混凝土应力不超过规定值。显然，体外力筋是避免截面被孔道削弱、解决这一问题的更好方案。

4. 减少日照引起的温度应力

桥面隔热层，如铁路桥梁的道砟层，对减少日照引起的温度应力比较有效，公路桥梁的桥面铺装层主要用来防水和抵抗磨耗，如何增加它的隔热性值得探讨。此外，适当地增加箱梁桥面两侧悬臂板的长度，藉以遮挡日光对腹板的直接照射，也可以减少因两侧腹板温差引起的应力和变形。

5. 墩顶横隔板的抗裂

墩顶横隔板位于主梁根部，墩梁固接的关键位置，受力复杂，难以精确计算。对于板墙式横隔板，一般采用横向或交叉的斜预应力筋、施加预应力的方法来防止其开裂。最近国外有些大跨度预应力混凝土箱形连续梁（如法国的 Avignon 高速铁路桥，12 孔 100 m，1999 年建成）及刚构桥（如加拿大的联邦桥，44 孔 250m，1997 年建成）在墩顶节段，采用预应力倒 V 形横撑。加拿大联邦桥所用的是钢—混凝土组合型后张预应力倒 V 形横撑，其钢结构部分又用作灌筑节段时的模板，上面还设置了通过墩顶节段所有预应力束的管道，使施工得以加快[18]。

（三）主梁下挠原因分析和防止措施

1. 充分估计预应力混凝土连续刚构中混凝土的收缩徐变和结构弹性约束对有效预应力与挠度的影响。

根据调查资料，多座已建成的大跨度连续刚构桥主梁跨中下挠过大，且持续下挠，其原因可归纳为：(1)有效预应力不足，或损失过大；(2)混凝土收缩徐变影响；(3)梁体开裂以后刚度下降。预应力混凝土连续刚构的梁部结构在悬臂施工阶段，梁段重量产生巨大的剪力和悬臂弯矩是由悬臂力筋所产生的轴向压力和偏心矩来抵抗的，此时结构是静定的，力筋的有效预应力和预应力损失可像简支梁那样来计算，收缩徐变只引起结构的变形，而不会改变结构的内力。合拢后，合拢段两侧的梁在各自前期内力的作用下，由混凝土徐变和收缩引起的相对变形增量将受到结构连续性约束，从而产生约束内力，称为“徐变次内力”。这种次内力将改变结构的内力和变形状况，这种变化将随着时间的增加而增加，但逐渐趋于缓慢。为了减少徐变收缩引起的主梁下挠和预应力的降低，可在悬臂施工完成以后，等一段时间再合拢，或者采用体外力筋，在需要时进行补张拉。

合拢时，底部连续力筋张拉是在已形成连续结构的状态下进行的。此时，力筋所施加的预加力引起的结构变形将受到连续结构的弹性约束，从而产生弹性次内力，这种弹性次内力将使连续力筋跨中的预加力（包括预加弯矩）大幅度降低，使预应力筋的效率大幅度下降。从理论上讲，采用吻合束，对于纵向位移没有约束的连续梁来说，可以避免产生弹性次反力以及由此引起的预应力效率降低，而弯起束比直束更接近于吻合束。对于连续刚构，也可以根据同样的原理说明：弯起束比直束更接近于吻合束，预应力筋的效率也应该比直束高。因此，不论从腹板抗裂的角度还是从提高预应力筋的效率的角度来说，采用弯起的连续束都是有利的。澳大利亚的门道桥[23]是三跨连续刚构桥，主跨 260 m，两边边跨各 130 m，其主跨连续束每根（31φ12.7 mm 钢绞线束）长度超过 270 m，从跨中底板上弯到墩顶梁顶（由于弯起角度较小，孔道摩阻损失比较小）。门道桥箱梁腹板的最小厚度为 0.65 m，墩顶腹板厚度为 1.0 m。

综上所述，预应力混凝土连续刚构要比较准确地预计结构变形和预应力变化（损失），不仅需要有符合实际的材料变形参数，还应有符合实际的计算图式和边界约束条件。设计时，既要尽可能准确地估计各种有关的参数和边界约束条件，并且要尽量减少不利因素的影响，提高预应力的有效性，保持桥面的适当线形。但是，这些参数和边界条件是很不容易估计准确的。要有安全储备，在施工阶段就应进行现场监测校核，以便发现问题，及时修正。

2. 备用束与无粘结体外力筋

一般在顶板或底板内预埋若干备用管道和备用锚块，必要时穿入预应力束，以便对梁体内力及桥面线形进行调整。这种备用束张拉后即进行管道压浆、封灌锚头，只能调整一次，不如采用体外无粘结力筋。采用体外无粘结力筋的优点是应力状态可以随时检测、随时调整，还可使腹板得以保持完整而不被削弱，免除了埋设管道和灌浆等工作，简化了施工。体外力筋既要采取全封闭式的，又要能进行重复张拉。一般用高密度聚乙烯或聚丙烯管作体外力筋管道，管内及锚头可用蜡封闭。锚头应备有可拆装的密封盖，与管道密接，体外力筋可以通过转向块进行折线布置。

3. 采用预制拼装式结构

加拿大的联邦桥梁(1997 年建成，44 孔 250 m 带挂梁的预应力混凝土刚构桥）和英国的第二塞汶河桥梁，大桥的上、下部结构全部采用高性能混凝土预制拼装式结构，并采用体外无粘结力筋。可以设想，不仅预制构件比就地灌筑更易保证质量，预制拼装式的预应力混凝土连续结构因混凝土收缩徐变引起的预应力损失和结构内力变化要比就地灌筑的结构小得多，它的结构内力和桥面线形更容易掌握，采用无粘结体外力筋更容易进行调整。

（四）高性能混凝土的特点与应用

1. 高性能混凝土的特点

采用高性能混凝土不仅是为了防止早期裂缝，而是着眼于结构的长期耐久性，以高性能代替高强度是一个划时代的进步。20 世纪 70 年代，利用超级减水剂制成的低水灰比、高水泥含量的高早强混凝土，曾经被认为是耐久的，一度对工程界很有吸引力。但是，这种混凝土的高收缩率、高水化热、高弹性模量与低徐变，很易使混凝土发生早期裂缝。

目前，用于高性能混凝土的三种关键性的矿物掺合料是磨细粉煤灰、磨细高炉矿渣(碱性）和硅灰。这种极细的磨细颗粒拌和在混凝土中，产生的三种效应是：(1)填充效应——使混凝土密实，降低渗透性；(2)增强效应——与水泥和水作用，产生水化硅酸钙胶，使骨料粘结得更坚固，后期强度显著提高，由于砂浆与骨料之间粘结强度高，更不易开裂；(3)润滑效应——矿物掺合料的微小圆形颗粒在粗细骨料之间，能起很好的润滑作用，再加上超级减水剂的润滑作用，使混凝土在很小的水胶比情况下，具有良好的流动度。高性能混凝土的配合比设计要根据使用要求、环境条件及耐久性要求而定。笼统地说，高性能混凝土具有高矿物掺合料含量、低水泥含量、低水胶比、高流动度、高耐久性、高强度等特点。

2. 高性能混凝土在国外若干大桥中的应用

(1) 美国联邦公路管理局(FHWA）于 1993 年开始组织推广高性能混凝土的示范工程，为 12 个州的 15 座示范桥提供了资金，得到各州的积极响应，并取得了良好的技术经济效果，迅速在全国推广。早在联邦公路管理局推广高性能混凝土以前的 1983 ~ 1986 年，美国佛罗里达州在修建日照天路桥(Sunshine Skyway Bridge）时，为了防止海水腐蚀，规定上、下部结构均掺用粉煤灰，其中基础封底与钻孔桩混凝土用粉煤灰替换 50% 水泥，其余替换 20% 水泥，基础部分水胶比用 0. 44，其余部分用 0. 41。

(2) 英国第二塞汶河桥于 1996 年建成，全长 5 125 m，两岸引桥各有 20 孔 98 m 跨度的预应力混凝土连续梁，引桥的上、下部结构连同主桥(跨度 946. 6 m 的钢—混凝土结合梁）桥塔的塔柱与基础均采用高性能混凝土预制拼装式结构。建桥期间正值英国运输部禁止采用管道压浆的后张预应力结构，故上、下部结构均用体外无粘结力筋，混凝土设计强度为 60 MPa(实际达 80 MPa)，每立方米混凝土用波特兰水泥 346 kg、磨细高炉矿渣 134 kg。12 h 达到拆模强度 12 MPa，18 h 达到起吊强度 17. 5 MPa。

(3) 加拿大联邦桥(1997 年建成，全长 13 km，有 43 孔跨度为 250 m 的预应力混凝土刚构加挂梁）地处自然环境十分严峻(要考虑流冰冲击、海轮碰撞、冻融交替、海水腐蚀等作用）的北大西洋诺森伯兰海峡。该桥上、下部结构（包括基础）都采用高性能混凝土预制大块体拼装式结构。桥梁设计使用寿命100年，除了抗流冰部分的混凝土28d强度要求为90 MPa外，其余均为55 MPa（60d强度为60 MPa）。6个月龄期混凝土的氯离子扩散系数约为普通混凝土的1/10～1/30，60 d龄期混凝土潮湿试件的电阻为470～530 Ω/m，为普通混凝土的9.4倍。混凝土保护层厚度为75 cm，海水中氯离子浓度为2 100 ppm。根据计算，海水中氯离子通过保护层使钢筋表面的氯离子浓度达到使钢筋开始失去钝化的时间在60年以上。

（4）挪威为结合北海采油平台的建设，自1986年至1993年，挪威皇家科技研究院的科学与工业研究基金持续资助高强度高性能材料和结构的研究。挪威运输部早在90年代初期就已规定，桥梁混凝土必须掺粉煤灰或硅灰，水胶比不得大于0.4。挪威的混凝土结构设计规范已将混凝土强度等级提高到C105。至20世纪末，挪威已建成20余座海洋采油平台。1992年，建成Skarnsundet斜拉桥，主跨530 m，为目前世界上跨度最大的混凝土斜拉桥。1998年，建成拉福特桑德（Raftsundet）海湾桥（主跨298 m的四跨预应力混凝土连续刚构）。1999年，又建成新斯托姆（Stolma）跨岛桥（主跨301 m的三跨预应力混凝土连续刚构）。后两座桥是目前世界上跨度最大的预应力混凝土连续刚构桥，这两座桥主跨的中间梁段都采用C60高性能的高强轻质混凝土，其余部分采用C65高性能混凝土。

3. 采用高性能混凝土应注意的若干问题

（1）高性能混凝土的特点之一是低水灰比，缺乏离析水，混凝土灌筑后，表面干燥而没有离析水上升，往往导致塑性收缩裂缝，所以高性能混凝土要在初凝以前就开始养护。ACI建议，当水分蒸发速度超过0.5 kg/(m^2·h)时，就应采取保护措施，这是高性能混凝土与普通混凝土不同之处。

（2）高性能混凝土的自发收缩（autogenous shrinkage）较高，在选择配合比设计时，应注意测定和选择，必要时可掺用减缩剂。

（3）高效减水剂可以大量降低水灰比，同时提高混凝土的流动度，但其主要缺点是黏性大，坍落度的保持时间短，使坍落度容易损失。泵送及导管灌筑发生困难时，可采用高性能复合减水剂或高性能引气减水剂来解决问题。

（4）高性能混凝土基本上是在20世纪90年代以后才发展起来的，它的配制成分与普通混凝土有很大不同，过去规范中混凝土的有关参数已不能完全适用。因此，在设计、施工之前应多做一些补充试验，施工阶段要加强监测，并在运营阶段进行长期观测，积累资料。

（五）病害调查分析初步结论

1. 纵向力筋弯入腹板对腹板抗裂是有利的，每块梁段至少有两根悬臂束弯入腹板，并锚固在中性轴以下，但须考虑孔道对腹板的削弱，处理好锚固区的细节设计。

2. 腹板竖向力筋的各道工序的施工质量必须严格控制。

3. 可以不采用腹板的竖向力筋，仅依靠纵向弯起力筋并采用足够厚的腹板来抵抗主拉应力，避免裂缝。

4. 张拉预应力钢筋时，应严格控制混凝土应力，以免造成永久性损伤。

5. 尽量考虑预应力混凝土连续刚构的结构特点，减少预应力损失，提高预应力的有效利用。

6. 制定并执行严密的混凝土养护工艺。

7. 设置备用束以备合拢后对内力及桥面标高进行微量调整。

8. 采用部分无粘结体外力筋。

9. 发展高性能混凝土预制拼装式结构的预应力混凝土连续刚构桥。

10. 当跨度达到一定程度时，可考虑采用钢桥或其他桥式以取代预应力混凝土连续刚构桥。

11. 对于 PC 连续刚构桥，采用高性混凝土是必要的。

第五节　混凝土收缩徐变的影响

一、概　　述

混凝土是桥梁工程中最常用的建筑材料之一，通常由水泥、水及骨料组成。在长期荷载作用下，这种材料可能发生显著的变形，即通常所说的徐变变形，其应力—应变关系是时间的函数。混凝土收缩则是混凝土体内水泥胶凝体中游离水蒸发而使本身体积缩小的一种物理化学现象，它是不依赖于荷载而与时间、气候等有关的一种干燥变形。

目前国内大跨度预应力混凝土连续刚构桥部分存在“腹板开裂”、“梁体下挠”和“非荷载裂缝增长”等问题，腹板预应力不足、混凝土收缩徐变是重要的影响因素之一。通常，大跨度预应力混凝土连续刚构桥上部结构采用挂篮悬浇施工，混凝土的收缩徐变必将导致预应力混凝土构件的预应力损失和结构内力重新分布等。在结构合拢、体系转换时，徐变是主要的考虑因素之一。合理考虑混凝土的收缩徐变影响，是确保该类桥梁避免病害并安全运营的前提，因此，对混凝土收缩徐变资料进行调研与分析很有必要。

二、混凝土收缩徐变的影响因素

综合国内外有关混凝土收缩徐变的研究报告，混凝土收缩徐变的主要影响因素有：

1. 相对空气湿度。它对混凝土收缩徐变产生重大影响。气候越干燥，混凝土收缩和徐变的效应越明显。

2. 混凝土的龄期。混凝土的最终收缩量与混凝土在开始干燥时的龄期有很大关系。混凝土潮湿养护时间越长，其最终收缩量将越小。混凝土在荷载开始时的龄期对徐变的影响非常大，加载时的龄期越长，徐变变形越小。

3. 构件厚度的影响(尺寸效应)。随着构件尺寸的增大，混凝土收缩徐变的效应将降低。混凝土收缩和徐变均是构件体积与表面积之比的函数，并随着比值的增大而降低。

4. 水灰比。增加水泥含量或增加水泥浆含量或两者同时增加，都将使极限收缩率增大。一般而言，徐变随水灰比的降低而减小。

5. 环境温度。周围空气的环境温度会影响混凝土的干燥，从而影响混凝土的收缩和徐变。

6. 混凝土骨料和强度等级。骨料的弹性模量越高，徐变率越低，徐变值越小。

三、混凝土收缩徐变对结构的影响

混凝土收缩徐变除了导致预应力损失外，还影响梁部结构和线形。采用挂篮悬浇施工的预应力连续刚构桥和连续梁桥，在结构合拢、体系转换时，徐变是主要的考虑因素之一。就桥梁工程而言，混凝土收缩徐变的影响主要有：

1. 由于梁部混凝土受压区的混凝土收缩和徐变，引起梁体挠度增大；

2. 徐变会增大偏心受压柱的弯曲，增大初偏心，从而降低承载能力；

3. 导致预应力混凝土构件的预应力损失；

4. 对于组合截面的构件(含不同材料组合截面，如钢筋混凝土组合截面或不同龄期混凝土组合截面等)，徐变会使截面上的应力重分布；

5. 对超静定结构，混凝土徐变会导致结构内力重分布，即引起结构的次内力；

6. 在混凝土局部受力处，徐变可降低应力峰值；

7. 由于收缩内应力的存在，容易引起构件外表面裂缝等。

四、收缩徐变系数计算方法

混凝土徐变是一个复杂的物理力学过程，多年来，国内外研究人员进行了大量试验，提出过许多理论，实际选用何种形式则因不同国家或地区而异。下面选取几种有代表性的理论进行分析对照。

(一) 老化理论

Dischinger 提出了一个徐变随时间变化的简便公式，即

$$\varphi(t,\tau)=\varphi_k e^{-\beta\tau}[1-e^{-\beta(t-\tau)}] \tag{3.5.1}$$

式中 φ_k——徐变终极值；

β——徐变增长速度系数；

τ，t——加载龄期和计算龄期。

老化理论的特点是假定 φ_k 随着 τ 的增长而减少，不同加载龄期的 φ—t 曲线均可以从初始的$(\tau=0)\varphi$—t 曲线垂直平移而得。该法由于形式简单，曾为我国长期使用。

(二) 先天理论

先天理论不反映加载龄期的影响，只考虑持荷时间趋于∞时，不同加载龄期的徐变系数都达到同样的终值。

$$\varphi(t,\tau)=\varphi_k[1-e^{-\beta(t-\tau)}] \tag{3.5.2}$$

试验资料缺乏时，该法很少使用。

(三) 弹性徐变体理论

弹性徐变体理论试图同时考虑先期加载与后期加载两种情况，曾有过许多推荐公式，其中被认为较好的有 H·X·阿鲁秋扬公式，即

$$\varphi(t,\tau)=\left(A+\frac{B}{\tau}\right)[1-e^{-r(t-\tau)}]\varphi_k \tag{3.5.3}$$

或

$$\varphi(t,\tau)=(A+Be^{-r\tau})\cdot[1-e^{-r(t-\tau)}]\cdot\varphi_k=[K+(1-K)e^{-r\tau}]\cdot[1-e^{-r(t-\tau)}]\cdot\varphi_k \tag{3.5.4}$$

式中 A、B、K、r 均为试验确定的常数，圆括号表达式反映老化过程，方括号表达式反映先天理论，所以该式也叫混合理论。

(四) CEB-FIP 模式

CEB-FIP 模式最初是欧洲混凝土协会(CEB) 和国际预应力混凝土协会(FIP) 于 1978 年建议的，为我国交通部《公路钢筋混凝土及预应力混凝土桥涵设计规范》(JTJ 023—85) 所采用。它采用滞后弹性变形(可恢复的徐变) 与塑性变形(不可恢复的徐变) 相加的徐变系数表达式，并将塑性变形分为初始流变和延迟塑性变形两部分。1982 年，CEB-FIP 又在此基础上增加了一项表示加荷初期永久变形的 β_α。

$$\varphi(t,\tau)=\beta_\alpha(\tau)+\varphi_d\beta_d(t-\tau)+\varphi_f[\beta_f(t)-\beta_f(\tau)] \tag{3.5.5}$$

式中　$\beta_\alpha(\tau)$——加荷后最初几天产生的不可恢复的变形系数，其值为

$$\beta_\alpha(\tau)=0.8[1-f_c(\tau)/f_c(\infty)]$$

$f_c(\tau)/f_c(\infty)$——龄期为 τ 时强度与最终强度之比，可查图求得；

φ_d——滞后弹性系数，取 0.4；

$\varphi_f=\varphi_{f1}\cdot\varphi_{f2}$——徐塑系数：$\varphi_{f1}$ 取决于周围环境，可查表求得；φ_{f2} 取决于构件名义厚度，可查图求得；

$\beta_d(t-\tau)$——随时间而发展的迟滞弹性应变，其值为

$$\beta_d(t-\tau)=0.28+0.5\arctan[0.011(t-\tau)]^{2/3}$$

$\beta_f(t)$——随时间而发展的迟滞塑性应变，与理论厚度 h_0 有关，即

$$\beta_f(t)=1-e^{-\left(A_f\frac{t}{365}\right)^{B_f}}$$

$$A_f=e^{5.145-0.918\ln h_0}$$

$$B_f=0.4$$

t,τ——计算龄期和加载龄期，如果环境温度与 20 ℃ 有明显差别，并使用普通水泥之外的水泥时，应加以修正。

（五） ACI209 模式

ACI209 模式是美国混凝土协会建议的，徐变系数由六个系数相乘组成，但有几点不同于 CEB-FIP 模式之处：①每个系数都有具体的数学表达式，易于电算；②更多、更细致地考虑了混凝土的配合比；③不区分滞后弹性变形和塑性变形；④采用双曲线函数的时间系数。

$$\varphi(t,\tau)=\frac{(t-\tau)^{0.6}}{10+(t-\tau)^{0.6}}\varphi \tag{3.5.6}$$

式中　φ——最后的徐变系数，ACI209（1982 年）采用六个系数连乘，即

$$\varphi=2.35\beta_\tau\beta_H\beta_d\beta_s\beta_F\beta_{AC}$$

β_τ——加载龄期校正系数，$\beta_\tau=1.25\tau^{-0.118}$；

β_H——环境相对湿度校正系数，$\beta_H=1.27-0.06H$，H 为相对湿度（%）；

β_d——构件厚度校正系数，$\beta_d=\frac{2}{3}[1+1.13e^{-0.213V/S}]$，$V/S$ 为构件体积与表面积之比；

β_s——坍落度校正系数，$\beta_s=0.82+0.00264S_f$，S_f 为坍落度（mm）；

β_F——细骨料含量校正系数，$\beta_F=0.88+0.0024s/a$，s/a 为砂体积与总骨料体积之比；

β_{AC}——空气含量校正系数，$\beta_{AC}=0.46+0.09AC$，AC 为新鲜混凝土中空气含量，以体积百分数计。

（六） BP-2 模式

BP-2 模式是美国的 Bazant Z. P. 教授等人在对世界范围内庞大的实验数据经过最优拟合后而得出的徐变函数的数学表达式，他将徐变分为基本徐变和干燥徐变两大类。

$$\varphi(t,\tau)=E(\tau)\cdot J(t,\tau,t_0)-1 \tag{3.5.7}$$

式中　$J(t,\tau,t_0)=\frac{1}{E_0}+C_0(t,\tau)+C_d(t,\tau,t_0)$

$\frac{1}{E_0}$——单位常应力作用下的初始弹性变形；

$C_0(t,\tau)$——基本徐变，$C_0(t,\tau)=\frac{\varphi_1}{E_0}(\tau^{-m}+\alpha)(t-\tau)^n$；

$C_d(t,\tau,t_0)$——干燥徐变，$C_d(t,\tau,t_0)=\frac{\varphi_d}{E_0}kh\tau^{-m/2}\cdot S_d(t,\tau)$；

t_0——干燥开始的龄期。

（七）中国现行规范 JTG D62—2004 计算公式

$$\varphi(t,\tau_0)=\varphi_0\cdot\beta_c(t-t_0) \tag{3.5.8}$$

$$\varphi_0=\varphi_{RH}\cdot\beta(f_{cm})\cdot\beta(t_0)$$

$$\phi_{RH}=1+\frac{1-RH/RH_0}{0.46(h/h_0)^{1/3}}$$

$$\beta(f_{cm})=\frac{5.3}{(f_{cm}/f_{cm0})^{0.5}}$$

$$\beta(t_0)=\frac{1}{0.1+(t_0/t_1)^{0.2}}$$

$$\beta(t-t_0)=\left[\frac{(t-t_0)/t_1}{\beta_H+(t-t_0)/t_1}\right]^{0.3}$$

$$\beta_H=150\left[1+\left(1.2\frac{RH}{RH_0}\right)^{18}\right]\frac{h}{h_0}+250\leqslant 1\,500$$

式中　t_0——加载时的混凝土龄期(d)；

t——计算考虑时刻的混凝土龄期(d)；

$\varphi(t,t_0)$——加载龄期为 t_0，计算考虑龄期为 t 时的混凝土徐变系数；

φ_0——名义徐变系数，可查表求得；

β_c——加载后徐变随时间发展的系数；

f_{cm}——强度等级 C20～C50 混凝土在 28 d 龄期时的平均立方体抗压强度(MPa)，$f_{cm}=0.8f_{cu,k}+8$ MPa；

$f_{cu,k}$——龄期为 28 d、具有 95% 保证率的混凝土立方体抗压强度标准值(MPa)；

RH——环境年平均相对湿度，$RH_0=100\%$；

h——构件理论厚度(mm)，$h=2A/u$，A 为构件截面面积，u 为构件与大气接触的周边长度；$h_0=100$ mm；

$t_1=1$ d。

（八）收缩应变计算方法

1. ACI209 推荐公式

$$\varepsilon_{sh}(t)=780\times10^{-6}\cdot\gamma_{cp}\cdot\gamma_{\lambda}\cdot\gamma_{vs}\cdot\lambda_s\cdot\gamma_{\psi}\cdot\gamma_c\cdot\gamma_a\cdot\frac{t}{35+t} \tag{3.5.9}$$

式中　γ_{cp}——初始养护校正系数；

γ_{λ}——环境相对湿度校正系数；

γ_{vs}——平均厚度校正系数；

γ_s——坍落度校正系数；

γ_{ψ}——细骨料含量校正系数；

γ_c——水泥含量校正系数；

γ_a——空气含量校正系数。

2．公路桥规 JTG D62—2004 计算公式

$$\varepsilon_{cs}(t,t_s)=\varepsilon_{cs0}\cdot\beta_s(t-t_s) \tag{3.5.10}$$

$$\varepsilon_{cs0}=\varepsilon_s(f_{cm})\cdot\beta_{RH}$$

$$\varepsilon_s(f_{cm})=[160+10\beta_{sc}(9-f_{cm}/f_{cm0})]\cdot 10^{-6}$$

$$\beta_{RH}=1.55[1-(RH/RH_0)^3]$$

$$\beta_s(t-t_s)=\left[\frac{(t-t_s)/t_1}{350(h/h_0)^2+(t-t_s)/t_1}\right]^{0.5}$$

式中 t_s——收缩开始时的混凝土龄期(d)，可假定为 3 ~ 7 d；

$\varepsilon_{cs}(t,t_s)$——收缩开始时的龄期为 t_s，计算考虑的龄期为 t 时的收缩应变；

ε_{cs0}——名义收缩系数；

β_s——收缩随时间发展的系数；

β_{RH}——与年平均相对湿度相关的系数；

β_{sc}——依水泥种类而定的系数；

$f_{cm0}=10$ MPa。

五、混凝土收缩徐变试验研究结果分析

武汉桥梁科学研究院曾对混凝土收缩徐变进行大量的试验研究，现从中选出 5 篇研究成果全面、数据丰富、具有代表性的报告，进行总结与分析。

（一）茅岭江大桥工地简支小梁徐变试验研究

1．试验概况

试验目的：测试特定环境中混凝土徐变发展规律，以检验某些理论公式的适用性，为预应力混凝土梁的设计科研积累试验资料，并为桂东南湿热地区采用掺减水剂的高强度混凝土在恒载作用下的徐变系数的确定提供参考。

试验方法：在施工现场，利用大桥正式采用的原材料及配合比，在正桥梁体成型的同时，制作矩形截面预应力混凝土试验小梁三片，简支安装于工地试验室。其中两片跨中长期加载，一片不加载，仅作用自重，定期测量跨中截面竖向挠度，并了解其随时间增长而变化的规律。

试验梁为后张预应力混凝土构件，对称配筋，试件与大桥 4 号墩的 0 号块两侧 4 m 段同时成型。混凝土配合比为：水泥∶砂∶石 = 1∶1.376∶2.244，水灰比 $W/C=0.34$，含砂率 $\alpha=0.38$，另按水泥质量的 0.9% 加入 FDN 减水剂，陷度 $S_L=12\sim14$ cm。试验梁设计重量 2.94 kN，实际平均重 3.24 kN，折合自重集度 $q=0.77$ kN/m。

2．实测徐变系数计算方法

实测徐变系数可以根据观测结果，通过简单计算求得：

$$\varphi(t,\tau)=\frac{f_t}{f_\tau}=\frac{f-f_\tau}{f_\tau} \tag{3.5.11}$$

式中 $\varphi(t,\tau)$——在时间 τ 受不变应力作用至时间 t 的徐变系数；

f_τ，f_t——初始弹性挠度及徐变挠度；

f——总挠度，即每次的实测挠度值。

3．试验结果与理论计算分析

(1) 老化、先天、弹性徐变体理论与实测比较

利用公式(3.5.1)、公式(3.5.2)和公式(3.5.3)进行计算，拟合计算时取 $r=0.021$，$\varphi_k=2.0$，$k=0.3$。图3.5.1表示了按经验选取试验常数时三种理论的徐变特性及实测曲线。

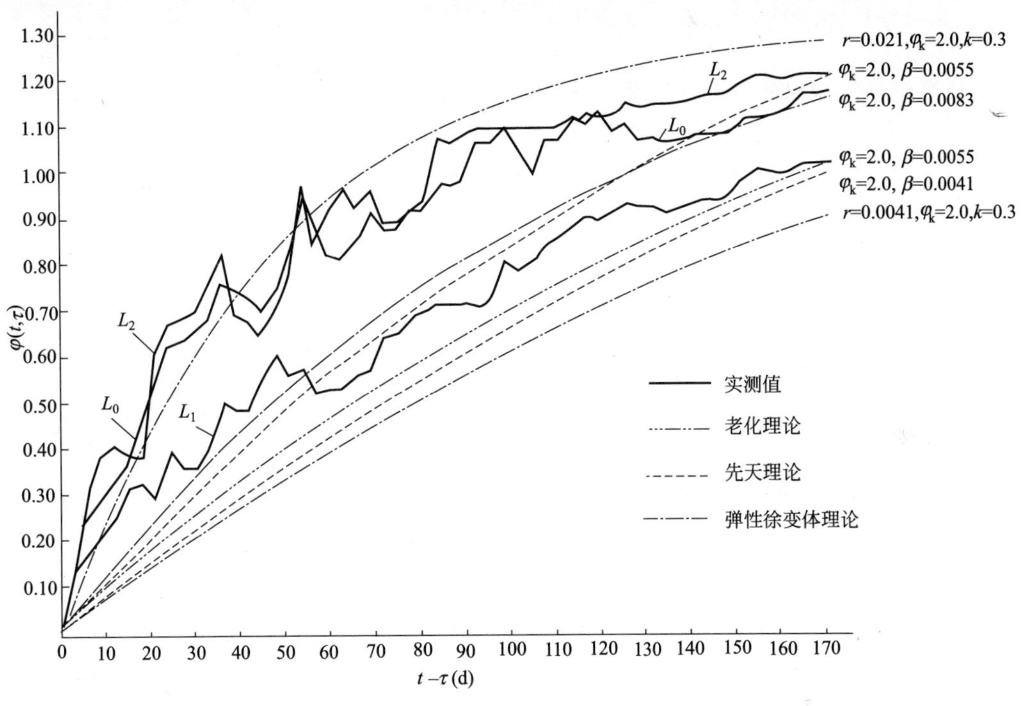

图3.5.1　实测与三种理论比较

令 L_0 仅作用自重，记做 L_0G；L_1、L_2 作用自重加集中力，分别记做 L_1G+P、L_2G+P；仅作用集中力，记做 L_1P、L_2P；L_1、L_2 的平均测值记做 $L_{12}G+P$、$L_{12}P$。

对比图3.5.1可见，理论与实测的变化趋势是一致的，但却没有哪一条理论曲线能较好地与实测曲线相吻合。

①老化理论和弹性徐变体理论的拟合曲线完全重合，徐变增长速度系数相等，即 $\beta=r$，并有弹性徐变体理论 φ_k/老化理论 $\varphi_k=\dfrac{e^{-\beta\tau}}{k+(1-k)e^{-\beta\tau}}$。它表明，对于某一具体构件，如果是一次施加常应力而不是分期加载时，要考虑叠加，那么在计算徐变系数时，无论是用老化理论还是弹性徐变体理论，均可得到完全一样的结果。

②拟合曲线与实测点变化趋势一致，并通过实测曲线的重心线。

③加载头一个多月，徐变发展特别快，拟合值低于实测值，表明这两种理论存在局限性，即对加载初期混凝土徐变迅速发展的情况不能很好地反映。

④$t-\tau=50\sim100$ d 时，拟合值高于实测值。

(2) CEB-FIP、ACI209、BP-2模式与实测值比较

利用公式(3.5.5)~公式(3.5.7)计算相应的徐变系数，其中对于CEB-FIP(1982)：

$$\varphi(t,\tau)=0.240+0.4\{0.28+0.5\arctan[0.011(t-31)]^{2/3}\}+1.98[0.7013-e^{-\left(0.00242\times\frac{t}{365}\right)\times0.4}]$$

对于 ACI209：

$$\varphi(t,\tau)=\frac{(t-\tau)^{0.6}}{10+(t-\tau)^{0.6}}\times 1.548$$

对于 BP-2：

$$\varphi(t,\tau)=5.89\left[0.10669+0.0631(t-\tau)^{0.2449}+0.1453\left(1+\frac{953.36}{t-\tau}\right)^{0.35}\right]-1$$

将计算结果绘制出曲线并与实测曲线比较（图 3.5.2 ~ 图 3.5.8）可知：

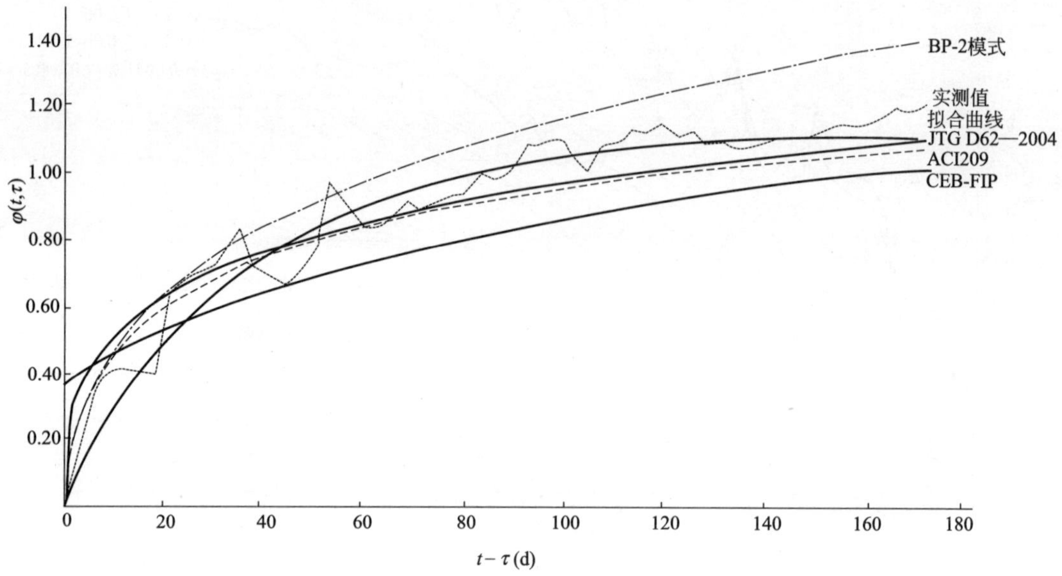

图 3.5.2　L_0G 时的徐变曲线比较

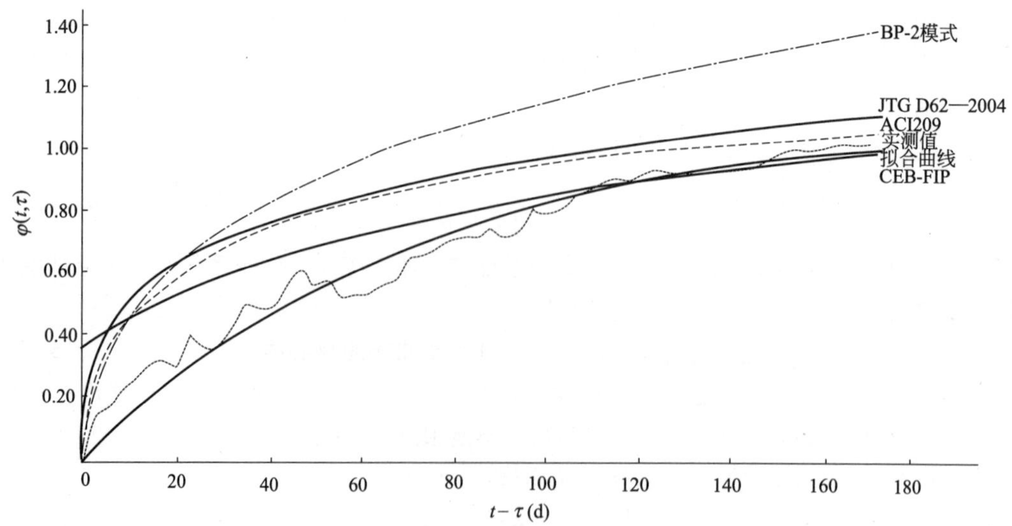

图 3.5.3　L_1G+P 时的徐变曲线比较

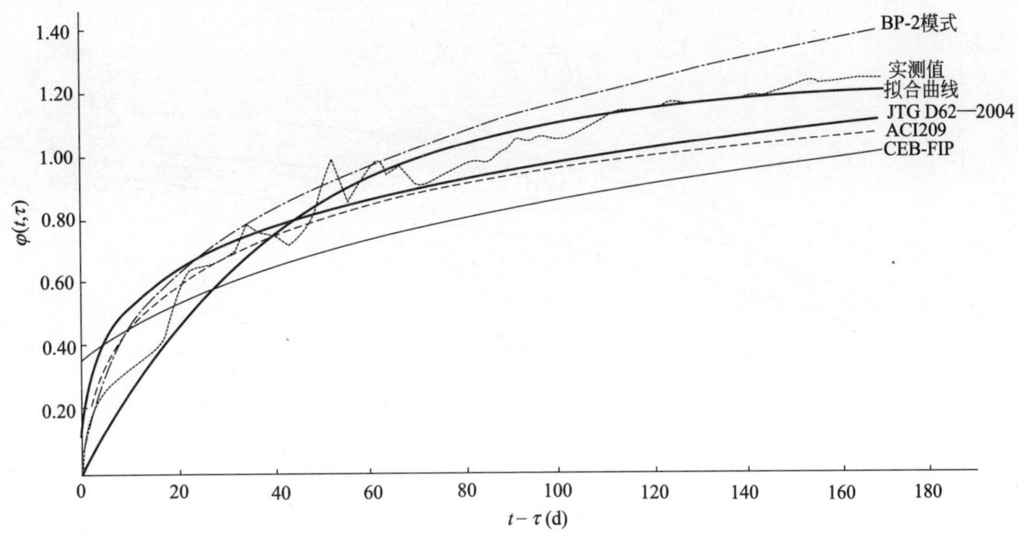

图 3.5.4 L_2G+P 时的徐变曲线比较

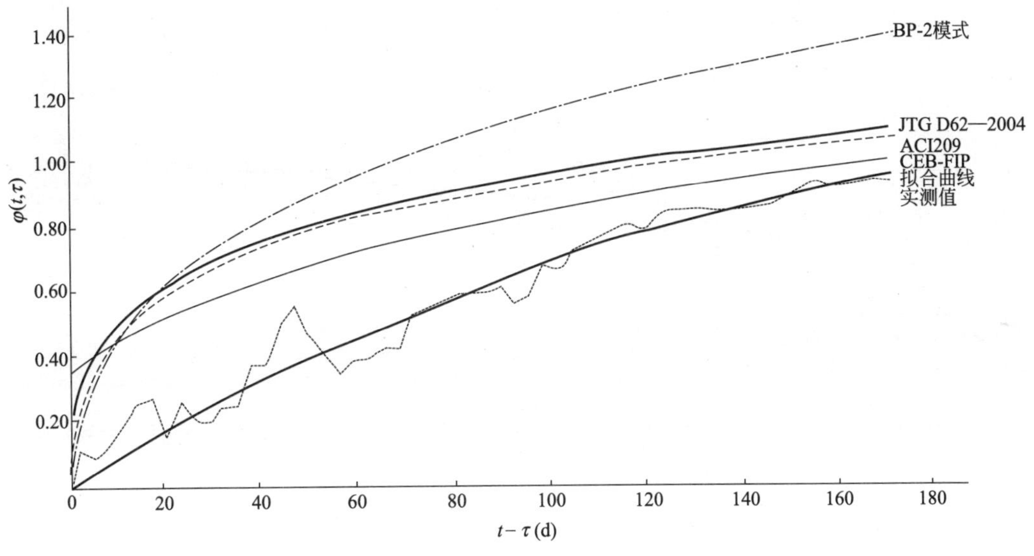

图 3.5.5 L_1P 时的徐变曲线比较

①三种模式计算的徐变系数，以 BP-2 最大，CEB-FIP 最小，这两种理论都没有徐变终值。加载初期，所有理论值都在实测值之上，这一点不同于前面三种理论，CEB-FIP 曲线没有零点，不符合最初几天徐变由零增长的情况。

②就形式和计算过程看，ACI 较简单，BP-2 较复杂，它们原始公式中的各项系数均有数学表达式，特别适宜电算；CEB-FIP 的部分数据要查图和查表，计算机处理稍复杂。

③ACI 公式计算的理论值与试验结果大部分相符，其理论值与 L_0G、$L_{12}G+P$ 和 $t-\tau<110$ d 时的 L_2P、L_2G+P 及 $t-\tau>100$、120 d 时的 $L_{12}P$、L_1G+P 的实测值吻合较好。

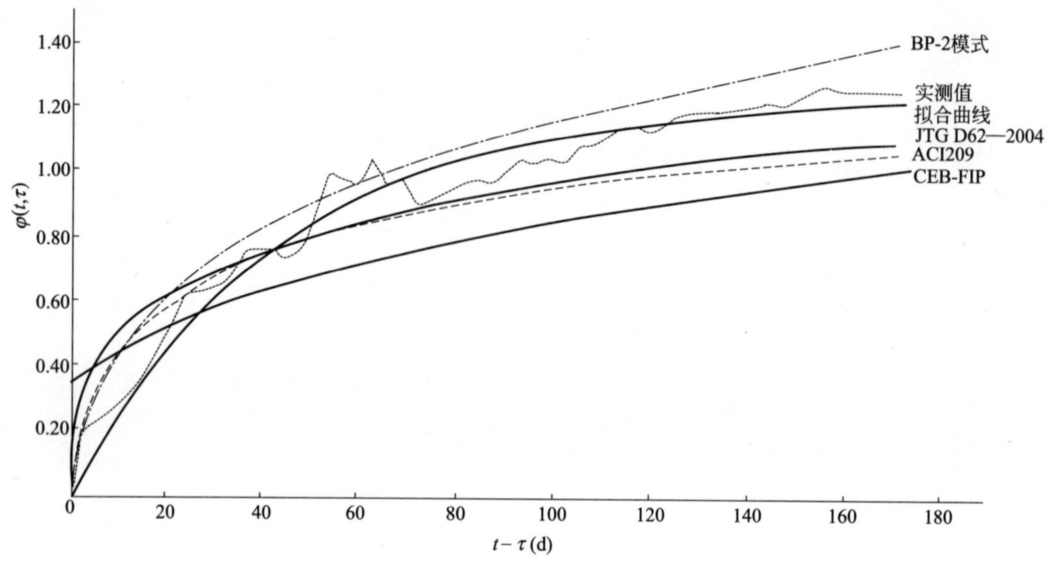

图 3.5.6 L_2P 时的徐变曲线比较

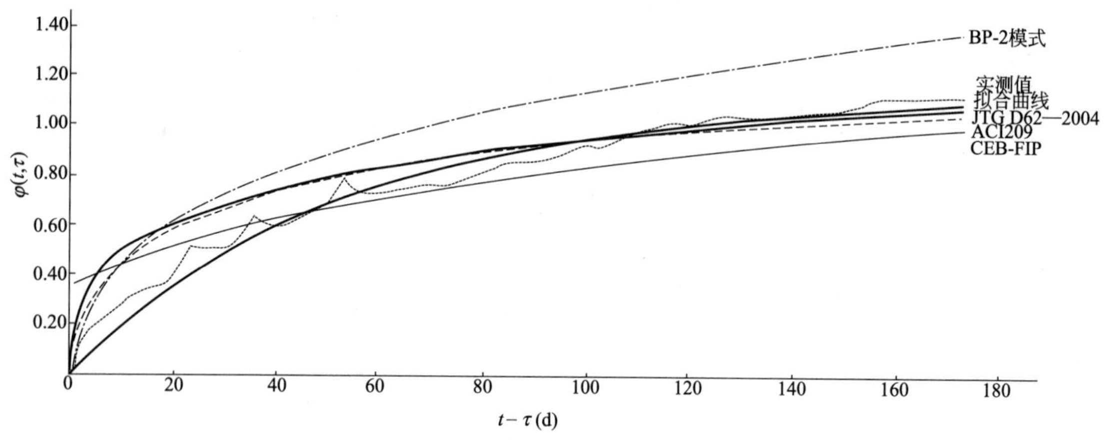

图 3.5.7 $L_{12}G+P$ 时的徐变曲线比较

④BP-2 模式求出的徐变系数偏高，但与 L_2G+P、L_2P 及 $t-\tau<120$ d 时的 L_0G 的实测接近。

⑤ CEB-FIP 的理论曲线比较平缓，与 ACI 靠近，能较好地描述两片加载梁的平均情况（即 $L_{12}G+P$、$L_{12}P$），并与 $t-\tau>100$、120 d 时的 L_1G+P、L_1P 的实测值接近。

（3）现行规范 JTG D62—2004 与实测值比较

在现行《公路钢筋混凝土及预应力混凝土桥涵设计规范》(JTG D62—2004）中，对徐变值按式(3.5.8）计算。现行规范 JTG D62—2004 的计算值与 ACI 公式计算的理论值相近，比 ACI 公式略高，在加载初期也大于实测值。后期的理论值与试验结果大部分相符。其理论值与 L_0G、$L_{12}G+P$ 和 $t-\tau<110$ d 时的 L_2P、L_2G+P 及 $t-\tau>100$、120 d 时的 $L_{12}P$、

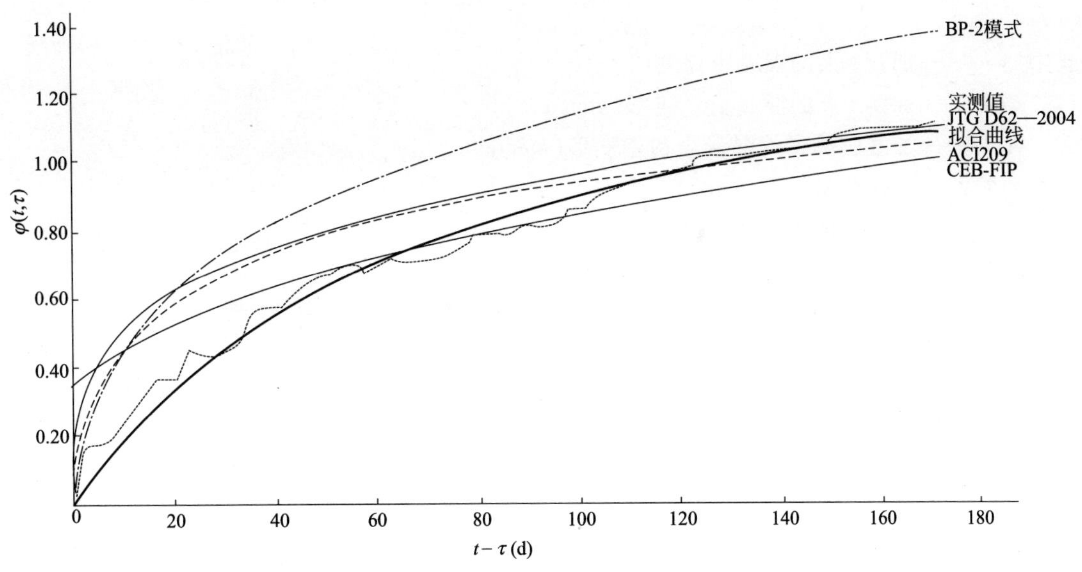

图 3.5.8 $L_{12}P$ 时的徐变曲线比较

L_1G+P 的实测值吻合较好。

（二）钱塘江第二大桥混凝土收缩徐变试验研究

1. 试验概况

试验分两种情况：一是在钱塘江二期简易房屋内进行的小梁收缩徐变试验（简称工地小梁试验）；二是在恒温恒湿试验室内进行的标准试件的收缩徐变试验。试验时假定收缩和徐变是相互独立的现象，分别观测收缩和徐变。

（1）工地小梁试验

试验梁设计尺寸为 14 cm × 20 cm × 420 cm，计算跨径 400 cm，采用无粘结力后张法新工艺，张力为 170 kN。试验梁共 6 片，分为两组：1 号、2 号、3 号为第一组，4 号、5 号、6 号为第二组。1 号、2 号、4 号、5 号观测挠度求其徐变，3 号、6 号观测收缩，兼作应变观测补偿。每组试验梁的材料、配合比等情况见表 3.5.1。

表 3.5.1 混凝土选材、配合比

材料		水泥	水	砂	石料	减水剂
规格	第一组	普通 52.5	自来水	中粗	5～20 mm	湛江 FDN
	第二组	早强 52.5	自来水	中粗	5～20 mm	湛江 FDN
配合比		1	0.34	1.408	2.299	0.009

（2）室内标准试件试验

试验采用国标 GBJ 82—85 规定的标准棱柱体，收缩试件用 100 mm × 100 mm × 515 mm，徐变试件用 100 mm × 100 mm × 400 mm。试件材料、配合比与第二组试验梁相同，标准条件下养生 28 d。

徐变用弹簧式压缩徐变仪测试，并按下式计算：

$$\varepsilon_{ct}=\frac{\Delta L_t-\Delta L_0}{L_b}\varepsilon_t \tag{3.5.12}$$

式中 ε_{ct}——加荷 t 天的混凝土徐变值；

ΔL_t——加荷 t 天的混凝土总变形(mm)；

ΔL_0——加载时测得的混凝土初始变形(mm)；

L_b——试件测量标距(mm)；

ε_t——同龄期混凝土的收缩值。

徐变度按下式计算：

$$C_t=\frac{\varepsilon_{ct}}{\sigma} \tag{3.5.13}$$

式中 σ——徐变应力(MPa)。

收缩采用混凝土收缩仪测试，并按有关试验步骤和要求进行观测。收缩按下式计算：

$$\varepsilon_{st}=\frac{L_0-L_t}{L_b} \tag{3.5.14}$$

式中 ε_{st}——龄期为 t 天的混凝土收缩值；

L_t——龄期为 t 天时测得的长度(mm)；

L_0——试件长度的初始读数(mm)；

L_b——试件测量标距(mm)。

各种实测值历时曲线见图 3.5.9 ~ 3.5.10。

2. 计算方法

前面所述徐变理论及估算方法，是国内外许多学者在进行了大量的试验研究后提出来的。但每种理论和方法都有它的特定条件，所以实用中需根据本地区的实际情况选用合适的计算方法和参数。

(1) 工地试验梁实测徐变系数

根据观测的试验梁挠度变形，按式(3.5.1) 计算徐变系数，且每组由两片试验梁观测挠度计算的徐变系数经处理后拟合成一条徐变系数的历时曲线，如图 3.5.11。

(2) 试验室标准试件实测徐变系数

根据试件在恒定荷载作用下实测所得的应变变化，按下式计算徐变系数：

$$\varphi(t)=\frac{\varepsilon_{ct}}{\varepsilon_0} \tag{3.5.15}$$

式中 ε_{ct}——加荷 t 天的徐变应变值；

ε_0——加荷时测得的初始应变值。

将计算所得的徐变系数拟合成双曲线型历时曲线，如图 3.5.12。

(3) 各种方法计算徐变系数的表达式

由试验梁及试件初始参数及有关试验资料，整理出各方法的徐变系数计算公式如下：

①老化理论

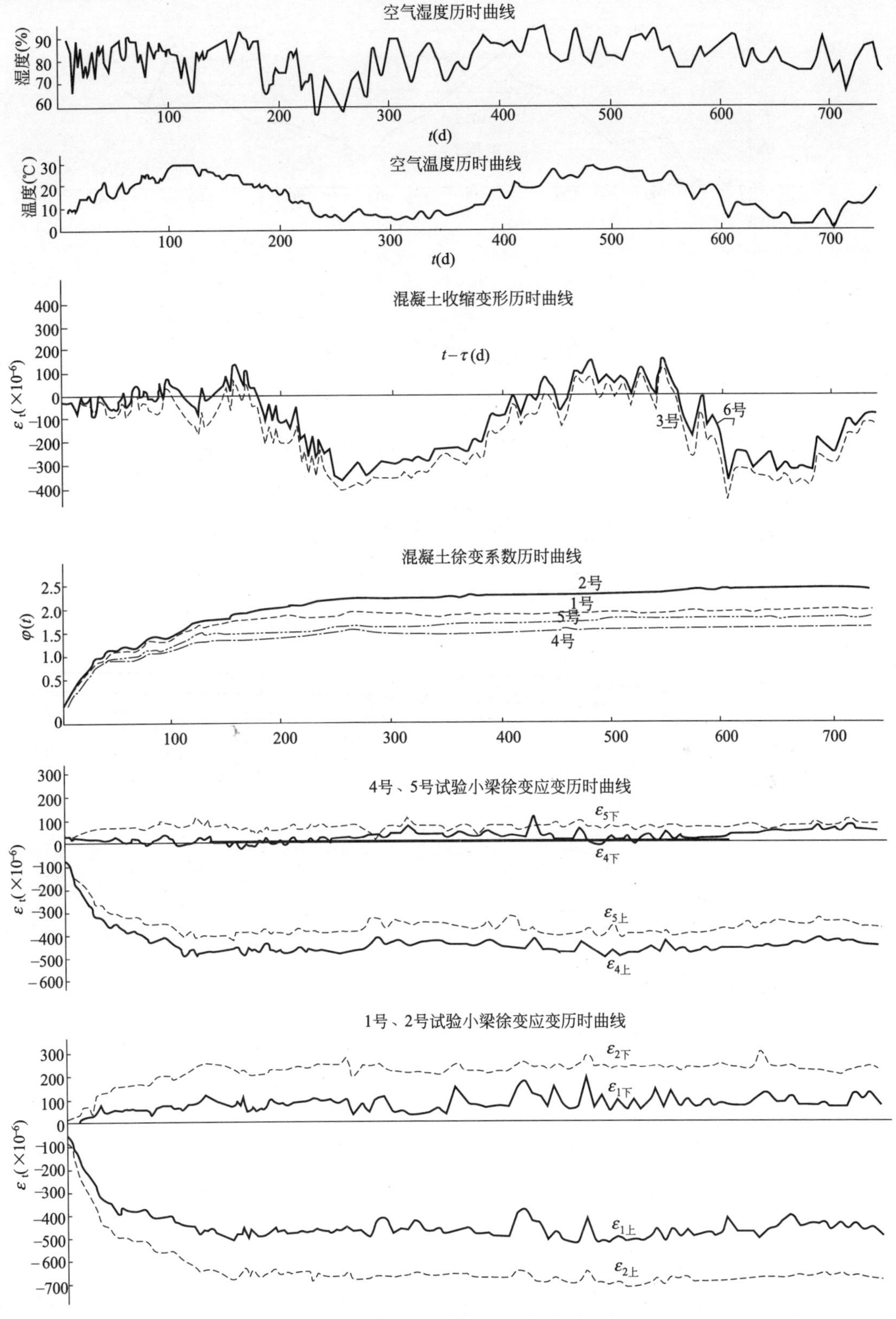

图 3.5.9 各种实测值历时曲线（工地试验）

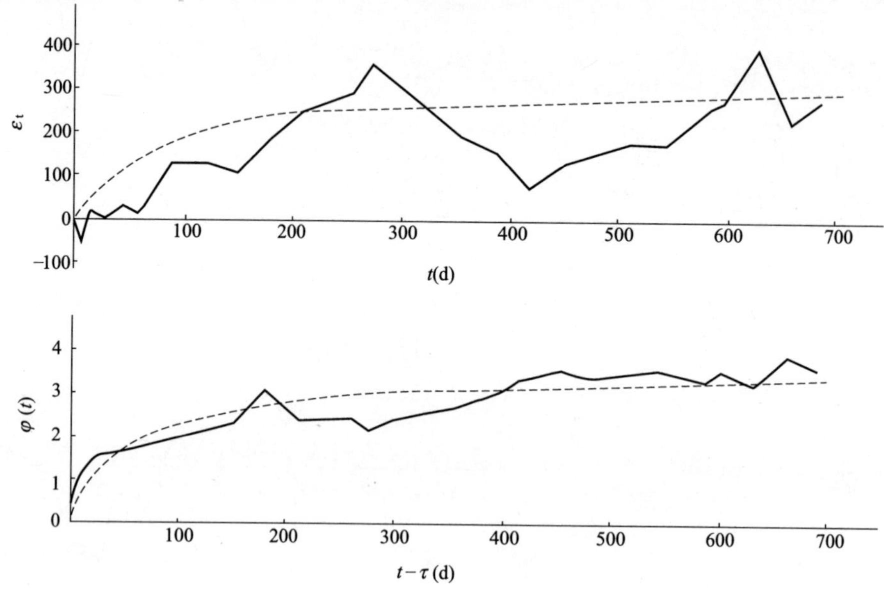

图 3.5.10　试验室内收缩徐变历时曲线

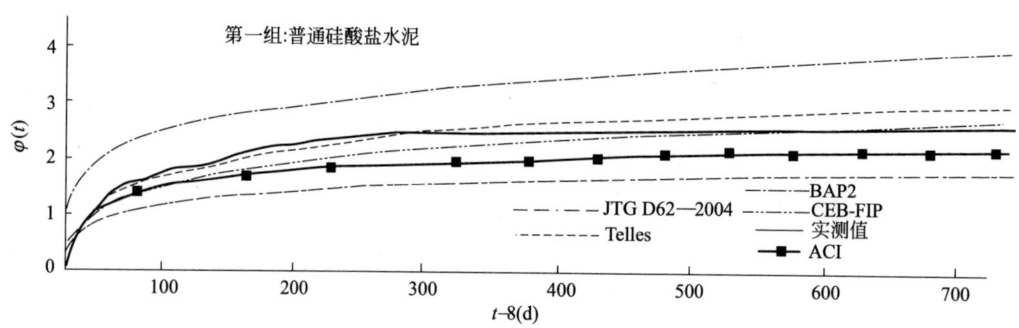

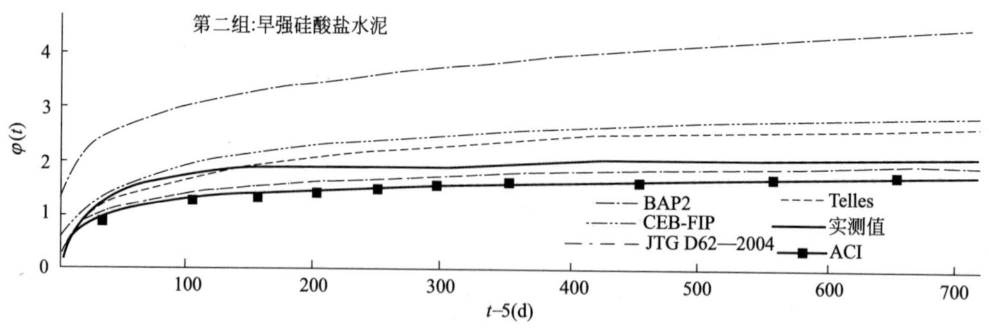

图 3.5.11　各种计算及实测徐变系数 φ—$(t-\tau)$ 曲线(工地试验)

$$\varphi(t,8)=2.68[1-e^{-0.0075(t-8)}]$$

$$\varphi(t,5)=2.15[1-e^{-0.008(t-5)}]$$

$$\varphi(t,28)=3.64[1-e^{-0.0054(t-28)}]$$

②CEP-FIP 法

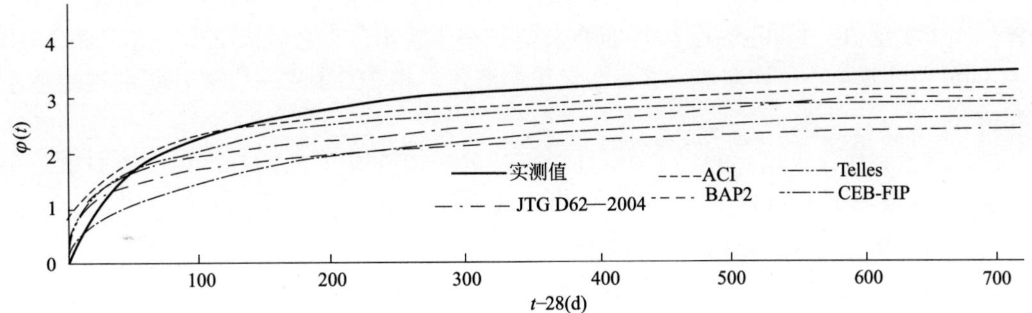

图 3.5.12 各种计算及实测徐变系数 φ—(t－τ) 曲线(试验室内)

$$\varphi(t,8)=0.292[1-e^{-0.01(t-8)}]+3.2\left[\frac{t}{t+460}\right]-0.3052$$

$$\varphi(t,5)=0.292[1-e^{0.01(t-5)}]+3.2\left[\frac{t}{t+460}\right]-0.3052$$

$$\varphi(t,28)=0.292[1-e^{0.01(t-28)}]+4.31\left[\frac{t}{t+360}\right]-1.5105$$

③ACI 法

$$\varphi(t,8)=2.68\frac{(t-8)^{0.6}}{10+(t-8)^{0.6}}$$

$$\varphi(t,5)=2.15\frac{(t-5)^{0.6}}{10+(t-5)^{0.6}}$$

$$\varphi(t,28)=3.64\frac{(t-28)^{0.6}}{10+(t-28)^{0.6}}$$

④BAP2 法

$$\varphi(t,8)=1.072(t-8)^{0.2}+0.0061\left[1+\frac{318(t-8)^{3/2}}{2.4(t-8)^{1/2}+120}\right]^{-0.35}$$

$$\varphi(t,5)=1.2218(t-5)^{0.2}+0.0065\left[1+\frac{318(t-5)^{3/2}}{2.4(t-5)^{1/2}+120}\right]^{-0.35}$$

$$\varphi(t,28)=0.7418(t-28)^{0.2}+0.0058\left[1+\frac{9258(t-28)^{3/2}}{2.4(t-28)^{1/2}+120}\right]^{-0.35}$$

⑤J. C. F. Telles 法

$$\varphi(t,8)=3.0548[1-0.633e^{-0.0051(t-8)}-0.367e^{0.0831(t-8)}]$$

$$\varphi(t,5)=2.746[1-0.633e^{-0.0051(t-5)}-0.367e^{0.0831(t-5)}]$$

$$\varphi(t,28)=2.7786[1-0.633e^{-0.0088(t-28)}-0.367e^{0.2111(t-28)}]$$

⑥现行规范 JTG D62—2004 中的方法

按《公路钢筋混凝土及预应力混凝土桥涵设计规范》(JTG D62—2004) 中的附录 F 计算徐变系数历时曲线。

3. 试验结果与理论计算分析

(1) 徐变分析

除老化理论外，以湿度、构件理论厚度及混凝土初始参数计算的徐变系数与实测相比：

①从图 3.5.11 可以看出，对普通硅酸盐水泥而言，BAP2 法计算值大于实测值。ACI 法计算值小于实测值。Telles 法在 260 d 前的计算值小于实测值，之后大于实测值。而 CEB-FIP 法在 540d 前计算值小于实测值，其后略大于实测值。按 JTG D62—2004 计算的理论值小于实测值。

②对早强硅酸盐水泥，BAP2、CEB-FIP 两法的计算值均大于实测值，ACI 法计算值仍小于实测值，Telles 法在 140 d 前的计算值小于实测值，之后大于实测值。JTG D62—2004 的理论值与实测值吻合良好，稍稍小于实测值。

③从图 3.5.12 可看出，由于实测值是用双曲线拟合的，各种方法计算的历时曲线，除在开始不同时间，不同程度较实测值大外，100 d 后全部小于实测值。

以上分析可概括为：ACI 法和 JTG D62—2004 在三种情况下，其计算值均小于实测值。而其他方法，在工地试验条件下的计算值均大于实测值，以 BAP2 为最大。在试验室条件下的计算值均小于实测值，以 CEB-FIP 计算值最小。

（2）收缩分析

置于不饱和空气中的混凝土因水分散失而引起体积缩小变形的现象，称为干燥收缩。严格说来，干燥收缩应为混凝土在干燥条件下实测的变形扣除相同温度下的自生体积变形，但两者对工程的效应是相似的。为方便起见，观测时不再分开，故所测结果反映了这两者的综合。

影响混凝土干燥收缩变形的因素很多，主要有水泥的品种及用量、掺合料、骨料含量、水灰比、周围环境的湿度、温度及构件等。

（3）工地实测的伸缩变形

工地试验环境随着外界自然条件的变化而变化，一年四季变化万千。大桥建设期适逢 1989 年台风，环境条件变化非常复杂，而混凝土的伸缩变形对各种影响因素又都较敏感，因此，实测所得伸缩历时曲线是一条多因子的复杂函数曲线，难以分析。不过，从图 3.5.1 看，主要是随着温度的变化而变化，与温度历时曲线相似，都按季节性近似呈正弦线。其峰值在 $-150\times10^{-6}\sim+400\times10^{-6}$之间。

（4）试验室实测收缩系数

试验室内要求在恒温 20 ℃ ±3 ℃、恒湿 60% ±5% 的条件下进行试验，但由于停电及其他原因，实际上试验是在温度 22.3 ℃ ~18.5 ℃、湿度 72.3% ~50% 变化中进行的。因此，从所测得收缩系数 $\omega(t)$ 的历时曲线看，湿度对 $\omega(t)$ 影响较大，线型不理想。拟合成双曲线函数。

（5）收缩系数估算

由于实测收缩系数受外界影响，历时曲线复杂，不便与计算值比较，现仅以试验初始参数等用四种线型表达式列出计算式：

①多项指数函数（Telles 法）

$$\varepsilon_1(t)=274.745\times10^{-6}\left[1-0.633e^{-0.0051(t-8)}-0.367e^{-0.0831(t-8)}\right]$$

$$\varepsilon_2(t)=274.745\times10^{-6}\left[1-0.633e^{-0.0051(t-5)}-0.367e^{-0.0831(t-5)}\right]$$

$$\varepsilon_3(t)=372.627\times10^{-6}\left[1-0.633e^{-0.0088(t-28)}-0.367e^{-0.0111(t-28)}\right]$$

②指数函数

$$\varepsilon_1(t')=230\times10^{-6}[1-e^{-0.1t'^{0.65}}]$$

$$\varepsilon_2(t')=200\times10^{-6}[1-e^{-0.1t'^{0.65}}]$$

$$\varepsilon_3(t')=290\times10^{-6}[1-e^{-0.1t'^{0.65}}]$$

③双曲线

$$\varepsilon_{1\text{-}2}(t')=875\times10^{-6}\frac{t'}{152.79+3.27t'}$$

$$\varepsilon_3(t')=1.0\times10^{-6}\frac{1\,000t'}{152.79+3.27t'}$$

④平方根双曲线

$$\varepsilon_1(t')=230\times10^{-6}\left[\frac{t'}{8+t'}\right]^{1/2}$$

$$\varepsilon_2(t')=200\times10^{-6}\left[\frac{t'}{5+t'}\right]^{1/2}$$

$$\varepsilon_3(t')=290\times10^{-6}\left[\frac{t'}{28+t'}\right]^{1/2}$$

以上各式中 t——混凝土龄期(d)；

t'——混凝土干燥时间(d)。

⑤现行规范 JTG D62—2004

按《公路钢筋混凝土及预应力混凝土桥涵设计规范》(JTG D62—2004) 中的附录F计算所得收缩系数 $\omega(t)$ 的历时曲线，工地及试验室的结果分别见图3.5.13和图3.5.14。

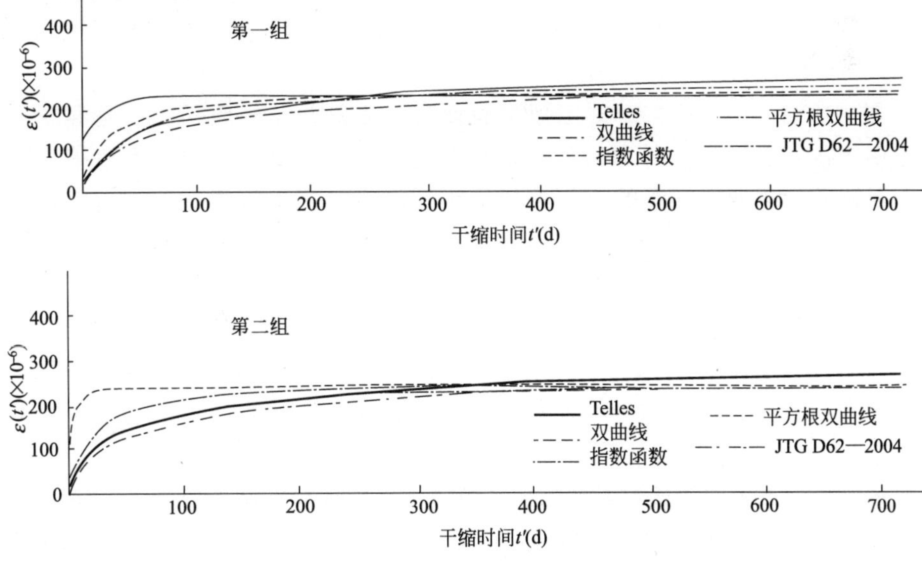

图3.5.13 各种计算及实测收缩系数 $\varepsilon(t')-t'$ 曲线（工地试验）

(6) 分析比较

①从图3.5.13可以看出，对工地第一组而言，五种计算的收缩系数值，在250 d前离散，250 d左右汇集在一起，之后又开始分散，500 d后基本平行。

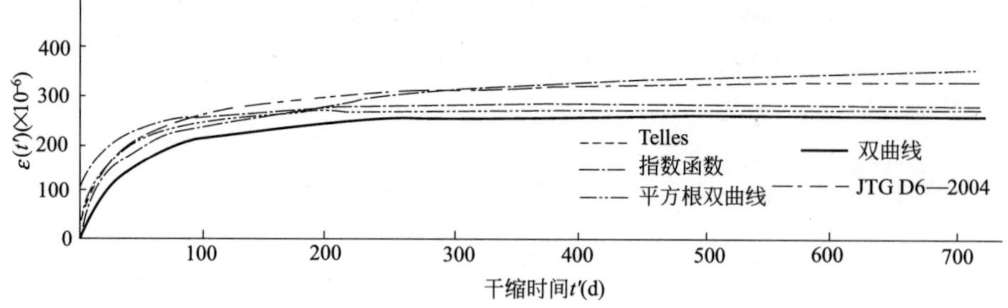

图 3.5.14　各种计算及实测收缩系数 $\varepsilon(t')$—t'曲线（试验室内）

②工地第二组，除 Telles 法计算值在 350 d 前最小，而后变得最大外，其他四种方法计算值开始离性大，随时间增加而逐渐靠拢，最后几乎重合成一条直线。

③从图 3.5.14 可以看出：除 Telles 法和 JTG D62—2004 外，其他三种方法计算的收缩系数的历时大致平行，且随时间逐渐靠近，以实测拟合的双曲线计算值为最小。

综上所述，$\omega(t)$ 曲线在开始 100 d 增长速率都比较快，但不尽相同，以平方根函数法最快，指数函数法次之，双曲线法最慢，200 d 以后趋于水平直线。

4. 小　　结

（1）对于徐变观测，工地试验用梁式结构，不受收缩的影响，读数稳定，规律性很好。因第二组试梁采用早强水泥，混凝土浇筑完后第二天即张拉预应力筋，放置三天后置于台座上进行试验，故加荷龄期虽比第一组试梁早三天，但混凝土强度已超过第一组。因此，同龄期的徐变，第二组小于第一组，这反映了强度高徐变小的规律。

试件在试验室的弹簧式压缩徐变仪上进行，与收缩直接有关，影响因素多，测值的历时曲线不是理想的函数曲线，拟合成双曲线函数形式。与工地徐变测值相比，因荷载应力高（19 MPa）、试件尺寸小、材质为素混凝土，故尽管加荷时混凝土龄期为 28 d，徐变仍然大于试梁测值，终极值之比约为 1.7 倍。

（2）影响收缩的因素很多，对工地试验而言，测值并非纯收缩，而是混凝土本身与外界因素引起的综合变形，外界因素以温度为主，湿度次之，所以实测收缩变形历时曲线基本上是随着一年四季气温的变化近似呈正弦曲线。试验室内试验，由于客观条件所限，湿度、温度达不到恒定的要求，有些波动，因此，所测收缩历时曲线不太顺滑，可近似拟合成双曲线形式。

（3）徐变计算选用只需要环境、材料、构件尺寸等原始参数即可的五种方法。ACI 法和 JTG D62—2004 在工地及室内条件下的计算值均小于实测值，而其他三种方法在工地条件下的计算值均大于实测值，以 BAP2 法为最大。在室内条件下的计算值均小于实测值，以 CEB-FIP 法为最小。

（4）收缩选用五种曲线函数表达式计算的结果。从图 3.5.13 和图 3.5.14 看，在开始的 100 d 内增长速率都比较快，但不尽相同，以平方根函数法为最快，指数函数法次之，双曲线法最慢，200 d 以后趋向水平直线。

（5）在工地条件下，使用普通硅酸盐水泥 $\tau=8$ d 时，徐变系数终极值 $\varphi_k=2.68$，收缩系数终极值 $\varepsilon_n=230\times10^{-6}$；使用早强硅酸盐水泥 $\tau=5$ d 时，徐变系数终极值 $\varphi_k=2.15$，收缩系数终极值 $\varepsilon_n=200\times10^{-6}$。在试验室内，使用早强硅酸水泥 $\tau=28$ d 时，徐变系数终极

值 $\varphi_k=3.64$，收缩系数终极值 $\varepsilon_n=290\times10^{-6}$。

（三）96 m、112 m 预应力混凝土连续梁室内小梁徐变试验研究

1. 试验概况

试验梁跨度 400 cm，全长 420 cm，梁体截面为 16 cm × 20 cm 的矩形断面，为减少预加力对徐变的影响，采用中心配筋。混凝土等级为 C50，配合比为：水泥∶砂∶石 = 1∶1.154∶2.692，水灰比 $W/C=0.35$，含砂率 $\alpha=0.30$，按水泥质量的 1% 掺加减水剂 FDN，梁自重 $q=800$ kN/m。本试验与其他试验不同的是采取了与实桥施工相近的浇筑方法，即在梁位上满布脚手支撑的现浇法，这种制梁的特点是能直接测出梁自重瞬间弹性挠度。本试验使用的是无粘结力筋，采用后张法施工。

2. 计算方法

用于试验的三片简支梁徐变试验梁是在梁位上满布支撑的情况下现浇而成，其施工方法、施工程序与实桥情况相似。根据实测徐变系数与理论计算值的综合比较，在平均气温 22 ℃、平均相对湿度 75% 左右的情况下，认为可采用以下公式计算徐变系数：

（1）老化理论，见式(3.5.1)

取 $\varphi_\infty=2.6$，$\beta=0.021$。

（2）弹性徐变体理论，见式(3.5.3)

取 $r=0.021\sim0.030$，$\varphi_k=2.6$，$k=0.34$。

（3）ACI209(1982)，见式(3.5.6)

（4）BP-2 模式，见式(3.5.7)

（5）公路钢筋混凝土及预应力混凝土桥涵设计规范(JTG D62—2004)

采用上述公式计算的徐变系数与实测值的均方差较小，σ 在 0.1033 ~ 0.2213 之间，且计算曲线与实测曲线吻合良好。试验中取 $\varphi_\infty=2.6$，大于铁路《桥规》中的取值 $\varphi_\infty=2.3$，这主要是环境相对湿度偏低，且试件结构尺寸比实际结构小得多，水分相对蒸发得快。

3. 试验结果与理论计算分析

为取得符合实际的数据，对上述理论与实测值进行了多种情况的对比分析，计算出各理论值与实测值的均方差，建立了混凝土龄期与徐变系数的曲线关系。

（1）老化理论与实测值的比较

用老化理论计算徐变系数首先确定常数 φ_∞ 及 β。试验对 φ_∞ 及 β 分别取九组不同数值进行分析计算，其中有三组与实测值较为接近。从图 3.5.15 可以看出，当 $\varphi_\infty=2.3$、$\beta=0.0083$ 时，加载持续时间达 200 d 后，计算值与实测值才逐渐接近；$\varphi_\infty=2.6$、$\beta=0.0083$ 时，加载持续时间 150 d 作用，计算值与实测值有接近的趋势。两组系数中的 β 相等，φ_∞ 不同，两条曲线类似。当 $\varphi_\infty=2.6$、$\beta=0.021$ 时，计算曲线与实测曲线吻合较好，计算值仅在 50 d 时略小于实测值。从图 3.5.15 的三条曲线可以看到，φ_∞ 相等并取为 2.6 时，β 值大时，计算曲线与实测曲线接近；β 相等并取为 0.0083 时，φ_∞ 值改变时，结果相差较大。由此可见，φ_∞ 的大小对曲线影响较为显著。

使用计算机对老化理论曲线进行拟合，见图 3.5.16。由图可以看到，拟合值与实测平均值较接近。在加载持续时间 28 ~ 100 d 时，拟合值略大于实测值；在 100 ~ 200 d 时，两条曲线走向基本一致，且吻合情况良好；200 d 以后，拟合值小于实测值，最大绝对误差为 0.15。在整个实测时间内，拟合值与实测值的均方差仅为 0.1385，说明如果常数 φ_∞ 及 β 取得合适，老化理论仍能反映实际徐变系数的变化规律。

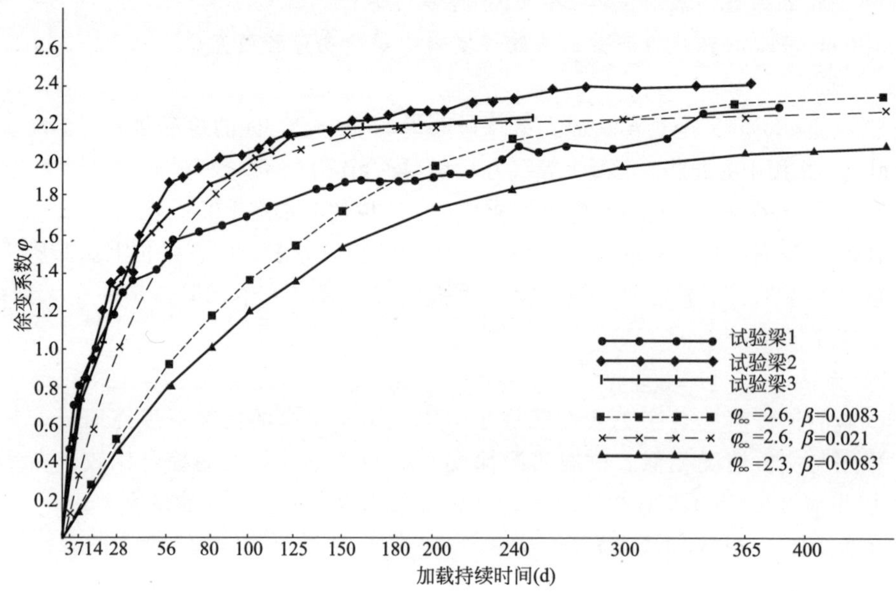

图 3.5.15　老化理论与实测值的比较

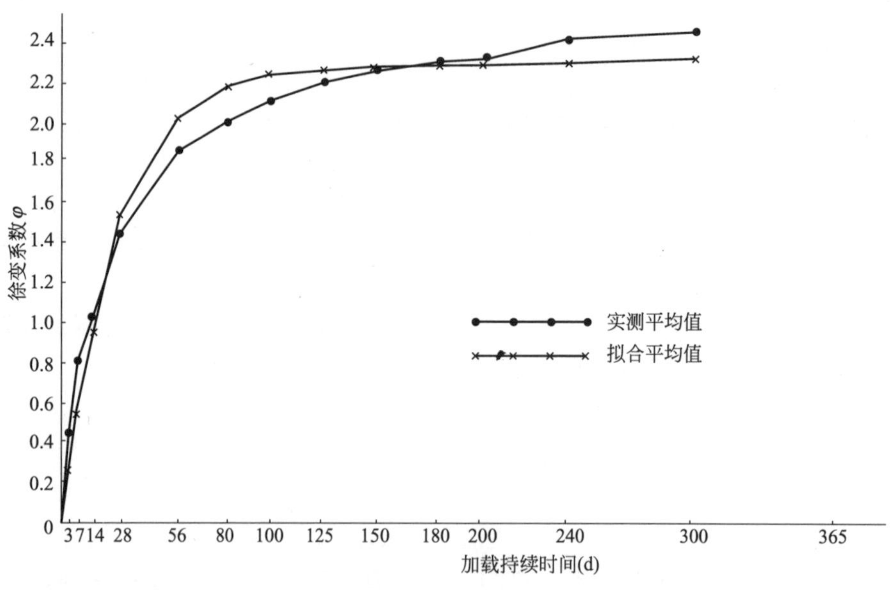

图 3.5.16　老化理论拟合值与实测值的比较

（2）弹性徐变体理论与实测值的比较

弹性徐变体理论需要首先确定三个常数，即 k、φ_k 及 r。试验取不同的数值进行了十种组合，列于图 3.5.17 和图 3.5.18 中。当 $k=0.26$、$r=0.26$、$\varphi_k=2.6$ 时，加载持续时间 40 d 内，计算值略小于实测值，40～100 d 计算值略大于实测值，曲线的基本走向与实测值吻合良好，其绝对误差较小，详见图 3.5.19；但在 300 d 后曲线偏于平缓。$k=0.30$、$r=0.021$、$\varphi_k=2.6$ 及 $k=0.34$、$r=0.030$、$\varphi_k=2.6$ 时，两条曲线接近，并与实测曲线吻合良好，仅在 80 d 时略大于实测值，300 d 后曲线趋于水平。

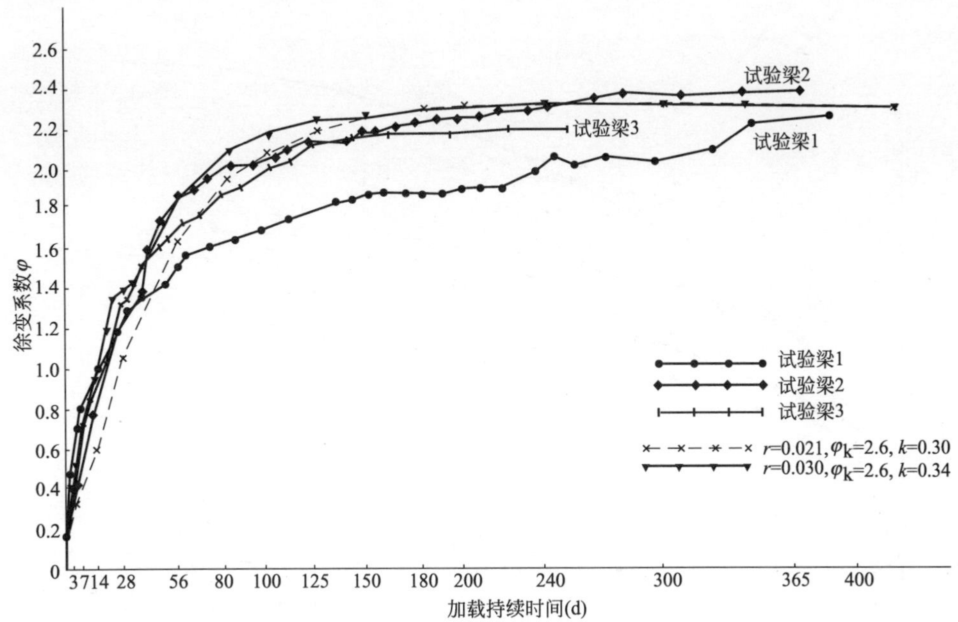

图 3.5.17　弹性徐变理论与实测值的比较

综上所述，弹性徐变体理论有良好的实用性，可根据不同情况取不同的常数，虽然在300 d 后计算值与实测值有较大差别，但一般认为在加载持续时间为 300 d 时，混凝土的徐变已完成了 80%。根据本试验情况可以看到，取 $\varphi_k = 2.6$ 较合适。

(3) 其他理论与实测值的比较

按 BP-2 模式计算的徐变系数与实测值比较吻合，但在 14 ~ 180 d 略低，420 d 以后则计算值不断增加，有大于实测值的趋势，这正是 BP-2 徐变模式的特点——没有徐变终极值，详见图 3.5.19。

按 F · 泰勒斯法计算的曲线发展速度很快，特别是在 80 d 后，与实测值相差甚远，不能如实反映徐变发展情况。

按 DIN4227(1983) 计算的曲线，在 125 d 左右小于实测值，在 125 ~ 300 d 时与实测值接近，365 d 后曲线增长速度明显，远远大于实测曲线，这种现象与实际不符。

按 ACI209(1978) 计算的值，在加载持续时间 28 d 左右与实测值接近，28 d 后小于实测值。按 ACI209(1982) 计算的值与实测值接近，整个曲线的走向与实测值吻合良好，详见图 3.5.18。该曲线基本反映了混凝土徐变的全过程，而且它与实测值的均方差最小。

按 JTG D62—2004 计算的值均小于实测值，详见图 3.5.20。

从以上几种理论计算中可以看到，徐变系数的计算以 F · 泰勒斯法最大，以 JTG D62—2004 最小。评述上面的理论计算可以从两方面进行：一是徐变系数的计算曲线与实测曲线的符合程度；二是徐变系数的终极值。为了比较不同计算理论的徐变变形过程与实测变形过程的符合程度，采用均方差进行判断：

$$\sigma = \sqrt{\sum (\varphi_{实测} - \varphi_{计算})^2 / n}$$

经计算，各种理论值与实测值的均方差由小到大依次为：ACI209(1982)、老化理论拟

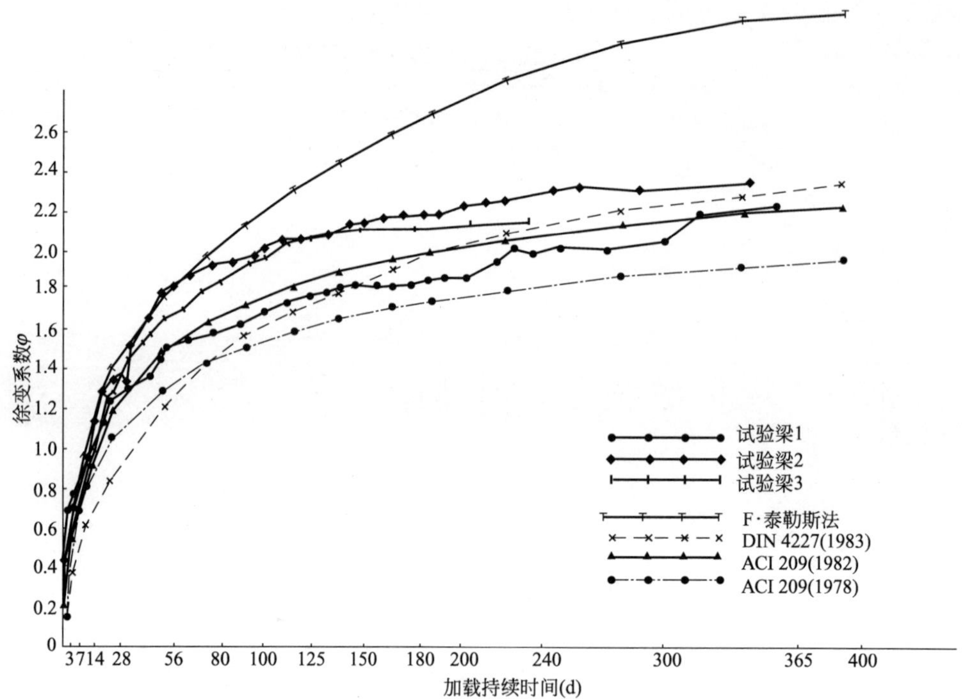

图 3.5.18　F·泰勒斯法、DIN4227、ACI209 与实测值的比较

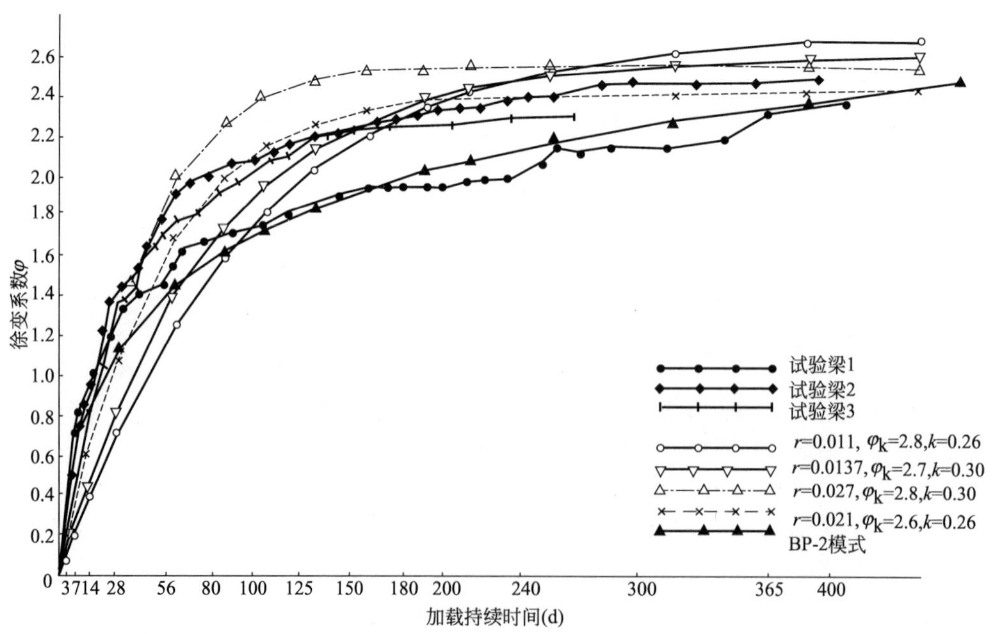

图 3.5.19　弹性徐变理论 BP-2 模式与实测值的比较

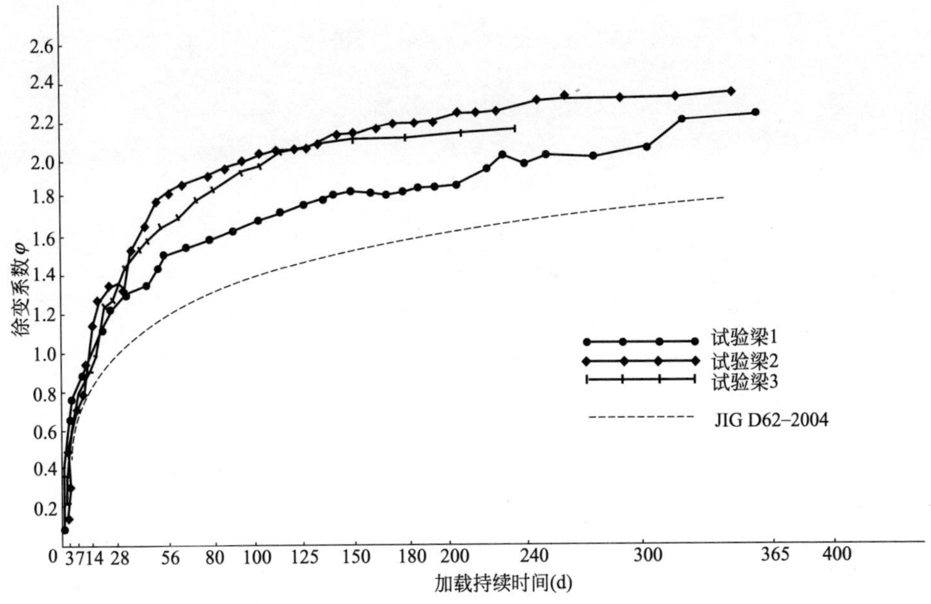

图 3.5.20　JTG D62—2004 与实测值的比较

合曲线($\varphi_\infty=2.6$，$\beta=0.021$)，弹性徐变体理论($k=0.34$，$r=0.030$，$\varphi_k=2.6$)，老化理论($\varphi_\infty=2.6$，$\beta=0.021$)。

（四）宁波招宝山大桥混凝土收缩徐变试验研究

1. 试验概况

试验梁跨度 400 cm，全长 420 cm，梁体截面为 16 cm × 20 cm 的矩形断面，为减少预加力对徐变的影响，采用中心配筋。整个试验在工地简易房屋内进行，室内外环境相同。混凝土为 C50，根据配合比、配料不同灌制两组试验梁，每组 4 片。选料及配合比见表 3.5.2。

表 3.5.2　试验梁材料及配合比

C50	水泥	砂	石料	水	外加剂	
	散装 52.5	中粗	5 ~ 20 mm	自来水	FDN	木钙
1 号 ~ 4 号梁配合比(一)	1	1.164	2.072	0.37	0.01	0.0015
5 号 ~ 8 号梁配合比(二)	1	1.192	2.118	0.39	0.01	0.0015

2. 计算方法

理论计算采用如下四种方法：

(1) 旧桥规(JTJ 023—85)替代公式(综合考虑 A. M. Neville 等人和大桥局勘测设计院推荐公式)

$$\varphi(t,\tau)=0.430+0.4\beta_d(t-\tau)+3.330\left[\left(\frac{t}{t+459.075}\right)^{1/3}-0.247\right] \tag{3.5.16}$$

$$\beta_d(t-\tau)=\begin{cases}0.12[\lg(t-\tau)]^2+0.28 & (1\leqslant t-\tau\leqslant 15)\\ 1.0-\dfrac{0.6}{1.0+0.004(t-\tau)^{1.2}} & (t-\tau>15)\end{cases} \tag{3.5.17}$$

（2） CEB-FIP 替代公式(大桥局勘测设计院 1990 年推荐公式)

$$\varphi(t,\tau)=0.430+0.4\beta_{\mathrm{d}}(t-\tau)+3.330[\beta_{\mathrm{f}}(t)-0.222] \tag{3.5.18}$$

$$\beta_{\mathrm{d}}(t-\tau)=\begin{cases}0.12[\lg(t-\tau)]^2+0.28 & (1\leqslant t-\tau\leqslant 15)\\ 1.0-\dfrac{0.6}{1.0+0.004(t-\tau)^{1.2}} & (t-\tau>15)\end{cases} \tag{3.5.19}$$

$$\beta_{\mathrm{f}}(t)=\begin{cases}0.170\lg^2 t+0.1 & (1\leqslant t\leqslant 10)\\ 1.0-\dfrac{0.702}{1.0+0.0133t^{0.98}}-\dfrac{0.098}{1.0+0.00423t^{0.8}} & (t>10)\end{cases} \tag{3.5.20}$$

（3） ACI209(1982) 推荐公式

$$\varphi(t,\tau)=\frac{(t-\tau)^{0.6}}{10+(t-\tau)^{0.6}}\varphi=\frac{2.524(t-\tau)^{0.6}}{10+(t-\tau)^{0.6}} \tag{3.5.21}$$

（4） 新桥规(JTG D62—2004) 计算公式

按 ACI209 推荐公式，由两种配合比制作的小梁，其收缩系数计算公式分别为

$$\varepsilon_{\mathrm{sh}(t)}^{1}=\frac{701t}{35+t}\times 10^{-6} \tag{3.5.22}$$

$$\varepsilon_{\mathrm{sh}(t)}^{2}=\frac{695t}{35+t}\times 10^{-6} \tag{3.5.23}$$

由于两式计算的结果相差很小，只有 0.9%，因此试验仅用式(3.5.22) 的计算结果。

3. 试验结果分析

（1） 工地试验梁徐变系数分析

实测徐变系数和计算徐变系数随时间变化曲线见图 3.5.21。从长期测试结果看，两种配合比的徐变系数比较接近，变化趋势基本相同。前 50 d 内二者交替变化，50 d 后 5 号梁的徐变系数略大于 2 号梁，360 d 后二者之的差值略有增大，450 ~ 550 d 期间达最大，相差百分比约为 16%。

比较计算值和实测值(图 3.5.21)，实测徐变系数总的变化趋势及分布规律与三套理论公式计算值一致。在前 10 d，实测值位于式(3.5.18) 和式(3.5.21) 的计算值之间，略小于式(3.5.16) 的计算值；在 10 ~ 45d 之间，实测值与式(3.5.16) 计算值相当接近，基本上是围绕式(3.5.16) 计算值作微小的上下波动；在 45 ~ 100 d 之间，实测值位于式(3.5.16) 和式(3.5.21) 的计算值之间；在 100 ~ 250 d，实测值逐渐回到式(3.5.18) 和式(3.5.21) 的计算值之间，且有向式(3.5.21) 计算值靠近的趋势；在 250 ~ 450 d 之间，配合比(一) 试验梁的实测徐变系数围绕式(3.5.21) 计算值作微小波动，配合比(二) 试验梁的实测徐变系数在式(3.5.18) 和式(3.5.21) 之间，且靠近式(3.5.21) 作微小波动。因此，从整体来说，整个测试期间，实测徐变系数均分布在式(3.5.16) 和式(3.5.21) 的计算值之间，在前 150 d 内，老规范公式或 CEB-FIP 公式与实测值吻合较好，ACI209 推荐公式相对偏小；150 d 后，ACI209 推荐公式与实测值吻合较好，老规范公式

相对偏大。

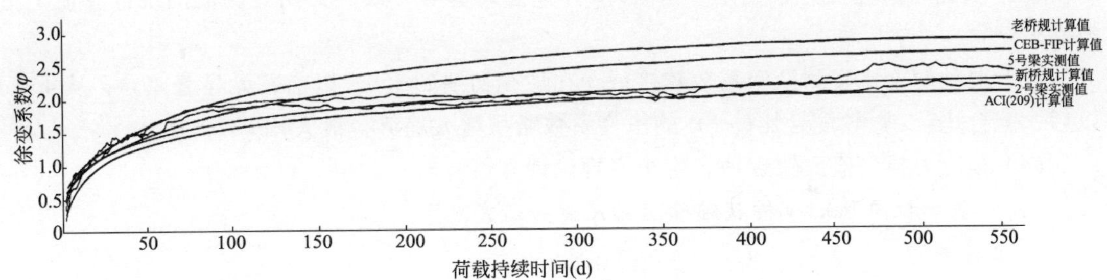

图 3.5.21 徐变系数随时间变化曲线及计算值与实测值的比较

按新桥规(JTG D62—2004)计算的理论值在后期与实测值吻合最好，在 150 d 内略小于实测值，150 d 后理论值与实测值十分接近。

(2) 工地试验梁收缩系数分析

实测收缩应变在数值上与总体变化趋势上基本与 ACI209 计算公式一致，除最初几天实测值大于理论值以外，在 200 d 以前实测值均偏小，200 d 后实测值略大于理论值。

(3) 标准试件试验室内收缩、徐变分析

试验采用 GBJ 82—85 规定的标准棱柱体：收缩用 100 mm × 100 mm × 515 mm，徐变用 100 mm × 100 mm × 400 mm。收缩、徐变试件各三个，试件材料、配合比与实桥相同，徐变用弹簧式压缩徐变仪测试。取三个试件的算术平均值作为混凝土的收缩及徐变系数实测值，试验结果见表 3.5.3。

表 3.5.3 收缩及徐变系数实测值

龄期(d) ($t-\tau$)	收缩 ($\times10^{-6}$)	徐变系数	龄期(d) ($t-\tau$)	收缩 ($\times10^{-6}$)	徐变系数	龄期(d) ($t-\tau$)	收缩 ($\times10^{-6}$)	徐变系数
1	0	0.317	60	9.00	1.810	360	199.3	2.707
2	-5.00	0.441	90	127.0	1.886	393	156.0	3.027
3	-10.00	0.558	120	130.0	2.105	420	176.5	3.442
5	-35.00	0.763	150	101.7	2.242	450	128.0	3.561
7	-59.00	0.97	180	176.0	3.064	480	154.4	3.382
10	-25.00	0.997	210	244.0	2.279	512	186.7	3.440
14	18.00	1.249	260	294.0	2.364	544	177.0	3.568
20	9.80	1.351	276	359.7	2.158	550	193.0	3.495
28	-2.10	1.536	300	318.0	2.354			
45	23.00	1.593	330	248.8	2.564			

由以上结果可知，较同期试验值而言，试验室内标准试件的收缩较工地小梁试验值偏小，而徐变系数则比工地小梁试验值偏大。

4. 小　结

根据历时一年半的测试结果，可得出如下结论：

(1) 实测徐变系数在不同时期分别与前述四个公式有较好的吻合，总体变化趋势与计算公式基本一致。

（2）实测收缩应变分布规律与 ACI209 计算公式基本一致，长期观测值围绕计算值上下波动。

（3）两种配合比实测徐变系数较接近，在加载初期到 450 d 以前，无显著差异；从 450 d 以后，配合比(二）较配合比(一）的徐变系数略呈增大趋势，最大相差 16%。

（4）预应力损失值比较合理，略小于理论计算值。

（五）孟加拉国 Paksey 桥收缩徐变对比试验研究

1. 试验概述

试验的目的是，比较用建议混凝土制作的试件与控制混凝土制作的试件在一定的条件下收缩和徐变性能，以此确定承包商所建议使用的骨料和养护方法的可行性。室内试验保证室内温度控制在 25 ℃ ±2 ℃，湿度保持在 60% ±5%。

对孟加拉国 Paksey 桥而言，混凝土就是大桥局建议用于建造 Paksey 桥上部结构的混凝土，混凝土试件就是用从孟加拉国 Paksey 桥带回国内的骨料制作的试件。经监理批准，试验的控制骨料采用与长沙湘江铁路桥同一来源的骨料作为本项试验的控制骨料，控制混凝土试件就是用控制骨料制作的试件。制作建议试件和控制试件所采用的配合比、外加剂、水泥和水是一样的，只是所使用的骨料不同。通过试验，最后确定了与从孟加拉国带回的砂石物理性能指标一致的粗细骨料，控制试件和建议试件所用粗细骨料的物理性能指标见表 3.5.4 和表 3.5.5。

表 3.5.4　砂子性能指标对比

类别(产地)	细度模数 μ_f	堆积密度 $\rho_{堆}$ (kg/m³)	紧密密度 $\rho_{紧}$ (kg/m³)	含泥量 (%)
孟加拉国	2.6	1 450	1 560	2.1
中国	2.9	1 510	1 570	2.3

表 3.5.5　碎石性能指标对比

类别(产地)	颗粒级配	堆积密度 $\rho_{堆}$ (kg/m³)	紧密密度 $\rho_{紧}$ (kg/m³)	压碎指标 (%)
孟加拉国	5 ~ 20 mm,连续	1 540	1 600	9.6
中国	5 ~ 16 mm,连续	1 360	1 500	11.8

试件尺寸为 100 mm × 100 mm × 400 mm。2001 年 9 月 6 日成型 6 个控制试件(普通硅酸盐水泥，国产砂石)，2001 年 9 月 9 日成型 6 个控制试件(矿渣水泥，国产砂石)、6 个建议试件(普通硅酸盐水泥，Paksey 桥建议用砂石)、6 个建议试件(矿渣水泥，Paksey 桥建议用砂石)，同时按两种配合比相应成型 18 个立方体控制试件。两种配合比见表 3.5.6，其 7 d、14 d、28 d 的抗压强度见表 3.5.7。

根据 Paksey 桥收缩徐变对比试验大纲的要求(试件成型后立即放入标准养护室)，标准养护室的室温控制在 25 ℃ ±2 ℃，湿度控制在 90% ±5%。养护方式为 2 台旋转喷雾机造湿养护，养护过程中保持试件湿润。

表 3.5.6 配合比 A(普通水泥)、配合比 B(矿渣水泥)

编 号	水泥	水	砂	石子	外加剂
配合比 A(kg/m^3)	460	179.4	685.4	1117.8	2.76 L
配合比 B(kg/m^3)	460	184.0	684.0	1117.0	3.68 L

表 3.5.7 混凝土立方体控制试件抗压强度

配 合 比	抗压强度(MPa)		
	7 d	14 d	28 d
A(普通水泥)	40.5	49.3	56.1
B(矿渣水泥)	44.4	54.7	68.4

试验变形测量装置为外装式，测头仪采用胶粘，测量标距为 200 mm，所用千分表全部经计量局标定。

2. 试验结果

(1) 收缩试验结果

标准养护 7 d 后安装变形测量装置，读取变形初始值，14 d 后读取收缩变形值，测试结果见表 3.5.8。

表 3.5.8 收缩测量结果

试件类别		变形初读数 L_0(mm)		14 d 变形测读数 L_t(mm)		收缩值 ε_{st}($\times10^{-6}$)		收缩平均值($\times10^{-6}$)	比 值(%)
		左表	右表	左表	右表	左表	右表		
普硅水泥控制试件	1	0.3050	0.3718	0.3225	0.3900	88	91	94	96.8
	2	0.0615	0.2197	0.0800	0.2395	92	99		
	3	0.1220	0.4395	0.1400	0.4600	90	102		
普硅水泥建议试件	1	0.2760	—	0.2945	—	92	—	91	
	2	0.2420	0.2250	0.2595	0.2450	88	100		
	3	0.0900	0.0700	0.1075	0.0875	88	88		
矿渣水泥控制试件	1	0.2915	0.4175	0.3080	0.4335	82	80	83	97.6
	2	0.3025	0.2680	0.3210	0.2845	92	82		
	3	0.1385	0.4205	0.1540	0.4370	78	82		
矿渣水泥建议试件	1	0.0575	0.1510	0.0725	0.1675	75	82	81	
	2	0.1665	0.1070	0.1820	0.1230	78	80		
	3	0.3220		0.3405		92			

注：收缩值 $\varepsilon_{st}=(L_t-L_0)/L_b$，$L_b=200$ mm。

(2) 徐变试验结果

试件经 28 d 标准养护后移入徐变试验室，粘贴测头、安装千分表，然后将试件放到徐变仪试验架上。调整试件、加载千斤顶和测力计，使三者的轴线和徐变仪的轴线重合。加荷至10 N/mm^2，读取初始变形值。由试件加载时算起，按周期 1、3、7、14、28、45、60、

90、120、180、270、360 d，之后每 90 d 测读变形值，直至 Paksey 桥施工结束。龄期 720 d 之前的测试结果见表 3.5.9 ~ 表 3.5.12。各组试件的徐变对比情况见表 3.5.13 ~ 表 3.5.16，普通硅酸盐水泥与矿渣硅酸盐水泥试件徐变变形对比图见图 3.5.22。

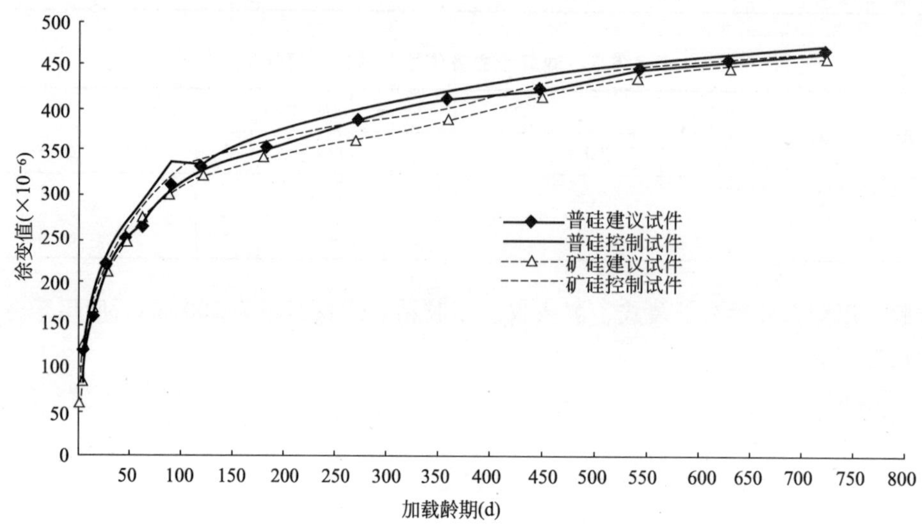

图 3.5.22 普通硅酸盐水泥与矿渣硅酸盐水泥试件徐变变形比较

表 3.5.9 普通硅酸盐水泥建议试件徐变测量值

加载龄期 (d)	徐变加载 t 天的总变形量				徐变加载 t 天的收缩值				徐变值
	单个试件的变形值 ($\times10^{-3}$ mm)			相对变形均值 ($\times10^{-6}$)	单个试件的变形值 ($\times10^{-3}$ mm)			相对变形均值 ($\times10^{-6}$)	($\times10^{-6}$)
	1 号	2 号	3 号		1 号	2 号	3 号		
1	13.0	13.2	12.5	64.50	1.0	1.2	1.2	5.67	58.83
3	20.5	20.2	20.2	101.50	3.0	4.5	3.5	18.33	83.17
7	33.5	31.0	31.2	159.50	7.0	8.2	7.5	37.83	121.67
14	44.0	44.2	44.2	220.67	11.0	12.2	11.5	57.83	162.84
28	64.5	62.5	58.8	309.67	17.0	18.5	17.5	88.33	221.34
45	77.5	75.2	73.0	376.17	25.0	26.8	25.2	128.33	247.84
60	85.0	82.0	81.0	413.33	29.0	29.8	29.2	146.67	266.66
90	94.5	93.8	90.8	465.17	31.5	32.2	31.8	159.17	306.00
120	101.0	100.0	97.0	496.67	32.5	34.0	33.0	165.83	330.84
180	112.0	103.3	100.3	526.00	35.2	36.0	35.0	177.00	349.00
270	123.0	115.3	106.0	573.83	37.2	38.8	36.0	186.67	387.16
360	126.9	120.9	113.7	602.50	39.0	39.8	37.6	194.00	408.50
450	131.8	126.1	118.0	626.50	41.2	42.5	40.0	206.17	420.33
540	143.6	130.0	122.0	659.33	43.2	44.5	42.0	216.17	443.16
630	147.0	133.0	125.0	675.00	45.0	46.2	41.8	221.67	453.33
720	150.0	135.0	127.0	686.67	46.0	47.0	43.0	222.50	464.17

注：试件测量标距 L_b = 200 mm(以下同)。

表 3.5.10　普通硅酸盐水泥控制试件徐变测量值

加载龄期(d)	徐变加载 t 天的总变形量				徐变加载 t 天的收缩值				徐变值
	单个试件的变形值(×10⁻³ mm)			相对变形均值(×10⁻⁶)	单个试件的变形值(×10⁻³ mm)			相对变形均值(×10⁻⁶)	(×10⁻⁶)
	1号	2号	3号		1号	2号	3号		
1	14.8	14.2	12.5	69.17	2.0	2.0	1.5	9.17	60.00
3	21.5	19.5	20.8	103.00	4.0	3.2	3.2	17.33	85.67
7	38.0	30.8	34.2	171.67	8.8	8.8	8.5	43.50	128.17
14	55.8	51.2	50.2	262.00	17.0	17.5	17.2	86.17	175.83
28	73.0	72.2	69.2	357.33	24.2	24.5	24.0	121.17	236.16
45	88.8	86.8	89.8	442.33	35.2	35.5	34.8	175.83	266.50
60	97.8	95.8	96.0	482.67	39.2	39.0	38.0	193.67	289.00
90	114.5	115.5	103.2	555.33	45.0	45.8	42.2	221.67	333.66
120	121.5	119.0	108.0	580.83	50.0	50.2	46.0	243.67	337.16
180	132.5	124.5	120.0	628.33	52.6	54.6	50.0	262.00	366.33
270	139.5	136.1	127.6	672.00	53.2	58.0	54.1	275.50	396.50
360	146.7	141.4	138.0	710.17	55.3	61.6	57.2	290.17	420.00
450	153.3	148.5	144.3	743.50	60.3	63.6	60.0	306.50	437.00
540	158.0	155.1	150.1	772.00	63.0	65.8	62.4	318.67	453.33
630	162.0	160.0	155.2	795.33	65.2	68.4	65.0	331.00	464.33

表 3.5.11　矿渣硅酸盐水泥建议试件徐变测量值

加载龄期(d)	徐变加载 t 天的总变形量				徐变加载 t 天的收缩值				徐变值
	单个试件的变形值(×10⁻³ mm)			相对变形均值(×10⁻⁶)	单个试件的变形值(×10⁻³ mm)			相对变形均值(×10⁻⁶)	(×10⁻⁶)
	1号	2号	3号		1号	2号	3号		
1	11.5	12.5	15.8	66.33	1.2	1.2	1.0	5.67	60.66
3	18.0	19.2	21.5	97.83	2.8	2.5	3.5	14.67	83.16
7	32.5	30.8	32.8	160.17	5.8	5.8	7.0	31.00	129.17
14	45.8	41.0	45.2	220.00	9.8	9.5	11.5	51.33	168.67
28	61.0	55.8	54.0	284.67	14.2	13.5	15.5	72.00	212.67
45	76.2	69.0	68.0	355.33	21.5	21.2	23.0	109.50	245.83
60	85.5	77.2	74.2	394.83	24.2	23.2	25.5	121.50	273.33
90	93.8	83.8	81.8	432.33	25.8	25.0	27.5	130.5	301.83
120	99.5	89.0	87.0	459.17	27.4	26.8	28.7	138.17	321.00
180	105.8	93.8	92.1	486.17	28.2	28.0	29.6	143.00	343.17
270	109.6	97.8	100.2	512.67	29.5	29.1	31.5	150.17	362.50
360	113.7	105.7	109.0	547.33	31.5	30.9	34.0	160.67	386.66
450	120.3	115.9	113.2	582.33	32.8	31.8	36.5	168.50	413.83
540	126.8	122.1	119.2	613.50	34.5	33.4	39.0	178.17	435.33
630	130.0	126.5	125.0	635.83	36.0	36.0	40.5	187.50	448.33
720	132.0	128.6	128.0	647.67	36.8	37.0	41.2	191.67	456.00

表 3.5.12 矿渣硅酸盐水泥控制试件徐变测量值

加载龄期(d)	徐变加载 t 天的总变形量				徐变加载 t 天的收缩值				徐变值
	单个试件的变形值(×10⁻³ mm)			相对变形均值(×10⁻⁶)	单个试件的变形值(×10⁻³ mm)			相对变形均值(×10⁻⁶)	(×10⁻⁶)
	1号	2号	3号		1号	2号	3号		
1	11.5	10.2	9.2	51.50	3.2	3.0	2.0	13.67	37.83
3	19.8	18.5	20.0	97.17	6.0	7.0	7.0	33.33	63.84
7	35.2	35.5	35.2	176.5	12.0	11.8	12.0	59.67	116.83
14	49.5	52.2	50.8	254.17	17.5	18.2	17.2	88.17	166.00
28	67.2	71.2	68.0	344.00	23.8	25.0	24.5	122.17	221.83
45	86.8	93.0	88.8	447.67	37.5	38.0	37.5	188.33	259.34
60	95.0	101.8	97.0	489.67	40.5	41.8	41.8	206.83	282.84
90	105.8	113.5	108.5	546.33	43.2	45.0	45.5	222.83	323.5
120	108.5	120.0	116.0	574.17	45.5	48.0	48.4	236.50	337.67
180	115.3	125.0	125.0	608.83	47.0	51.0	51.2	248.67	360.16
270	122.3	133.0	130.5	643.00	50.0	53.3	53.6	261.50	381.50
360	128.0	140.0	140.1	680.17	56.3	56.0	57.5	283.00	397.17
450	138.0	149.0	148.1	725.17	58.3	59.2	60.0	295.83	429.34
540	145.0	156.0	154.0	758.33	62.3	62.7	63.0	313.33	445.00
630	150.0	160.0	159.0	781.67	65.0	66.0	64.5	325.83	455.84
720	153.0	163.0	162.0	796.67	66.0	68.0	65.4	332.33	464.34

表 3.5.13 各组试件加载 28 d 龄期徐变值对比表

试件名称		徐变值(×10⁻⁶)	比值	徐变度(×10⁻⁶/MPa)
普通硅酸盐水泥	建议试件	221.34	93.7%	22.1
	控制试件	236.16		23.6
矿渣硅酸盐水泥	建议试件	212.67	95.9%	21.3
	控制试件	221.83		22.2

表 3.5.14 各组试件加载 60 d 龄期徐变值对比表

试件名称		徐变值(×10⁻⁶)	比值	徐变度(×10⁻⁶/MPa)
普通硅酸盐水泥	建议试件	266.66	92.3%	26.7
	控制试件	289.00		28.9
矿渣硅酸盐水泥	建议试件	273.33	96.6%	27.3
	控制试件	282.84		28.3

表 3.5.15　各组试件加载 90 d 龄期徐变值对比表

试　件　名　称		徐变值（×10⁻⁶）	比　值	徐变度（×10⁻⁶/MPa）
普通硅酸盐水泥	建议试件	306.00	91.7%	30.6
	控制试件	333.66		33.4
矿渣硅酸盐水泥	建议试件	301.83	93.3%	30.2
	控制试件	323.5		32.6

表 3.5.16　各组试件加载 720 d 龄期徐变值对比表

试　件　名　称		徐变值（×10⁻⁶）	比　值	徐变度（×10⁻⁶/MPa）
普通硅酸盐水泥	建议试件	464.17	98.2%	46.4
	控制试件	472.50		47.2
矿渣硅酸盐水泥	建议试件	456.00	98.2%	45.6
	控制试件	464.34		46.4

3. 小　　结

通过对整个试验阶段试验数据的分析，根据《帕克西桥工程项目技术规范》中混凝土结构的技术要求，可得出如下关于收缩徐变特性结论：

（1）对于收缩特性，养护 14 d 后普通硅酸盐水泥的建议试件和控制试件的比值为 96.8%，养护 14 d 后矿渣硅酸盐水泥的建议试件和控制试件的比值为 97.6%，均小于 130%。

（2）加载 28 d 的普通硅酸盐水泥的建议试件和控制试件的徐变比值为 94.7%，矿渣硅酸盐水泥的建议试件和控制试件的徐变比值为 95.9%，均未超过规定要求的 110%。

（3）加载 60 d 的普通硅酸盐水泥的建议试件和控制试件的徐变比值为 92.3%，矿渣硅酸盐水泥的建议试件和控制试件的徐变比值为 96.6%，均未超过规定要求的 110%。

（4）加载 90 d 的普通硅酸盐水泥的建议试件和控制试件的徐变比值为 91.7%，矿渣硅酸盐水泥的建议试件和控制试件的徐变比值为 93.3%，均未超过规定要求的 110%。

（5）加载 720 d 的普通硅酸盐水泥的建议试件和控制试件的徐变比值为 98.2%，矿渣硅酸盐水泥的控制试件和建议试件的徐变比值为 98.2%，均未超过规定要求的 110%。

六、试验研究结果

1. 从各个桥梁的徐变和收缩的观测结果来看，不同的理论公式均具有一定的适用局限性，在徐变及收缩的变化规律上理论公式与实测规律均能较好吻合，但在具体数值上均具有一定的偏差。

2. 茅岭江大桥的结果表明，老化理论和弹性徐变体理论对加载初期混凝土徐变迅速发展的情况不能很好地反映。而 CEB-FIP、ACI209、BP-2 这三种计算模式中，加载初期均大于实测值，后期 ACI209 和 CEB-FIP 两种理论较 BP-2 更为接近实测值。现行 JTG D62—2004 规范的计算值在加载初期也大于实测值，在后期总体上比其他三种模式更接近实测值。

3. 钱塘江第二大桥的结果表明，各种徐变的计算理论的曲线形状均与实测结果相近，最终值比实测结果或高或低。与第一组试验梁徐变测试值最接近的理论为 CEB-FIP，与第二组试验梁徐变测试值最接近的理论为 JTG D62—2004。

工地试验梁的收缩结果与所有的理论值都相差不大，各理论值也很接近。试验室内试验的收缩值小于所有理论，平方根双曲线和指数函数较为接近和实测值较为接近。

4. 96 m、112 m 预应力混凝土连续梁室内小梁的结果表明，综合徐变的测试结果，以及各种理论值与实测值的均方差，与实测值吻合最好的为 ACI209(1982)，它在初期和后期的徐变值均与实测值接近。而 JTG D62—2004 的计算值均小于实测值。

5. 宁波招宝山大桥的结果表明，实测徐变系数与四个理论公式总体变化趋势基本一致。在前期，CEB-FIP 及 85 规范与实测值较为接近，后期比实测值偏大。在后期，实测值与 JTG D62—2004 理论计算值最为接近，长期观测值围绕计算值上下波动。

6. 孟加拉国 Paksey 桥的结果表明，采用适当的骨料配合比，可以有效降低徐变变形。

7. 综合分析表明，虽然实测值与各理论计算值存在一定偏差，但在所收集的试验研究资料中，CEB-FIP 公式在加载前期与部分实测值具有一定的吻合性，而 JTG D62—2004 的计算徐变值在加载后期较其他公式在大多情况下更接近实测值，表明其基本能够反映混凝土徐变的变化规律。

第四章　辅助设施施工

第一节　生活区建设

一、生活区规划

苏通长江公路大桥 D1 标段办公生活区设在疏港公路旁，东临监理用房 150 m，西侧 200 m 是 C2 标驻地，总占地面积约 40 亩。

办公生活区场地主要设办公楼、宿舍、会议室、招待所、运动场、食堂、浴室、锅炉房、停车场和消防、安全等配套设施，沿驻地中线铺设主要道路一条，大门正对疏港公路，场内设有便道环绕。生活区具体布置见图 4.1.1。

二、生活区建设

1. 房屋与道路

生活区中间布设一条 8 m 宽主通道，沿主通道两侧对称布置四栋办公室和六栋宿舍，每排房屋净距为 6 m。办公及生活用房均采用白色高档彩钢板结构，并根据各类房屋的特定功能，统筹考虑，合理安排。

2. 办公、餐饮、娱乐等

办公区配置与工程规模相适应的现场办公设备，办公室宽敞明亮，场地内消防、安全设施齐全。项目部最前端设有旗台，两侧设置大型宣传栏，适时通报大桥建设的各类新闻照片和简报，场内还建有篮球场、羽毛球场等体育活动设施。工地食堂内配备专用消毒设备，用餐区配置标准规格彩塑餐桌椅，厨房加工区、用餐区分开设置，切实保障食品卫生与安全。

3. 环境、卫生设施建设

办公生活区采用通透式围栏，保持开阔的视野。场地内设置大面积草坪，旗台两旁建造花坛，宿舍及办公楼前种植绿化，场地内布置完善的排水系统，防止污染，美化环境。

三、水电设施

办公生活区给水管路全部采取直埋方式，穿越主要通道时设管保护。办公生活区绿化定时浇灌。办公生活区用电从变电间引出，低压配电主线路采用塑料铝芯电缆埋地敷设，必要时穿管保护。

办公生活区场地给水管路及用电线路平面布置见图 4.1.2 和图 4.1.3。

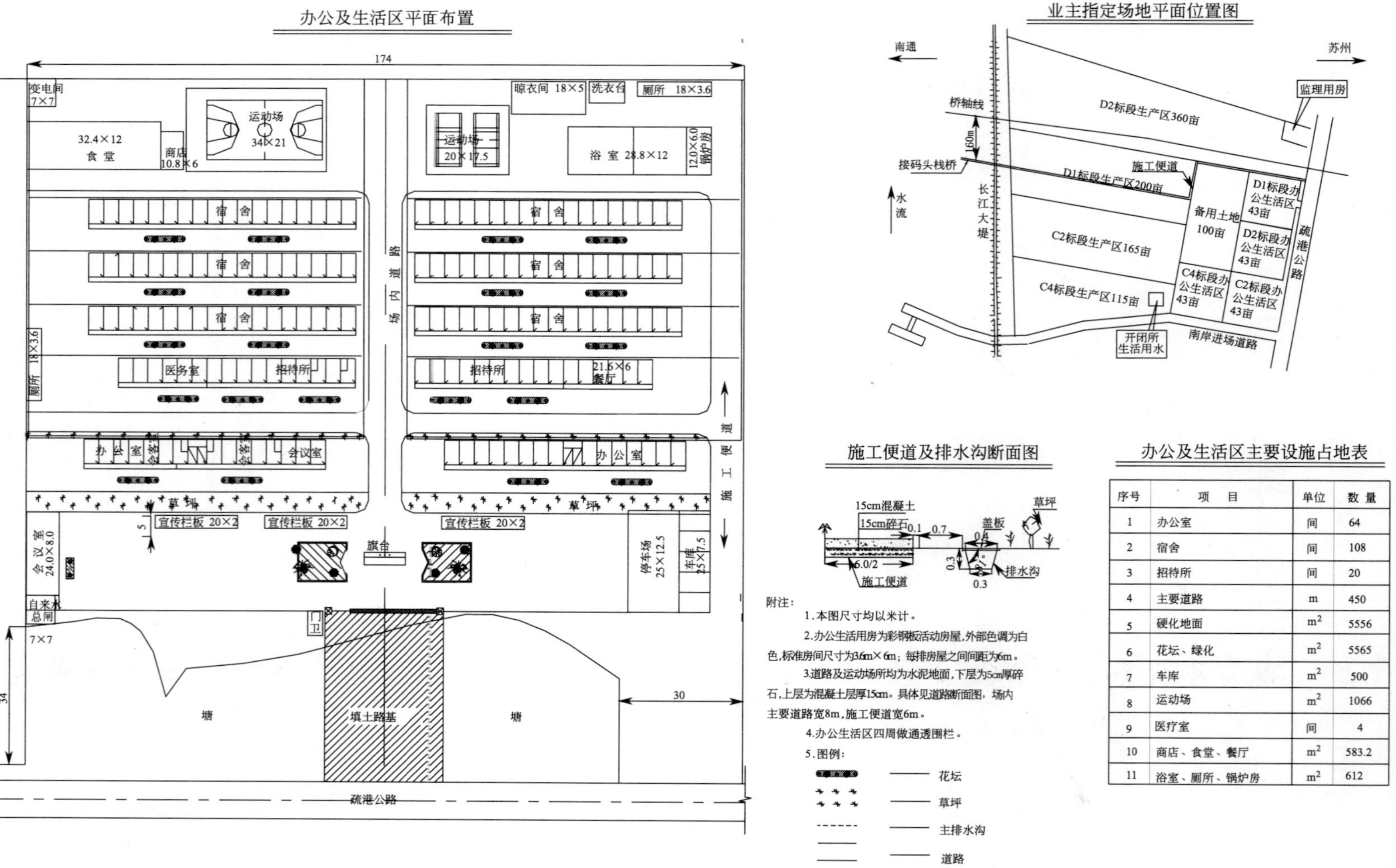

办公及生活区主要设施占地表

序号	项　目	单位	数 量
1	办公室	间	64
2	宿舍	间	108
3	招待所	间	20
4	主要道路	m	450
5	硬化地面	m^2	5556
6	花坛、绿化	m^2	5565
7	车库	m^2	500
8	运动场	m^2	1066
9	医疗室	间	4
10	商店、食堂、餐厅	m^2	583.2
11	浴室、厕所、锅炉房	m^2	612

图 4.1.1　生活区具体布置图(单位:m)

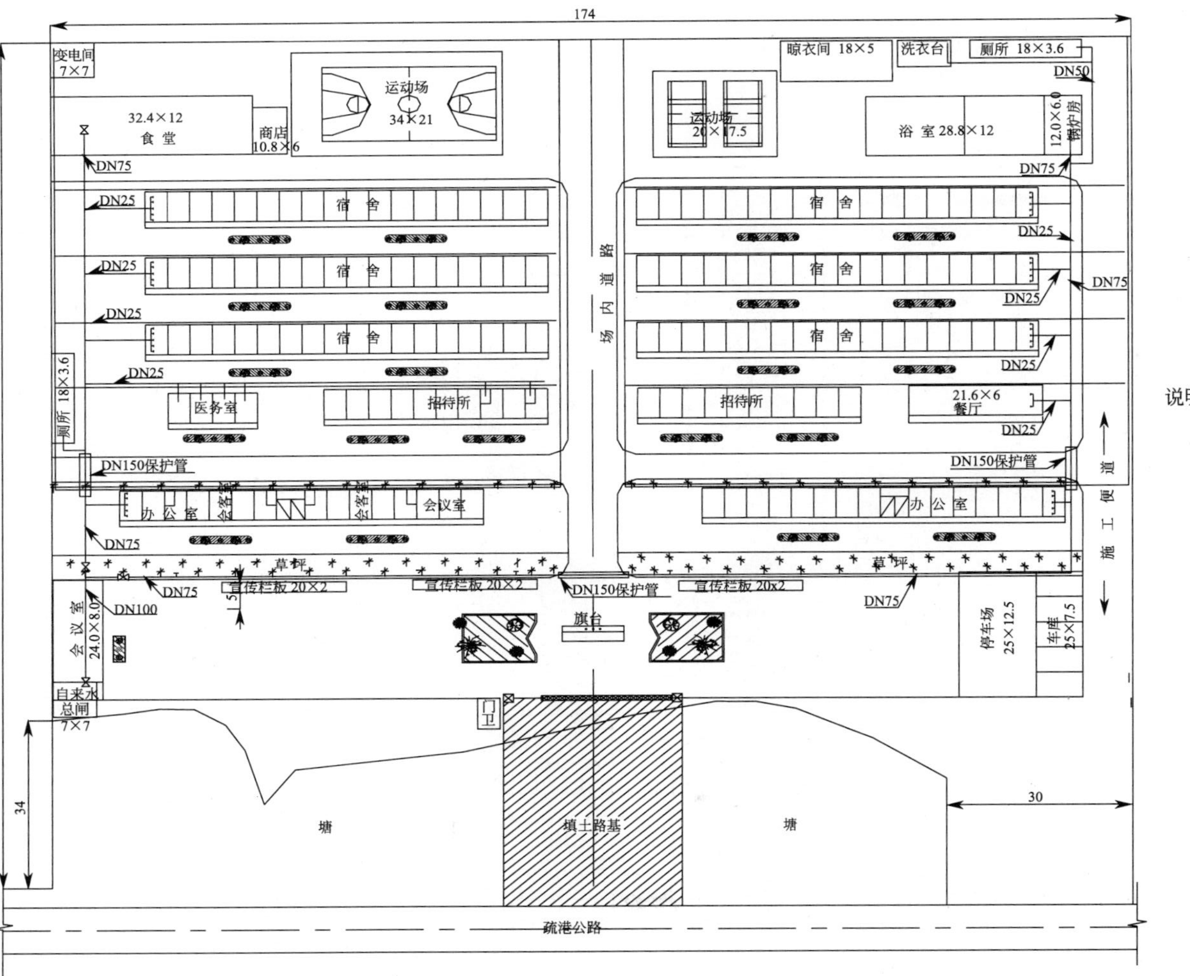

说明：

1. 办公及生活区给水管路全部采取直埋方式，穿越马路处应穿保护钢管。
2. 主管路采用DN100镀锌钢管，主分支管路采用DN75镀锌钢管，分支管采用DN25镀锌钢管。
3. 户外闸阀的安装应设闸阀井加盖。
4. 草坪内水龙头考虑隐蔽在草丛中。

图 4.1.2 生活区给水管路平面布置图

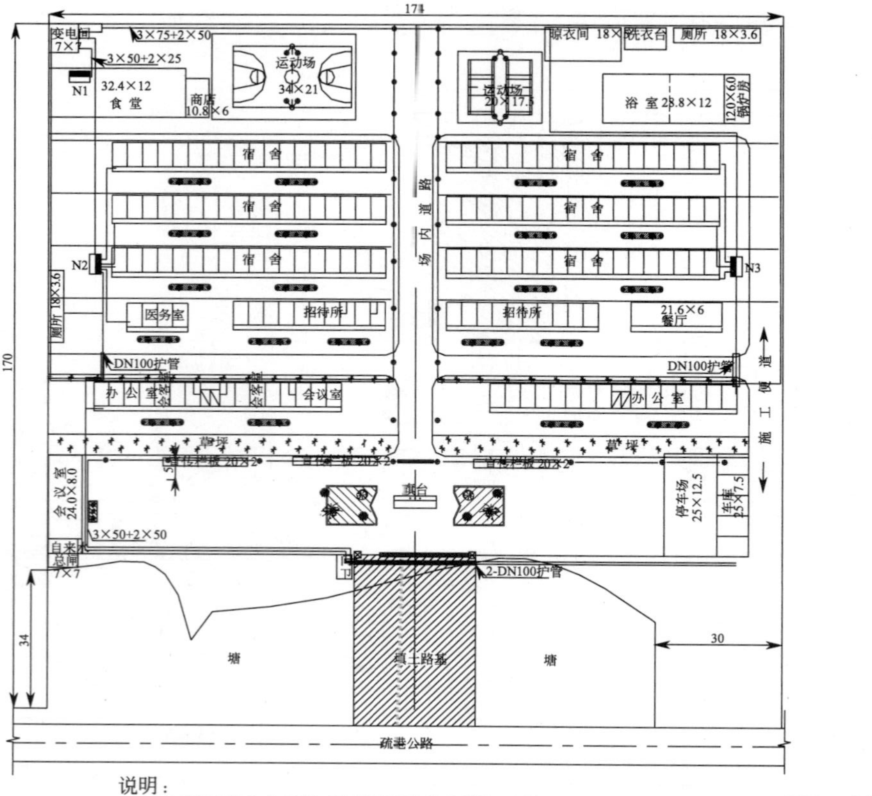

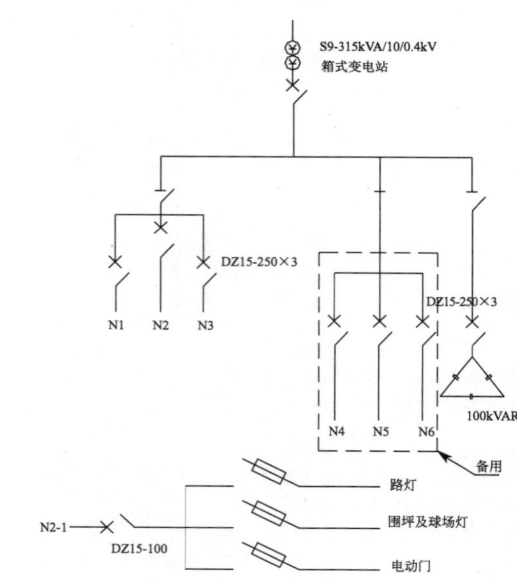

说明：

1. 低压配电主线路采用塑料铝芯电缆埋地敷设。注意避开排水沟，穿越道路处穿钢管保护。

2. N1为户内型开关柜，N2、N3为户外防雨型开关柜,N2-1为户内型开关箱(壁挂式)。

3. 路灯，围墙装饰灯，运动场灯均由N2-1控制，运动场灯考虑就地控制开关箱(防雨型)挂于墙上。

4. 采取三相五线制配线，三级配电，二级保护。每栋房子采取二相三线制。注意负荷分布。

5. 每个主开关柜(N1、N2、N3、)处做重复接地，开关柜的外壳必须可靠接地。接地电阻小于10Ω。

6. 变压器工作接地电阻应小于4Ω。

7. 线路、电器的安装严格按《低压线路装置安装规程》进行。

8. 图例：

—— 花坛
—— 草坪
—— 主排水沟
—— 道路
—— 开关柜、开关箱
—— 电缆穿保护管敷设
—— 路灯
—— 空气电路开关
—— 隔离开关
—— 熔断器式刀开关

图 4.1.3　生活区电路平面布置图

第二节　生产区建设

一、生产区规划

苏通长江公路大桥 D1 标段生产区设在桥址南岸上游侧，占地约 200 亩，生产区下游边线距主桥轴线 60 m。

生产区主要设有钢结构车间、钢筋笼制造及存放场、机电修理车间、木工车间等各作业车间，钢绞线、波纹管等预应力材料加工场及堆放场，废旧料堆放场，机械电气设备及物资存放场、砂石料储备场等场地。沿施工栈桥中线铺设主要通道一条，通道宽度 12 m，采用水泥路面，其余道路进行碎石铺垫。生产区设有 4 台 15 t 龙门吊机和 2 台 20 t 桁车，进行起重、装卸作业。生产区具体布置见图 4. 2. 1。

二、生产区建设

1. 主要生产线安排

场地内在栈桥中线下游侧布置两条钢筋笼生产线，共四个成型台座，4 台 15 t 龙门吊配合施工作业。每个场地宽 20 m、长 230 m，两场地间距 8 m。每条生产线由北向南依次为装车区、钢筋笼成型及存放区、钢筋加工和存放区，形成流水作业。距钢筋笼场地下游 15 m 处为钢结构加工场，分为钢结构车间和钢结构成品存放场，场内设 2 台起重量 20 t、净高 10 m 的桁车作起重设备。龙门吊机及桁车的走行轨道固定在混凝土走道梁上，通过预埋钢板固定。

2. 车间安排

生产区内布置机械加工车间、维修车间、木工间和氧气房、乙炔房。车间为彩钢板房，车间内各种设备配备安全防护装置，悬挂标识牌和相应的安全操作规程，配备灭火器、消防黄砂等消防设施。

3. 材料堆放场安排

栈桥中线上游侧布置砂、石料存放场两个，按两个月的储量配备，面积分别为 5 600 m^2 和 10 000 m^2。砂、石料存放场为水泥地面，并做有分隔墙。场地还设钢绞线、波纹管等预应力材料加工场及堆放场各一个、物资材料堆放场一个、材料堆放场一个。

4. 废旧料堆放场及机械设备停放场

栈桥下游侧沿长江大堤布置废旧料堆放场地一个，机械加工车间西侧布置机械设备停放场一个，面积约 3 200 m^2，各种机械设备按地面划线有序停放。

三、用水用电及排水排污

生产区用电通过架设预应力钢筋混凝土电线杆接入。设箱式变电站一座，功率为 630 kVA。生产区生活用水通过地下水管接入。管路均使用镀锌管。

场内埋设污水管道，进行统一排污、集中处理，各料场设置排水沟，以防内涝。

生活区用电及用水接入总路同生产区，其总路线见图 4. 2. 2 和图 4. 2. 3。

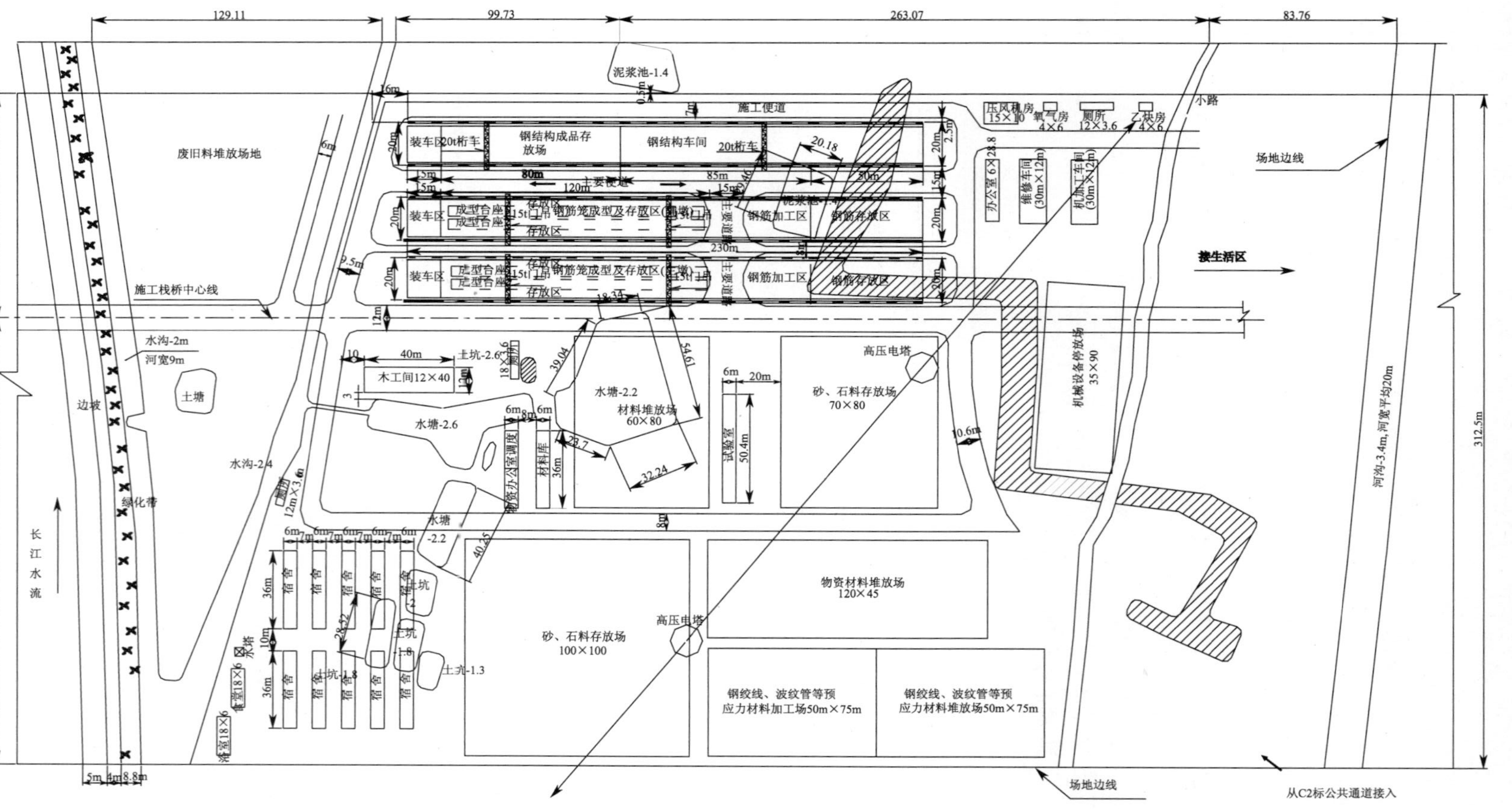

附注：

1.本图尺寸均以米计。

2.生产区四周做通透围栏。

3.钢结构车间、钢筋车间、砂石料存放场、主要道路及机械设备停放场均为水泥混凝土地面，其他区域填碎石碾压硬化。

4.主要道路宽8m,路基填碎石分层压实,路面采用20cm厚C30水泥混凝土路面。

图 4.2.1　生产区平面布置图

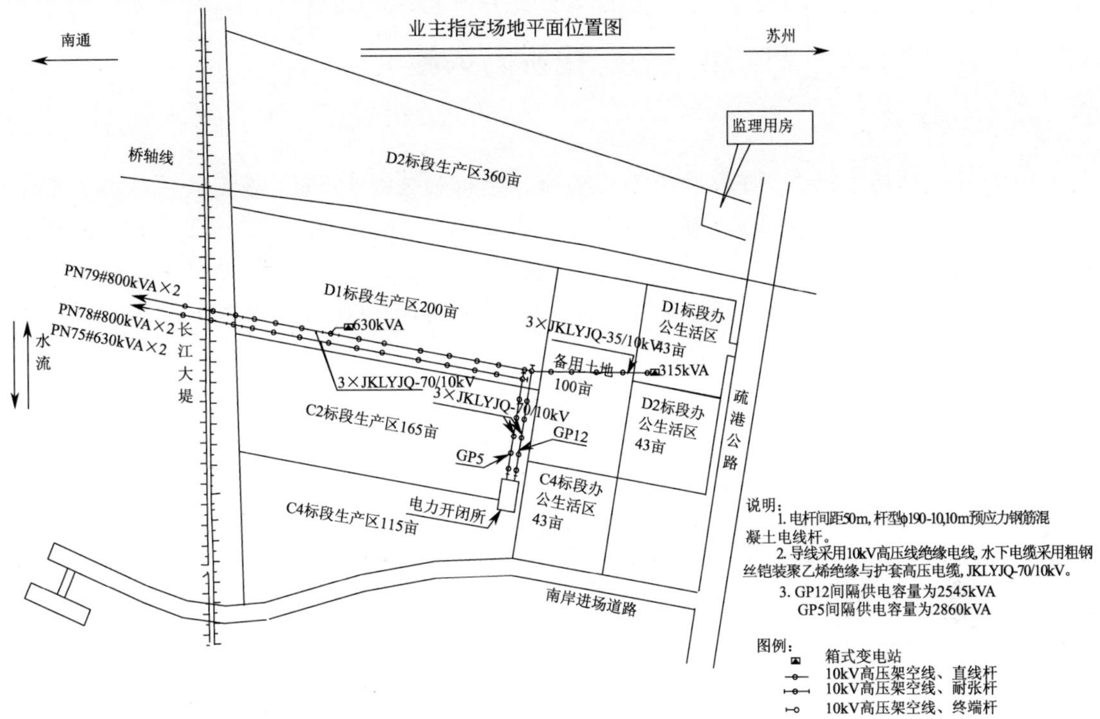

图 4.2.2　生产生活区电路接入总路线图

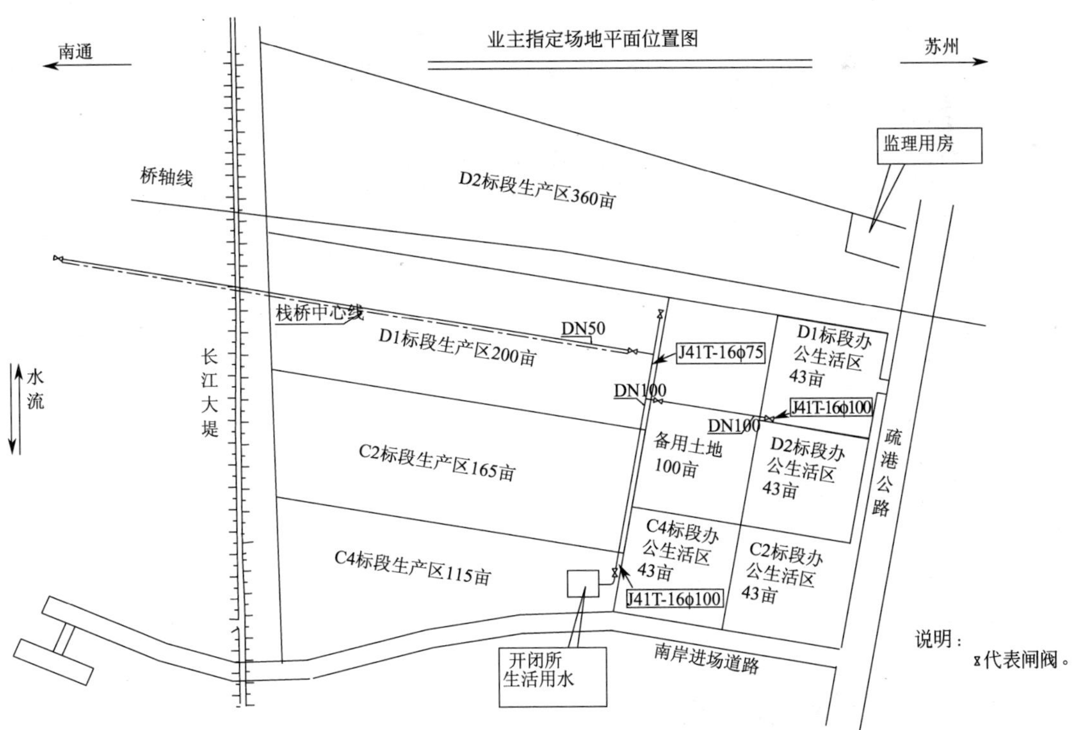

图 4.2.3　生产生活区水路接入总路线图

第三节　栈桥码头施工

一、总体布置

D1 标施工栈桥、码头位于桥位上游常熟岸，距桥梁轴线 160 m。施工栈桥总长 288 m，南接长江防汛大堤，北伸长江。钢栈桥部分长 216 m，宽 6 m；路基部分长 72 m，路面宽 8 m，道路两侧护坡坡度 1∶1.5。栈桥前端设长 54 m、宽 20 m 施工码头一座。钢栈桥及码头基础采用 φ820 mm、$d = 10$ mm 钢管桩，上部结构采用 HM582 × 300 型钢梁和贝雷桁片梁。

1. 建设规模

根据本工程基础施工需要，确定栈桥码头的规模为：1 500 t 级货运泊位 1 个。栈桥的主要技术经济指标及建设规模见表 4.3.1。

表 4.3.1　主要技术经济指标及建设规模

序　号	项　　目	单　位	数　量	备　注
1	泊位数	个	1	1 500 t 级
2	泊位总长度	m	100	
3	占用岸线长度	m	100	
4	码头平台面积	m^2	1 080	
5	栈桥长度	m	288	

2. 施工船型

根据本工程对运输船泊的使用要求，考虑本河段的航道条件，确定 1 500 t 级驳船为设计代表船型。设计代表船型尺寸见表 4.3.2。

表 4.3.2　设计代表船型及船型尺寸

船　　型	总长 × 型宽 × 型深 × 吃水(m)	备　　注
1 500 t 级甲板驳	75 × 13 × 3.5 × 2.6	

二、结构设计

1. 设计要求

码头主要考虑施工材料和部分机具设备的转运，主要技术参数如下：

(1) 运输船只等级按 1 000 ~ 1 500 t 计；

(2) 车辆荷载按汽—20 考虑；

(3) 起重机荷载按一台 50 t 全回转履带吊考虑，自重 50 t，最大吊重 15 t；

(4) 堆货荷载按 100 t 堆存总量考虑，均布荷载以 20 kN/m^2 控制；

(5) 在码头上布置一台 50 t 全回转履带吊用于装卸施工，一台 25 t 汽车吊备用。

2. 设计水位及高程(黄海高程系)

(1) 设计水位

设计高潮位：　　+4.30 m(20 年一遇)

设计低潮位：　　-1.45 m（保证率为98%）

（2）主要设计高程

码头前沿高程：　$+6.50$ m

（3）码头前沿设计水深

$$D_m = T + Z + \Delta Z$$

式中　T——设计船型满载吃水（m），按1 500 t驳船考虑，$T = 2.6$ m；

Z——龙骨下最小富裕深度（m），取 $Z = 0.3$ m（泥质河底）；

ΔZ——其他富裕深度（m），取 $\Delta Z = 0.2$ m。

故码头前沿水深为 $D_m = 2.6 + 0.3 + 0.2 = 3.1$ m。

$$设计河底高程 = 设计低水位 - 码头前沿水深$$

3. 泊位长度

$$码头泊位长度\ L_b = L + 2d$$

式中　L——1 500 t驳船长，为75 m；

d——富余长度，一般取 $0.1L \sim 0.15L$，流速大于2.0 m/s时可适当加大，这里取12.0 m。

$L_b = L + 2d = 99$ m，取100 m。

4. 码头长度

$$L_m \geqslant 0.65L = 48.75 \text{ m}$$

L_m 取54 m。

三、结构方案

根据码头区地质、地形、水文等自然条件及使用要求，充分考虑施工用码头的临时性特点，本着施工快速方便、经济合理、技术可行等原则，设计采用高桩组合装配式梁板结构桩台和装配式钢引桥的结构形式。其结构布置如下：

码头长54 m、宽20 m，自上而下依次为：10 mm钢板面层→1 180 mm分配梁→贝雷桁架纵梁→HW350宽面工字钢（桩顶横梁）→φ820 mm钢管桩。

架空钢栈桥长216 m、宽6 m，分为18跨，每跨跨度9.5～12 m，自上而下依次为：10 mm钢板面层→I120 mm桥面横向分配梁→HM582×300型钢纵梁→HW400型钢（桩顶横梁）→φ820 mm钢管桩。

桥后路堤填方长度72 m，自上而下依次为：20 cm C30混凝土面层→30 cm碎石垫层→夯实回填土→抛填片石，道路两侧采用1∶1.5干砌块石护坡。

栈桥桩总计42根，桩底标高为－22.80～－24.80 m，桩顶标高为＋5.388 m；码头桩总计50根，桩底标高为－28.0 m和－29.0 m，桩顶标高为＋4.460 m。

栈桥桩间支撑采用［20槽钢，码头桩间支撑采用［20槽钢和φ40 cm钢管。

四、码头施工

1. 主要项目施工方法及顺序

（1）码头平台

制作钢管桩→水上打桩→制作、安装组合型钢横梁→安装贝雷梁架→制作、安装桥面横向分配梁→安装面板→安装橡胶护舷、系船柱。

（2）栈　　桥

水上沉桩→安装横梁→装配型钢纵梁→装配型钢桥面横向分配梁→安装面板→安装栏杆。

（3）路　　堤

地表处理→抛填片石→分层填土碾压→干砌片石护坡→现浇混凝土面层。

（4）桥　　台

基底抛填片石→铺设碎石层、碾压→铺设砂浆垫层→砌筑片石桥台。

2. 主要工序施工方法

（1）施工工艺流程

江堤内、外填土路基施工→桥台施工→栈桥钢管桩下沉→桩间联结系、桩顶分配梁安装→上部型钢梁及钢桥面安装→50 t 吊机前移，下沉前方墩钢管桩→桩间联结系、桩顶分配梁安装→拼装第 2 孔型钢梁和钢桥面系统→吊机前移→……→按以上步骤循环施工至深水区，用水上打桩船下沉深水区栈桥桩基及码头平台管桩基础→安装桩间联结系、桩顶分配梁→安装贝雷桁梁及钢桥面系统。

（2）栈桥土路基填筑

①地表处理

在路基范围内排水，清理表层腐殖土和淤泥，进行晾晒，抛填片石至标高 +2.0 m，碾压密实。

②填土施工

在基底处理后进行路堤填土施工，施工时按横断面纵向水平分层填筑，填筑虚铺厚度按 40 cm 控制。采用自卸车卸土、推土机和铲运机整平，再用重型震动压路机进行压实。压实按先两侧后中间、先慢后快、先静压后震动压的操作进行碾压。为保证边坡压实质量，填筑时路基两侧加宽 30 ~ 40 cm。

路基填土压实的质量检验随分层填筑碾压施工分层检测。压实度检测采用灌砂法。

③干砌片石护坡

片石采用石料坚硬、不易风化、没有裂缝的岩石石料，其抗水性、抗冻性、抗压强度均应满足有关规定要求，片石要求人工堆码整齐。

④混凝土路面施工

填土至设计高程后，铺设一层 30 cm 厚碎石垫层，用 12 t 压路机碾压密实，待路基完成后，浇筑 20 cm 厚 C30 混凝土路面，浇筑时严格执行混凝土施工工艺，设计施工混凝土配合比，满足强度要求。所有原材料必须检验合格后进场施工。

混凝土浇筑采取连续作业，一次完成，待混凝土初凝后，用草袋覆盖，洒水养护 7d。

（3）桥台施工

依据桥台设计位置，在桥台基底范围内由中间向两侧抛填片石挤淤，然后在其上铺设 15 cm 厚碎石垫层，用 12 t 压路机碾压，使其承载力不低于 150 kPa，再铺 15 cm 厚 M12.5 水泥砂浆，待砂浆强度达到规定强度后，砌筑片石桥台，砌筑时要求片石摆放整齐，砂浆填缝饱满。砌筑砂浆等级为 M12.5，片石厚度不小于 15 cm。桥台砌筑完成，达到规定强度后，在前端抛填片石护坡，完成桥台施工。

（4）钢管桩沉放施工

栈桥、码头钢管桩外径为 φ82 cm，$\delta = 10$ mm，桩长为 28.4 ~ 33.4 m，共 92 根。深水桩采用打桩船打设，浅水桩采用 50 t 履带吊机配合震动打桩锤插打。浅水区栈桥在路基及桥台施工完毕后，用 50 t 履带吊机按“钓鱼法”逐孔推进进行基桩插打及桁梁架设施工。以下主要介绍深水区钢管桩沉放施工。

①钢管桩沉放工艺流程

测量定位→打桩船定位→吊桩→插桩→桩身对中调直→锤击下沉至设计标高。

②打桩船定位

打桩船采用 GPS 定位系统，在桩进龙口、液压抱桩后，GPS 系统进行桩的平面定位，在沉桩过程中在岸上设置水平仪进行高程控制。

③吊桩工艺

钢管桩采用三点捆吊，桩两端有吊耳，利用卸扣通过钢丝绳分别由桩船的左（右）钩与中钩起吊，在桩顶吊耳以下 2 ~ 3 m 处用捆绑形式设一个翻身扣。应注意，翻身扣有防腐涂层保护，施工时对捆绑用钢丝绳应用麻袋或土工布包裹，防止涂层被损坏。

④沉桩施工

a. 间距控制

临时栈桥与码头的钢管桩，均利用常规定位控制施打。

b. 高程控制

采用标高和贯入度双控，以贯入度控制为主。因大潮汛对控制间距和高程会产生一定的不利影响，现场依当日潮位时间段，通过落驳顺序选择在高潮位时先打定位桩，然后逐步施打至设计高程，尽量减少潮水对质量、进度、安全的影响，提高沉桩效率。

c. 打桩船就位

打桩船进场后，设备经安装调试后进入桩位，使桩机夹持钳口中心（可挂中心线陀）与桩位基本对准。调平压桩机，进行再次校核，确保无误。

d. 吊桩喂桩

钢管桩通过专用平板驳船运至桩位附近，采用三点起吊，使桩身竖直进入夹桩的钳口中。

e. 桩身对中调直

桩进入夹桩钳口后，将桩徐徐下降至桩尖稍稍压入土中为止，然后夹紧桩身，微调打桩机使桩尖对准桩位，从两个侧面校正桩身垂直度，待其偏差小于 0.5% 时准备正式沉桩。

f. 锤击下沉

钢管桩平面位置及垂直度调整完成后，先自由落桩，再开始压锤，依靠钢管桩及打桩锤的重量将其压入土层，测量复测桩位和倾斜度，偏差满足设计要求后开始锤击。

g. 稳桩加固

沉桩结束后，及时用 H 型钢（栈桥及码头使用）及小直径的钢管（码头使用）对桩进行纵横向的夹桩加固，防止桩基受水流和风浪作用发生断裂。

栈桥码头钢桩插打见图 4.3.1，桩间连接系施工见图 4.3.2，栈桥码头全景见图 4.3.3。

图 4. 3. 1　钢桩插打

图 4. 3. 2　桩间连接系施工

图 4. 3. 3　栈桥码头全景图

第四节　施 工 平 台

一、平台概况

连续刚构桥南、北主墩基础位于专用通航孔（华润水道）两侧，施工受过往船只、涨落潮及风力影响较大。钻孔桩施工采取在水上搭设综合平台方案。该施工平台采用全钢结构，集钻孔施工、生活、物资堆放、混凝土生产等功能于一体，分区明确，协调作业，可保证施工有序、高效地进行；平台按功能分区，设计时针对各区荷载分别设计，既保证了结构安全，又优化了平台结构，节省材料；固定式混凝土工厂设在施工平台上，保证了在桥址处恶劣环境下混凝土灌注的正常进行，提高了施工工效；钻孔桩与承台施工采用动臂式塔吊，减少了大型水上吊船使用量，降低了成本，提高了经济效益。

过渡墩钻孔桩施工采取插打 8 根 φ1. 2 m 定位支承桩，型钢梁平台结构，梁部分两块吊装，就位后连成整体。

1. 主墩综合平台

主墩综合平台长 143. 8 m，宽 35. 8 ~ 41 m，平台由支承钢管桩、钢护筒和梁系组成。每个平台有 φ1. 4 m 钢管支承桩 60 根，上、下游外侧为斜桩，其余为直桩。支承桩间用 φ80 cm

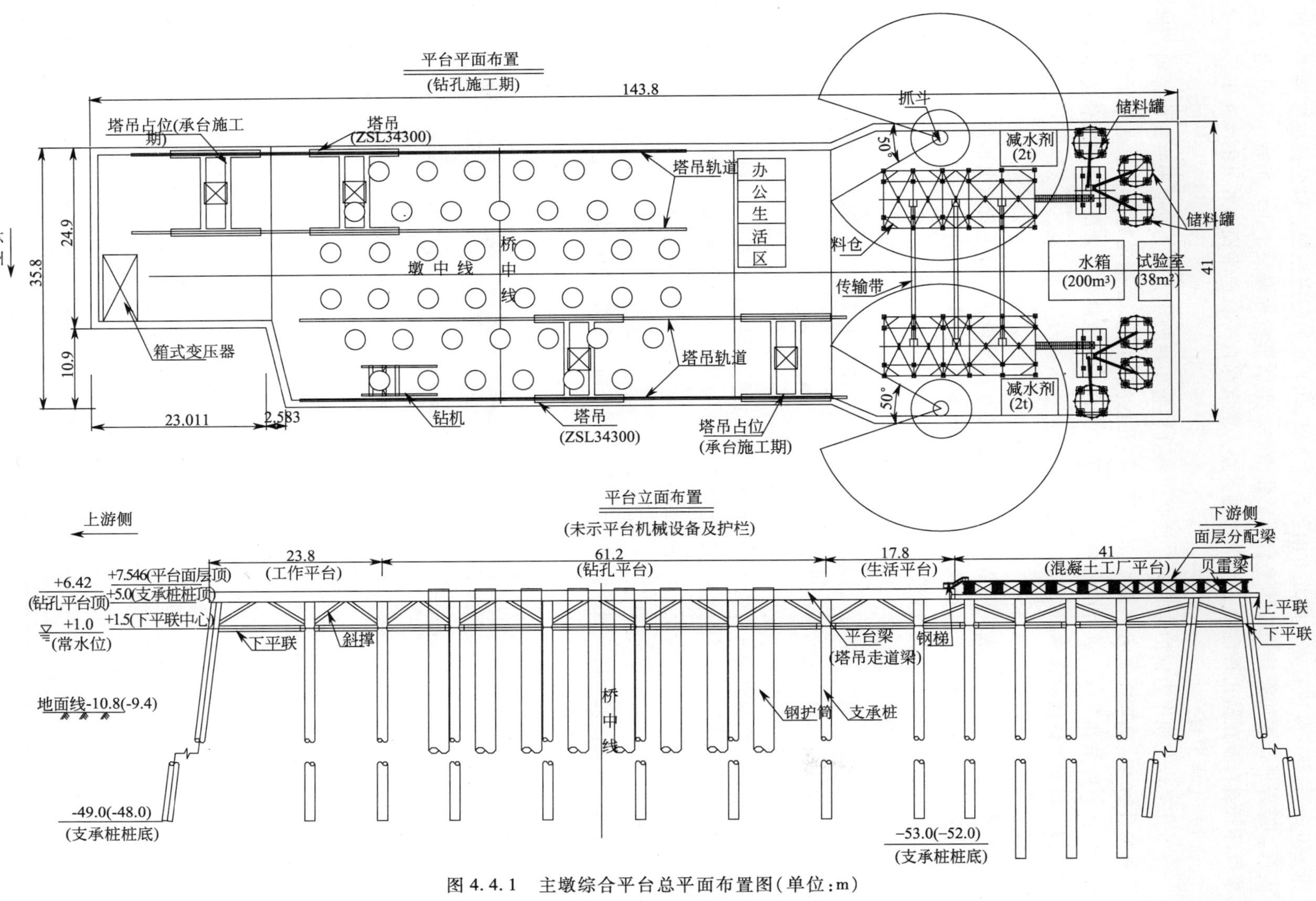

图 4.4.1　主墩综合平台总平面布置图(单位:m)

和 φ40 cm 的钢管联成整体。南北方向各设置 3 根 φ2.8 m 的防撞钢桩，以保证施工期平台的安全。综合平台按功能分为工作平台、钻孔平台、生活平台和混凝土工厂平台。钻孔施工泥浆循环管道布置在钻孔平台和工作平台的下方。主墩综合平台总平面布置见图 4.4.1。

(1) 工作平台

工作平台前期作为钢护筒临时存放区，钻孔桩施工过程中，作为钻孔泥浆集中拌制、供应和循环场地，摆放泥浆分离器和沉渣箱。钻孔桩完成后，北侧动臂塔吊须退至工作平台区，以便拆除钻孔平台，进行承台和墩身施工。工作平台上部以动臂塔吊走道梁作为主要受力结构，将荷载传递至支承桩。

(2) 钻孔平台

钻孔平台主要摆放钻机、泥浆泵、水下混凝土灌注等设备，施工荷载由平台梁传递至钢护筒和支承桩。钻孔平台主纵梁为 1.4 m 高的焊接钢梁，兼作塔吊的轨道梁，其下设置牛腿与护筒可靠焊接，平台两侧设置钢制扶梯，四周设置安全防护栏杆。

(3) 生活平台

生活平台上一部分布置办公室、监理值班室、厕所和工具房，并设简易食堂；另一部分为南侧动臂塔吊承台施工的站位区。

(4) 混凝土工厂平台

混凝土工厂平台上安装两座 75 m^3/h 的拌和楼，配大容量的配料站，可存放 850 m^3 砂石料。主要设备包括：2 台搅拌主机、2 台配料机、2 台抓斗吊、6 个粉罐、2 台地泵、外加剂箱 2 个、储水箱 1 个。混凝土工厂平台由贝雷梁和 H 型钢主梁组成。

2. 过渡墩平台

过渡墩平台由钢管桩、钢护筒和平台组成，其平面尺寸为 33 m × 20.3 m。过渡墩施工平台平面布置见图 4.4.2。

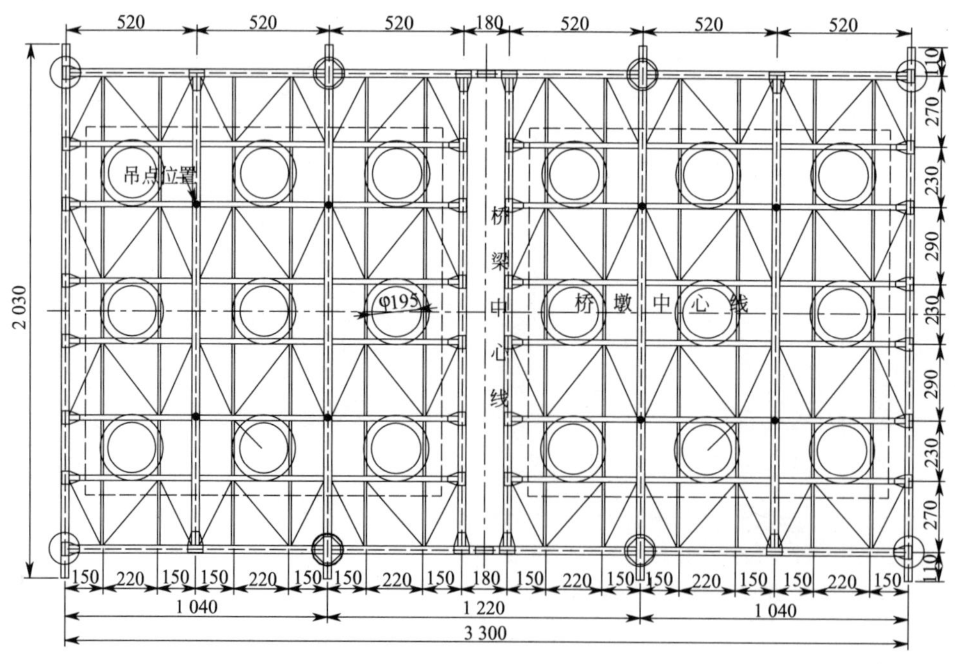

图 4.4.2 过渡墩平台平面布置图

二、平台施工

1. 主墩平台施工

（1）钢管桩施工

支承钢管桩采用材质为 Q235B 的螺旋钢管桩。钢管桩在制造工厂分批加工制作，水运至施工现场。打桩船插打支承桩时，因环境条件较差，专用航道过往船只较多，每日两次涨落潮和大风的影响，都对打桩船的定位和支承直桩、斜桩的插打增加了难度。支承桩的具体布置见图 4.4.3。

支承桩沉放施工：

①充分考虑钢管桩和船体的水阻力及风阻力，确定安全的锚碇系统，配备合适的主锚重量、锚链和钢丝绳的规格及长度，进行打桩船的初步抛锚定位，开始钢管桩的沉放施工。

②钢管桩下沉

A. 钢管桩施沉总体顺序按照先上游后下游、先岸侧后江侧的顺序进行，且需注意防止先插打的桩妨碍后续的管桩施工。

B. 根据平台设计桩位图计算出每根支承桩中心的平面坐标，斜桩确定一个断面标高后，再计算该标高处钢管桩的中心坐标。

C. 按照沉桩顺序对打桩船进行抛锚定位。抛锚定位的总原则是：锚缆不影响已施沉的桩，同时方便运桩船喂桩。

D. 打桩船定位后，桩船后退让出空档，运桩船将桩运至打桩船船首处，打桩船上吊钩两点起吊钢管桩，然后，吊立→拉入龙口→合拢机械手→打桩船定位至桩位处→调整钢管桩垂直度。

E. 钢管桩定位采用 GPS_ RTK 技术和 GPS 静态测量技术布设控制点，结合全站仪、经纬仪和水准仪进行平面和高程定位控制。钢管桩平面位置及垂直度调整完成后，先自由落桩，再开始压锤，依靠钢管桩及打桩锤的重量将其压入土层，测量复测桩位和倾斜度，偏差满足设计要求后开始锤击。

F. 钢管桩在插打前用油漆标出刻度，便于打桩时观测贯入度。按设计要求，沉桩以标高控制，贯入度进行校核，最终 10 击平均贯入度不大于 8 mm。平面位置允许偏差为 ±10 cm；高程允许偏差为 0 ~ 15 cm；垂直度允许偏差为 1/150。

G. 打桩时，测量人员随时用 GPS 移动站观测桩船的偏位，以便及时作出相应调整。技术人员实时观测、记录钢管桩的入土深度及贯入度、锤击数，做好施工记录。

H. 支承桩插打施工要点：

a. 平台定位桩宜选择在小潮汛期间或平潮时进行。

b. 钢管桩吊装入桩船龙口的时机宜选择在平潮时段进行。

c. 打桩船精确定位后应尽量使船体与水流方向一致，以提高钢管桩的定位精度。

d. 先插打的支撑桩及时进行竣工测量，安装桩间连接系，尽量缩短单桩抗水流时间。桩间连接与钢桩插打在不相互干扰的情况下可以同时进行。

e. 应密切注意并及时调整作业船舶锚缆，防止出现作业船舶碰撞和锚缆挂靠钢管桩。

f. 钢管桩下沉施工关键难点是斜桩的精度控制，受风浪和潮水影响，如何实时控制好倾角和平面扭角，需要超前研究考虑。

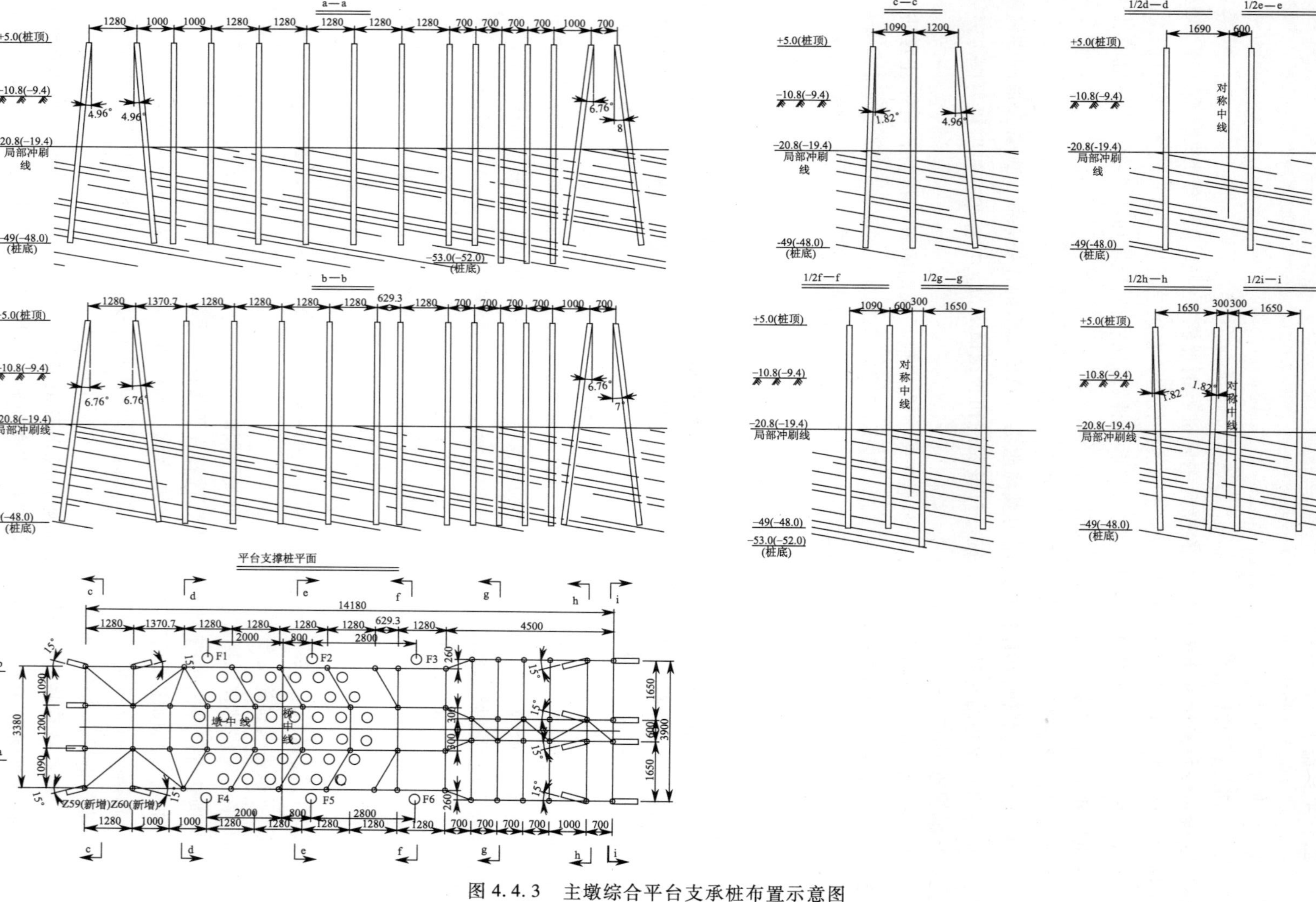

图 4.4.3 主墩综合平台支承桩布置示意图

(2) 平台搭设

①平联施工

施工采取先下层平联后上层平联的顺序进行，防止单桩在水流作用下发生偏位。具体施工方法为：在已插管桩上按设计标高测放出平联焊接位置，计算出平面相对尺寸，钢结构车间再按实测尺寸将平联的一端和套管按与钢管桩接触的相贯线下料。现场安装时，先将平联一端按测放的位置对位后焊接，再将有套管的另一端与钢管桩焊接。

现场使用一台50 t的浮吊吊装，手动葫芦配合调整后，焊接牢固。下层平联应选择在低平潮时进行，便于焊接作业。上平联施工完毕后，将泥浆循环管道安装就位。

平联布置见图4.4.4。

②平台梁分块制作安装

平台梁在车间分块制作，船运至墩位处进行吊装，以减少现场焊接工作量。平台主纵梁为动臂塔吊走道梁，采用1.4 m高的焊接箱形梁，次纵梁和横梁分别为0.6 m和0.8 m高的H型钢梁，混凝土工厂平台区域内顺水流方向主梁为3HN800×300型钢梁和2HN800×300型钢梁。平台梁安装时，首先在桩帽上测放出主梁轴线，根据轴线画出主梁边缘定位线及两端定位线，并做出明显的标记，然后逐块安装生活平台、钻孔平台和工作平台梁块件。

混凝土工厂平台主梁采用50 t浮吊两点起吊安装，手动葫芦配合微调就位。混凝土工厂平台在顺桥向采用贝雷梁组做主梁。贝雷梁为单层加强型，根据不同部位受力的大小，采用了4排、5排和7排贝雷梁组。

分块安装结束，进行分配梁和面板安装，并在平台四周设置走道和栏杆。

③泥浆循环管道安装

泥浆循环和供风系统在钻孔平台区和部分工作平台区分三个区域设置，每个区域供应两排桩施工，回浆管路分为回浆主管路和护筒间连通管两种，护筒间连通管布置在上层平面，出浆管与回浆管在同一平面，每条管路通过竖向管伸出平台顶面，供钻机钻杆出浆口连接。施工时，每台泥浆分离器与最近的泥浆箱连接，经过净化后的纯净泥浆流入对应泥浆箱以循环利用，钻渣通过溜槽直接排至运渣船内。

④设施设备安装

平台上使用的设施为3套钻孔设备、办公生活设施、供电设备、混凝土工厂设备、起重设备等。

A. 动臂塔吊安装

在施工平台上安装两台动臂塔吊，作为主墩下部结构施工的主要起重设备，完成施工材料从运输驳船与平台之间的转运和钢筋笼、导管接长、钻机移位、钻孔桩钢护筒插打及承台施工各工序作业。塔吊型号为ZSL34300。最大起重量为65 t时，最大吊距为18.3 m；最大吊距为34 m时，最大起重量为30 t。塔吊自重约270 t，配4组走行轮箱，轨距10.9 m，前后轮箱中心距12.8 m，单个轮箱最大载荷为170 t。动臂塔吊采用150 t浮吊安装，其安装位置见图4.4.5。

B. 混凝土工厂设备安装

混凝土工厂拌和楼、粉罐等高大设备，采用150 t浮吊安装；动臂塔吊吊距范围内的配料仓、抓斗吊等用动臂塔吊配合安装。混凝土工厂设备安装顺序：测量放出各设备安装位置，安装拌和楼，安装配料仓和皮带输送机，吊装粉罐和螺旋输送机，最后安装抓斗吊及其

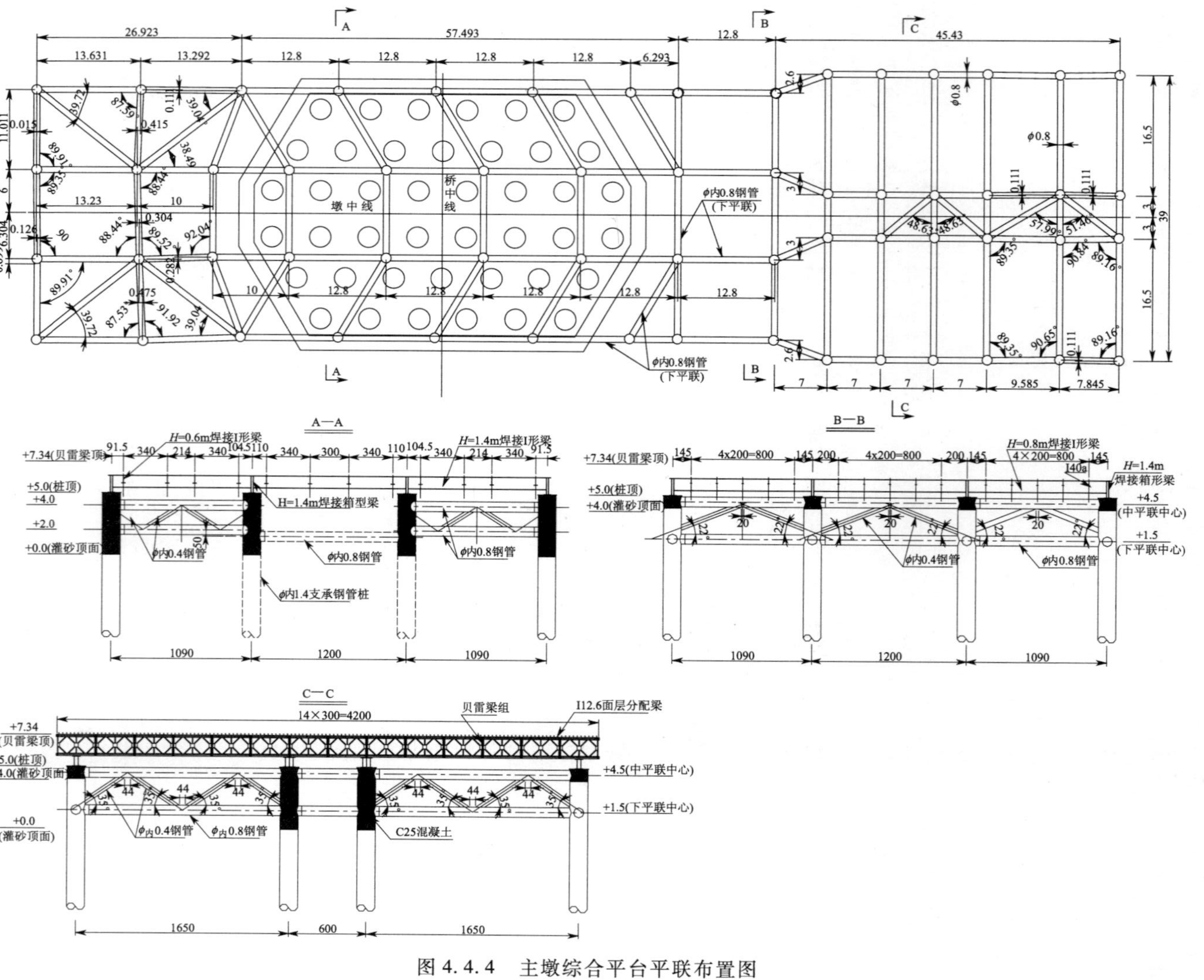

图 4.4.4 主墩综合平台平联布置图

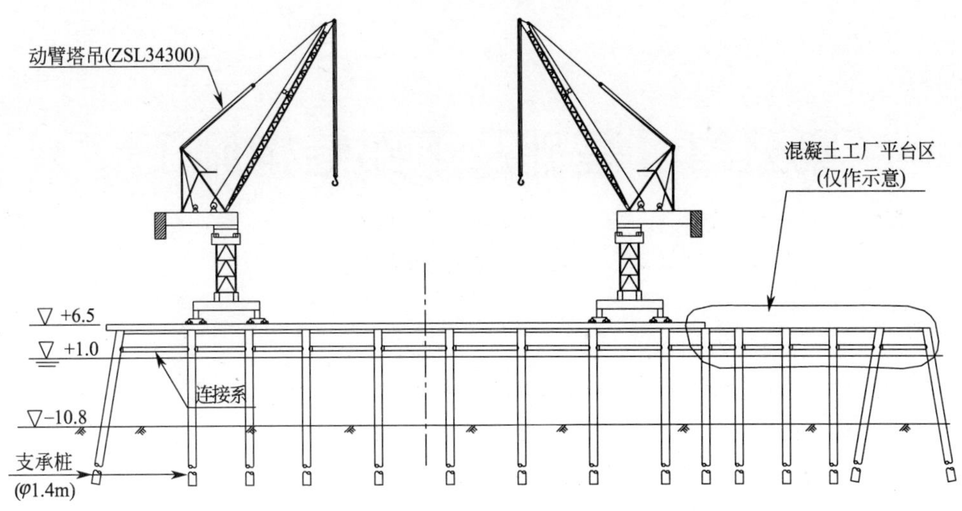

图 4.4.5 动臂塔吊安装位置示意图（单位：m）

他剩余设备。

C. 作业人员办公、生活设施安装

生活平台上布置的设施包括宿舍、办公室、必要的生活用水和污水处理池及消防救生设备。宿舍和办公室共设 8 间，采用彩钢板房，房屋底座焊接固定在平台面板上，并拉防风缆绳锚固。该部分设施在平台上安装分配梁后整体吊装。

D. 供电设备

主墩基础施工用电从岸上变电房敷设 10 000 V 高压水下电缆输电，每墩平台上设置一台 1 000 kVA 变压器，并设置一台 250 kW 发电机作为备用电源。

2. 过渡墩平台施工

过渡墩平台仅为钻孔桩施工平台，其施工方法为：首先插打 8 根 φ1.2 m 定位支承桩，在岸上分两块制作平台梁部结构，分块吊装，平台在中间连接成整体，安装导向架，利用 63 t 浮吊配合中-160 震动机插打钢护筒，安装支承环。

第五章　基础及下部结构施工

第一节　钻孔桩施工

一、施工总体方案

过渡墩钻孔桩采用2台50 m^3/min大功率压风机配合2台ZSD-250型全液压旋转钻机和2台ZX-250型泥浆分离器分离钻渣，气举反循环成孔。研配优质PHP复合泥浆护壁，成孔后采用CDJ超声波大孔径检测仪验孔。钢筋笼在生产区下料加工，在专用长线胎模上整体制作成型，分节段(标准段9 m）经码头下河，运至墩位，利用50 t浮吊现场接长，钢筋笼主筋采用直螺纹机械接头连接。桩身混凝土由150 m^3/h水上移动混凝土工厂生产，通过泵管输送至储料斗，采用直升导管法拔球灌注。

78号、79号主墩采用打桩船及浮吊建立施工平台，在平台上安装导向架，利用280 t浮吊配合APE400B型液压震动锤插打钢护筒。钢护筒内径为φ2.8 m，壁厚$\delta=20$ mm，北主墩和南主墩钢护筒长度分别为42.3 m和40.6 m。

78号墩采用3台DL-180型压风机配合2台ZSD3000和1台KP3500型全液压旋转钻机，气举反循环成孔；79号墩采用3台DL-180型压风机配合3台KPG-3000A型全液压旋转钻机，气举反循环成孔。研配优质PHP复合泥浆护壁，采用ZX-250型泥浆分离器分离钻渣，成孔后用CDJ超声波大孔径检测仪验孔。钢筋笼在生产区下料加工，在专用长线胎模上整体制作成型，分节段经栈桥码头下河，运至墩位，在其他已扫孔的钢护筒中将三节钢筋笼接长为一整节，利用ZSL34300型动臂塔吊下放，钢筋笼主筋采用直螺纹机械接头连接。桩身混凝土由施工平台上的混凝土工厂生产，通过输送泵管送至储料斗，采用直升导管法拔球灌注。

在主墩全部桩灌注完毕并通过桩的整体性检测后进行桩底压浆，压浆实行压浆量与压力双控，以压浆量(水泥用量）控制为主，注浆压力控制为辅。根据设计要求，桩身进行抽样钻芯检测，对注浆效果进行CT检测。

二、施工方法

1. 钢护筒插打

（1）测量定位，将定位点引到平台分配梁上，摆放临时导向架，临时导向架对角设置有四个螺旋顶，用来调节护筒平面位置。导向架根据平台及护筒尺寸设计，主墩钢护筒插打导向架见图5.1.1。

（2）护筒在工厂分节制作，进场质量验收合格后插打。过渡墩和主墩的钢护筒都分两节插打。过渡墩利用63 t浮吊配中-160震动打桩机下沉至设计标高 -17.4 m。主墩先用280 t吊船配合APE400B型液压震动打桩锤插打底节钢护筒；在用ZSL34300塔吊接高顶节钢护筒后，再下沉至设计标高 -35.6 m/ -34.2 m，所有钢护筒的垂直度都控制在1/200以内。主墩钢护筒插打见图5.1.2。

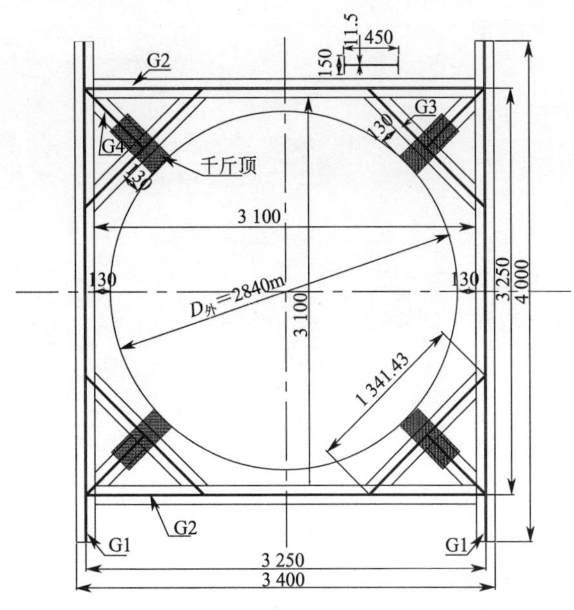

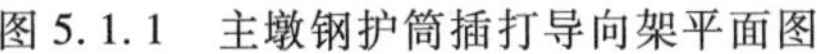
图 5.1.1　主墩钢护筒插打导向架平面图

图 5.1.2　主墩钢护筒插打

（3）护筒下沉平均 2 根/d，高峰期 4 根/d。垂直度、标高均需达到设计要求。结果显示，利用平面导向架和震动打桩锤的自重导向也能保证钢护筒插打的精度要求。

2. 成孔方法

（1）钻机选择：过渡墩为 φ1.8 m 直径钻孔灌注摩擦桩，地层主要为黏土、砂质土，考虑扭矩、桩长和桩径，选用 ZSD-250 型旋转钻机及 φ1.8 m 三翼刮刀钻头。

主墩为 φ2.5 ~ 2.8 m 变直径钻孔灌注摩擦桩，地层主要为砂质土，考虑扭矩、桩长和桩径，选用 KP-3500、ZSD3000、KPG-3000A 型钻机及 φ2.5 m 刮刀钻头。

（2）成孔：过渡墩采用旋转钻机和刮刀钻头气举反循环钻孔，直接在护筒内进行扫孔；主墩同样采用旋转钻机和刮刀钻头气举反循环钻孔，且先在 2.5 m 的钻头上加钢丝刷，在护筒内进行扫孔。当扫至护筒底口时，提出钻头（主墩需抽掉钻头和钢丝刷），排出钻渣后用优质 PHP 复合泥浆进行换浆，然后再下钻至标高。钻机钻进成孔见图 5.1.3。

图 5.1.3　钻机钻进成孔

3. 泥浆拌制

（1）基浆拌制

将一定量的水加入制浆机中，再按比例加入膨润土和纯碱，膨润土泥粉、纯碱和水在制浆机中充分搅拌，使膨润土颗粒充分分散，制成基浆。然后在储浆池中存放 24 h，使膨润土颗粒都充分膨胀后再投入使用。泥浆拌制见图 5.1.4。

（2）PHP 鲜浆拌制

①将 PAM(100) 置于清水(6000) 中浸泡 1 d;

②同时加入烧碱(NaOH) 在搅拌筒中搅拌以促溶，NaOH 用量约为 PAM 的 10% 左右;

③停置 2 ~ 3 d，使 PAM 分子有效分散于水中，形成 PHP 浓液;

④将 PHP(60% ~70%) 的浓液加入到浓基浆中，经高压反复喷射混合，形成 PHP 新鲜浓泥浆。

图 5.1.4　桩基钻孔泥浆拌制

(3) 泥浆配合比

水∶膨润土∶羟甲基纤维素∶聚丙烯酰胺絮状剂∶碳酸钠 = 1∶0.08∶0.001∶0.000012∶0.0024

(4) 泥浆指标见表 5.1.1。

表 5.1.1　泥 浆 指 标

序号	类型指标	①膨润土基浆		②PHP 鲜浆	
		浓	淡	浓	淡
1	比重(g/cm^3)	<1.04	<1.03	1.05	1.04
2	黏度(Pa·s)	20 ~ 22	17 ~ 19	27 ~ 35	22 ~ 26
3	含砂率(%)	0 ~ 0.3	0.3 ~ 0.5	0 ~ 0.2	0.3 ~ 0.4
4	胶体率(%)	98	96	100	98
5	失水量(mL/30 min)	<20	<15	<12	≤10
6	泥皮度(mm/30 min)	≤2.0	≤1.5	≤1.5	≤1
7	酸碱度(pH)	8 ~ 9	7 ~ 8	10 ~ 12	9 ~ 10
8	适用地层	砂性土层	黏性土层	砂性土层	黏性土层
9	说　　明	膨润土 + 碱 + CMC		基浆① + PHP	

4. 泥浆循环和净化

钻孔泥浆采用集中拌制、集中供应、集中净化的方式。

过渡墩：施工平台边放一条 1 000 t 泥浆船，船仓中间用钢板分开，一个储浆、回收仓，一个制浆仓。储浆、回收仓的泥浆经检测合格后用泥浆泵输送到护筒中。

主墩：泥浆循环系统管路布置在支承桩上平联上，造浆系统设在上游工作平台上，共设置四台拌浆机。拌浆机拌制的泥浆经管路传送到泥浆船上的储浆池中。主墩平台边靠一条 1 500t 的泥浆船，上游工作平台上布置三个 4 m × 5 m × 1.5 m 的泥浆箱。钻孔平台上布置钻孔泥浆进出循环系统和钻孔供风系统。系统共分三个区域，每个区域供应两排桩施工，各区域配三条管路，分别为出浆管路 1(清孔时)、回浆管路 2(兼作灌注混凝土时的溢浆管路)和供风管 3。

钻孔施工过程中，泥浆采用机械强制净化方法净化。每个墩位的平台上共布置 6 台 ZX-250 型泥浆分离器，每台钻机配 2 台 ZX-250 型泥浆分离器。将钻机排渣管与伸出平台顶的出浆管接口相连，通过出浆管将带钻渣的泥浆打入泥浆预筛设施上，滤除粒径大于 1.5 mm

的钻渣颗粒，再通过阀门调节流量均衡分配至2台ZX-250型泥浆净化器上进行最终处理，分离出的钻渣通过溜槽排放到平台边的接渣船上。

每个泥浆箱设置一个出浆口，出浆口与回浆管路相连接，经泥浆分离器净化处理后的泥浆打入平台上的泥浆箱内，再通过回浆管路流回孔内。若需补浆，用泥浆泵从泥浆船上向回浆管内打入新鲜泥浆进行补浆。

灌注钻孔桩水下混凝土时，打开回浆管路通向泥浆船的阀门，护筒内泥浆通过管路回流至泥浆船上。

主墩钻孔泥浆循环系统布置见图5.1.5。

5. 钻孔过程

钻孔桩工艺流程：平台支承桩插打→施工平台建立→安装动臂塔吊和混凝土工厂→插打钢护筒→安装钻孔设备→钻孔施工→清孔→拆除钻具→检孔→安装钢筋笼、下导管→二次清孔→填充水下混凝土→桩身混凝土质量检查→桩底压浆→注浆效果CT检测。

钻孔桩施工顺序及采取的技术措施：

(1) 测量定位，摆放临时导向，分两节插打钢护筒。

(2) 安装钻机使其底座平稳、水平、钻机架竖直，且保持钻机顶部的滑轮槽、钻头、桩位中心在一铅垂线上，以保证钻孔垂直度。孔口处钻杆中心与桩位中心偏差控制在2 cm以内。

检查合格后扫孔至设计护筒底标高，测出钻盘顶标高并以此为基准进行成孔的孔底高程控制。主墩扫孔时钻头护圈外侧安装钢丝绳刷，以便将内径为2.8 m的护筒壁上的泥块清扫干净。

(3) 压入PHP鲜浆，换浆并排出钻渣，提钻后抽出钻头上的钢丝绳刷，进行护筒底口环测，找出护筒底口中心点并在护筒上口做出标记，以便于第二次钻机就位。

(4) 第二次下钻钻孔，并在钻进过程中经常用水平尺检查钻机的水平度和钻架的垂直度，确保成孔的垂直度<1/200。

(5) 开钻时，特别是在出护筒时，以低档慢速空气反循环钻进，进尺速度为1.5~2.5 m/h，钻压为100~150 kN，转速为10~20 r/min。钻孔过程中坚持减压钻进，保持重锤导向作用，保证成孔垂直度。

(6) 正常钻进时，参考地质资料，掌握土层的变化情况，及时捞取钻渣取样，判断土层，记入钻孔记录表，并与地质资料核对，根据核对判定的土层及时调整钻机的转速、钻压及进尺速度。钻机在不同的地层中应选择不同的钻压和钻进速度。不同地层的钻进参数见表5.1.2。

表5.1.2　不同地层钻进参数表

地　　层	钻压(kN)	转数(r/min)	进尺速度(m/h)
淤泥、淤泥质黏土	100~150	10~20	1.5~2.5
砂层	150~300	6~10	3~5
砾砂层	250~500	6~10	2~3.5
护筒底口地层	<150	6~10	0.5~1

(7) 钻孔作业连续进行。在钻孔过程中，泥浆从孔中排出后，采用ZX-250型泥浆净化

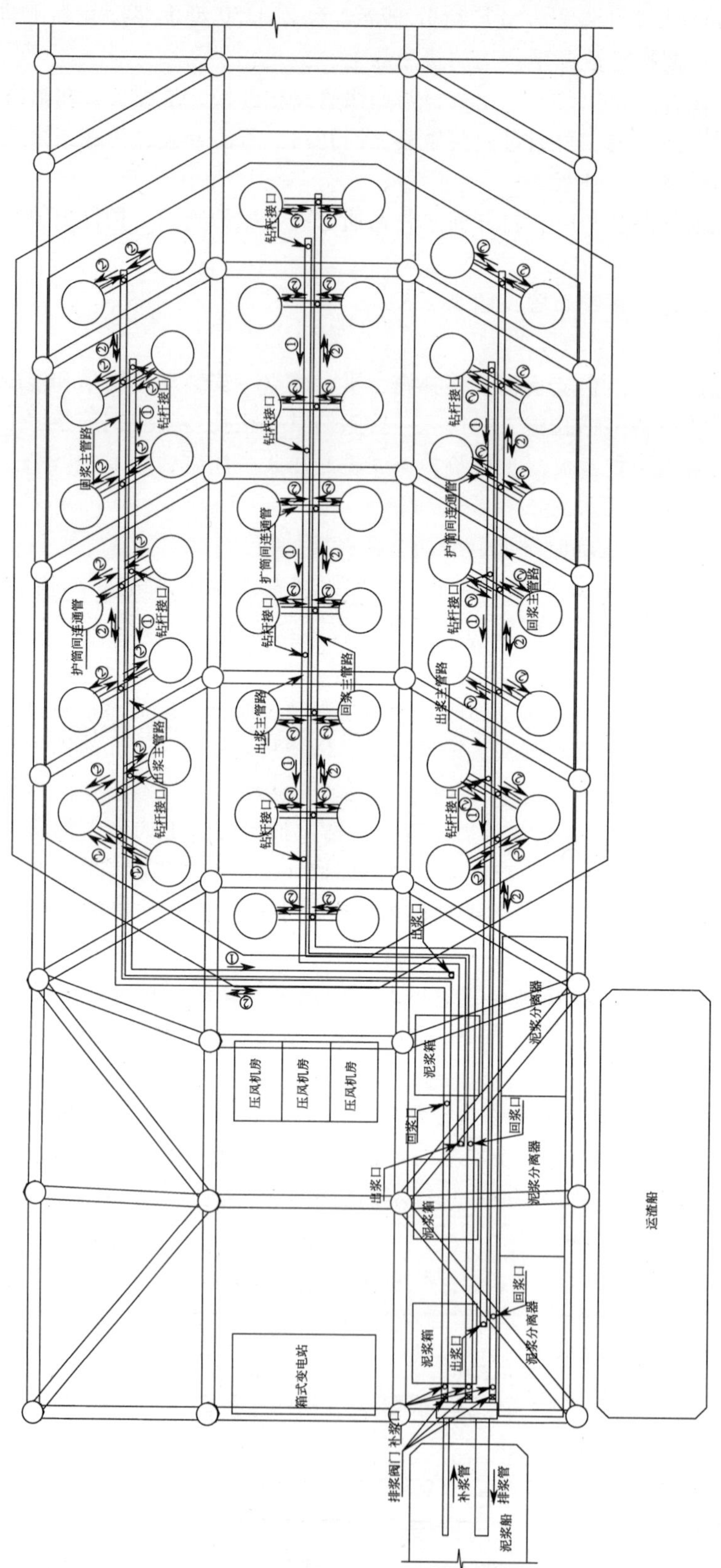

图 5.1.5　主墩钻孔泥浆循环系统图

装置净化后循环使用。钻孔过程中经常对泥浆指标进行抽检试验，不符合要求时及时调整。拌浆施工过程中，每拌制 400 m^3 检测一次，正常钻孔过程中按每 2 h 对进、出浆口的泥浆抽检一次，检测泥浆的比重、黏度、含砂率及 pH 值，并及时记录。

(8) 孔内水头始终保持在水位线以上 2.5～3.5 m，并根据潮汐进行调整，以加强护壁，防止塌孔。

(9) 因故障停钻时，及时把钻头提起，防止发生埋钻现象。在接长钻杆时，先停止钻进，将钻具提离孔底 8～10 cm，维持泥浆循环 5 min 以上，以清除孔底沉渣并将管道内的钻渣携出排净。钻杆连接螺栓拧紧上牢，认真检查密封圈，防止钻杆接头漏水、漏气，使反循环无法正常工作。

(10) 钻进过程中遇到孔底有异物时，钻机会出现跳钻现象。这时应降低转盘转速，提高钻头 30 cm 左右，再缓慢下钻，将异物卡在钻头的间隙中，并及时提钻取出。

6. 清孔及检测

当钻孔至设计高程后进行清孔。清孔利用钻机的泥浆循环系统，反循环换浆。即将钻头提高距孔底 10～15 cm，钻头低速空转，持续吸渣换浆直到排出泥浆的含砂率与换入泥浆的含砂率接近为止。泥浆指标达到相对密度 1.06～1.10，黏度 20～24s，含砂率 <0.5%，以确保灌注水下混凝土前沉渣不超过容许值。吸渣换浆时，及时向孔内注入新鲜泥浆，保持孔内水位，避免塌孔。清孔后测量沉渣厚度和泥浆指标，及时记录。

图 5.1.6　成孔孔形检测图

当泥浆的各项指标均达到要求(第一次清孔结束) 时，拆除钻机钻杆，用 CDJ 型超声波大孔径检测仪对孔径、垂直度、孔深等指标进行全面检测。成孔孔形检测见图 5.1.6。

钻孔质量标准见表 5.1.3。

表 5.1.3　钻孔质量标准

序　号	项　　目	允　许　偏　差
1	孔　　径	不小于设计孔径
2	孔　　深	不小于设计孔深
3	孔位中心偏差	不大于 50 mm
4	倾斜度	不大于 0.5%
5	灌注混凝土前孔底沉渣厚度	不大于 20 cm
6	清孔后泥浆指标	比重为 1.06～1.10，黏度 17～20 s，含砂率小于 2%，胶体率大于 95%

7. 钢筋笼制作和安装

(1) 钢筋的验收及管理

①钢筋应具有出厂质保书，进场后根据有关规定按批量、规格进行抽样检查，并由检查部门出具试验报告，对于需要焊接的材料进行焊接试验，确认该批材料满足设计、施工要

求。

②钢筋进库后须按不同品种、等级、牌号、规格及生产厂家分别堆存，并且挂牌标识。钢筋在场地内采取垫高并加遮盖存放，防止雨淋锈蚀和其他污染，影响质量。

③钢筋发料时，出厂质保书及进场抽检试验报告复印件一并发往加工车间。车间则按材料的使用部位登记造册，做到材料具有可追溯性。

（2）主筋下料及钢筋笼成型

①下料前，将钢筋调直并清理污锈，使钢筋表面平直，无局部弯折，下料后钢筋切割端面垂直于钢筋轴线，端面偏斜不超过4°，端头不挠曲，无马蹄形。

②钢筋用砂轮切割机、专用切割机等下料。

内外层主筋均采用直螺纹套筒接头连接，加工接头按规范要求送检，确保接头质量。镦粗和套丝操作人员，在上岗前由专业厂家对其进行培训，合格后持操作证作业。

③钢筋笼在钢板胎模上采用长线法加工，在单桩钢筋笼长度方向每隔3 m左右布设一道钢结构胎模。单桩钢筋笼连续制作，各桩钢筋笼流水施工。整体成形后，用龙门吊机将其解体，吊离胎模。钢筋笼长线台座制作见图5.1.7。钢筋笼胎模见图5.1.8。

图5.1.7 钢筋笼长线台座制作

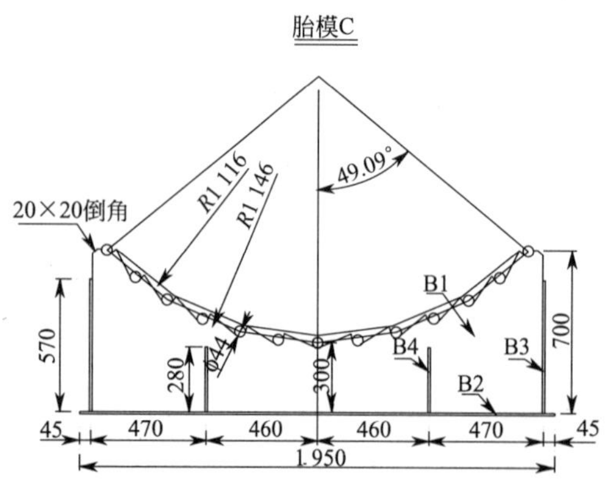

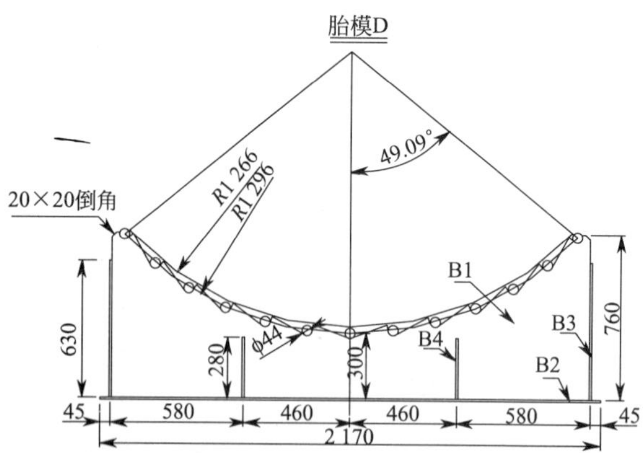

图5.1.8 钢筋笼胎模图

④钢筋笼制作时，相邻两节钢筋笼对应的钢筋上用油漆做出标记，便于在下放时对接。按图纸位置安放声测管、压浆管，并用胶带和橡胶管封住压浆孔。

⑤为确保钢筋笼主筋位置、间距准确，应先在加劲钢筋上做点放样后再摆放主筋，并在钢筋笼外侧安装可靠的混凝土轮式垫块来设置钢筋保护层，每隔2 m设一层，每层径向均布4个。

⑥钢筋笼的起吊位置和中间位置设置十字撑，避免钢筋笼起吊变形。

⑦钢筋笼制作后分类编号，钢筋骨架在存放及运输过程中，支撑箍处设置等高垫木，防止钢筋骨架油污及水锈污染。

⑧钢筋笼节段用平板车运输至码头下河，船运至墩位。

(3) 钢筋笼下放

①钻孔桩成孔检验合格后，开始钢筋笼吊装施工。为保证钢筋笼起吊时不变形，每节钢筋笼采用多点起吊和塔吊翻转吊装。

②分节钢筋笼翻转为竖直后放入已扫孔的钢护筒内，在钢护筒内将短节钢筋笼接长。钢筋笼安装时，直接起吊安装，以节省时间。钢筋笼下放安装见图5.1.9。

图5.1.9　钢筋笼下放安装图

③钢筋笼入孔前认真检查钢筋笼的临时加劲十字撑是否全部拆除完毕，防止角钢、短钢筋等铁件掉入孔内，使钢筋笼受阻而无法安放至设计标高。

④接头对接时，按照油漆标记进行对接，镦粗接头旋转到位，声测管、压浆管顺直对接，有弯曲的地方调直。在下放过程中，在声测管和压浆管管道内灌注清水，检查接头有无漏水现象，确保接头处质量。

⑤钢筋笼下端接近护筒底口时，放慢速度，在操作人员的扶持下，对准孔中心缓慢下放，防止钢筋笼碰撞孔壁造成塌孔。当下放困难时，可稍稍提起并转动骨架缓慢试探入孔，直到骨架下至设计标高。

⑥钢筋笼安装到位后及时固定，并采取有效措施防止钢筋笼在混凝土灌注过程中上浮。测量孔深推算孔底沉淀，准备二次清孔。

8. 水下混凝土灌注

(1) 施工准备

①钻孔桩开钻前，做好混凝土理论配合比的设计和试验工作，并报监理工程师审批。

②混凝土原材料(如水泥、砂子、碎石、水、外加剂) 数量备足，满足连续生产的需要，试验人员测定砂、石含水率，将混凝土理论配合比换算成施工配合比。

③混凝土灌注前，对导管进行水密承压试验，试验压力2～2.2 MPa之间，持荷时间在5～8 min之间，检查无渗漏后待用。

④安装导管后视孔底沉淀情况进行二次清孔。在监理确认泥浆指标符合要求后开盘浇注混凝土。混凝土灌注导管安装见图5.1.10。

(2) 混凝土生产设备及运输

图 5.1.10　混凝土灌注导管安装

过渡墩混凝土由一台 150 m^3/h 水上移动式混凝土工厂生产，灌注方便迅速，移动灵活，可在水上来回移动，满足混凝土供应要求。水上混凝土输送泵浇注混凝土见图 5.1.11。

图 5.1.11　水上混凝土输送泵浇筑混凝土

主墩平台上混凝土工厂配有 DHK-2000 强制式全自动拌和机 2 座、三一重工柴油地泵 3 台(1 台备用)，输送泵管 400 m 等，混凝土通过地泵泵送入储料斗内。

(3) 混凝土浇筑

①安装混凝土填充导管前，在导管上用油漆划上编号，以便混凝土灌注时与测量深度相互复核。下放导管就位，注意导管接头旋紧，导管下口距孔底约 30 ~ 50 cm。

②灌注混凝土前在填充导管内安设泡沫隔水栓，并检查泡沫隔水栓能否从导管内通过。待 12 m^3(过渡墩为 9 m^3) 储料斗和 1.5 m^3(过渡墩为 1.75 m^3) 漏斗储满混凝土后，开始“拔球”灌注水下混凝土。通过计算，首批混凝土储量控制在 13.5 m^3(过渡墩为 10 m^3) 左右，保证导管有 2 m(过渡墩为 1.5 m) 左右的埋深。

③混凝土灌注过程中，技术员应跟踪测量混凝土面标高，正确计算导管在混凝土内的埋置深度，导管埋置深度适当，指挥导管的提升和拆除，保证埋置深度不大于 8 m，且不小于 2 m(过渡墩不小于 1.5 m)。

④灌注过程中，记录混凝土灌注量及相对应的混凝土面标高，还用于分析扩孔率，发现异常情况及时处理。

⑤前场值班试验员还应密切关注混凝土性状，一旦发生变化，前场应及时通知后场做出调整，以保证混凝土的质量。

⑥混凝土灌注高度接近钢筋笼底部时，须放慢灌注速度，减小混凝土的冲击力，防止钢筋笼上浮。

⑦考虑桩顶面浮浆因素，混凝土实际灌注顶面标高应比设计顶面标高高 1.5 ~ 2 m。

⑧混凝土灌注过程应做好灌注记录，并按规定留取混凝土试件，当现场养护结束脱模后，放入试件标养室内养护，28 d 龄期后试压其抗压强度。钻孔桩混凝土浇筑见图 5.1.12。

图 5.1.12　钻孔桩混凝土浇筑

9. 桩身混凝土质量检查

在桩身混凝土龄期达 14 d 后，进行桩身超声波检测，每根桩检测 6 个面。结果显示，过渡墩 36 根桩及主墩 84 根桩均为 I 类优质桩。桩头凿出后石子清晰可见，桩头混凝土密实，质量良好。另外，78 号墩选取 6 号和 30 号桩、79 号墩选取 1 号、6 号和 26 号桩进行了钻孔取芯检测，芯样混凝土质量非常好。桩基超声波检测见图 5.1.13；钻孔桩钻孔取芯及取芯样本见图 5.1.14。

图 5.1.13　桩身超声波检测

图 5.1.14　钻孔桩钻孔取芯及取芯样本

三、施工中的主要问题与对策

1. 在钢护筒内扫孔时，若发现磨蹭护筒，及时停下看护筒是否偏斜，不要硬钻，防止引起护筒底漏浆，可以根据偏位方向稍微移动钻机后，缓慢通过护筒。另外，钻机出护筒要特别小心，要控制压力，放慢钻速，出护筒时刻注视护筒内泥浆水头情况。

2. 在钢护筒内扫孔时，地质为淤泥质亚黏土，虽然黏土具有造浆功能，但泥浆指标中含砂量偏高，且为粉砂，难以清除，须用新制泥浆换出。

3. 在钻进过程中，注意观察仪表的变化，特别是扭矩的变化。如果扭矩指针摆动幅度较大，钻机晃动厉害，说明钻头底有片石或铁器等，此时很容易出现钻孔倾斜，应降低转速缓慢进尺。另外，在很容易钻进的砂层钻进速度不能太快，以防止钻孔倾斜。也可以将钻头提高 50 cm 左右再逐渐跟进，让片石或铁器等卡入钻头四翼空隙内，待扭矩平稳后再正常进尺。

4. 钻孔桩较深，导管较长，现场在每根桩灌注前都应进行导管试压，试压时技术人员现场检查、做记录、签认、点数、做标记，为每根桩顺利灌注提供保障。

5. 探测管畅通是检查桩基混凝土灌注质量的关键点。每一节钢筋笼下放后，都要对探测管进行注水检查，发现漏水及时提起来处理，最后要使探测管高出护筒 5 ~ 10 cm，上口堵死，以防进浆。混凝土灌注过程中，检查探测管有无受影响，管顶盖板有无破坏、进浆等。

6. 压浆管、声测管畅通是后序工作的关键。在施工过程中，专人检查压浆管、声测管的对接焊缝，并进行注水检查，发现问题及时处理，后续的压浆管初裂和水循环也有专人看管，每个环节确保无误。

四、施工成果统计

1. 过渡墩平均每根桩纯钻进时间 64 h，主墩平均每根桩纯钻进时间 69. 5 h。钻进过程中亚黏土层进尺 2. 0 m/h 左右，砂层进尺 2. 5 ~ 3 m/h。泥浆指标：比重 1. 3 g/cm^3 左右，黏度在 18 ~ 22 s 之间，含砂率小于 3% ，pH 值在 8 ~ 10 之间；快接近终孔时泥浆指标通过间断地往孔内添加碱水，使泥浆指标满足设计及规范的要求，比重 1. 07 g/cm^3，黏度 21 s，含砂率 1. 5% ，pH 值 8，胶体率 96% 。终孔后，通过 CDJ 型超声波大孔径检测仪检测成孔效果。

2. 在钻至接近桩底标高时，降低转速和钻压缓慢钻进，以减少对桩底的扰动而影响桩的承载力。在钻至设计标高后提起钻头约 20 cm，以 2 ~ 3 r/min 的转速进行清孔。

3. 钻进过程中发生的故障主要是泥浆分离器机械设备故障，通过平常空隙时间进行日常保养维修，备用一些常用配件，遇有故障及时维修，可以提高成孔时间。

4. 通过预拼钢筋笼，大大节约了钢筋笼的下放时间。77 号、80 号墩钢筋笼沉放平均用时约 20 h；主墩钢筋笼沉放平均用时约 26 h，最短用时在 20. 5 h，最长用了 48 h。

5. 过渡墩平均每根桩混凝土填充用时 4 h，最长灌注时间不到 6 h；主墩平均每根桩混凝土填充用时 6. 2 h，最长灌注时间为 8. 5 h。

第二节　桩 底 压 浆

桩底压浆是通过预先设置于钢筋笼上的压浆管，在桩体达到一定强度后，向桩底压入能固化的浆液，通过渗透、填充、置换、劈裂、压密和固结等多种形式的作用，使孔底沉渣、桩端和桩侧一定范围内的土体得到加固，从而达到改善桩、土间的作用条件，提高桩的承载力。另外，后压浆可减少桩基施工的人为影响及施工质量的差异性，使桩基性能的可靠度得到提高，对确保工程质量具有重要意义。

根据设计要求，对连续刚构主墩桩基础实施了桩底压浆。

一、桩底压浆设计要点

1. 进行注浆的主要目的是提高桩基础的承载力，并减小沉降。同时，注浆可以比较有效地保证桩底承载能力的充分发挥，以提高承载力和基础刚度。

2. 压浆管布置原则首先是保证压浆的均匀性，同时便于安装和保护，采用4回路U型管形式。压浆管路布置见图5.2.1。

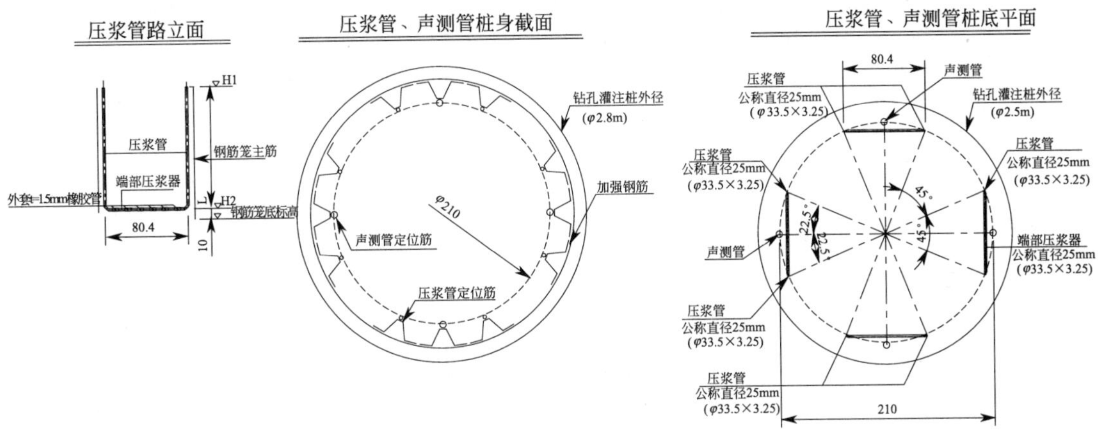

图5.2.1　压浆管路布置图

3. U型管在底部压浆器上均匀设置6个φ8 mm孔，孔口朝下，其构成由三层组成：第一层为能盖住孔眼的图钉；第二层为比U型管外径小3～5 mm的橡胶带，每节长度6 cm；第三层为密封胶带，盖住橡胶带两端各2 cm。桩底端压浆器见图5.2.2。

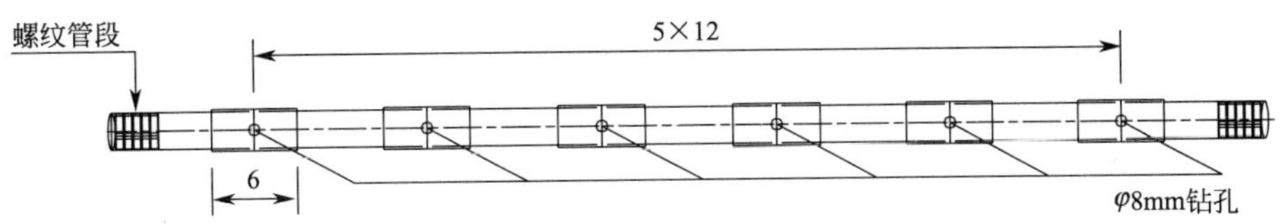

图5.2.2　U型管底端压浆器大样

4. 在桩混凝土浇筑完成后24～48 h，由压浆泵用清水将桩端注浆管单向阀冲开，确保压浆管路系统畅通。在桩身混凝土浇筑完毕初期，U型管必须每天打开系统1次，开泵注水循环10～15 min，以促使水化热消散和防止压浆管堵塞，在后期，向U型管内注满清水，将管端用柱塞封闭。

5. 压浆浆液性能要求：初凝时间3～4 h，稠度17～18 s；7d强度≥10 MPa。外加剂为微膨胀剂(≤5%)，膨润土(≤5%)。

6. 浆液配制程序：先放水，再加外加剂，搅拌均匀后加水泥。必须严格控制浆液配合比，搅拌时间不少于2 min，浆液应具有良好的流动性，不离析，不沉淀，浆液进入储浆桶时必须用16目纱网进行2次过滤，防止杂物堵塞压浆孔及管路。

7. 根据计算，每根桩的合理注浆量为8.5 t，考虑施工损耗，实际注浆量为10.5 t。

8. 压浆过程中，压浆工作压力为 3 MPa，压浆控制压力为 8 MPa。压浆实行压浆量与压力双控，以压浆量(水泥用量) 控制为主，以注浆压力控制为辅。压浆分三次循环，每一循环的压浆管采用均匀间隔跳压，压浆量分配为：第一循环 40%；第二循环 40%；第三循环 20%。若发生管路堵塞，每一循环压浆量应重新均匀分配。压浆时间及压力控制如下：

(1) 第一循环：每根压浆管压完后，用清水冲洗管路，间隔时间不小于 2.5 h，不超过 3 h 进行第二循环。

(2) 第二循环：每根压浆管压完后，用清水冲洗管路，间隔不小于 3.5 h，不超过 6 h 进行第三循环。

(3) 第一循环与第二循环主要考虑压浆量，第三循环以压力控制为主。若注浆压力达到控制压力，并持荷 5 min，注浆量达到 80%，也满足要求。

二、压浆施工

1. 压浆工艺流程

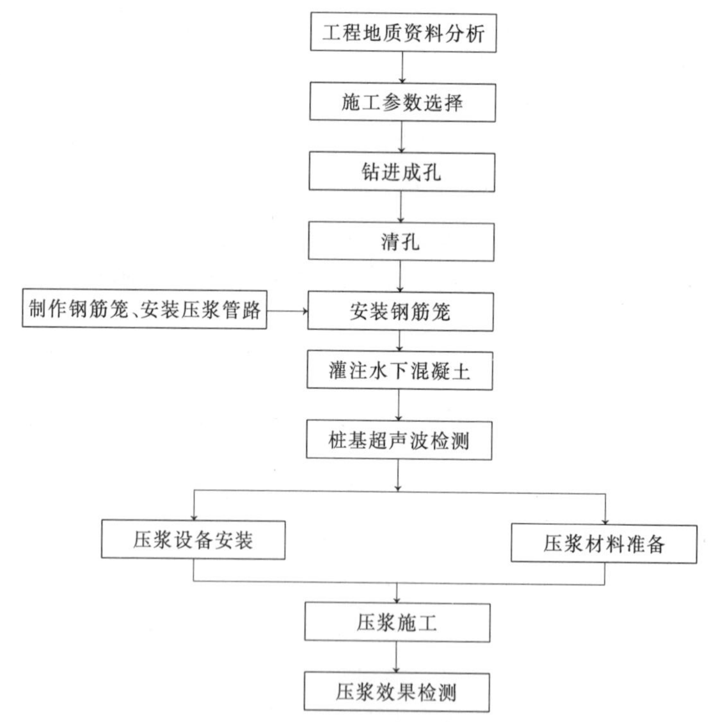

2. 施工前的准备工作

施工机具的调试：将施工机具在现场进行组拼，接通电源试运转，多路球阀全部连接到位，检查是否有机械故障并予以排除。

制浆材料分盘进行计量，将膨润土、膨胀剂按每盘的需求量分别装好，以便拌料时直接投入。现场拌浆机旁堆放的水泥应用帆布盖好，以防下雨受潮。

压浆前对参加人员进行技术交底，做到分工明确，责任到人。

3. 压浆施工

根据压浆总量的控制要求，将10.5 t水泥分配于四组压浆管，按照三个循环压浆。第一轮压浆量为总量的40%，第二轮压浆量为总量的40%，第三轮压浆量为总量的20%。每组第一轮压浆量为1 000 L，第二轮压浆量为1 000 L，第三轮压浆量为600 L。

水泥浆的配合比为水泥1 000 kg、水550 kg、膨润土5%、膨胀剂5%。

（1）将四组回路编为1号、2号、3号、4号管路，并挂牌明示，压浆管路按编号顺序与浆液分配器对应并连接牢固。然后开始压水冲洗管路，进行压浆管路系统及接头耐压试验。试压操作分级缓慢升压，使压力达到注浆控制压力8 MPa，停泵稳压后进行检查。

（2）采用的浆液配制程序：先放水，再加外加剂，搅拌均匀后加水泥。

控制浆液配比，搅拌时间不少于2 min，每盘浆液搅拌好后先用稠度仪进行测试，稠度控制为17～18 s，不合格的浆液不打入储浆池。浆液进入储浆池时用16目纱网进行两次过滤，防止杂物堵塞压浆孔及管路。

（3）浆液装满储浆池（1 000 L）后开始第一循环压浆。进浆口压浆时，打开回路的出浆口阀门，先排出注浆管内的清水，当出浆口流出的浆液浓度与进口浆液的浓度基本相同时，关闭出浆口阀门，开始注浆。当1 000 L的浆液压完后开始用水冲洗管路，再拆掉管路的球阀用循环水进行管路循环。第一循环稳定压力为3 MPa左右，每个回路注浆时间约17 min。

间隔2.5 h后进行第二循环压浆。先将管路中的水全部排出，关掉出浆口的球阀。当1 000 L的浆液压完后开始用水冲洗管路，再拆掉管路的球阀用循环水进行循环。第二循环稳定压力为5 MPa左右，每个回路注浆时间约20 min。

间隔3.5 h后进行第三循环压浆。先将管路中的水全部压出，关掉出浆口的球阀。当600 L的浆液压完后开始用水冲洗管路，再拆掉管路的球阀用循环水进行循环。第三循环稳定压力为8 MPa左右，每个回路注浆时间约13 min。

最后一次压浆完毕，经监理工程师签字认可后，压浆管路用浆液填充，阀门封闭40 min，再卸阀门。

钻孔桩桩底压浆见图5.2.3。

图5.2.3　钻孔桩桩底压浆

三、施工控制

1. 安装钢筋笼时应确保不损坏压浆管路，下放钢筋笼时不镦放、强行扭转和冲撞。

2. 在安装钢筋笼和压浆管过程中，在压浆管内注入清水检查其密封性。若压浆管渗漏需进行返工处理，直至达到密封要求。

3. 压浆管接头采用丝扣管箍接头和钢套管焊接接头，保证管路密封，以防泥浆进入管内。

4. 压水“初裂”时，若水压突然下降，表明单向阀已打开，此时停泵封闭阀门10～20 min，以消散压力，防止泥砂倒吸堵塞压浆管路，并通水循环保证管路畅通，防止压浆管堵塞。

5. 对压浆管路采用间隔跳跃压浆，按北→南→东→西的顺序，这样防止管路相互串浆，并保证压浆的均匀性。

6. 在压浆过程中若出现压力突然上升，超过控制压力，表明压浆管路已堵，可采取进浆口与出浆口对换再压，反复多次基本上能够压通。

7. 第三循环压浆完毕，压浆管路用浆液填充，阀门封闭 40 min，再卸阀门。

8. 每循环压完后冲洗压浆管路时，可以将浆液回收。

9. 压浆管路清洗要点

（1）进浆口压浆时，打开回路的出浆口阀门，先排出注浆管内的清水。当出浆口流出的浆液浓度与进口浆液的浓度基本相同时，关闭出浆口阀门，开始注浆。

（2）每循环压浆完成后，立即用清水彻底冲洗干净，再关闭阀门。

（3）在压浆每一循环过程中，必须保证压浆施工的连续性。压浆若停顿时间超过 30 min，应对管路进行清洗。

（4）每管三次循环压浆完毕后，阀门封闭不小于 40 min，再卸阀门。

10. 最后一次压浆完毕，必须经监理工程师签字认可后，压浆管路用浆液填充。

11. 每根桩后压浆施工过程中，浆液必须按规定做试块。

12. 通过桩身及桩周土体中钻孔取芯观察，浆液在桩端附近土层中的扩散范围及与土层的胶结情况均较好。

浆液试块制作见图 5.2.4。桩基压浆后的桩身取芯样本见图 5.2.5。

图 5.2.4 制作浆液试块

5.2.5 桩底压浆后桩身取样样本

第三节 承 台 施 工

一、吊箱围堰施工

1. 过渡墩承台施工

（1）工程概况

连续刚构 77 号、80 号过渡墩基础设计为高桩分离式承台结构，桥墩中心里程桩号：77 号墩为 K21 +419.000，80 号墩为 K21 +967.000。桩身埋入承台为 20 cm，封底混凝土为 C30 水下混凝土。过渡墩基础结构参数见表 5.3.1；过渡墩基础结构见图 5.3.1。

表 5.3.1　77 号、80 号过渡墩基础结构数据

墩号	桩径（m）	数量（根）	承台顶标高（m）	承台底标高（m）	地面标高（m）	围堰底标高（m）	封底厚度（m）	承台平面尺寸(m)	说　明
77 号	1.8	9	1.0	-3.0	-2.4	-4.5	1.5	14×14	单幅
80 号	1.8	9	1.0	-3.0	0.1	-4.5	1.5	14×14	单幅

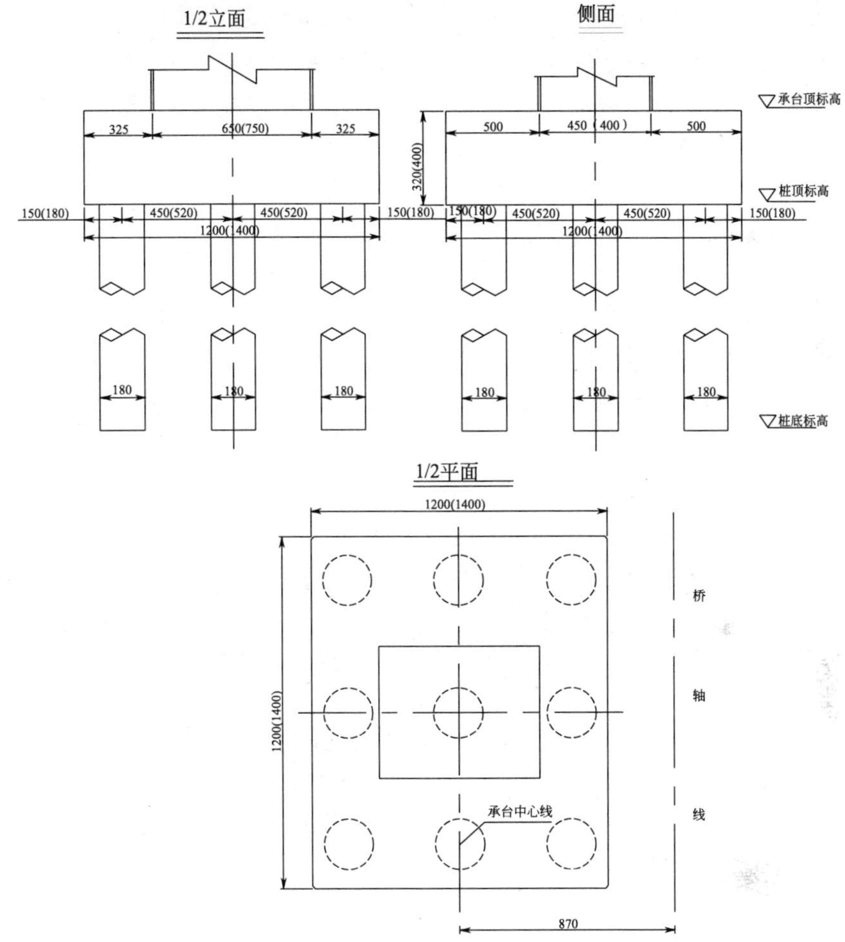

图 5.3.1　过渡墩基础结构图

（2）施工方案

①设计特点

A. 过渡墩承台底面标高较高，吊箱围堰底标高与清淤后的河床标高基本相同，落潮低水位时水深只有 3～4 m。

B. 根据实施性施工组织设计安排，过渡墩吊箱围堰制作一套，需倒用一次。

C. 水况复杂，桥址处潮汛明显，最大潮差为 4.01 m，平均潮差潮位为 2.07 m。流速较大，20 年一遇最大水流流速达 2.09 m/s。

综合以上特点，过渡墩采用单壁吊箱围堰，围堰侧板和底板采用拉杆对拉，侧板和侧板通过上、下导环连接，底板上设置水平挡块，吊箱依靠侧板的刚度将水平荷载传递至这三层

结构上。吊箱围堰在钢结构车间制造，在 35 t 浮吊甲板上拼装，船运至墩位处用 280 t 浮吊安装。

②主要设计条件

设计水位：　　设计高潮位为 +4.3 m，设计低潮位为 -1.45 m

设计流速：　　取 20 年一遇最大水流速度 2.09 m/s

设计风速：　　取 30 年一遇最大风速 35.4 m/s

波浪高度：　　1.2 m

③设计工况

吊箱围堰是承台施工的临时围水结构，也是承台施工的侧模和承托结构。吊箱结构按封底混凝土施工、封底后钢吊箱内抽空水、承台混凝土浇筑三种工况进行受力分析。

④钢吊箱围堰结构

钢吊箱围堰由底板、侧板、内支撑和悬挂系统四部分组成。

A. 吊箱围堰外形尺寸

过渡墩吊箱围堰设计内壁净尺寸比承台外形尺寸大 5 cm，净尺寸为 14.05 m × 14.05 m，吊箱顶面标高为 +5.5 m，底面标高为 -4.5 m，围堰侧板高度为 10.0 m，单幅桥吊箱结构自重约 158 t。过渡墩吊箱围堰结构见图 5.3.3。

B. 底　　板

钢吊箱围堰底板采用 6 mm 面板，工字钢和焊接 T 形钢做加劲主肋，主肋间横向次肋采用∠75 × 50 mm 角钢，间距 0.4 m。主肋和次肋均布置在面板下面，为便于焊接后底板翻身和运输，底板分为 3 块，各块之间采用螺栓连接。为便于侧板拆除倒用，底板和侧板之间无螺栓连接，底板和侧板间采用直径为 28 mm 的Ⅲ级钢筋拉杆拉紧，拉杆下端与底板肋连接，上端与下导环连接。

为抵抗侧板下端所受的水平力，在底板上设置剪力键。剪力键为内外两层，外层剪力键在侧板拼装完成后再焊接，剪力健同时具有传递水平力和对侧板进行限位的作用。安装侧板时，在侧板和底板之间垫橡胶垫。底板水平剪力键结构见图 5.3.2。

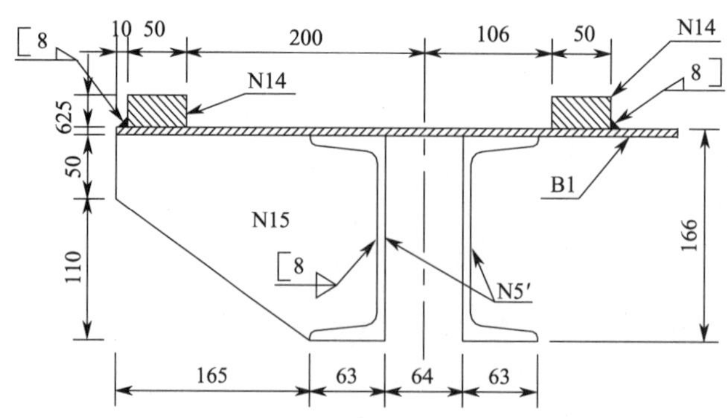

图 5.3.2　底板水平剪力键结构图

钢吊箱底板桩位处开孔应在工厂制造时根据现场实测钢护筒下沉位置和倾斜度推算出的围堰底标高处的位置进行开设，孔径大于钢护筒外径 160 mm。围堰下沉到位后至封底前，采用盖板对护筒和围堰底板孔之间的空隙进行封堵，防止封底混凝土渗漏。盖板堵漏布置示

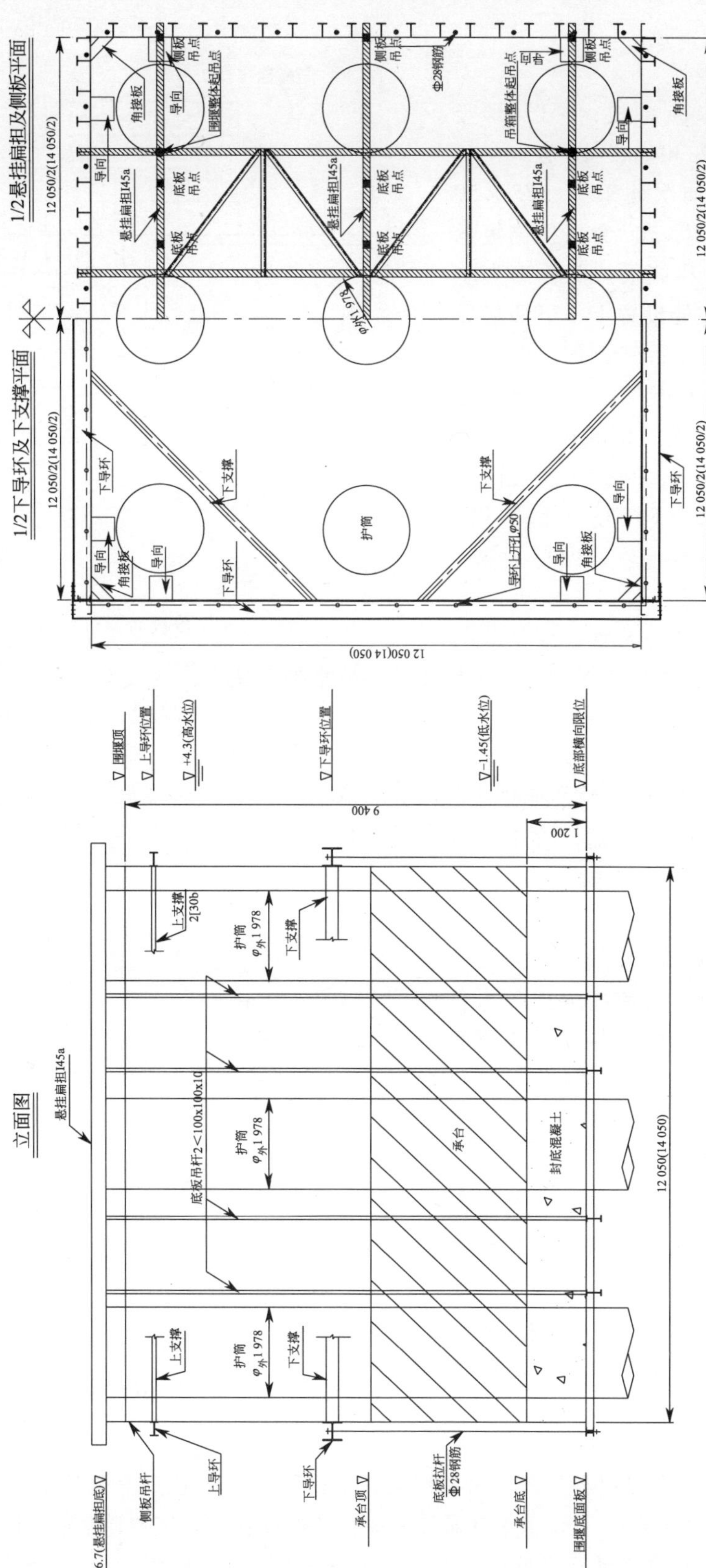

图 5.3.3　过渡墩吊箱围堰结构总图

意见图 5.3.4。

C. 侧　　板

侧板选用 6 mm 面板，“T”形竖肋，竖向主肋高 30 cm，板宽 20 cm，间距 65 cm。横向次肋采用∠75 × 50 mm 角钢，间距 40 cm。为抵抗侧板承受的水平荷载，在侧板外侧标高为 +1.5 m 和 +5.0 m 处设置上、下两层导环(型钢)。为便于拆卸倒用，四块侧板在浮吊甲板上拼接完成后，导环通过连接板用螺栓连接形成闭合结构。为防止侧板间漏水，侧板间设置四道防水结构，外层为 851 防水胶和 PUI 密封膏，中间为氧气管，内层为 851 防水胶。

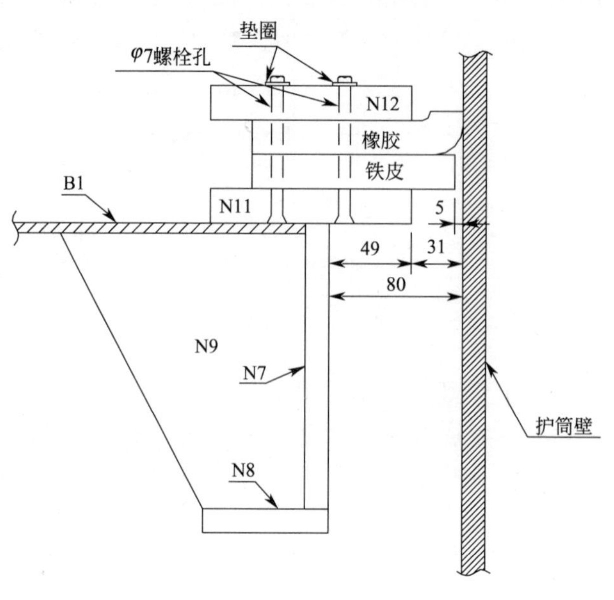

图 5.3.4　盖板堵漏布置示意图

侧板与侧板之间无螺栓连接，水平力主要通过侧板刚度传递到上、下导环和底板水平挡块上。为安全起见，在标高为 +0.0 m 处围堰四角设置侧板加强连接节点，但设计计算时并未考虑该节点受力。侧板间加强连接节点处理见图 5.3.5。

考虑到围堰入水后要受到水流力作用，为保证围堰顺利下放，在围堰侧板上安装了两层共 16 个导向结构，达到围堰初步定位的作用。导向装置与护筒间设计预留了 46 mm 的空隙。

封底施工时，为使围堰内外水位保持一致，在四块侧板上各开一个直径为 20 cm 的圆孔。抽水前将圆孔用盖板封盖，盖板与圆孔法兰之间垫橡胶垫密封。

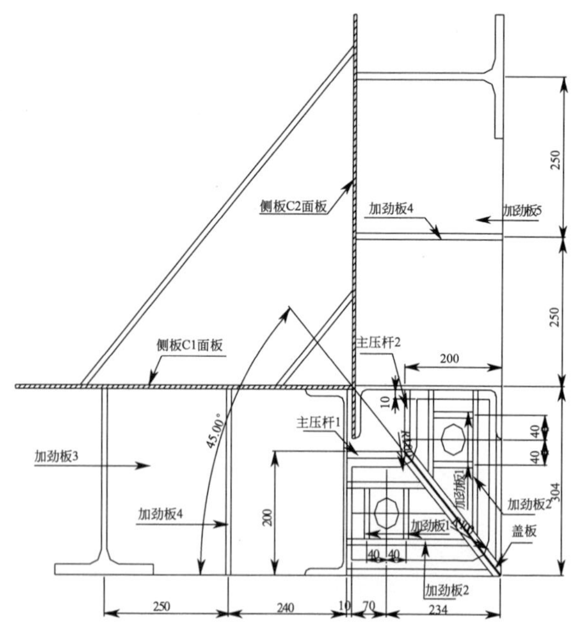

图 5.3.5　侧板间加强连接节点处理图

D. 内 支 撑

为保证钢吊箱在整体起吊和混凝土浇筑时平面几何尺寸不变，吊箱围堰在标高为 +1.5 m 和 +5.0 m 侧板处四个角设角部支撑（型钢）和角接板。为便于拆卸倒用，内支撑与侧板采用轴销连接。内支撑系统结构见图 5.3.6。

E. 悬挂系统

悬挂系统由支承扁担和吊杆、吊板组成，钢吊箱安装就位后靠悬挂扁担支承在钢护筒上，吊箱结构自重和封底混凝土重量通过吊杆、吊板及悬挂系统传递至钢护筒上。悬挂扁担采用 I45a 梁，扁担梁设计标高按直接支承在钢护筒上确定，底面标高为 +6.7 m。吊杆采用

2∠100×100×10 角钢与底板和侧板连接，吊板采用 200 mm×20 mm 钢板与侧板连接，吊杆、吊板与扁担梁按焊接和栓接设计，吊杆与底板和侧板连接采用栓接，吊板与侧板连接采用焊接。过渡墩围堰采取整体吊装方法安装，每个吊箱四个起吊点位置设在悬挂系统上。过渡墩吊箱围堰拼装见图 5.3.7。

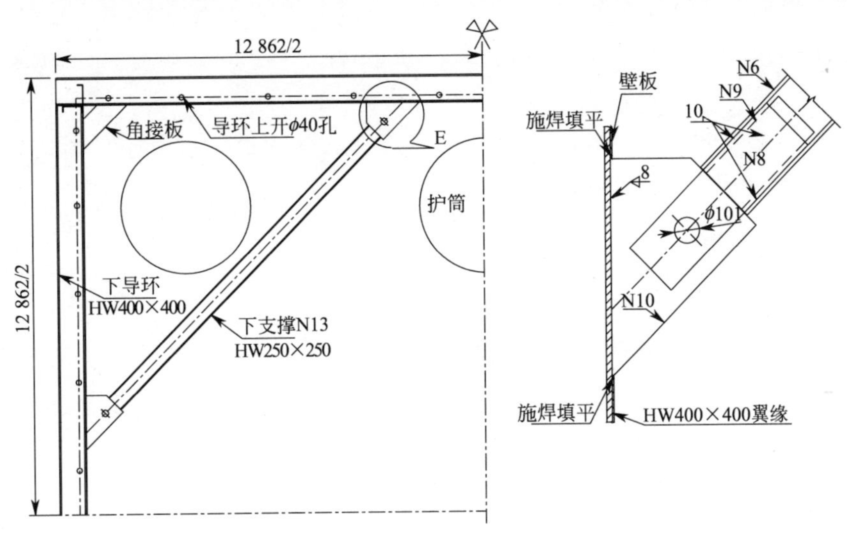

图 5.3.6　内支撑系统结构图

(3) 吊箱围堰安装

①钢吊箱安装

过渡墩单幅桥承台钢吊箱围堰采取整体吊装工艺，船运至墩位的钢吊箱用一艘 280 t 浮吊起吊安装。

A. 钢吊箱安装工艺流程

钻孔平台拆除→钢护筒顶修正→水上吊船锚锭系统检查→吊船抛锚定位→吊船起吊系统安装→钢吊箱船运到位→钢吊箱起吊→吊船绞锚对位→吊箱下放→吊箱定位。

B. 吊装前的准备工作

图 5.3.7　过渡墩吊箱拼装

a. 支承钢护筒顶面修正，使其顶面标高为 +6.7 m。

b. 对钢护筒四周河床面进行探测，清除影响钢吊箱沉放的障碍物，保证钢吊箱顺利下放。若河床面标高高出吊箱底标高，须利用清淤船对钢吊箱内河床进行清淤。

c. 潜水工水下射水清除护筒外壁泥沙等杂物，为封底混凝土施工作准备。

C. 钢吊箱吊装

a. 安装钢吊箱起吊吊索，吊装前，检查吊箱悬挂扁担及导向装置，检查吊船绞罐完好情况，进入钢吊箱吊装准备阶段。

b. 浮吊运输拼装好的吊箱围堰至待安装墩位下游，抛锚停泊在吊船的前方。

c. 吊船对位，起吊钢吊箱，吊船绞锚，横移至对准吊箱安装位置，松钩。当底板接近护筒顶面时，精确调整吊箱平面位置，使底板开孔套入护筒。继续松钩，在下层导向接近护筒顶面时，通过拉缆再次调整吊箱位置，使导向顺利通过护筒顶口，钢吊箱依靠导向装置沿钢护筒下放至设计位置，悬挂在钢护筒上。

钢吊箱围堰整体吊装见图 5.3.8。

图 5.3.8　钢吊箱围堰整体吊装示意图

D. 钢吊箱定位

吊箱下放至设计位置后，检查其中线位置。若满足设计和规范要求，则在平潮时期在吊箱内壁与护筒间焊接钢支撑，使吊箱固定。若超出规范要求，则需微调吊箱平面位置，吊箱精确定位后再与护筒固定。吊箱平面位置的调整和固定主要依靠以下手段来实现：

a. 在吊箱侧板与平台支承桩间设置拉缆，通过手动葫芦对吊箱进行定位。

b. 在吊箱侧板与钢护筒间焊接钢支撑。

c. 必要时，用浮吊稍稍吊起围堰，通过拉缆调整好吊箱的平面位置后再松钩下放。

（4）封底混凝土施工

吊箱下放到设计位置并定位后，进行封底混凝土施工。

①施工方法及程序

封底混凝土采用总储料斗和分料斗逐个砍球的办法进行灌注，混凝土由水上移动式混凝土工厂供应。封底混凝土浇筑顺序为从中间向四周。

②施工前准备工作

A. 重新清理护筒外壁及底板上的杂物。

B. 水下堵漏：在围堰顶施工平台上拼装堵漏盖板，两个半块盖板先套入护筒，螺栓连接后，下放盖板。盖板上设置两个吊耳，各拴一根钢丝绳和测量绳，两根绳同步下放，通过测量绳观测盖板下放高度，必要时需用钢件插捣盖板，使其下放到位。

C. 混凝土配合比设计

严格做好混凝土的试配，尤其要控制好混凝土的初凝时间和坍落度。其性能要求为：混凝土设计强度为 C30；坍落度以 20 ~ 24 cm 为宜；流动度保持在 3 h 内坍落度不低于 16 cm；初凝时间 15 ~ 20 h；混凝土必须有良好的和易性、稳定性。

③主要施工要点

A. 采用内径不小于 φ25 cm 的导管，导管使用前进行水密承压、接头抗拉试验，合格后丈量长度并进行标注。

B. 混凝土开盘前，严格检查各环节是否按拟定方案落实。

C. 封底混凝土采用直升导管砍球法灌注，下端设挡板，导管按混凝土扩散半径为 3.0 m 设计，并根据吊箱内护筒分布情况绘制导管分布点布置图。

D. 按照导管分布点布置图及砍球顺序，先布置 4 ~ 6 根导管，导管底口距吊箱底面约 15 cm。用布料机将混凝土泵送至中央集料斗，按事先安排好的砍球顺序，逐根进行砍球灌注。砍球后，保证导管埋深大于 0.5 m，首灌成功后用布料机直接将混凝土泵入分料斗中，继续灌注。每根导管开灌混凝土后，要求混凝土连续不间断供应，并保证导管底口有不少于 0.5 m 的埋深。

E. 及时测量导管周围混凝土面标高，当导管附近混凝土顶面标高比设计标高低 5 ~ 8 cm 时，缓慢拔出该导管。重新将该导管底部封住，按照事先安排好的灌注顺序，将导管插入下一个导管布置点，按前述方法及要求砍球灌注混凝土。

F. 混凝土的顶面高差控制在 0 ~ −5 cm，封底前布置足够数量的测量点，记录并绘高程图，反映混凝土顶面高程，以便及时补料，同一点前后两次补料时间不宜超过 1 h。

G. 实际封底高度较设计标高低约 2 ~ 5 cm，抽水后清除表层浮浆。

H. 为避免吊箱内外水头对混凝土的影响，在吊箱围堰四块侧板上各开设一直径为 20 cm 的圆孔，圆孔外伸并焊接法兰盘。平衡内外水头可采取两种办法：一是将圆孔直接打开，二是在法兰盘上接上 8 ~ 9 m 长的塑料管，将塑料管端用绳索拉住放入水中，使内外水流相通。

I. 封底混凝土强度达到设计要求前，钢吊箱不得受到冲击、干扰和承受额外荷载，以免影响混凝土强度增长，确保混凝土的强度、整体性和水密性。

J. 封底混凝土达到设计强度后，潜水工下水用圆形盖板和止水橡胶垫封堵圆孔，或用绳索提起塑料管端头，使管端高出围堰外侧水面。

K. 堵孔后，抽水，割除护筒多余长度，凿桩头，进入承台施工工序。

（5）吊箱围堰拆除

承台施工完毕，进行墩身施工。墩身底节施工完成后，墩身施工高度高出最高水位 1 ~ 2 m，即可拆除钢吊箱侧板。每个钢吊箱侧板沿承台四边分成四大块，过渡墩钢吊箱每块侧板最大重量为 27 t，吊箱侧板均采用 50 t 浮吊，熟练施工人员、潜水员、10 t 倒链、焊机及其他设备配合整体拆除。拆除步骤为：

①清除吊箱四周及顶部杂物。

②解除吊箱围堰与吊箱围堰外围平台支承桩的施工临时连接。

③解除吊箱围堰四角防水胶挡块（∠100 × 100 × 10）与围堰侧板上部的连接（承台以上）。

④选择水位较低且风平浪静的时间，潜水员下水拆除标高较低的“侧板间加强连接节点”的 φ50 mm 销轴。如果销轴水下不易拆卸，可采用水下切割的办法。对于标高较高的“侧板间加强连接节点”的 φ50 mm 销轴，水位较低时若露出水面，直接用铁锤敲打脱出销轴。

⑤拆除上、下内支撑与吊箱围堰侧板间的销轴连接，将内支撑吊离吊箱围堰。

⑥割除上、下导环四角“固结连接节点”的角接板，拆卸盖板、填板及上、下导环的连接螺栓。

⑦浮吊在围堰侧抛锚就位，每块侧板在上导环位置设两个拆除吊点，每个吊点上拴钢丝

绳并套在吊钩上。为防止拆除侧板时承台倒角或承台混凝土局部受损，侧板需缓慢拆除，在平台支承桩上焊接耳板作为倒链反力支点，用 3 个 10 t 倒链慢拉侧板，同时用锤敲震侧板，使侧板与混凝土的连接有所松动，吊机缓慢斜向往上拉动侧板。以上几种措施协调作业，分块拆除吊箱侧板。

⑧侧板拆除顺序与拼装顺序正好相反，即先拆除 C2 侧板，再拆除 C1 侧板。

⑨侧板拆除后倒运至栈桥码头进行整修，与新制的底板拼装程序组装后进行下一个承台的施工。

2. 主墩承台施工

（1）工程简介

苏通大桥连续刚构桥主墩基础设计为高桩整体式承台结构，采用 42 根 φ2.5 ~ 2.8 m 变直径钻孔灌注摩擦桩基础，梅花形布置。承台平面尺寸为 49.6 × 33.2 m，承台顶面标高为 +3.0 m，底面标高为 -4.0 m，厚度为 7 m，封底混凝土呈凹凸状，混凝土底面标高为 -8.0 ~ -6.5 m，混凝土厚 2.5 ~ 4 m。桥墩中心里程：78 号主墩为 K21 +559.000，79 号主墩为 K21 +827.000。主墩基础布置见图 5.3.9。

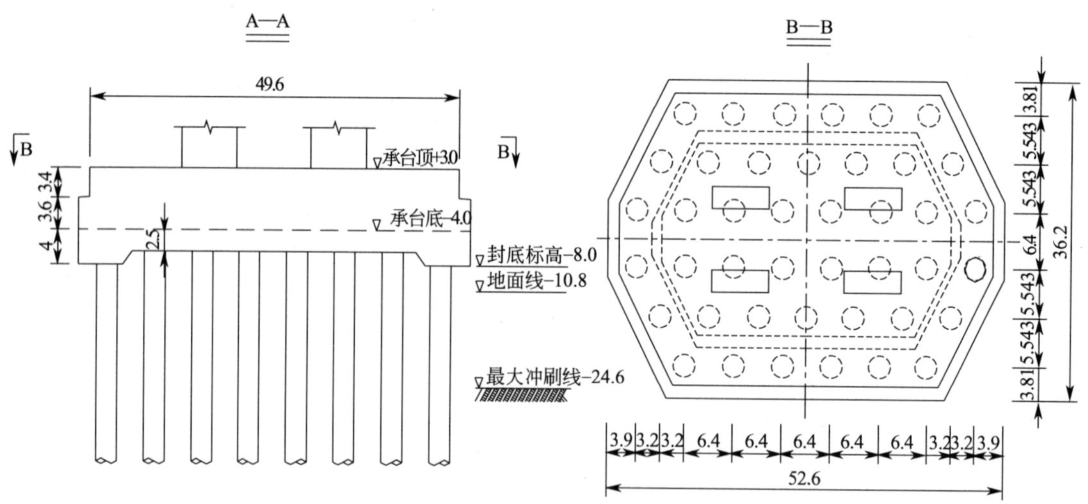

图 5.3.9 主墩基础布置图（单位：m）

（2）吊箱结构布置

根据主体结构设计意图，主墩防撞结构需与承台结构结合在一起施工，并提出如下设计要求：在吊箱底板上设置防撞桁架，与封底混凝土组成钢—混结构以增强防撞能力；在吊箱仓壁内灌注混凝土作为承台防撞结构；为保证承台边缘处钻孔桩的安全，同时减轻结构自重，封底混凝土设计为变高度；标高 -0.3 m 以下的吊箱壁也作为防撞结构的一部分，吊箱内壁需设置剪力条以增强与承台混凝土的连接；为保证大桥的景观效果，承台施工完毕，吊箱在标高为 -0.3 m 以上的部分需割除。

根据上述特点，主墩吊箱突破传统双壁吊箱的设计思路，选用单壁结构。吊箱分为上、下两节。下节侧板面板在外侧，主龙骨设置在内侧，与封底混凝土和承台混凝土浇筑在一起。上节侧板面板在内侧，作为承台模板，主龙骨设置在外侧。上、下节采用螺栓连接，承台施工完毕，拆除上节侧板。

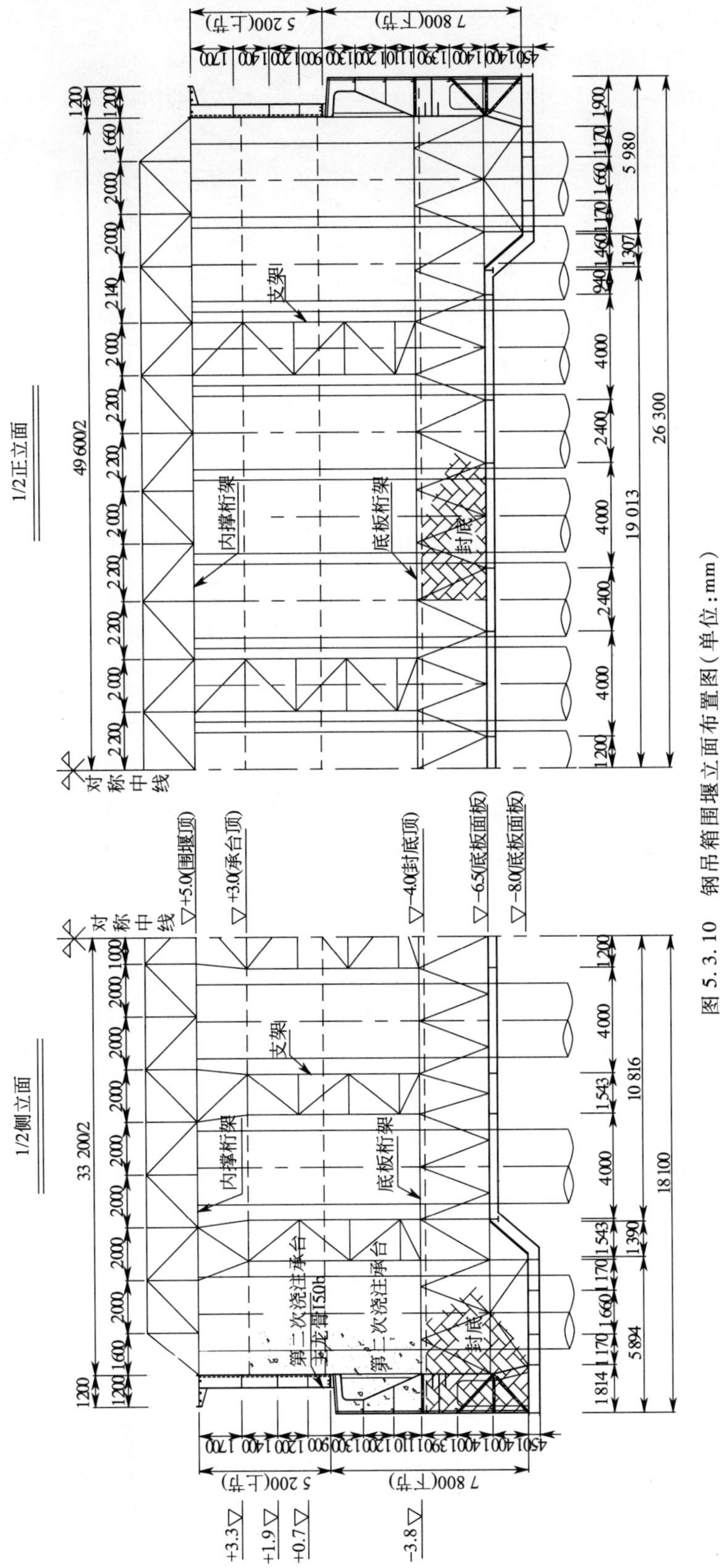

图 5.3.10　钢吊箱围堰立面布置图（单位：mm）

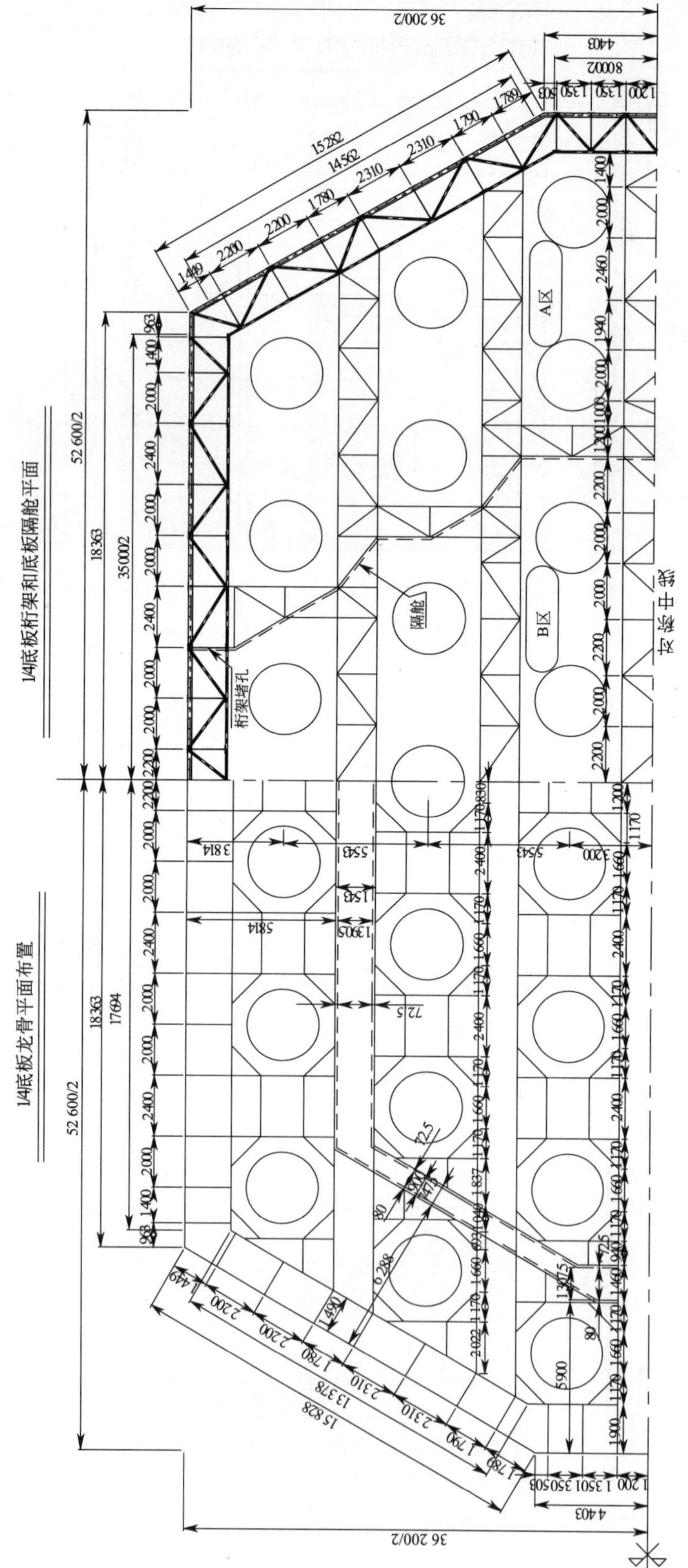

图 5.3.11 1/2 底板平面布置图(单位:mm)

根据承台结构设计尺寸和施工水位确定吊箱平面尺寸和高度，下节轮廓尺寸 36.2 m×52.6 m×7.8 m，上节轮廓尺寸为 33.2 m×49.6 m×5.2 m，吊箱外周底面高程为 -8.0 m，中间底面高程为 -6.5 m，顶面高程为 +5.0 m，总重约 1 100 t。钢吊箱围堰立面布置见图 5.3.10。

吊箱围堰主要构造系统包括：

A. 吊箱底板

底板由型钢及焊接板梁形成格构式龙骨结构，铺 6 mm 面板，底板上设置防撞桁架，防撞桁架上弦比封底混凝土顶面高出 0.2 m，底板主龙骨作下弦杆。在底板上设置隔舱，隔仓顶标高为 -3.8 m，隔舱将底板分成三个区域。吊箱整体起吊后按照护筒偏位情况开孔，然后在开孔位置处装活动堵缝环板。底板总重约 330 t，其中防撞桁架重约 98 t。底板平面布置见图 5.3.11。

B. 吊箱侧板

吊箱竖向分成两节，上节高 5.2 m，下节高 7.8 m。上节采用工字钢作主龙骨，面板设于内侧，兼作承台模板；下节采用 1.49 m 宽的焊接板梁作为主受力桁架，面板置于外侧。

C. 内支撑系统

在吊箱顶部顺桥向方向设四道桁架，横桥向设置一道桁架作为内支撑，桁架采用万能杆件标准件或新制杆件，在顺桥向的每道内支撑与底板防撞桁架之间设置四个吊架，吊架下端与防撞桁架上弦杆相接。吊箱下放到位后，主要依靠内支撑桁架及支架支承在 16 个支承护筒上。吊箱内支撑见图 5.3.12 和图 5.3.13。

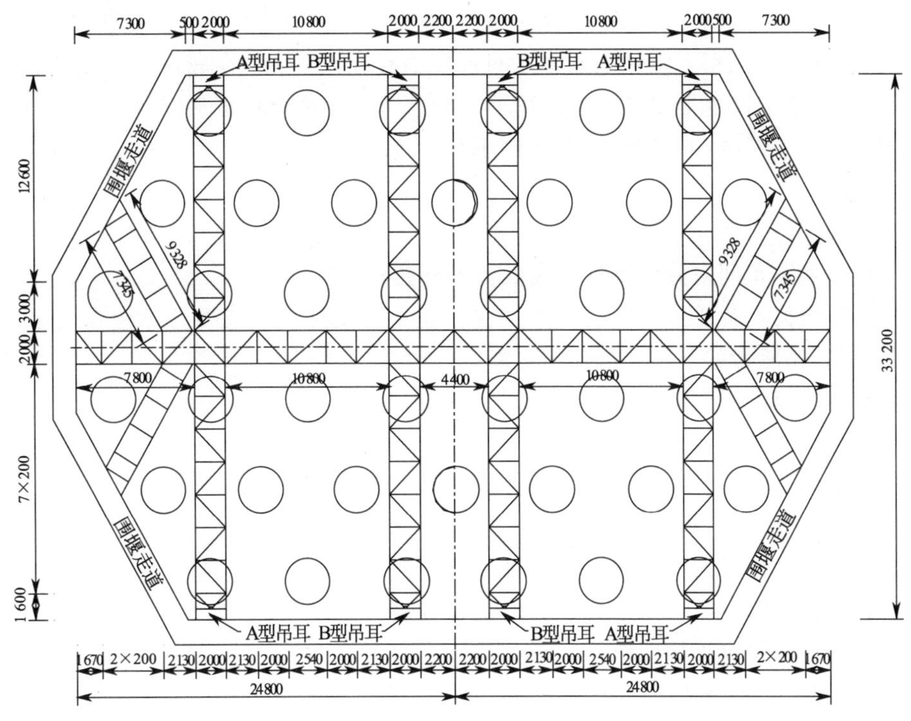

图 5.3.12　内支撑平面布置图（单位：mm）

D. 起吊系统

上节吊箱面板的内侧设置 8 个整体起吊用吊点，吊点位置在四道顺桥向内支撑与侧板相接处。起吊结构见图 5.3.14。

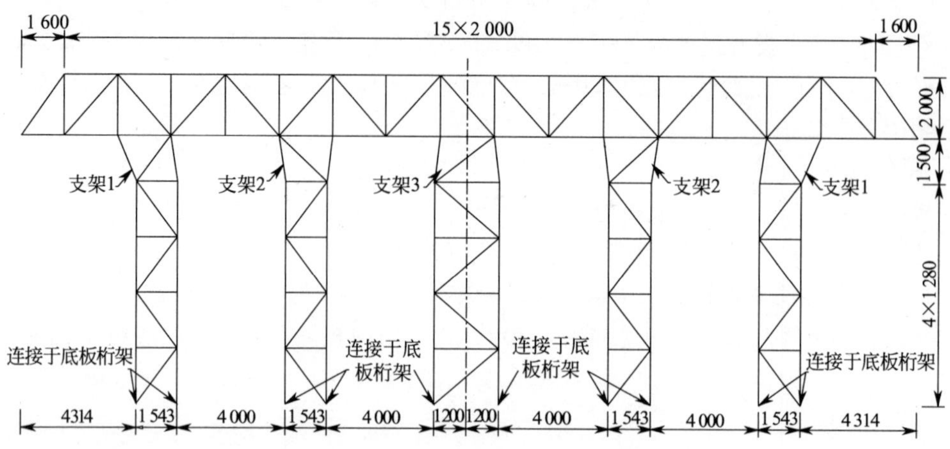

图 5.3.13　内支撑及支架立面布置图（单位：mm）

E. 吊杆系统

在每根护筒的四周设置四根底板吊杆，吊杆下端与底板吊点相连，上端销接在护筒上。底板吊杆布置见图 5.3.15。

F. 定位系统

竖直方向：利用承台区 16 根护筒支承吊箱自重及各种施工荷载。

水平方向：吊箱上端，利用内支撑支座与 16 根支承护筒焊接固定；中部，取周边 16 根护筒，在护筒外壁与吊箱下侧板主龙骨之间焊接钢支撑；下端，在底板 8 个孔口处焊接定位螺杆装置，与 8 根护筒水平顶紧，使吊箱上、中、下三个部位在水平方向均得以约束。螺杆采用 $\varphi_{外}$ 10 cm、壁厚 14 mm 无缝钢管加工制造。

（3）吊箱施工

①工艺流程

A. 吊箱在加工车间内分块制造，底板暂不开孔；

B. 在拼装码头安装滑道及拼装台座，在台座上将块件拼装成整体，检查合格后，安装拖拉滑移装置，吊箱滑移下水，自浮于水面；

C. 拖轮将吊箱浮拖至墩位；

D. 1 200 t 大型浮吊将吊箱整体吊起，现场根据护筒实测平面位置在底板上开孔；

E. 吊箱对位，套入护筒，将底板封堵盖板摆放到护筒四周；

F. 将吊箱整体缓慢下放至设计位置，支承在 16 个支承护筒上；

G. 潜水员下水拧紧定位系统螺杆，将每根护筒处的四块盖板用螺杆连接起来，并检查盖板与护筒的密贴情况；

H. 底板吊杆与护筒焊接固定；

I. 搭封底平台，浇注水下封底混凝土；

J. 承台施工完毕后，拆除吊箱上节侧板。

②吊箱制造

吊箱采取在车间分段、分块制造，运送至码头拼装成整体，通过滑道下水的施工方案。

A. 制造场地

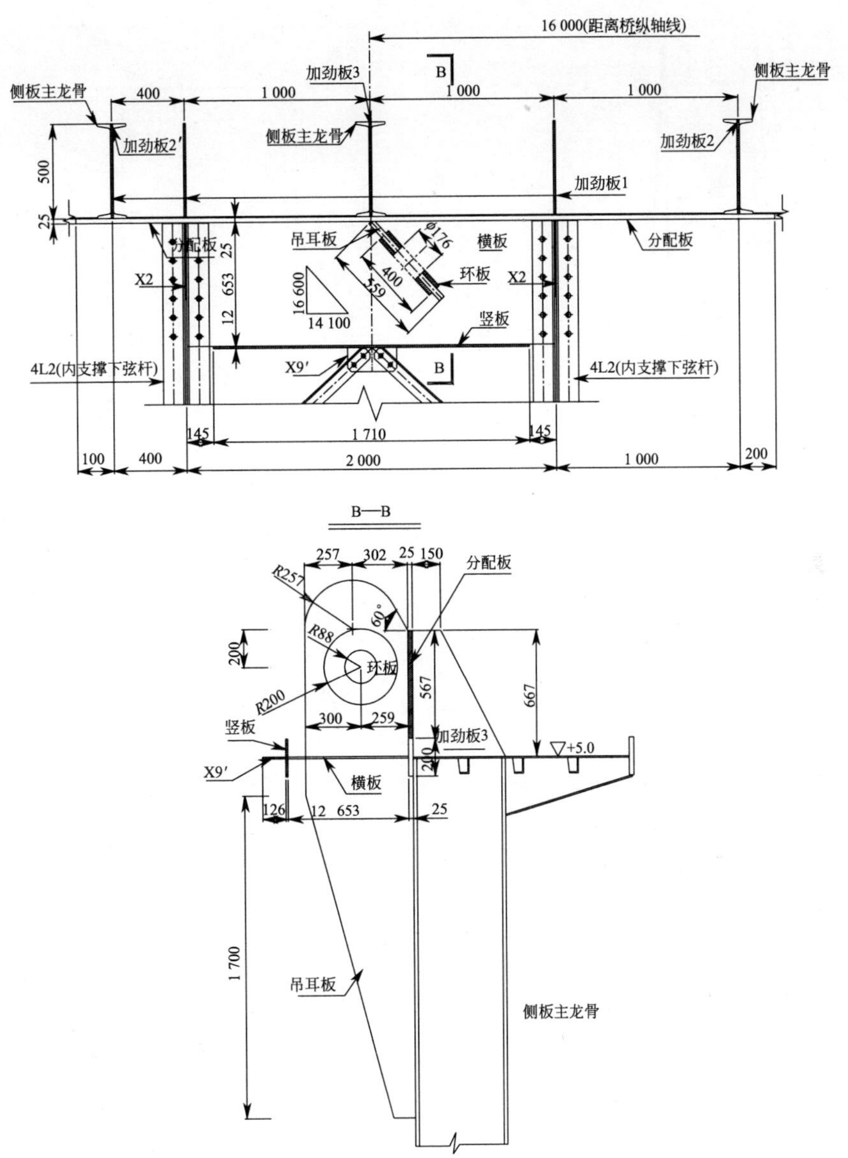

图 5. 3. 14 起吊结构布置图(单位：mm)

主墩吊箱围堰结构复杂，质量要求高，选择在南通市九华建筑工程公司钢结构厂进行钢围堰块件制作。

B. 吊箱分块

吊箱的分块考虑运输、拼装、吊装等因素，分块原则是：制作的构件尺寸不超过 7 m 长、4 m 宽，重量不大于 8 t，散拼在一起的构件尺寸不超过 12 m 长，重量不大于 15 t。

a. 总体划分

吊箱加工安装时分为三部分：第一部分为底板(即底板和底板桁架)，第二部分为侧板(上、下侧板)，第三部分为支撑(即内支撑、支架和其他零构件)。各部分根据其结构形式和加工需要分为若干块在车间加工，每块再按运输、起吊能力和组拼等条件，分为若干段。

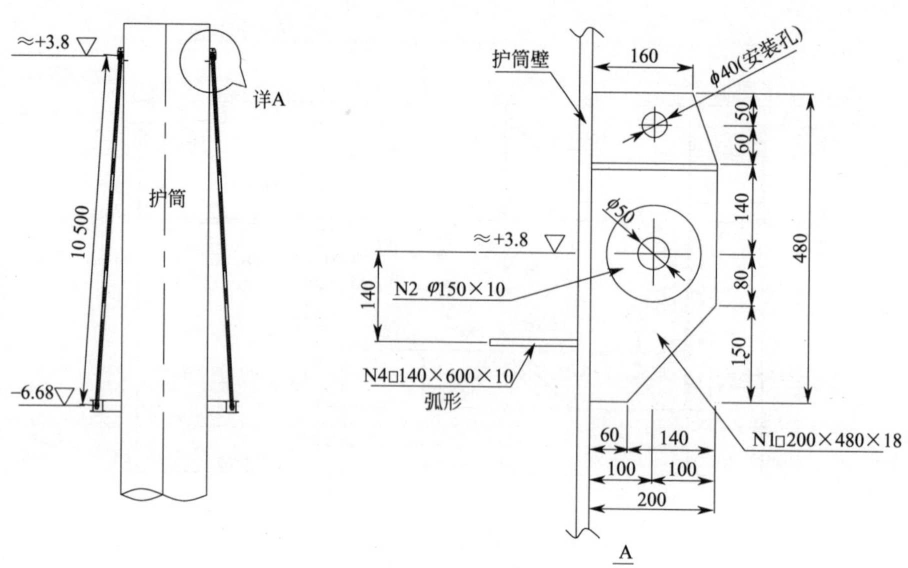

图 5.3.15　底板吊杆布置图（单位：mm）

b. 分块情况

底板：底板分块有主龙骨的，加工时底板与主龙骨焊在一起；没有主龙骨的，在运输时加焊临时加固型钢分段运输。

底板桁架：在车间制作成横梁，长 10～13 m，横梁下节点板处做临时下弦和横撑，在码头组装后，拆除临时下弦和横撑。

侧板分块：上、下侧板沿周边分块，每块包括两个或三个主龙骨。

支架和内支撑：每根竖向支架作为一个块件加工、运输和安装。内支撑横梁用万能杆件和新制杆件拼装，根据支架距离，在码头分段组拼，分段起吊安装后接长。

其他零构件：根据其结构位置随块或单元件加工、运输和安装。

c. 单元件制作

☆场地布置

单元件制作就是将拼装的大块件分解成满足运输及吊装要求的小单元进行制造。制造前，技术部门应重新绘制加工图。

单元件制作车间有两个：第一车间为下料车间，主要负责下料、编号和零碎构件加工，配置设备有剪板机、自动切割机、卷板机、电渣埋弧焊机、交流电焊机等；第二车间为组装车间，负责已加工的单元件组装，配置设备有气体保护焊机、交流电焊机、直流电焊机等。

☆制作工艺

下料和切割：

下料前先划线，各种加工线、弯曲线、中心线、对合线、纵横舱壁位置线等打上洋冲，用白漆写上符号及构件号。

下料时合理排板进行套料，以提高材料的利用率。下料切割按先大后小的原则进行。

矩形钢材下料时要检查原材钢板的两边是否垂直，否则需划好垂直线后再下料。

下料时要考虑板材的收缩余量和装配余量。

胎架的制作：

按照吊箱内外轮廓线制作胎架，并用斜撑将胎架挡位支撑牢固。

用水平仪进行平面胎架定位，并用斜撑将胎架档位支撑牢固。

用激光经纬仪划出胎架中心线和角尺线，并将构件理论线划出。

拼板划线：

将已切割的壳板吊至平面胎架上进行拼板，拼接缝间距控制在 1～2 mm 之间，拼接完毕后将板材与胎架用连接板暂时连接在一起，安装引弧板和熄弧板，采用埋弧自动焊进行焊接。

焊接完毕后进行划线，划出中心线、对合线及侧板纵、横理论线，标明板厚、首尾、余量方向。分段余量方向统一指向吊箱首部方向（指定一端为首部）。

“T”型材的组装：

在平面胎架上进行“T”型材的组装和焊接，用临时支撑来防止其在焊接过程中的变形。

底板制作：

底板共分 31 块，各块件在加工车间制作后运至码头拼装。底板在车间分块制作见图 5.3.16。

图 5.3.16　底板在车间内分块制作

底板有主龙骨及斜坡的分块带面板制作，其余分块面板现场铺装。

除斜坡处的面板与龙骨对接外，其余全部采用搭接。

底板桁架车间制作，加临时杆件运输，现场拼装。

加工时，相邻板块匹配加工，按安装顺序依次运输，依次匹配。

较长的板块按型钢的长度分段运输，加工时不焊接；没有主龙骨的板块在运输时加焊临时加固型钢，安装后拆除。

加工的单元件由工班自检、质检员复检，在探伤检查、局部（如吊杆吊点盒）水密性等试验均合格后，填报检资料，驻厂监理工程师检验合格后出厂。

侧板制作：

侧板分为 48 块，其中 28 块在车间内制作，20 块在拼装现场组拼。

下节侧板，先制作单个的主龙骨板梁，主龙骨间的构件均在车间组装好，相邻两块间不带主龙骨的部分在码头组装。

上节侧板，根据侧板分块情况，在胎架上固定上节侧板的主龙骨工字钢，贴面板焊接，面板满贴于主龙骨翼缘上，采用间断焊，然后焊接竖肋，最后焊接 T 型横肋。

上、下侧板在车间里匹配加工，上节侧板与下节侧板连接的法兰暂不焊接，法兰在拼装现场用螺栓与下节侧板连接后，再与上节侧板焊接连接。

内支撑及支架制作：

内支撑部分采用万能杆件，新制杆件则根据设计图制作，运至码头拼装。支架杆件均为型钢和钢板。在胎架上将各杆件焊接成分段桁架，编号存放。

d. 码头组拼

现场拼装主要是单元件对接及散件补充，焊接工作量较大，约占总焊接工作量的 1/3。

拼装工作主要工序有：场地准备；滑道、拼装台座布置；吊箱拼装。

☆拼装场地

吊箱的拼装、下河在原通常汽渡码头进行，该码头位于现通常汽渡码头的上游约 2km 处，距苏通大桥约 5km。码头的斜坡滑道总宽 100 m，低水位时斜坡长度为 50 m，水中顺滑道方向布置三排防撞墩，两边各一排，中间一排，排间净距 40 m。近岸侧为 2 个 3 m × 4 m 混凝土墩，近江中心侧为 φ1. 5 m 钢管柱，墩间距约 16 ~ 25 m。

斜坡车道后段坡度约 1∶9. 5，长度 60 m；中段坡度约 1∶5，长度约 10 m；前段坡度约 1∶10，长度 10 m；再往前，江中河床近为水平。码头地形见图 5. 3. 17。

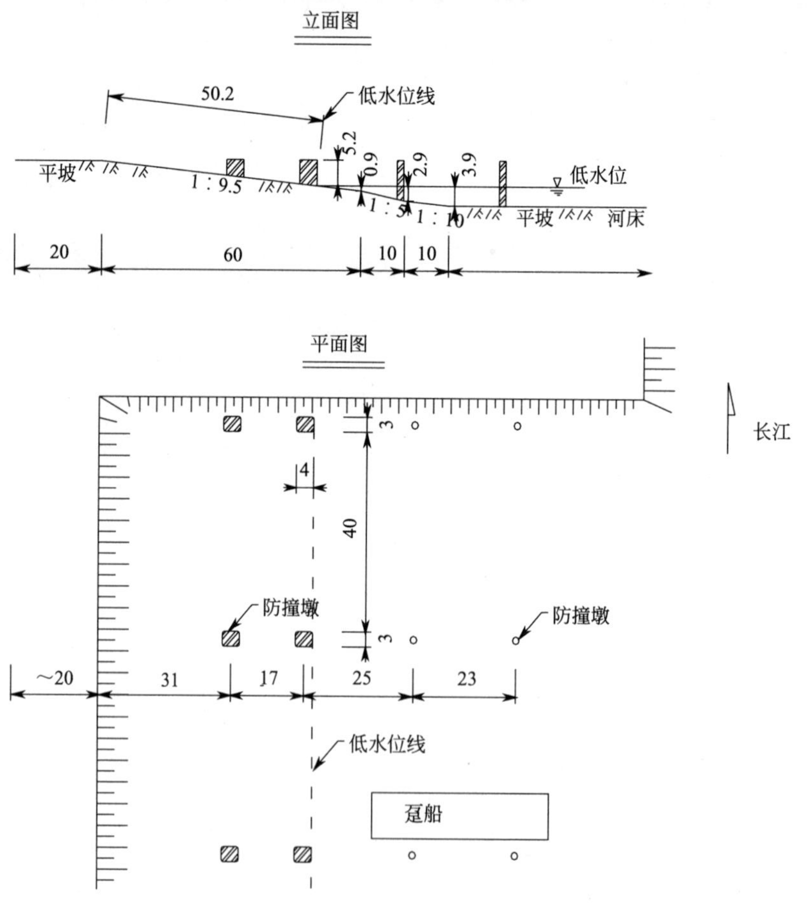

图 5. 3. 17　码头地形图（单位：mm）

☆滑道布置

滑道设两组，共四条，分别对应于外侧第二和第三条底板主龙骨。滑道顺车道坡度 1∶10 布置成斜坡，总长度 70 m，前端伸入最低潮位边线 5 m，每组间距 4 m，与吊箱长边的 HN45 型钢主龙骨对应，两组中心距 28. 6 m，前端入江水的最低水位线下 3 m 左右。

每条滑道采用2根I45型钢并排放置，滑道底部浇筑一层20 cm高的混凝土，通过在较大的片石上钻φ18 mm孔、植φ16 mm筋将滑道与片石护坡锚固。

四条滑道的顶面布置在同一平面，为减小下滑摩阻，滑道顶用磨光机打磨后涂黄油。

☆台座布置

除滑道外，在吊箱外周设置0.4 m×0.4 m矩形砖墩作为临时支撑，砖墩高度约0.4 m，共约50个。同时在前端和后端设置8道条形砖墩，长7.2~8.2 m，高度约40 cm。在砖墩顶设置钢支腿调整标高。

吊箱中间的中空位置，底板上凸1.59 m，距车道坡面约2.2 m，采用高0.4 m、0.4 m×1.8 m的长条形砖墩基础。基础顶配预埋件及支腿，支腿上设贝雷桁架，形成底板的拼装平台。

拼装完成后，割除台座顶部的支腿卸载，拆除贝雷桁架，将吊箱全部自重荷载转移到滑道上，准备滑移下河。滑道及台座布置见图5.3.18。

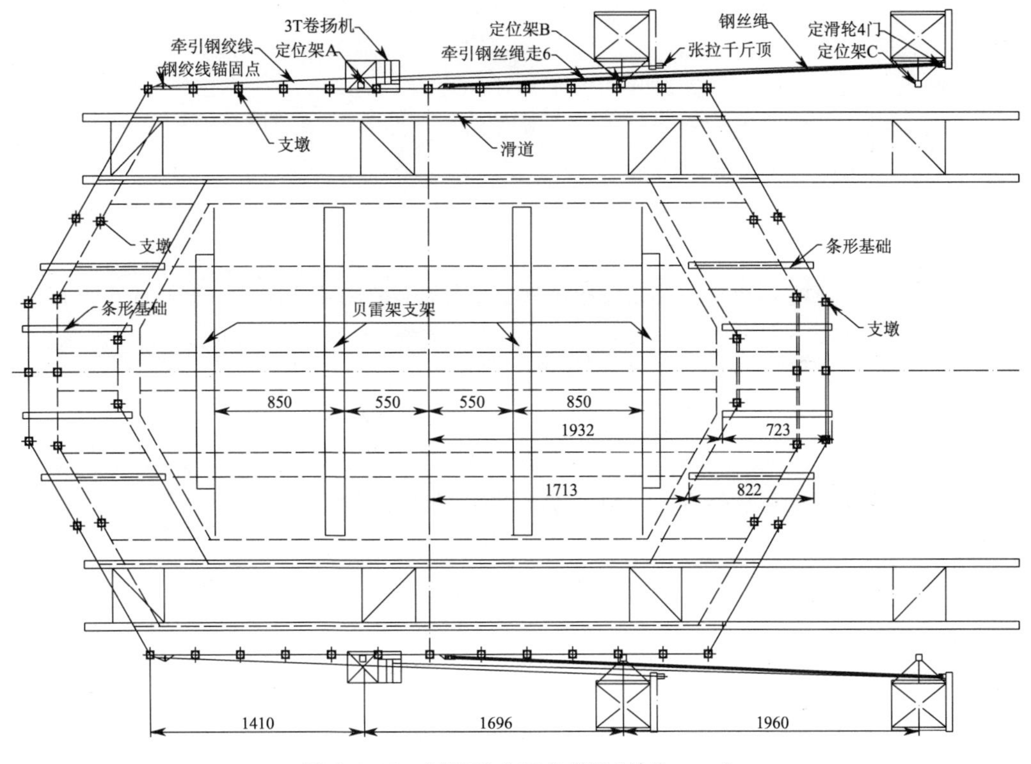

图5.3.18 滑道及台座布置图(单位：cm)

☆吊箱结构拼装

吊箱拼装吊机主要采用2台10 t的桅杆吊机和2台25 t汽车吊。吊箱的长边两侧各设一台桅杆吊机，桅杆吊机桅杆高度分别为42 m及36 m，臂杆长度分别为36 m及31 m，可360°旋转，拉8~10根缆风固定，配5 t卷扬机。

吊箱单元件用汽车运至汽渡码头。拼装前，先在组拼平台上用全站仪放样，确定纵、横向中心轴线、外轮廓线和各单元件控制点位置。单元件控制点设在单元件四角处，主要控制单元件安装的平面位置和标高。

吊箱安装顺序：

Ⅰ）先中间，再两端，再两侧，后完善。

Ⅱ）在拼装平台上将底单元块件拼装成整体，焊接龙骨，安装底板桁架，将分段制作的底板桁架与底板主龙骨焊接，并将各分段桁架连接成整体。

Ⅲ）拼装下节侧板。

Ⅳ）分段支架吊至底板上，接高支架，支架下端与底板桁架焊接。

Ⅴ）拼装上节侧板。

Ⅵ）拼装内支撑。内支撑和上侧板同步交叉安装。

Ⅶ）将32根定位螺杆焊接于8个定位护筒的底板主龙骨上。

Ⅷ）用铁丝将底板吊杆与内支撑桁架及底板桁架临时绑扎，并呈喇叭口，便于穿入护筒。

其他工作：

吊箱下河前，在上、下侧板连接处涂851防水胶和玻璃丝布。

吊箱上侧板安装完成后，根据实测的护筒偏位情况计算出底板开孔中心和开孔半径，测量人员在底板上放样，用油漆标出开孔中心和开孔边线。

将封堵盖板及盖板连接螺栓摆放于底板开孔周边，每根护筒周围的盖板分为4块，在确认盖板与底板桁架杆件不冲突后合拢。

焊接吊箱内、外壁爬梯、浮拖的拖环、起吊对位拉环、孔口处底板割除后起吊用吊环等。

在底板主龙骨腹板上开孔，并在底板中间区域20个护筒位置的底板面板上开 φ10 cm 的孔，在每个开孔位置竖直焊接一根高约2 m的 φ10 cm 钢管，作为进、出气孔，以减少吊箱起吊出水时的吸附力。

③吊箱滑移入水

A. 设备布置

吊箱下河设备主要有牵引设施、导向设施和防遛设施。

a. 牵引设施

吊箱在坡度1∶9.5的滑道上下滑，准备的牵引力为180 t，实施过程中主要配备以下设备。

张拉千斤顶：

两侧共设置4台自锚式27 t千斤顶和4根钢绞线，总拉力为80 t。在正式下水前，先用张拉千斤顶和钢绞线预拉吊箱到指定位置。

在吊箱后端底板向上2.2 m处的侧板主龙骨上焊接锚座，锚板垂直于滑道，在前面的混凝土防撞墩上焊接张拉梁，保证钢绞线平行于滑道。

卷扬机：

两侧共设置2台5 t卷扬机和4个3门滑轮组，钢丝绳走6，总拉力近60 t。在正式下水时，以卷扬机牵引为主，千斤顶辅助，将吊箱拉至后端浮起并脱离滑道。

在吊箱后端底板往上1.8 m处的侧板龙骨上焊接动滑轮座，安装动滑轮，滑轮与吊箱底板销接，便于使用后拆除。在前方钢管桩防撞墩上，高潮位水面以上0.8 m处焊接定滑轮座，安装定滑轮。钢丝绳始终在导向架上方、张拉梁下方。

顶推千斤顶：

在滑道的后端设置 2 台 20 t 千斤顶施加推力，推动吊箱前滑，可提供约 40 t 的顶推力。

以上牵引设施可提供总吨位约 180 t 的牵引力。牵引力施加时，首先是张拉千斤顶、卷扬机作用，牵引力不够时，辅以顶推千斤顶作用。

b. 导向设施

导向设施共设置 6 个，每侧 3 个，保证吊箱在完成下水前始终在四个导向架内移动。导向架纵向间距 20 m，横向间距 36.3 m，即距吊箱外侧 5 cm。

c. 防遛设施

防遛设施主要采用 4 根双股 φ17.5 mm 的钢丝绳，两根同时受力时总拉力约 20 t。防遛绳后端固定在滑道上，前端固定在滑道正上方的底板主龙骨上，始终保持两根钢丝绳松同样的长度(1 ~5 m)，在吊箱可能加速下滑时起缓冲作用。

在滑道前端焊接钢挡块，防止吊箱快速长距离前遛时掉道。当吊箱前端滑移到挡块位置时，暂停滑移，割除挡块后继续滑移下河。

B. 吊箱下河

根据吊箱下河过程的状态计算，当水位至吊箱底板龙骨的底部中间时，吊箱最前端净吃水 2.31 m(含龙骨共吃水 2.76 m)，此时，重力大于浮力，吊箱保持滑道坡度；当吊箱继续向下滑移，至净吃水 2.75 m(含龙骨共吃水 3.2 m) 时，浮力大于吊箱的稳定力矩，吊箱前端浮起，后端与滑道成点接触状态，吊箱在下滑力及拖拉力的作用下继续下滑，当吊箱后端吃水 1.9 m 时，吊箱完全自浮。

吊箱前端开始浮起时，由于是后端点接触，此状态下，吊箱尾部及滑道局部受力较大，设计时，吊箱底部做成弧形，并对后端龙骨滑道位置进行补强，以适应吊箱转动的需要。

78 号、79 号主墩吊箱选择了不同的下河时机。78 号墩吊箱在涨潮时滑移，在高潮位时滑移到位，吊箱自浮，而 79 号墩吊箱则在低潮位时滑移到位，当涨潮至高潮位时吊箱自浮。下河步骤如下：

a. 预拉前移

清障：吊箱在安装时已用电焊临时固定在滑道上，下水前拴好吊箱后端四根遛绳，遛绳的预留间隙均为 2 m，切除临时固定，清除吊箱下方和前方所有障碍，在滑道前方涂抹黄油。

试拉：用 4 台 27 t 千斤顶同步张拉，如果张拉的油表读数达到 40 MPa 吊箱仍不动时，则在吊箱后端用 2 台机械顶辅助顶推。

正常拉动：用 4 台 27 t 千斤顶同时张拉，同时换顶。两侧要统一信号，均匀前移。吊箱后端的遛绳两两倒用，始终保持有两根遛绳处在防遛状态，遛绳预松长度不大于 5 m。

预拉至入水位置：吊箱前移 27 m，吊箱前端出滑道前端 6 m 时，到达入水位置，此时收紧后端的遛绳，转换拖拉设施，改用卷扬机牵引，准备正式下水。

b. 正式下水

试拉：吊箱预拉到位后，穿卷扬机钢丝绳，预松遛绳 1 m，进行试拉，在拉力不够时，使用张拉千斤顶作辅助。

更换遛绳：遛绳一端拴在吊箱后面的浮运捆绑点上，另一端拴在混凝土防撞墩的捆绑点上，遛绳预松长度为 3 m。

正式下水：在高平潮前2h开始进行。利用2台5t卷扬机统一信号、同时拖拉、均匀前移。

观察：吊箱前端入水后受浮力影响，重心发生变化，应注意观察吊箱有无变形、吊箱后端支撑点处滑道有无变形情况。若有异常，及时处理。

吊箱自浮：随吊箱前移至其后端全部浮起，脱离滑道而自浮，下水工作完成。

c. 临时锚泊

吊箱下水后临时停靠在前方四个钢管防撞墩之间，用缆绳将吊箱浮运捆绑点和四个钢管防撞墩固定。

图 5.3.19 78号主墩钢吊箱下河后临时锚泊

78号主墩钢吊箱下河后临时锚泊见图5.3.19。

C. 吊箱浮拖

a. 浮拖准备

向海事部门提出申请，办理相关手续，并向海事部门申请在吊箱浮拖时派监督船护航；组织专家对浮拖方案进行评审；安装拖轮牵引钢丝绳，并检查安装情况。

b. 吊箱浮拖

浮拖动力：

航速按2 m/s计算，潮流速度按1.5 m/s计算，在6级风以下时浮运，吊箱浮运体系最大总阻力约63 t，所需理论功率为1 260 kW。

采用三艘拖轮进行拖带。吊箱浮拖示意见图5.3.20。

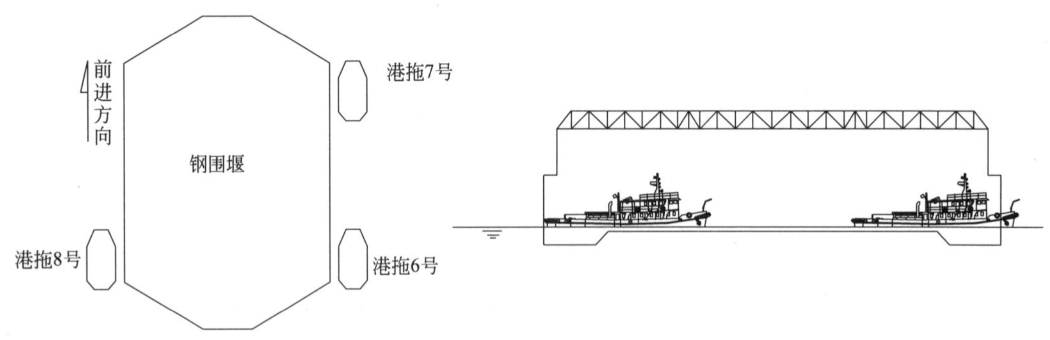

图 5.3.20 吊箱浮拖示意图

浮拖步骤：

“港拖6号”、“港拖8号”靠于吊箱江心端的两侧，安装拖带钢丝绳，在拖带吊箱退出汽渡码头后，“港拖7号”拖轮靠近吊箱，安装拖带钢丝绳。

拖轮拖带吊箱以约2海里/h的航速前进，拖运至墩位处约需3h。

解除“港拖8号”拖轮与吊箱的连接，通过“港拖6号”、“港拖7号”拖轮将吊箱缓慢靠泊于主墩边，锚泊在主墩平台航道侧防撞桩的800 t铁驳上。78号主墩钢吊箱墩位处临时锚泊见图5.3.21。

D. 吊箱安装

a. 安装设备

图 5.3.21　78 号主墩吊箱墩位处临时锚泊

吊箱采取整体吊装工艺，浮拖至桥位的吊箱用一艘 1 200 t 的浮吊起吊，套入护筒，下放就位。

b. 安装工艺流程

钻孔平台拆除→支承护筒顶修正→支承护筒顶支承座安装→吊箱浮运到位→浮吊就位→安装起吊系统→起吊吊箱→浮吊试吊→底板开孔→吊箱对位下放→吊箱定位。

c. 安装前的准备工作

拆除平台，潜水工下水切割吊箱范围内的平台支承桩。

对支承护筒顶面修正至标高为 +4.275 m。

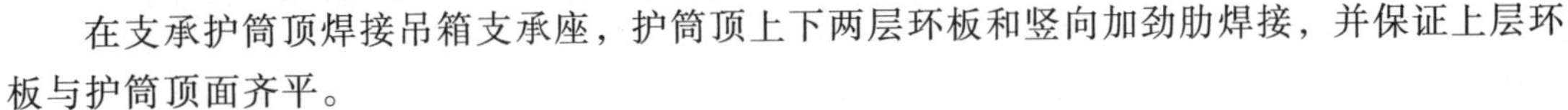

在支承护筒顶焊接吊箱支承座，护筒顶上下两层环板和竖向加劲肋焊接，并保证上层环板与护筒顶面齐平。

测量吊箱范围内的河床面标高，探查是否满足吊箱下放要求。

制做内径为 2.9 m 的圆环，在护筒外侧做环检，探查护筒外壁是否有未割除的焊接构件。

在吊箱顶部桁架上用脚手板铺设施工平台和施工走道。

测量人员在护筒和平台上做好吊箱对位测量标记。

d. 吊箱吊装

收缆绳，将浮吊移位于吊箱正上方，落钩，挂钢丝绳。

收紧钢丝绳，并确认 8 根钢丝绳均处于受力状态；检查吊耳焊缝、吊箱结构及船机设备。

缓慢起钩，严格控制钢丝绳收紧速度。吊箱即将脱离水面时，暂停起钩，稳住吊箱，当吊箱底部凸出部分内外气压平衡后再继续起钩。

吊箱脱离水面 0.5 m 后，稳住吊箱 10～15 min，对吊船进行静载试吊，相关人员对吊箱的吊挂系统、锚缆系统、卷扬机的工作情况及吊点、内支撑、底板、底板桁架的变形等情况进行检查。

图 5.3.22　吊箱起吊后底板开孔

当起吊至吊箱脱离水面约 1 m 后，停止起吊，工人按照划好的实测桩位开孔边线切割底板面板。吊箱起吊后底板开孔见图 5.3.22。

继续起吊至吊箱底部高出护筒顶 50 cm，此时吊箱最低点标高约 +7.0 m。

浮吊收缆，横移至安装位置正前方，再前移至承台正上方。通过平台上卷扬机与吊箱侧板拉环间的钢丝绳调整吊箱位置，使底板开孔大致与护筒对应。

缓慢落钩下放吊箱，使吊箱底板的孔口穿入护筒。当吊箱底板接近水面时，暂停落钩，将封堵盖板用长杆螺栓连接，解除底板吊杆与底板桁架间的临时连接，让吊杆斜靠在护筒外壁上，随吊箱下放而下滑。吊箱套入护筒后下放见图5.3.23。

图5.3.23　吊箱套入护筒后下放

当吊箱下放至内支撑支座距支承护筒顶面约10 cm时，停止下落，检查吊箱平面位置，通过焊接在吊箱顶端内壁上的拉环，利用护筒内设置的10 t倒链调整吊箱平面位置，满足要求后继续下落，直至内支撑支座落实在支承护筒上。

E. 吊箱定位

吊箱安装就位后应进行定位，使其在水流潮汐、波浪力的冲击作用下不移位。吊箱平面位置的调整和固定主要依靠以下手段实现：

a. 检查吊箱平面位置和倾斜度，满足设计和规范要求后将内支撑支座与支承护筒顶焊接。

b. 潜水工下水旋紧定位螺杆，使其顶紧护筒，并拧紧防松螺帽。若有个别螺杆旋到位后仍不能顶紧护筒，则在螺杆前端加钢垫块。

c. 低潮位时，在标高为 -0.3 m处，焊接支承钢护筒与吊箱下节壁板主龙骨间钢支撑。

d. 由外圈向中间逐个焊接各护筒与底板间吊杆。施工时，先利用倒链将吊杆上锚座N1板与护筒外壁拉紧至密贴后，再与护筒焊接。

F. 吊箱围堰封底

主墩吊箱围堰封底与过渡墩施工方法一致。

二、过渡墩承台施工

1. 施工测量

过渡墩承台施工采用GPS静态测量技术布设平面控制点，结合全站仪、经纬仪和水准仪进行平面和高程控制。

（1）封底混凝土达到设计强度的90%后抽水，由测量组放出护筒割除线，割除多余护筒。根据水准传递测出的桩顶标高凿桩头，根据布设的控制点测量各桩中心坐标和群桩中心坐标。

（2）根据平面控制点在封底混凝土顶面和吊箱侧板上测放出承台中心线和边线，并以此作为钢筋绑扎的基准线。在吊箱四周侧板上用油漆放出钢筋顶标高和承台顶标高，便于钢筋安装和混凝土浇筑施工控制。

（3）绑扎承台钢筋，进行墩身预埋钢筋施工，混凝土浇筑前由测量组对墩身预埋钢筋进行复测，检查合格后开盘浇筑混凝土。

（4）承台混凝土浇筑完成，养护结束后，由测量组进行竣工检查。

2. 施工准备

过渡墩承台钢吊箱围堰内、外侧设置扶梯，顶面设1.0 m宽的人行走道，走道采用钢牛腿，间距2.0 m，满铺木板。走道分段制作，栓接在吊箱顶部大肋上，拆除时分段拆除，随吊箱侧板一起倒用。牛腿外侧焊接防护栏杆，栏杆立柱为φ48 mm钢管，高1.0 m，设两道横杆，栏杆上拉设密目网。

3. 施工工艺

过渡墩承台施工工艺流程如下：

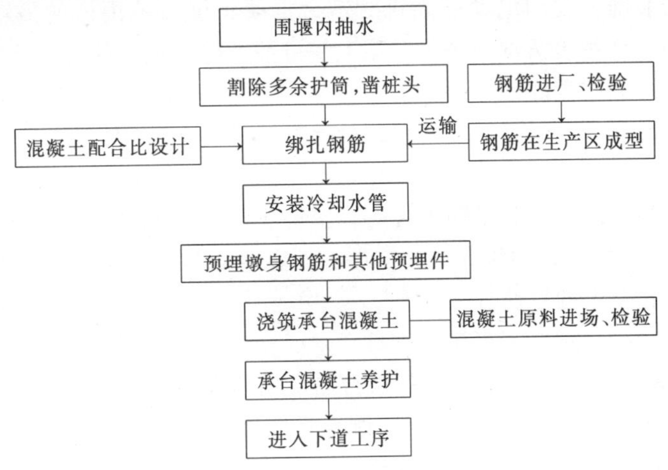

4. 过渡墩承台施工

(1) 围堰内抽水，封底混凝土整平及桩头混凝土凿除

封底混凝土达到设计强度后，潜水工下水封堵吊箱侧板上的连通管，抽干围堰内的江水。拆除吊箱的悬挂系统，根据测量人员放出的标高线切割护筒。护筒切口与桩头设计标高平齐，桩头混凝土采用风动设备凿除。同时，测量人员检查封底混凝土顶面标高，对局部超标高部分进行修正。

图5.3.24为施工人员正在凿除过渡墩桩头。

图5.3.24　凿除过渡墩桩头

(2) 钻孔桩桩头及基底竣工检查

桩头凿至设计标高后，用水泵冲洗桩头和基底，用高压风管吹干净桩头和基底的混凝土

碎块等杂物，进行桩头和基底竣工检查。桩头基底检查合格后，测量人员放好承台底面、顶标高，以及承台的中心控制十字线，各标高点标注标高值。

（3）承台钢筋的制作及安装

①钢筋品种、规格、间距、形状、接头及焊接等均应符合设计图纸和施工规范的要求，并严格做好原材料抽检和焊接试验（主要是 φ32 mm 的Ⅱ级钢筋和 φ40 mm 的Ⅲ级钢筋直螺纹套筒连接接头试验）。承台 φ40 mm 的Ⅲ级钢筋采用套筒连接，其余钢筋采用焊接或绑扎的方法连接。

②承台钢筋安装前，使用电动磨光机对承台混凝土浇筑范围内的吊箱内壁进行除锈处理，打磨过的吊箱内壁用水清洗并擦干后涂上清机油。伸入承台的桩头钢筋上附着混凝土和砂浆时，使用钢丝刷刷洗干净。

③在桩与桩之间焊立底层钢筋支撑点，确保底层每层主筋安装在一个平面内。底层主筋在安装过程中，部分钢筋与桩头锚固钢筋位置存在冲突，为保证主筋间距的均匀性，桩头钢筋位置作适当的调整。底层所有主筋连接后，将桩头钢筋扳至设计位置（钢筋分布在直径为 239 cm 的圆上），再根据设计图绑好桩头箍筋；因底层冷却管要穿过桩头钢筋，须先将底层冷却管放好后再绑扎余下的箍筋。

④因设计图中的架立钢筋不能满足支撑要求，实际施工中采用 φ32 mm 螺纹钢作刚性骨架，间距为 1.5 m×1.5 m。同时，为确保承台面层钢筋在混凝土浇筑时不会局部下沉，面层下用 φ32 mm 螺纹钢将刚性骨架连接起来。刚性骨架焊接后，绑扎承台四周竖向钢筋及面层钢筋。钢筋骨架内所有铁丝绑扎头全部调整为向内。

图 5.3.25 为工人正在绑扎过渡墩承台钢筋及安装冷却水管。

图 5.3.25　过渡墩承台钢筋绑扎及冷却水管安装

（4）墩身钢筋预埋和防雷接地安装

①墩身预埋钢筋位置决定墩身钢筋保护层厚度。为保证墩身预埋钢筋位置准确，采用［12 和 φ32 mm 螺纹钢作为墩身预埋钢筋的刚性支撑骨架，φ32 mm 螺纹钢作支撑，［12 水平放置托住预埋筋，墩身预埋筋与［12 和面层钢筋上的定位框架焊接。在吊箱内壁焊小钢筋头，拉线控制墩身预埋钢筋的安装高度及位置。

②根据设计图，防雷接地线利用承台和墩身的结构钢筋，所有用作接地线钢筋间以及用作接地线的承台底层主筋与护筒间的连接均采用 φ16 mm 圆钢，焊缝长度超过 10 cm。用作接地线的承台钢筋和墩身预埋钢筋全部采用红油漆标志。江苏省防雷中心对接地电阻进行了

检测，所有接头的电阻值实测结果均不大于0.2Ω，符合不大于4Ω的设计要求。

承台钢筋骨架质量验收施工控制标准见表5.3.2。

表5.3.2　承台钢筋骨架质量验收施工控制标准

序　号	项　目	允许偏差(mm)	检验方法
1	受力钢筋间距	±20	尺量检查
2	箍筋间距或螺距	0，-20	尺量检查
3	钢筋骨架长度	±10	尺量检查
4	钢筋骨架宽、高	±5	尺量检查
5	弯起钢筋位置	±20	尺量检查
6	保护层厚度	±10	尺量检查

(5) 冷却管及测温管安装

由于承台混凝土属大体积混凝土，为了降低大体积混凝土由于水泥水化热而引起的内外温差，在钢筋绑扎过程中，根据设计要求，分层埋设冷却水管网，安装进水及出水口。冷却水管采用导热性好，并有一定强度公称直径32 mm的黑铁管。77号~80号墩的冷却管布3层，每层冷却管有一个进水口、一个出水口，两层水管布置方向垂直。进水口临时封堵，出水口用软胶管引至模板外用铁丝扎紧上口，使用时打开。冷却水管接头采用预定弯头焊接连接，其平面间距为1.0~1.2 m，均采用U型定位筋卡焊，安装时采用钢筋加角钢支撑固定，整个冷却水管固定牢靠，保证在浇筑混凝土过程中不发生移位现象。每层冷却管安装完成后，单独做密水检查，在混凝土灌注前，将水管内灌满水密封，确保水管无渗漏，发现有渗水处及时补焊并用胶带缠住，以免管内因进入砂浆而堵塞。

(6) 混凝土施工

①过渡墩承台施工混凝土配合比参照标准及相关技术资料

《普通混凝土配合比设计规程》(JGJ 55—2000)；

《普通混凝土拌和物物理性能试验方法》(GBJ 80—85)；

《普通混凝土力学性能试验方法》(GBJ 81—85)；

《粉煤灰混凝土应用技术规范》(GBJ 46—90)；

设计图纸施工总说明。

②过渡墩混凝土施工

A. 承台混凝土采用同时掺粉煤灰和外加剂的“双掺”技术，以降低混凝土的水化热，有效防止温度裂缝。77号、80号墩承台为C35混凝土，采取泵送，混凝土的可泵性、和易性必须满足要求，混凝土坍落度为16~20 cm，初凝时间不少于15 h。

B. 混凝土浇筑采用水上混凝土工厂两台布料机输送。混凝土浇筑采用分层作业，分层厚度不大于30 cm。混凝土振捣要求：振捣采用φ70 mm插入式振动器，振捣点水平距离为40 cm，每次振捣要求插入下层混凝土5~10 cm，振捣时间控制在20~30 s，杜绝混凝土过振、欠振现象出现，振捣时振动棒与钢筋或吊箱保持5~10 cm的距离，尽量避免与冷却管、测温管和预埋件等相碰撞。

混凝土振捣密实标志：混凝土停止下沉，不再冒出气泡，表面呈现平坦、泛浆。过渡墩承台混凝土浇筑见图5.3.26。

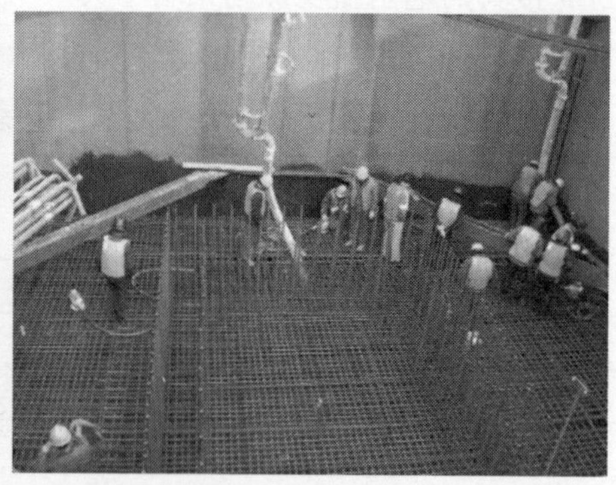

图 5.3.26　过渡墩承台混凝土浇筑

C. 混凝土浇筑过程中泌水较多，为保证浇筑质量，及时安排工人将水排出吊箱。承台表面收浆是控制承台外观质量的关键工序，收浆工作共有三次。混凝土浇筑结束后 2 ~ 3 h，将混凝土泌出的水全部清出，根据设置在墩身预埋钢筋及吊箱四周的承台顶标高控制点，用铝合金刮尺整平表面混凝土，将多余的混凝土清出吊箱，再抹平承台表面，12 h 后进行第二次收浆，混凝土初凝前（混凝土初凝时间为 48 h）进行最后一次收浆。

（7）混凝土质量检查

每个承台应制取试件 4 ~ 8 组，试件尺寸为 150 mm × 150 mm × 150 mm。试件脱模后，标养试件立即放入标准养护室内养护。混凝土龄期达 28 d 后，试压混凝土强度并做记录。

（8）混凝土养护

由于过渡墩承台施工在冬春季节，承台养护采用表面覆盖保温，内部循环水冷却，以控制内外温差，防止出现裂纹。若实际大气温度较高，承台表面尚需覆盖，并利用冷却管流出的水进行表面蓄水保湿养护，或者喷洒养护剂进行养护。养护时间不少于 14 d。

（9）冷却水管压浆

承台混凝土养生完成，冷却水管停止水循环后，先用空压机将水管内残余水压出，吹干冷却水管，用压浆机向冷却水管和测温管内压注水泥浆，封闭管路，并将伸出承台顶面部分割除。施工时，在承台顶面钢管处预留凹槽，钢管割除后用水泥砂浆封闭，保证钢管的保护层。

5. 施工中易出现的问题与控制

（1）冷却水管不通，承台表面出现开裂。

因承台体积过大，一定要保证冷却水管畅通，浇筑前对冷却水管通水检查，冷却管加强固定，保证浇筑混凝土时不受影响；混凝土禁止直接冲击在冷却管上，测量控制混凝土温度，及时通水养护，随时观察出水温度情况；承台表面混凝土派专人多次收浆，及时收浆，完成后及时养护。

（2）振捣不密实，没有按要求分层浇筑振捣，影响质量。

由于体积大，浇筑时间较长，工人易疲劳马虎。必须加强技术交底和现场监督，布料听值班技术人员指挥，中间、四周均匀分层布料，全面振捣，振捣采用多班制，轮流振棒。

（3）混凝土浇筑准备不够充分，浇筑时间延长。

首先必须由专人负责混凝土原材料管理，混凝土用水泥、石子、砂、外加剂等必须保证充足且有富余；混凝土搅拌、泵管等机械设备开盘前必须调试合格，振动棒准备充分，并有备用设备；人员全部到位才能开盘，不搞仓促开盘。

(4) 浇筑承台时预埋件少埋或出现偏差。

承台预埋件浇筑前必须通过现场技术员、项目部质检人员和监理人员检查。对爬梯预埋、塔吊预埋、墩身预埋等必须采取加固定位措施，防止浇筑过程中移位，整个承台钢筋骨架四周要用粗钢筋与吊箱焊接固定，浇到最后再将固定钢筋割掉，浇筑过程中随时观察承台钢筋有无移位、各种预埋件有无偏移，特别是墩身预埋钢筋，开盘前测量组必须对墩身钢筋位置进行复测。

6. 施工效果

在施工首件过渡墩承台时，发现存在一些不足，通过采取以下措施达到预期的效果：

(1) 增加足够数量的振动器，现场配备10台振动器，其中8台振捣，余下2台作为备用；

(2) 对混凝土工进行培训，每次混凝土浇筑前现场技术人员做混凝土施工技术交底，加强现场技术指导和管理；

(3) 降低混凝土坍落度，将混凝土坍落度控制在16 cm以内，减少混凝土泌水；

(4) 延长混凝土拌和时间至60 s，使混凝土原材料搅拌均匀，减小泵管进料口与出料口之间的坍落度差距；

(5) 适当调整混凝土配合比，缩短混凝土初凝时间。

三、主墩承台施工

1. 施工测量

同过渡墩施工测量。

2. 施工准备

(1) 封底平台拆除

封底混凝土施工完毕，清理平台上杂物，利用动臂塔吊拆除封底平台。

(2) 安装施工人行通道

吊箱顶层桁架到封底混凝土面的高度为9 m，为保证安全，在吊箱外侧面和内侧面设置扶梯。在吊箱侧板顶面周圈人行通道和防护栏杆上拉设密目网。万能杆件桁架上也设人行通道，外侧焊接防护栏杆，栏杆立柱为钢管，高1.0 m，设2道横杆，铺设脚手板。

3. 施工工艺

主墩承台混凝土结构尺寸过大，经计算，若整体一次性浇筑，会产生较大温度应力，导致产生裂缝，施工采用分次浇筑的方案。

主墩承台四周设有防撞混凝土结构，防撞混凝土与承台混凝土一起浇筑，承台设计为C35混凝土，单个承台混凝土方量为11 068 m^3。承台混凝土分两次浇筑：第一次浇筑高度为3 m，混凝土方量为5 060 m^3；第二次浇筑高度为4 m，混凝土方量为6 008 m^3。主墩承台分层浇筑如图5.3.27。

主墩承台施工工艺流程如下：

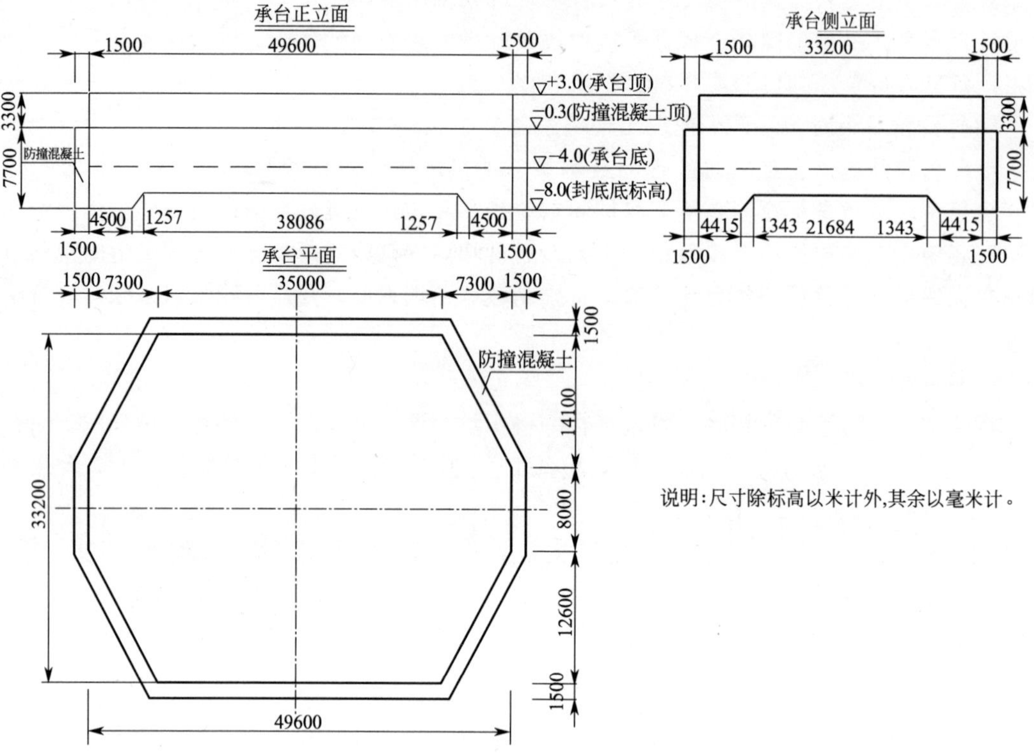

图 5.3.27　主墩承台总体结构及分层浇筑线

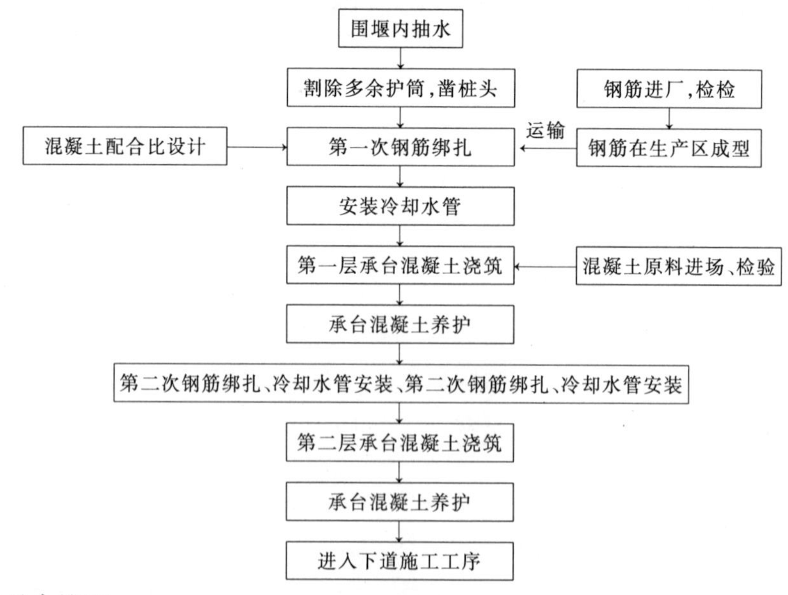

4. 主墩承台施工

(1) 围堰内抽水、封底混凝土整平及桩头修整

当封底混凝土达到设计强度的 90% 后，采用四台大功率离心水泵抽出吊箱内集水。抽水时首先应密切关注吊箱内水位变化情况，以确定是否渗漏。如有渗漏，立即进行堵漏。尤其是上、下壁板连接处若有渗漏，可在低水位时采用快速硬化的堵缝材料进行封堵。同时对

吊箱的变形情况进行观察，如发现异常，立即停止抽水或回灌，分析变形原因，处理后再继续抽水。抽水完成后清除封底混凝土表面浮浆。

割除底板吊杆，使其顶标高为 -3.8 m。

保留吊箱纵向内支撑下 4 个支架，将其余支架全部割除，杆件顶标高也为 -3.8 m。割除后的杆件可作为承台底层钢筋的架立支架或冷却水管的固定支架。

根据测量放好的标高线割除多余的护筒，护筒切口与桩头设计标高平齐，采用风动设备凿除桩头多余的混凝土，至设计标高 -3.8 m。同时，测量人员检查承台封底混凝土面标高，对局部高于承台设计底标高处进行修整。

将桩顶伸出的钢筋调直、理顺，然后绑扎喇叭口钢筋的箍筋，并按照主墩防雷接地设计要求，将四根桩基主筋与护筒用 φ16 mm 钢筋焊接，形成通路。

图 5.3.28 为主墩承台桩头混凝土凿除及桩头钢筋处理。

图 5.3.28　主墩承台桩头凿除及桩头钢筋处理

(2) 钻孔桩桩头及基底竣工

方法同过渡墩承台。

(3) 承台钢筋制作及安装

主墩承台钢筋有三种类型，在钢筋车间加工成半成品后分类堆放并编号，运输至墩位后吊装到吊箱内进行承台钢筋绑扎。

①钢筋制作

钢筋制作时，其品种、规格、间距、形状、接头及焊接等均应符合设计图纸和施工规范的要求，并严格做好原材料抽检和焊接试验。

承台下层主筋(直径 40 mm 的Ⅲ级钢筋) 采用等强度镦粗直螺纹接头连接。等强度镦粗直螺纹接头连接技术是用镦粗机对钢筋端头先行镦粗，再用套丝机对钢筋端头进行套丝，最后用螺纹套筒将钢筋连接接长。钢筋的镦粗、套丝及螺纹套筒的一端套接均在后场完成，螺纹套筒的另一端套接则利用管子钳在安装现场完成。为保证钢筋连接顺利进行，加工好的钢筋在运输及吊装过程中应加强保护，尤其是钢筋的内、外露螺纹部分，钢筋端头螺纹采用套上塑料套筒保护。承台钢筋车丝见图 5.3.29。

承台上层主筋(直径 25 mm 的Ⅲ级钢筋) 采用搭接连接，搭接长度不小于 90 cm，相邻两接头应错开，错开的净距离不小于 120 cm。其他钢筋(直径 20 mm 的Ⅲ级钢筋) 均采用单面焊接接头，焊接长度不小于 20 cm，相邻接头错开，错开的净距离不小于 70 cm。

②钢筋安装

承台钢筋分两次绑扎：第一次绑扎下面3 m高度范围的水平筋和侧面全高度范围的竖向筋；第二次绑扎上面4 m高度范围的水平筋。

图 5.3.29 承台钢筋套丝

第一次钢筋绑扎时，首先在封底混凝土上放线，并作好钢筋绑扎标志线，按设计图纸要求进行绑扎，钢筋绑扎按底层→侧面→架立筋的顺序进行。竖向钢筋采取全高度范围绑扎，由于承台的变截面设计，侧壁钢筋仅能伸入第一次混凝土内33 cm，因此绑扎第一次钢筋时，应预埋上层混凝土的侧壁钢筋。

第二次承台钢筋绑扎，依次绑扎承台侧壁水平筋、顶面水平主筋、墩身预埋钢筋。

除必要的架立钢筋外，为确保钢筋位置的准确性和层面的平整性，可增设钢筋定位劲性骨架(采用［10 型钢或∠75 角钢加工)。钢筋安装过程中，桩基锚固筋与承台钢筋位置冲突时，可适当调整桩基锚固筋；各种预埋件与承台钢筋位置冲突时，可适当调整承台钢筋，以保证预埋构件位置准确。

承台钢筋用量较大，钢筋网格、层次较多，为保证钢筋绑扎和混凝土浇筑质量，采用架立钢筋固定各层钢筋网片，使上、下层网格对齐，间距正确，绑扎点焊牢固，不松动。

第一层钢筋绑扎时，若吊箱边缘的钢筋与吊箱主龙骨有冲突，可将钢筋截断。

为保证保护层厚度，用厚8.5 cm的预制垫块垫在承台侧面钢筋上，混凝土垫块的强度不低于承台混凝土强度。图5.3.30为主墩承台钢筋绑扎。

图 5.3.30 主墩承台钢筋绑扎

(4) 墩身钢筋预埋和防雷接地安装

墩身预埋钢筋伸入承台内3.2 m，在进行墩身预埋钢筋施工时，先在第一次浇筑的承台混凝土上放出墩身位置准确边线，将墩身预埋钢筋用的定位钢板用型钢支撑固定在墩身预埋筋底标高以上约10 cm处(即标高 -0.1 m处)，定位钢板上预先按设计图纸的尺寸准确放出每根墩身预埋筋位置并开孔，将墩身钢筋下端穿过开孔并焊接在已定位的墩身预埋筋定位钢板上(应在第一次承台顶面预埋钢件，固定该定位钢板)，承台顶面钢筋下面再用墩身预埋筋定位架将钢筋固定(见图 5.3.31)。当墩身预埋钢筋与顶板面层钢筋位置相冲突时，可适当移动面层钢筋，保证预埋钢筋位置准确。

按照设计要求，主墩承台有 12 根桩需作接地处理，每根桩选取 4 根主筋与护筒和承台主筋连接，连接采用 φ16 mm 钢筋搭接焊，焊接长度每边不小于 10 cm，并将承台部分钢筋焊接连接，将接地通路引至承台顶面。安装墩身预埋钢筋时，将墩身四角的 4 根主筋与承台接地钢筋焊接，形成通路。各接地钢筋交叉焊接连接必须可靠，并在接地钢筋上刷颜色鲜明的油漆做标志，以与其他钢筋相区别。接地钢筋安装完毕，需测试接地电阻，要求电阻值不大于 4 Ω。防雷接地验收标准同过渡墩承台。

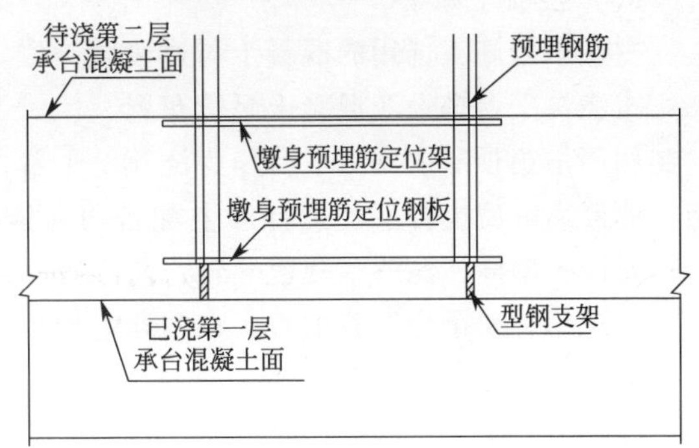

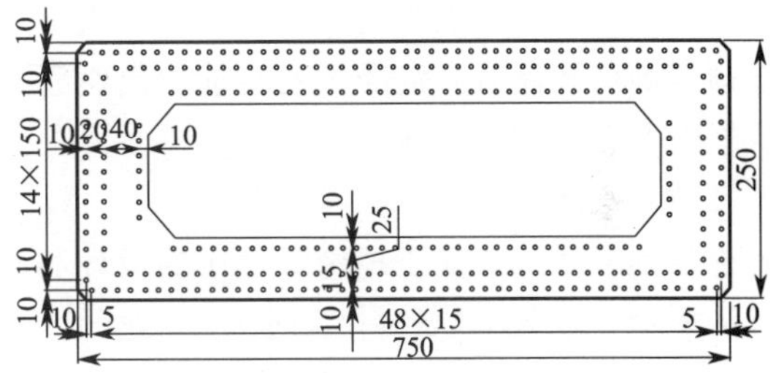

图 5.3.31 墩身预埋钢筋定位示意图

(5) 冷却水管的安装

①根据承台温控计算，承台须埋设冷却水管。根据温控设计，冷却水管分层厚度为 5 层。冷却水管采用公称直径为 32 mm、具有一定强度、导热性能好的黑钢管制作，管间连接采用焊接。焊接时应保证各接头焊缝完好，且不得焊穿。

②每根冷却水管长度不宜超过 250 m。根据该要求，每层冷却管设两个进水口，两个出水口，进水口临时封堵，出水口用软胶管引至模板外用铁丝扎紧上口，使用时打开。冷却水管接头采用焊接连接，安装时采用角钢或槽钢支架固定，均采用 U 型定位筋与支架卡焊，要确保位置准确、固定牢靠，保证在浇筑混凝土过程中不发生移位现象。主墩承台冷却水管安装见图 5.3.32。

图 5.3.32 主墩承台冷却水管安装

③冷却水管安装完成后应进行注水试验，保证混凝土施工时砂浆不漏进冷却管内而造成水管堵塞，做到管道通畅，接头可靠，不漏水、不阻水。冷却水管的进水口采取集中布置、统一管理，并标识清楚。通水结束后，冷却管内压注水泥浆进行封闭。

④冷却管每层安装高度可根据承台内钢筋布置作适当调整。

⑤冷却管在埋设时应采取措施固定，在浇筑混凝土过程中防止堵塞、漏水或振坏。

⑥各层冷却管进、出水口间相互冲突时可适当调整位置。

⑦混凝土浇筑到各层冷却管标高后即开始通水，可直接采用江水冷却，通水量应达到 20 L/min，

通水时间一般为 7 ~ 14 d，或根据测温结果确定。

（6）混凝土施工

主墩承台施工选用的混凝土与过渡墩一致。

①浇筑平台搭设及混凝土泵管布置

利用吊箱顶层内支撑平台作为浇筑上平台，在浇筑平台上布置两台机械式布料机。在吊箱一侧停靠一艘搅拌船，搅拌船上配备两台液压式布料机，辅助布料。浇筑第一层混凝土时，要设置串筒、溜槽或减速导管，防止因布料机下料高度较大引起混凝土发生离析。

浇筑第一次承台混凝土时，在钻孔桩伸出的钢筋上焊接脚手平台，上铺脚手板，作为浇筑人员和收浆人员的工作平台。

浇筑第二次承台混凝土时，在承台顶层钢筋上焊接一些竖直钢筋短柱，准备 φ42.3 mm ×3.25 mm 的钢管，在沿钢管长度方向每隔 2 m 左右焊接短套管，将钢管的套管套入钢筋短柱上，再在钢管上铺设脚手板，作为浇筑人员和收浆人员的工作平台，钢管同时可以作为混凝土顶标高的控制线。混凝土初凝前取出钢管，并将钢管留下的凹痕抹平。主墩承台混凝土浇筑平台布置见图 5.3.33。

②技术准备

施工前应做好混凝土理论配合比的设计和试验工作，并将试验结果整理后报请试验监理工程师审批。混凝土原材料（如水泥、砂子、碎石、水、外加剂）的数量应能满足连续生产的需要，其质量得到试验监理工程师的认可。

混凝土浇筑所需的机具、设备以及各种技术签证表格应准备妥当。

开盘前试验人员必须测定砂、石含水率，将混凝土理论配合比换算成施工配合比。

开盘前，要校核搅拌站计量设备及其他计量器具，并由试验人员复核。混凝土配料必须按试验室通知单进行，并有试验人员值班，配料采用自动计量系统计量。

③混凝土原材料供应

承台混凝土数量较大，施工前应组织好原材料供应。每次浇筑混凝土 5 000 ~ 6 000 m^3，一次性需用原材料为：水泥 1 500 t，粉煤灰 1 000 t，砂子 4 400 t（未计含水量），碎石 7 050 t（未计含水量），外加剂 39 t。

各搅拌站料仓储满料后可以一次性浇筑混凝土约 2 000 m^3。在混凝土开盘前，除了将料仓装满外，尚需将多艘砂石料船和水泥、粉煤灰船停泊在墩旁，随时补充。

④混凝土浇筑

混凝土由综合平台上 1 座 150 m^3/h 固定式混凝土工厂和 1 座 150 m^3/h 的水上移动式混凝土工厂同时供应。

选在当天落潮至最低水位时开盘浇筑承台混凝土。浇筑从承台四周开始向中间进行，水平分层浇筑完成，分层厚度控制在 30 cm 以下。

混凝土振捣时，振动棒要快插慢拔，并插入下层混凝土 5 ~ 10 cm，与侧板保持 8 ~ 10 cm 的距离，避免振动棒碰撞钢筋及其他预埋件。振动棒移动距离应不超过振动棒作用半径的 1.5 倍（约 40 cm）。混凝土入模后及时振捣，不漏振、不欠振或过振，振捣时间控制在 20 ~ 30 s，以表面开始泛浆、不再出现气泡为宜。振捣后的混凝土表面，应无明显的粉煤灰浮浆层。

对钢筋较密集部位，为保证混凝土的密实性，振捣间距可适当放小。

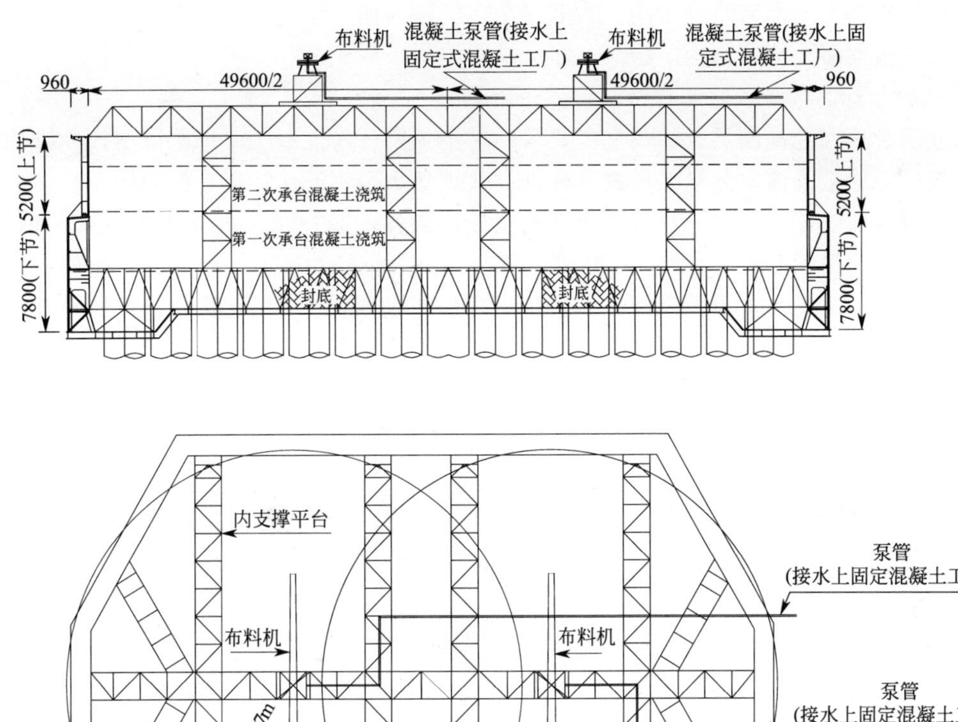

图 5.3.33　主墩承台混凝土浇筑平台布置图

不在模板内平拖振动棒以使混凝土长距离流动或运送混凝土。

混凝土分区振捣，责任到人。

顶层混凝土浇筑完毕初凝前，对其进行二次振捣，二次振捣完毕后应进行两次收浆抹平，以防裂纹和不平整。

(7) 混凝土施工缝处理

第一层混凝土浇筑完毕，两次收浆抹平后，混凝土开始初凝时进行拉毛处理。拉毛的时间要选择适当，最佳时间应该在混凝土将要初凝而未初凝的临界状态。时间太早，起不到拉毛的效果；时间太晚，混凝土已初凝硬化，不好操作。采用枝杈较粗的竹扫把拉毛，拉毛深度约2 cm。混凝土强度达 2.5 MPa 后，对混凝土表面进行人工凿毛，并及时清除凿出的碎渣。

第二次承台混凝土浇筑完成，混凝土强度达 2.5 MPa 后，将墩身位置的混凝土人工凿毛，将承台预埋件上的浮浆清理干净。凿毛要求：凿除表面浮浆，露出新鲜石子，且表面无松散碎石、松散混凝土块和其他杂物。

（8）混凝土标高控制及收浆抹平

为保证承台顶面标高满足设计及规范要求，在浇筑第二次混凝土时采取以下控制措施：

①在钢吊箱壁板内侧由测量人员放出标高，并焊接水平钢筋作为标高控制线。

②在承台顶层钢筋上焊接一些竖直的钢筋短柱，准备一些 φ42.3 mm × 3.25 mm 的钢管，在沿钢管长度方向每隔 2 m 左右焊接短套管，将套管套入钢筋短柱上，控制钢管的顶面标高与承台标高平齐，以此水平钢管顶面作为承台标高控制线，同时可以在钢管顶面搭设收浆平台，收浆时边退边取出钢管，并将钢管凹痕抹平。

③在混凝土初凝前，对混凝土顶面进行二次振捣后人工将承台顶面收浆抹平两次。主墩承台顶面混凝土收浆抹平见图 5.3.34。

图 5.3.34　主墩承台顶面混凝土收浆抹平

（9）混凝土质量检查

①浇筑混凝土时每工作班应制取试件 2 组，试件尺寸为 150 mm × 150 mm × 150 mm。承台分两次浇筑，每次均需制做试块。

②试件脱模后，标养试件立即放入标准养护室内养护。

③混凝土龄期达 28 d 后，试压混凝土强度并做好记录。

（10）混凝土养护

主墩承台施工季节在 4 ~ 5 月份，气温较高，采取以下措施进行养护：

第一次混凝土：由于承台中间有很多竖向钢筋，所以承台混凝土初凝后，表面用麻袋覆盖洒水，保温保湿养护，内部通循环水冷却，以控制内外温差，防止出现裂纹。通水养护时间不得少于 7 d，或根据测温结果确定。

第二次混凝土：承台混凝土初凝后，表面洒水养护，内部通循环水冷却，终凝后表面蓄水养护。通水养护时间不得少于 7 d，或根据测温结果确定。

循环冷却水供应：

在主墩平台的工作平台上安装一水塔，用水泵向水箱内抽水，再通过分流阀向循环水管内供水。水塔支架利用护筒插打导向架，水箱利用割除的短节护筒(用钢板封底)。

（11）冷却水管压浆

承台混凝土养生完成后，先用空压机将冷却水管内残余水压出，然后用压浆机向冷却水管内压注水泥浆，封闭管路，并将伸出承台顶面的部分割除。施工时，在冷却水管伸出承台顶面处预留凹槽，钢管割除后用混凝土封闭，保证钢管的保护层。

四、承台施工效果

在施工主墩承台前因先施工了过渡墩承台，积累了宝贵的经验，为保障主墩承台的施工质量打下的坚实的基础。主墩承台施工过程中，人力及机械设备资源配备合理，承台浇筑备料充分。施工过程中严格执行规范标准的要求，严格施工工艺，严肃施工纪律，严格实行三检制，指标不合格不许报验，把好每一道工序质量关。

混凝土浇筑过程中，严格按照施工工艺操作，对混凝土的振捣较为充分，没有出现漏振现象。及时给冷却管进行通水降温，保证承台混凝土不产生温度裂纹。承台混凝土浇筑完成后对混凝土的养护及时、到位。

在施工主墩承台过程中，每一步都做得充分、到位，再加上施工工艺合理，从而保证了主墩承台的施工质量。

第四节 墩身施工

一、总体方案

1. 墩身施工采用北京卓良模板有限公司设计的 ZL-CB-240 爬升模板，逐段爬模浇筑施工。过渡墩墩身采用两套爬升模板，一个过渡墩两个墩柱施工完成后再施工另一个过渡墩两个墩柱。主墩墩身施工采用 8 套爬升模板，主墩 8 个墩柱各使用一套。

2. 墩身施工前在砂石料场地进行试验墩浇筑，进行工艺评定，通过后再进行正式墩身浇筑。

3. 所有模板均先在拼装场地拼装成标准块件，在码头下河后船运至各墩。过渡墩施工时各采用一台 ZS4030 型塔吊配合；主墩施工时各采用一台 ZSC4060 型塔吊配合。

4. 过渡墩墩身为 C40 混凝土，主墩墩身采用与上部刚构箱梁同强度等级的 C60 混凝土。主墩墩身混凝土采用平台上固定式混凝土工厂生产，通过地泵、泵管输送布料，或采用塔吊和吊斗布料浇筑(备用措施)。过渡墩墩身混凝土由水上移动式混凝土工厂生产，混凝土船布料机浇筑高度范围内，利用布料机布料，超过该高度时利用塔吊和吊斗布料。

墩身施工分节及具体分节尺寸见表 5.4.1。

表 5.4.1 墩身施工分节情况表

墩 号	墩身高度(m)	墩身分节数	分节尺寸(m)
77 号	56.524	13	4.55 + 10 × 4.5 + 4.474 + 2.5
78 号	42.201(42.031)	10	4.55 + 7 × 4.5 + 3.432(3.3) + 2.719
79 号	38.191(38.001)	9	4.55 + 6 × 4.5 + 3.922(3.77) + 2.719
80 号	49.390	11	4.55 + 9 × 4.5 + 4.34

二、模板结构

北京卓良模板有限公司设计的 ZL-CB-240 爬升模板系统主要由平面模板系统、爬架系统、工作平台系统和锚固系统组成。卓良模板系统基本结构见图 5. 4. 1。

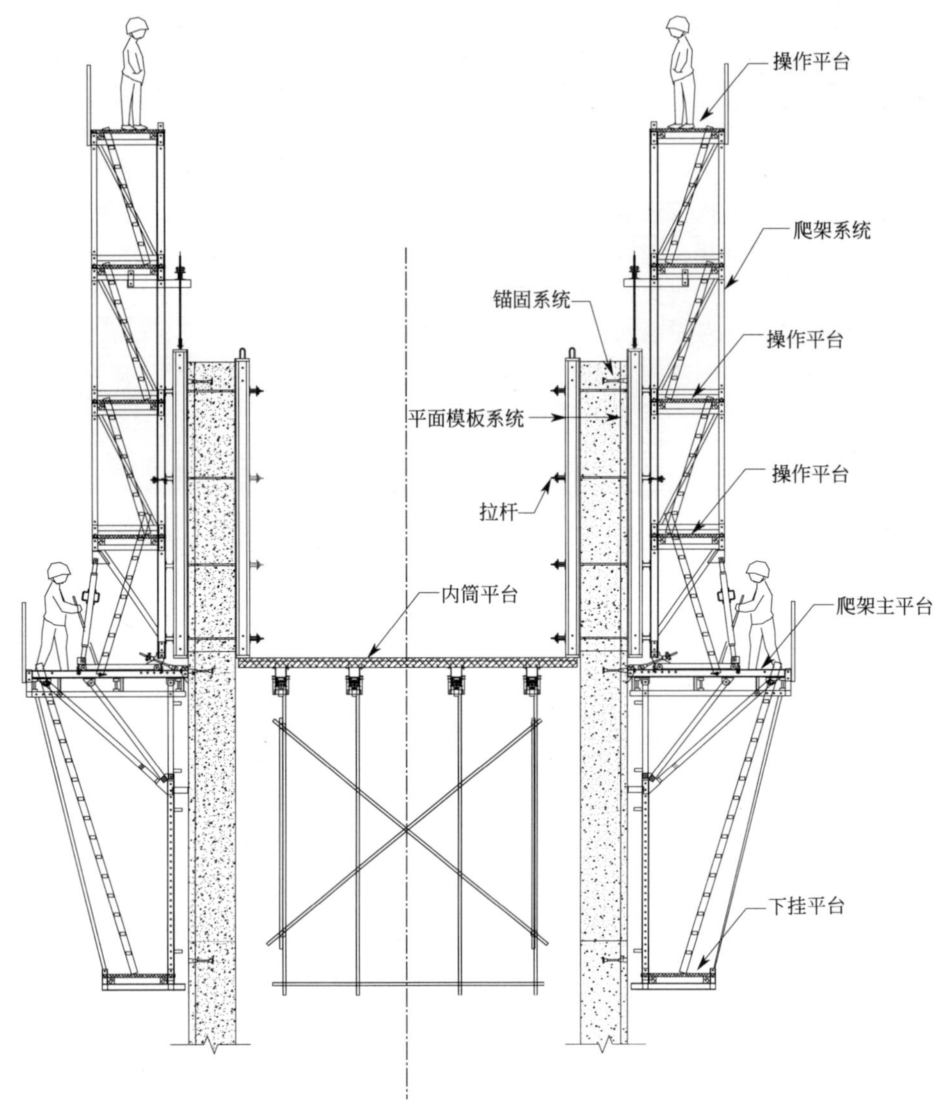

图 5. 4. 1　卓良模板结构示意图

1. 平面模板系统

平面模板系统包括 21 mm 厚胶合板、木工字梁 H20、钢背楞、连接爪、吊钩。其中木工字梁选用长度为 4. 50 m，最大间距为 28 cm；水平钢背楞的最大间距为 130 cm，最底端水平钢背楞距离模板底边缘为 30 cm，最顶端水平钢背楞距离模板顶边缘为 53 cm；面板与木工字梁通过铁钉或木螺丝固定，钢背楞与木工字梁之间通过连接爪相连接，三者有机地连接牢固；每块模板上对称布置两个吊装点；模板之间主要通过板间连接片将相邻钢背楞定位连接，从而使桥墩各分块模板连成一个整体。

2. 爬架系统

爬架系统包括挑架、主背楞、斜撑、主梁三角架、吊平台。

3. 平台系统

平台系统包括爬架主平台、内筒平台、上部操作平台、下挂平台、防风拉杆。

4. 锚固系统

锚固系统包括爬锥 M36/φ20、高强螺杆 φ20、埋件板、M36 受力螺栓、平垫圈 φ36。

以上材料除木板、木方、特殊钢构件、脚手钢管、单向扣件和转向扣件由施工单位现场自备外，其他标准构件全部由厂家提供。

三、模板拼装

墩身施工共采用10套模板，其中过渡墩四个墩柱共使用2套模板、主墩每个墩柱1套模板进行施工。因模板数量较大，运至工地时又为散件，故需设置专门模板堆放拼装场地。拼装场地长60 m，宽30 m，面积1 200 m^2，场地内设模板拼装场地、模板散件存放场地、模板整件存放场地和试验墩浇筑场地。

模板拼装场地需经过表面硬化处理，并建立一工作平台，工作平台应有足够的刚度，表面应平整，高差不大于2 mm，保证模板拼装时无变形。模板拼装精度要求见表5.4.2。

表 5.4.2　模板拼装要求

项　　次	项目名称	允许误差
1	面板拼缝	±1 mm
2	模板长度	±1 mm
3	模板宽度	±1 mm
4	模板翘曲度	L/1 000

四、墩身施工

正式墩身施工浇筑前，按设计和监理要求制作试验墩，进行工艺评定，通过验收后再进行正式墩身施工。

1. 工艺流程

承台混凝土面凿毛→墩身底节钢筋安装→模板安装→底节混凝土浇筑→混凝土养护→接长墩身钢筋→底节模板拆除→模板三角架结构安装→模板提升、安装→第二节墩身混凝土浇筑→混凝土养护→接长墩身钢筋→模板提升、安装→模板下挂平台结构安装→第三节墩身混凝土浇筑→混凝土养护→依次逐节进行上节墩身施工。

2. 施工测量

承台施工完毕后，采用GPS静态定位技术或前方交会法精确测设各墩控制点于承台上，并用前方交会法进行复核，用墨线弹出承台十字线和模板结构控制线，便于各墩施工采用，同时利用73号墩附近江中设置的控制点来放点进行放样，首先将该点纳入全桥控制网进行测量、平差，经监理和测量中心复核后，同意直接用来放样施工测量点，并用岸上控制点相互复核，因墩身高度较高，高程控制十分重要，采用常规高程传递和三角高程传递的办法相互检核。

（1）墩身平面位置控制

用全站仪坐标放样法进行墩身下口承台控制点的放样，并以此为依据支立墩身模板，模板平面偏差不大于10 mm。

由于墩身采用分节段施工，每完成一段墩身后都要进行竣工测量，对产生的允许偏差，下次立模板时注意调整，保证墩子局部和整体的垂直度和线形，钢筋安装完浇筑混凝土前，测量组还要进行模板复检，并报监理检查。在施测过程中，对测站点和仪器要注意进行定期、反复检核，对测站点的检核可用GPS静态定位方法或者全站仪进行。

（2）墩身高程控制

墩身每节施工高程采用全站仪三角高程法进行检查，高程控制复核用悬挂钢尺（100 m）配合水准仪法进行，水准仪放置于墩身外侧，尺要求拉直，吊垂线使之垂直，测量时要注意避风，减少外界误差。

当墩身升到一定高度时，因钢尺悬挂误差等因素的影响，可借助相邻墩上的高程点来进行高程的复核控制。

（3）墩身竣工测量

墩身施工完毕后，利用全站仪在墩顶放样墩身中心线和各墩身支承垫石中心线，检查墩顶竣工尺寸。

3. 施工过程

（1）墩身底节施工

①将墩身与承台交界面凿毛，利用高压空气将混凝土表面冲洗干净。用浮吊安装墩身底节钢筋、模板及其他预埋件，并预留通气孔，浇筑墩身底节混凝土并养护。

②根据设计变更要求，取消墩身表面的防裂钢筋焊网。

③底节墩身变坡段，采用木制内模，面板采用竹胶板，肋骨采用方木。制作的木内模应有足够的刚度和稳定性，满足施工要求。

④脱模剂采用色拉油。

（2）爬模施工

施工缝处理，接长墩身钢筋，安装预埋件及内模，拆除并提升底节模板，安装模板三角架支撑结构，浇筑第二节段混凝土并养护；混凝土达一定强度后，接长墩身钢筋，拆除内模，外模向外退开，模板提升，安装模板下挂平台结构及内模，将内外模合拢，浇筑混凝土并养护；依此循环，通过模板的提升及内外模的分合实现拆模、立模，逐节向上，完成墩身施工。

（3）最后两节墩身施工

①最后两节墩身包括墩顶变坡段和墩顶实心段。变坡段内模仍采用现场制作内模，所采用面板和肋骨与墩底节变坡段内模相同。

②顶节墩身有2.5 m高实心段，内模需设置顶板。施工时在墩顶变坡段内壁上预埋锚固钢板，内模拆除后用8根［20焊成平托架（拉线控制水平和标高），上面铺木模板。木模采用竹胶面板、间距20 cm的10 cm×10 cm方木肋，该部分内模施工后不再取出。

③浇筑其上混凝土时，应使振动棒与内模板间保持5～10 cm的距离，防止震动影响内模与墩身接缝边漏浆。

④过渡墩墩顶支承垫石待顶节墩身混凝土浇筑完毕后另行单独浇筑。成孔材料采用两端

封口直径 20 cm 的 PVC 管。埋设时严格按设计尺寸施工，保证其位置准确、牢靠，混凝土浇筑时应保证垫石模板、PVC 管不移位、不上浮，垫石混凝土浇筑完毕后，及时将 PVC 管拔出。

(4) 钢筋制造与安装

①钢筋制造

钢筋在车间用切断机按定尺寸长度下料、成型。主筋接长采用直螺纹套筒连接方式，其余钢筋采用焊接或绑扎连接。

各规格钢筋加工成半成品，编号分类堆放。钢筋加工检查标准见表 5. 4. 3。

表 5. 4. 3 墩身钢筋加工标准

序号	检验项目	允许偏差(mm)
1	受力钢筋顺长度方向加工后全长	±10
2	弯起钢筋各部分尺寸	±20
3	箍筋、水平筋各部分尺寸	±5

②钢筋安装

钢筋通过栈桥码头下河，船运至墩位，塔吊起吊至墩顶施工平台，由人工现场安装，单根钢筋长度在 4. 5 ~ 5. 5 m 之间，重 29 ~ 55 kg。

主筋接长采用直螺纹套筒连接，同一断面受力钢筋接头数量不超过全断面的 50% 。钢筋安装精度见表 5. 4. 4。

表 5. 4. 4 钢筋安装允许偏差表

序号	检验项目		允许偏差(mm)
1	受力钢筋间距	两排以上排距	±5
		同排	±20
2	横向水平钢筋间距		0, -20
3	钢筋骨架尺寸	长	±10
		宽、高	±5
4	保护层厚度		±10

按照设计要求，每个墩身四角钢筋需做接地处理，即每个墩身四角的 4 根主筋底部伸入承台与承台主筋连接，另在每个墩顶四角预埋 4 块 200 mm × 200 mm × 5 mm 不锈钢板，钢板与墩身四角的四根接地主筋及此处的水平横向钢筋焊接，形成通路。各连通钢筋交叉处采用 φ16 mm 钢筋搭接焊，焊接长度每边 $\nless$ 10 cm。各接地钢筋交叉连接必须可靠确；接地钢筋上刷颜色鲜明的油漆标志，以与其他钢筋相区别。接地钢筋安装完毕，需测试接地电阻，电阻值不大于 4 Ω。

(5) 混凝土施工

墩身混凝土采用泵送。混凝土坍落度为 14 ~ 18 cm，初凝时间不小于 10 h，混凝土的可泵性、和易性必须满足要求。此外还应考虑施工季节混凝土配合比的调整，如在高温季节混凝土水平运输、垂直运输过程中水分均有损失，易造成泵送时间过长或堵塞现象，因此墩身混凝土配合比设计时应注意：

①掺入外加剂和粉煤灰，以改善混凝土的和易性、可泵性等，提高混凝土的工作性能。

②夏季施工时，采用冷水拌和，控制混凝土的出仓温度，同时对混凝土泵管采取降温措施，减少混凝土的水分损失。

③77 号过渡墩前一节，混凝土由水上移动式混凝土工厂供应，在混凝土船上布料机浇筑高度范围内(前 5 节墩身混凝土)，利用布料机直接布料，超过该高度时利用地泵和塔吊，将泵管附在塔吊上，用 U 型卡箍固定，上接横管和软管由吊机辅助接入至浇筑墩身内，人工辅助软管均匀布料。主墩墩身混凝土利用地泵和塔吊，同样将泵管附在塔吊上，用 U 型卡箍固定，上接横管和软管由吊机辅助接入至浇筑墩身内。

④因墩身方量相对较少，后期混凝土由 78 号墩平台上混凝土工厂生产，3 艘混凝土运输船运输，每艘船上安装两个约 7 m^3 的搅拌罐，专人控制搅拌罐，从 78 号墩接料到施工墩放料，每艘船平均用时 20 min，3 艘船可连续不间断供应混凝土，浇筑混凝土平均每节墩身施工 3.5 h，最快时 3 h 可完成，能够满足墩身混凝土施工的要求。

⑤混凝土分层浇筑，分层厚度控制在 30 cm 以下。

(6) 施工缝处理及混凝土养护

施工缝处理：采用人工凿毛处理，凿毛时混凝土强度须达到 2.5 MPa，凿毛后的混凝土面必须清理干净。凿毛时注意保护模板面板。

混凝土养护：主墩墩身在夏季施工，采用 1 台高压水泵抽取江水，沉淀后洒水保湿养护。

(7) 施工注意事项

①必须随时清理保养面板，保证使用期间面板的平整度和面板间缝隙的紧密度。

②密封模板，特别是模板下端口必须紧靠混凝土，以避免漏浆。

③面板每次使用时须涂刷脱模剂，避免拆模时损坏胶合板面。

五、施工中的主要问题与对策

1. 安装墩身钢筋间距不均匀、直螺纹套筒接头扭不到位、保护层偏大或偏小、钢筋不垂直。

预防及处理方法：

(1) 控制墩身钢筋要从墩身钢筋预埋开始，预埋时按照图纸保护层放样，让出墩身钢筋与拉杆和爬锥相冲突位置，保证施工时拉杆和爬锥不受钢筋影响。

(2) 直螺纹套筒接头要从后场加工开始控制，把住套丝质量关，按频率及时抽检，对不合格品坚决返工。

(3) 做好现场绑扎、安装质量验收交底，随时检查安装情况，不符合标准的及时整改。

2. 拆模后混凝土表面有麻面、气泡、外观颜色不一致。

预防及处理方法：

(1) 模板涂油要均匀，防止下流污染墩身。

(2) 加强现场振捣监控，禁止过振、漏振。

(3) 混凝土配合比、坍落度要控制好，尽量均匀；要缩短浇筑时间。

3. 爬梯附墙、塔吊附墙、施工爬锥、墩顶预留预埋等出现少埋、偏位、进浆等。

预防及处理方法：

（1）加强技术交底，现场技术员熟悉图纸，明确每节墩身预埋件的数量、安装部位和注意事项，按规范要求施工。

（2）浇筑前严格执行“三检”，防止遗漏、预埋措施不当等。

4. 高空作业施工安全。

预防及处理方法：

（1）仔细检查每个爬锥的预埋和安装，检查爬锥有无缠胶带、有无贴紧模板、浇筑过程中有无松动移位，模板提升后，牛腿支点处安全销是否全部插上。

（2）浇筑前检查拉杆两头是否打紧，模板内外中间及四角背楞联结插销是否全部打紧。

（3）模板平台要整齐，杂物不乱放，防止坠物伤人。

第六章　上部连续刚构施工

苏通长江公路大桥辅航道连续刚构，分上、下游两幅，两幅桥中距为17.4 m，两幅桥面间净距为1.0 m。箱梁为单箱单室结构，以左右腹板不等高方式在梁顶设2%横坡，箱梁底横向保持水平，纵向为1.5%单向坡。

连续刚构两幅桥间仅在主墩0号块处用4道横隔板相联，横隔板与空心薄壁墩墩壁对应，厚0.5 m，高约14.085 m。箱梁节段分为0号~34号块，其中0号块长12 m，1号~10号块长3 m，11号~18号块长4 m，19号~31号块长5 m。32号块为边跨直线段，长4.6 m；33号块为边跨合拢段，长2 m；34号块为中跨合拢段，长2 m。

箱梁0号、1号块在托架上同时现浇，施工时在高度方向上分两次浇筑，第一次浇筑底板和部分腹板，高度为8.0 m，第二次浇筑其余腹板和顶板混凝土。

外横隔板与0号、1号块主梁混凝土一起浇筑，中间预留1.5 m宽的后浇带，待左右幅0号、1号块全部现浇完毕，采用微膨胀混凝土浇筑后浇带。

2号~31号块采用挂篮悬臂浇筑施工。

32号块（边跨直线段）采用托架一次现浇完成；边跨合拢段33号块、中跨合拢段34号块利用挂篮改制的吊架现浇施工。

第一节　墩顶节段现浇

一、0号、1号块现浇

1. 总体方案

0号、1号块箱梁高15 m，长18 m，混凝土体积1073 m^3，总重2791 t。每个0号块处墩身为2个薄壁墩，墩身高度分别为：78号墩，南通侧墩高42.182 m，苏州侧墩高41.050 m；79号墩，南通侧墩高38.172 m，苏州侧墩高38.020 m。0号、1号块通过在墩身上预留孔洞，安装托架进行施工。0号、1号块箱梁结构图和0号、1号块箱施工托架结构布置见图6.1.1和图6.1.2。

(1) 先施工一幅箱梁（包括单幅箱梁的一个0号块、两个1号块及四个4.2 m长外横隔墙），再施工另一幅箱梁（包括单幅箱梁的一个0号块、两个1块及4.2 m长外横隔墙），两幅箱梁间外横隔墙预留1.5 m的后浇带，最后采用微膨胀混凝土浇筑。

(2) 左右幅箱梁0号、1号块混凝土均分两次浇筑。第一次浇筑高度（底板、腹板、4.2 m宽外横隔墙）均为8.0 m（按15 m高箱梁中心计），第二次浇筑高度（剩余部分腹板、顶板、4.2 m宽剩余部分外横隔墙）均为7 m（按15 m高箱梁中心计），第一次浇筑混凝土方量为540 m^3，第二次浇筑混凝土方量为491 m^3，外横隔墙后浇段采用微膨胀混凝土一次浇筑完成，混凝土方量为42 m^3。

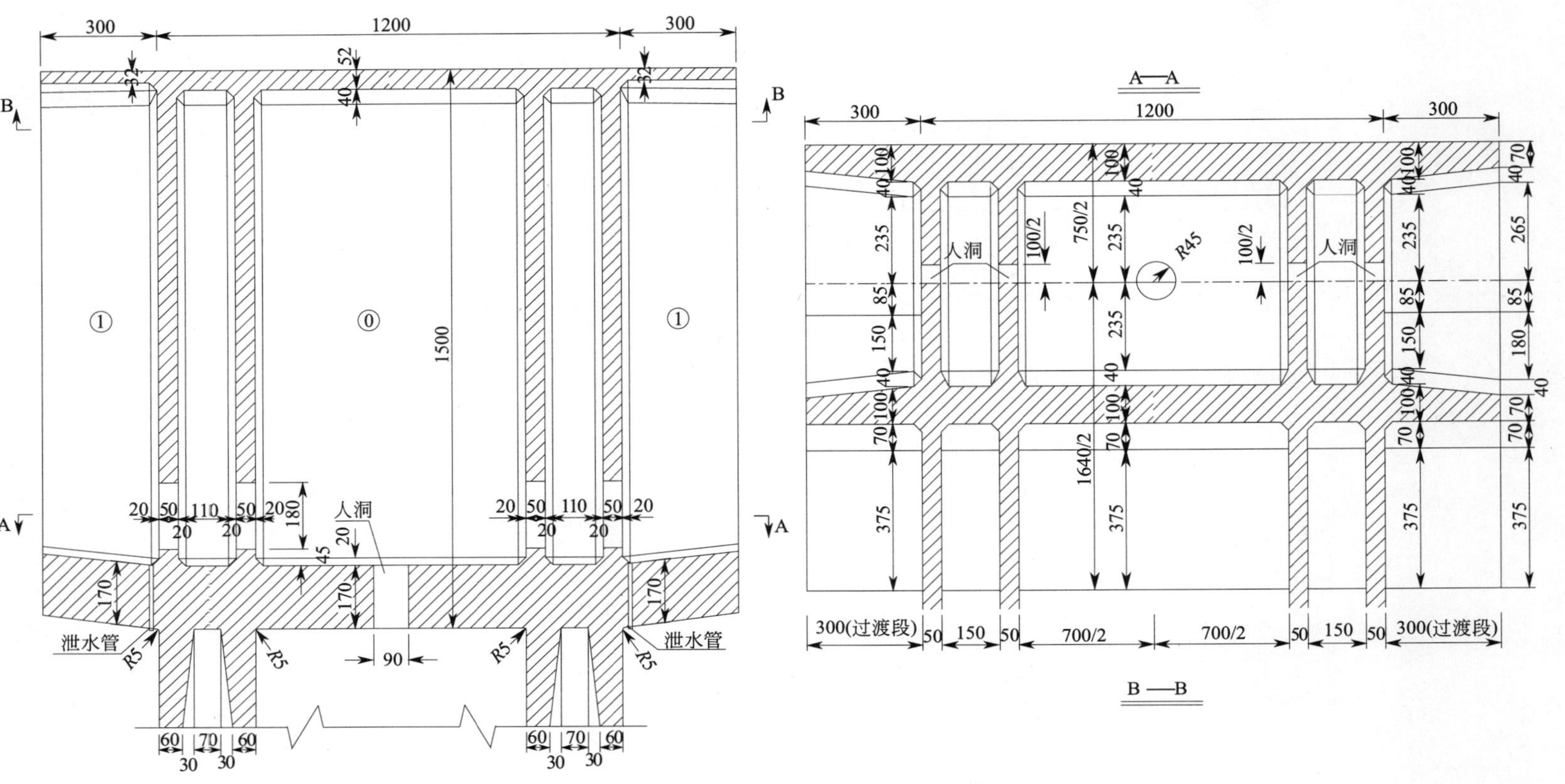

图 6.1.1　0 号、1 号块箱梁结构图(单位:cm)

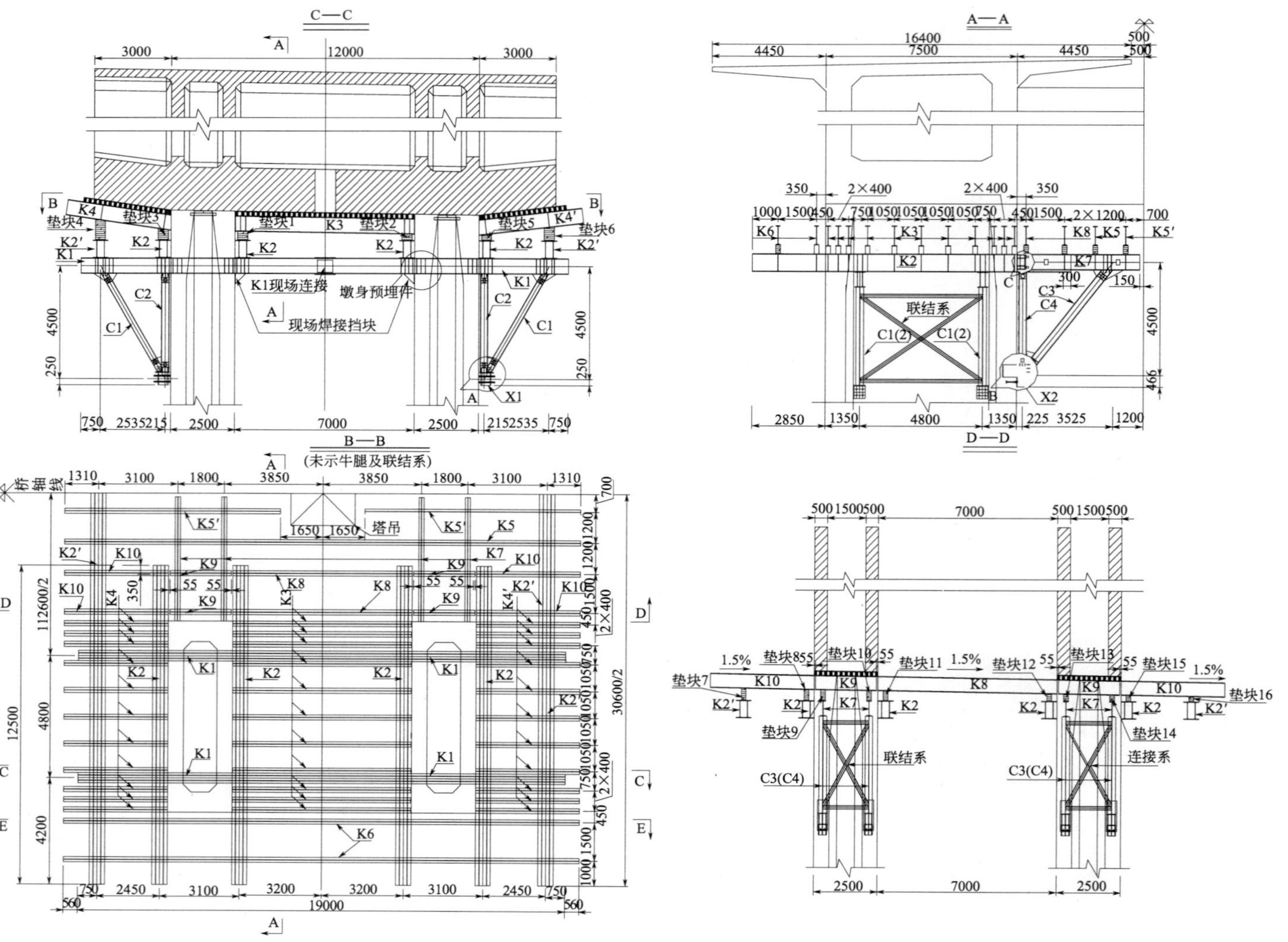

图 6.1.2 0 号、1 号块施工托架结构布置图(单位:cm)

2. 0号、1号块施工工艺流程

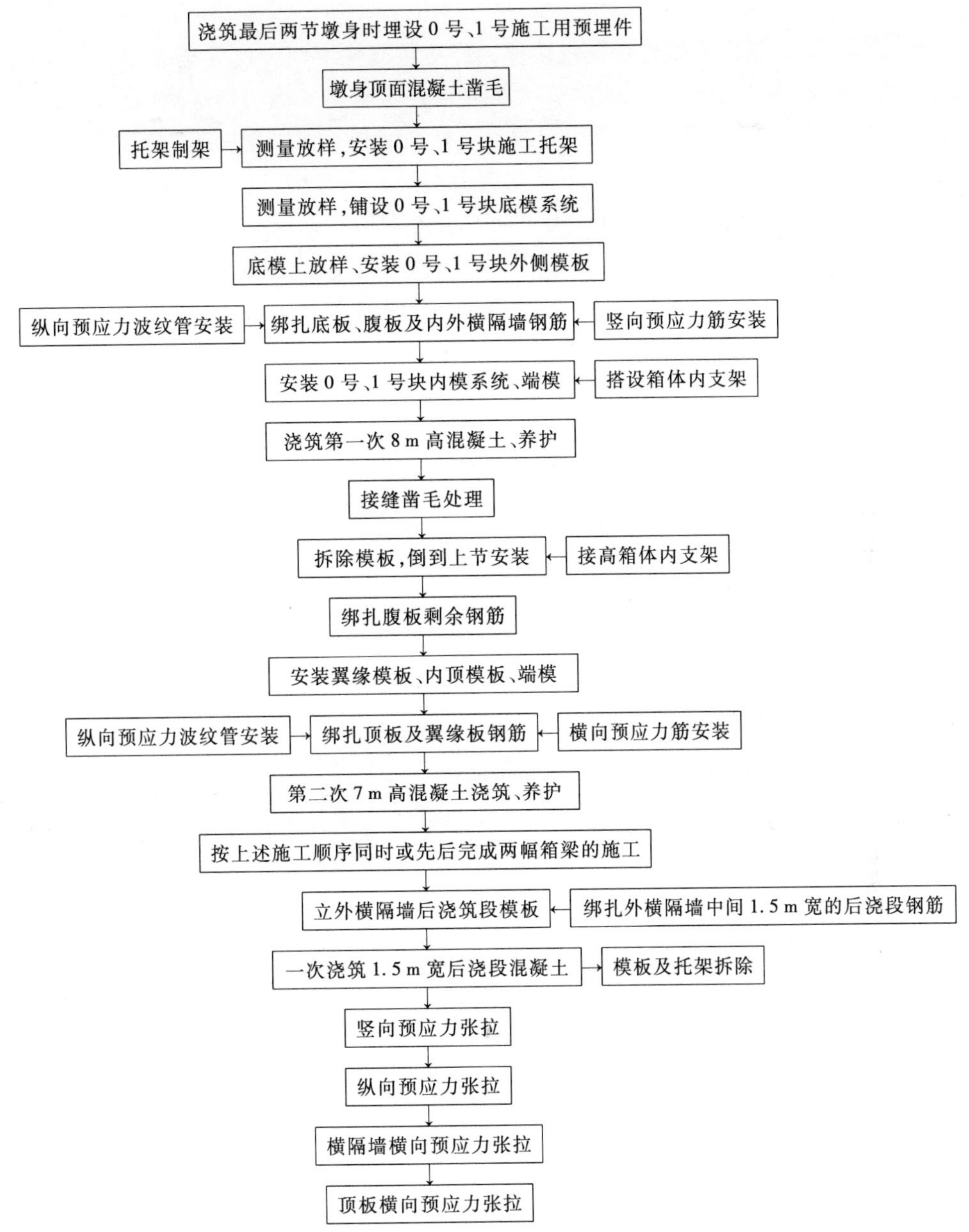

3. 0号、1号块施工

(1) 托架施工

0号、1号块现浇混凝土重量、施工荷载、施工辅助结构重量、施工设备重量由托架结构承受，同时托架也是0号、1号块施工的操作平台。托架主要由型钢梁组成，结构相对简单，加工量较小，在现场生产车间制作，通过码头下河，船运至主墩，利用塔吊进行安装。托架在0号、1号块施工完毕后拆除。

①托架安装步骤

A. 墩身施工时，预埋精轧螺纹、爬锥，预埋局部承压构件，在墩身正面及侧面预留孔洞，预留孔及预埋件尺寸偏差严格控制在5 mm以内，预埋件处墩身拆模后，对预埋件位置进行竣工测量。

B. 在钢结构车间制作托架杆件及组装件，经栈桥码头下河，船运至墩位。

C. 用塔吊将K1梁穿入墩身孔洞，穿大梁时可在墩身另一侧用倒链辅助。按照设计图将K1梁中间进行连接。拧紧K1梁牛腿下端四个丝杆顶，焊接K1梁牛腿间连接系。

D. 塔吊起吊箱梁外隔墙下牛腿，下端的剪力键穿入墩身槽口中，上端用精轧螺纹锚固，用千斤顶对精扎螺纹预施拉力20 t后，将下端的剪力键用爬锥固定好。如果剪力键与墩身壁或者墩身开槽间有间隙，要用钢板抄垫。

E. 安装横向分配梁，并将其与K1梁或者K7梁焊接固定。在分配梁上焊接钢垫块，测量控制其标高与设计标高(根据立模标高推算) 相符。

F. 安装顶部纵向分配梁，将其与钢垫块焊接，纵向分配梁间设置一定数量的∠75 × 75 ×6 连接系，保持其侧向稳定性。

G. 在顶部纵向分配梁上铺设托架面层或者箱梁底模系统。

0号、1号块施工托架安装见图6.1.3。

图6.1.3　0号、1号块施工托架安装图

②托架拆除步骤

A. 清除托架平台上杂物。

B. 割断外侧模支腿，松落侧模至托架平台上，将侧模与托架平台临时固定，防止侧模倾倒。割除底模分配梁底的钢垫块，松落底模，并与托架临时固定。

C. 根据侧模及分配梁布置情况，将托架平台分为几个区域，通过梁顶面预留的孔洞，将卷扬机钢丝绳拴吊于托架分配梁上，按先后顺序，分区域将K2、K2′梁沿墩身外边缘处割除，通过梁顶设置的8 t卷扬机将侧模连同分配梁一起松落至承台上拆除。

D. 先拆除箱梁主体外侧模和分配梁K8、K10及其支承梁K2、K2′沿墩身边缘截断的部分，再拆除外横隔墙侧模及底模分配梁K9、K5、K5′及其支撑牛腿。

E. 拆除外横隔墙下牛腿时，先用千斤顶解除预拉力，再旋出接长的精扎螺纹钢筋，最后将下端剪力键沿墩身外壁割除。

F. 将卷扬机钢丝绳拴吊于底模分配梁上，按先拆除两端1号块底模后拆除两墩身中间区域底模的顺序，分区域将K1梁沿墩身外边缘处割除，通过梁顶设置的8 t卷扬机和预留孔洞将底模连同托架梁一起松落至承台上拆除。

G. 取出墩身内剩余的K1梁，恢复墩身预留孔洞内的钢筋，浇筑混凝土将孔洞封闭。

（2）模板施工

①0号、1号块箱梁外侧模板利用吊箱围堰侧板改制，内模采用胶合面板、方木、钢肋组合而成，内模支架采用钢管脚手支架。内、外侧模板倒用一次。

②模板运送到主墩承台上，用塔吊起吊至0号、1号块施工托架上安装。运输中要防止撞击、压坏模板，起吊时要正确选择吊点，防止吊装变形。0号、1号块箱梁施工完成后，拆除模板，安装挂篮，进行后续节段施工。

③模板安装顺序为：铺设底模→立箱梁外侧模及外隔墙外模→绑扎底板钢筋→搭设箱体内钢管脚手架→绑扎第一次8 m高腹板钢筋及内外横隔墙钢筋、安装预应力孔道→立箱梁内模及外隔墙内模→穿设拉杆→安装端模→浇筑第一次8 m高混凝土→下节外侧模倒用至上节→箱体内钢管脚手架接高→第二次腹板钢筋绑扎→下节内模倒用至上节→立翼缘模板及内顶模板→绑扎顶板钢筋→安装端模→两幅箱梁先后施工完毕→绑扎1.5 m宽外横隔墙后浇筑段钢筋→立后浇筑段模板。

④模板安装允许误差：

横坡	±0.15%
梁顶宽	±30 mm
梁段高	+5，-10 mm
预埋件位置	±5 mm
顶板厚	+5，0 mm
腹板厚	+5，0 mm
底板厚	+5，0 mm
腹板垂直度	3‰，且不大于20 mm
孔道轴线	5 mm
底模顶高程	±10 mm
轴线偏差	20 mm
翼缘模顶高程	±10 mm

⑤0号、1号浇筑完成后，模板位于箱梁翼缘下，吊机无法起吊，现场采取在梁顶面设置卷扬机拆除模板。

⑥模板的安装及拆除都需制定专项的施工方案。

0号、1号块外模及排架布置和0号、1号块内模分块布置见图6.1.4和图6.1.5。

（3）钢筋施工

按照《苏通大桥建设物资采供管理办法》和江苏省苏通大桥指挥部的《生产厂家（供应商）名单》，在确定的生产厂家（供应商）范围内招标采购钢筋。进场的钢筋按规范要求每批任选3根，每根截取2个试件，分别用于拉力试验和冷弯试验。

钢筋存放时应架离地面30～50 cm，上面用彩条布遮盖，防止锈蚀。

①钢筋加工

A. 加工前应清除钢筋表面污物及鳞锈等，弯曲的钢筋须调直，盘条采取预拉调直。

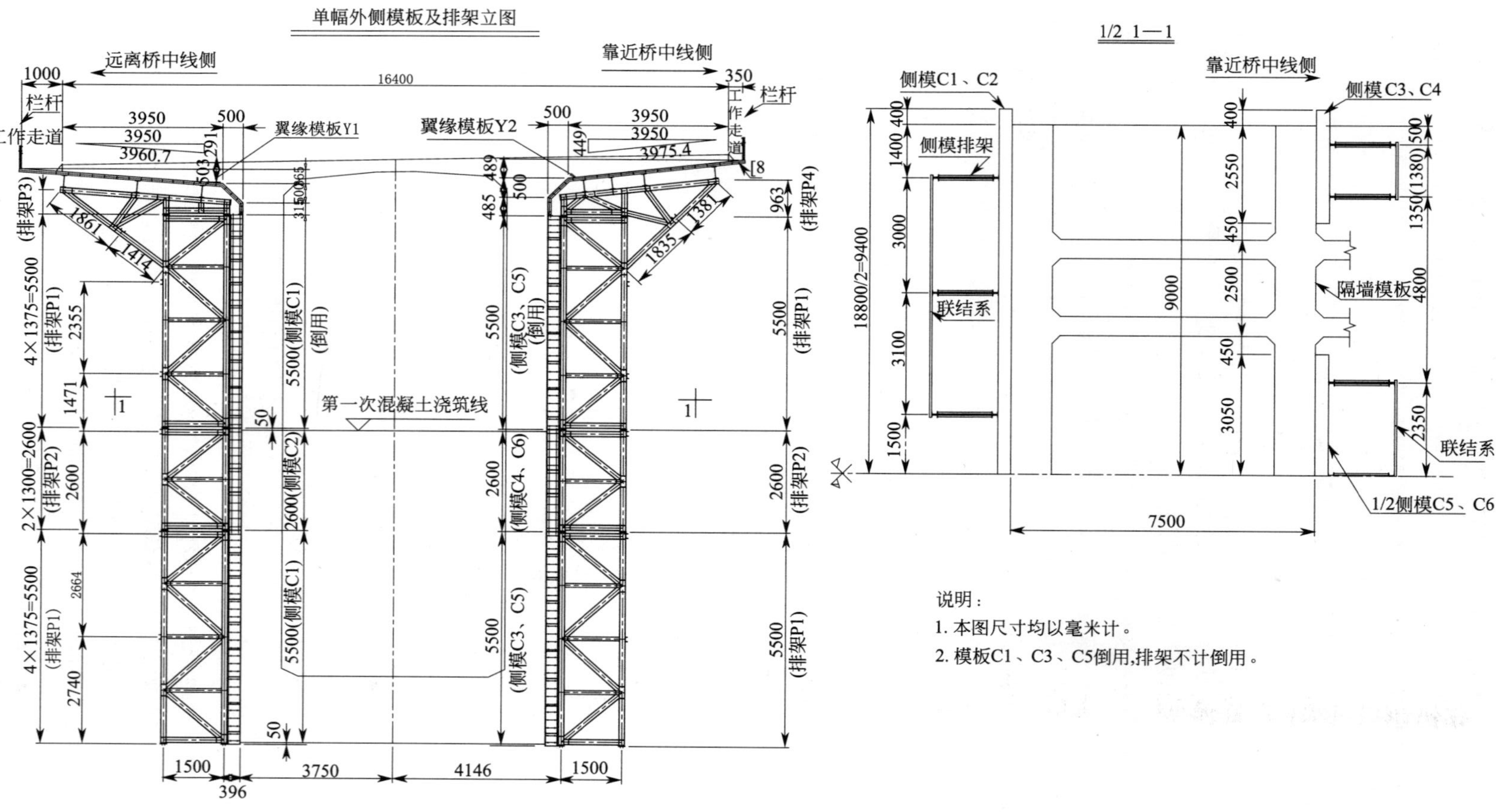

说明：

1. 本图尺寸均以毫米计。
2. 模板C1、C3、C5倒用,排架不计倒用。

图 6.1.4　0 号、1 号块外模及排架布置图

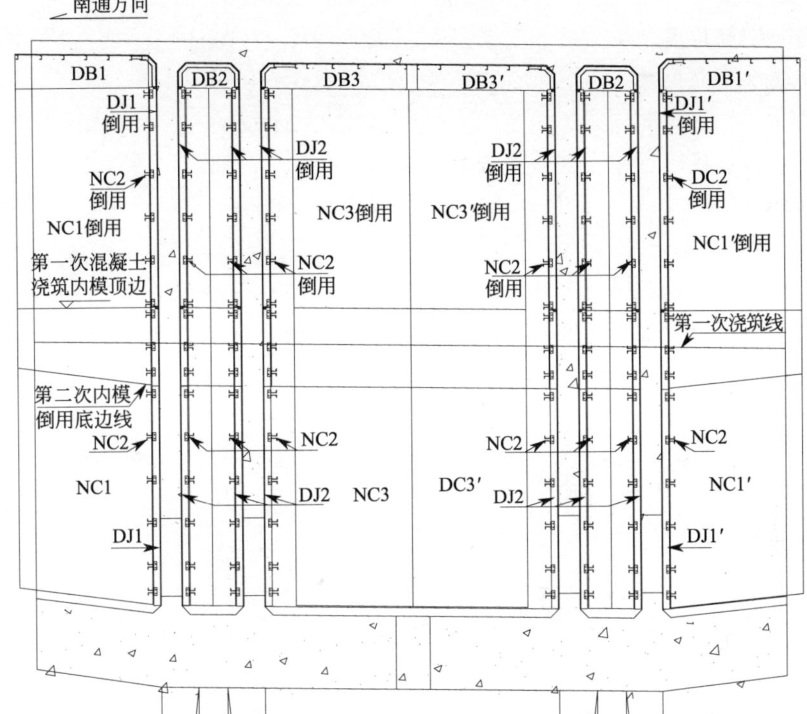

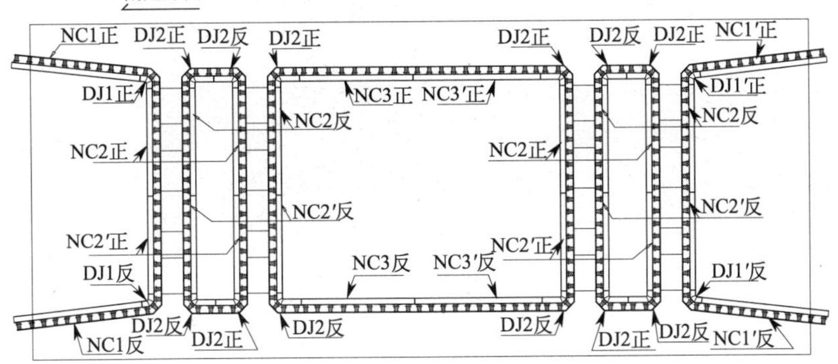

图 6.1.5　0 号、1 号块内模分块布置图

B. 根据钢筋加工图，提出下料单，工班据此下料、加工。

C. 钢筋工班应根据梁体钢筋编号、规格、尺寸统筹安排下料，减少钢筋损耗。其中底板 φ25 mm 横向钢筋采用定尺钢筋，加工钢筋时不得随意切割。

D. 因箱梁钢筋保护层小，须精细制作，保证钢筋的加工精度，弯钩尤其应严格控制尺寸。

E. 顶板底层横向钢筋、底板所有横向钢筋均采用无接头钢筋，其他钢筋按规范要求接长；顶板上层横向钢筋采用碰焊接长，接头错开。

F. 箍筋接长、节段纵向钢筋接长采用绑扎搭接，搭接长度要符合绑扎接头的规范要求。

G. 钢筋制作采用机械切割和成形，成形的钢筋需分规格、型号堆码，并作好标识。

H. 钢筋制作允许误差：

纵向钢筋长度	±20 mm
顶板横向钢筋长度	0，-10 mm
腹板箍筋水平向尺寸	0，-5 mm，
竖向尺寸	±20 mm
底板横向筋直线段尺寸、底板箍筋各部分尺寸	0，-5 mm
拉筋直线部分尺寸	±5 mm

②钢筋安装

钢筋安装前，应先在模板上弹出钢筋外轮廓线，以保证钢筋安装间距均匀，位置准确。钢筋安装顺序：底板下层钢筋网→底板上层钢筋网→腹板箍筋→腹板纵向钢筋→顶板下层钢筋网→顶板上层钢筋网。0 号、1 号块钢筋安装见图 6.1.6。

图 6.1.6　0 号、1 号块钢筋安装图

A. 施工时，箱梁顶板及底板的上、下层钢筋、腹板的内、外层钢筋之间用 φ12 mm Ⅱ级钢筋(两端用 90°弯钩) 固定绑扎形成整体，腹板内拉筋按行列式布置。

B. 顶板上、下层钢筋间的架立筋，在非管道区域，沿纵向每隔 2 排与箱梁顶板上、下层钢筋焊接，腹板箍筋横肢与顶板上层横向钢筋焊接，其他架立钢筋则与箱梁横向钢筋和箍筋用扎丝绑扎。

C. 为保证预应力管道平顺，在顶板钢筋与梁体腹板、底板钢筋安装过程中，梁体钢筋与预应力管道相碰时，依设计可适当移动梁体构造钢筋或进行适当弯折，避开管道后再折回原方向。钢筋弯折时尽可能采用较小的弯折角，并尽量避免采用使混凝土向外崩裂的凹向弯折。

D. 混凝土浇筑前，钢筋不得受油污、脱模剂的污染，以免降低与混凝土的粘结力。

E. 底板上、下层钢筋间加设支撑铁件，顶板上、下层钢筋由波纹管定位网钢筋支承。

F. 钢筋绑扎采用粗扎丝，所有扎丝头必须掰向内侧，保护层内不得有扎丝头，防止扎丝成为锈蚀源。

G. 钢筋保护层垫块：

0 号块、1 号块底板上、下层钢筋净保护层为 3.5 cm；所有节段除顶板上层钢筋净保护层为 4 cm 外(包括顶板混凝土加厚 2 cm)，其余各部位钢筋净保护层均为 2.5 cm。

混凝土保护层垫块采用细石混凝土制品，垫块与模板接触处采用线接触。

现场应设计不同规格的细石混凝土垫块，安装时垫块与钢筋固定牢靠，确保钢筋绑扎和吊装时垫块不松动、不移位。

混凝土垫块数量：腹板内外侧按 4 ~ 6 个/m^2 布置；顶板和底板钢筋底按 12 ~ 16 个/m^2 布置；腹板下端的底板钢筋根据实际情况适当加密至 20 个/m^2。

腹板内外侧的垫块宽度约 2 cm，顶板和底板的垫块宽度为 3 cm。

H. 钢筋安装允许误差：

同一排受力钢筋间距	±10 mm
两排以上受力钢筋钢筋排距	±5 mm
箍筋间距	±10 mm
保护层厚度	±5 mm
定位网钢筋	10 mm

当遇有避开预应力管道和其他特殊原因时，经监理工程师同意，可适当调整钢筋位置和间距。

Ⅰ. 钢筋安装完成后经自检、互检合格后报监理工程师，监理检查验收合格后合拢内模，灌注梁体混凝土。

（4）预留预埋

①0 号、1 号块托架模板拆除预留孔、挂篮锚固孔：根据模板设计图、挂篮设计图在对应位置处预留孔洞。

②通风孔：每个梁段底板设 2 个，两侧腹板各设 2 个直径为 10 cm 的通气孔。

③泄水孔：在 1 号块底板根部设置 2 个泄水孔，在箱梁顶板远离桥中线侧每 4 m 设置 1 个泄水管，但泄水管预留孔应避开预应力管道。

④主梁管线预留孔：在每幅箱梁 0 号块内隔墙进人洞两侧，各预埋 8 个 φ110 mm ×4.8 mm 的 UPVC 管。

⑤横隔墙横向预应力张拉槽口、翼缘板横向预应力张拉槽口：根据相关图纸预留张拉槽口。

⑥防撞护栏预埋钢筋：包括内、外护栏基础预埋钢筋。

⑦预应力孔道压浆观察孔兼排气孔。

⑧防雷接地。

⑨连续刚构监控用的测量点。0 号、1 号块温控元件的安装见图 6.1.7。

⑩挂篮导梁穿入预留孔（在内横隔墙上预留）。

图 6.1.7　0 号、1 号块温控元件的安装

（5）混凝土施工

箱梁施工混凝土为 C60 高性能混凝土，混凝土施工采用泵送、机械振动，泵送垂直高度为 60 m，波纹管水平最小净距为 5.5 cm，大部分波纹管竖向净距为 4 cm，混凝土灌注最大高度为 15 m。混凝土出搅拌机时的坍落度为 18 ~ 22 cm，混凝土出机后 2 h 的坍落度应≥16 cm，混凝土初凝时间≥20 h，终凝时

间≥24 h（0 号、1 号块混凝土方量大，浇筑时间长，以上初、终凝时间仅适用于 0 号、1 号块浇筑，其余节段混凝土初、终凝时间可缩短）。混凝土应满足 C60 混凝土力学性能指标，28 d 龄期时的抗压强度≥75 MPa，且弹性模量达到 36.5 GPa 以上。

①C60 高性能混凝土的拌制

实时检测骨料的含水量，及时调整施工配合比；粉煤灰混凝土搅拌时间不少于 180 s。实时检测混凝土拌和物质量，拌和物应均匀，颜色一致，和易性好，无离析和泌水现象。

②混凝土运输

混凝土由平台上混凝土工厂生产，地泵输送至布料机布料。

0 号、1 号块施工时，布料机设置在万能杆件支架上，由主墩平台上的地泵直接输送，布料机布料。0 号、1 号块施工布料机布料见图 6.1.8。

图 6.1.8　0 号、1 号块施工布料机布料图

泵送前应先用适量的与混凝土配合比相同的水泥浆润滑输送管道。

③混凝土浇筑

A. 混凝土浇筑原则与浇筑顺序

混凝土必须在初凝前浇完。

浇筑混凝土时要对称下料。

箱梁总体浇筑顺序为先底板，后腹板，最后顶板。

B. 混凝土下料

腹板、隔墙下料：0 号块腹板宽度为 100 cm、1 号块为 100～70 cm，尺寸较宽，在布料机前端接 6 m 长软管直接下料。内隔墙在隔墙侧模竖向间距约 2 m 处开洞，外隔墙在外隔墙封端模上竖向间距约 2 m 开洞，均将下料软管伸入洞中下料，待浇筑到洞口位置时封闭下洞口，下料管提升至上层洞口继续下料。

底板下料：安装好底板与腹板交界处倒角模板。底板厚 170 cm，先将底板分层浇筑至 100 cm，并全断面振捣到位，确保密实，然后从腹板下料开始浇筑腹板混凝土，随着腹板混凝土的上升，底板混凝土将随之上升，受交界处倒角模板限制，待腹板混凝土不再下翻后，对底板混凝土不够部分补料。

顶板下料：直接用布料机均匀、多点下料，严禁平拖振动棒赶料，避免混凝土进入横向束和竖向蹬筋的张拉盒（槽口）中。

C. 混凝土振捣

0 号、1 号块腹板较厚，单次浇筑高度最大达 8 m，采取操作员进入腹板内振捣。其他节段在腹板内侧模上按高度 2.4 m、宽度 0.9 m 间距，开 40 cm×40 cm 口（兼做下料口）进行振捣；隔墙高而窄，在内隔墙模板上按高度 2.0 m、宽度 0.7 m 间距，开 40 cm×35 cm 窗口（兼做下料口）进行振捣，各开口都在混凝土浇筑到此后再封闭。

腹板下倒角处浇筑混凝土时，在倒角模板上开 φ15 cm 孔和出气孔，φ15 cm 孔用于插棒振捣混凝土，以利于混凝土振捣密实，减少气泡。

腹板混凝土浇筑前，要确保底板混凝土已经振捣密实，浇筑腹板混凝土时，严禁再振捣底板混凝土，防止腹板混凝土下滑。

底板混凝土浇筑完毕，现场根据实际情况等 30 ~ 45 min 后，再浇筑腹板混凝土。

两腹板混凝土对称浇筑，防止两边混凝土面因高低悬殊造成内模偏移等。

采用 φ50 mm 和 φ70 mm 插入式振动棒振捣，各插点的间距按不超过振动棒有效作用半径的 1.5 倍定，一般为 0.3 ~ 0.4 m。

D. 振捣要求

振动棒自然地垂直沉入混凝土中，为使上、下层混凝土结合成整体，振动棒应插入下层混凝土 5 ~ 10 cm，振捣时应快插慢拔，混凝土表面不再下沉、不再冒气泡且表面泛浆平坦时停止。

振捣时不漏振，不欠振。

在振动棒导管上贴 50 cm 的刻度标记，根据标记控制振动棒的插入深度。

振动棒应竖直上下，不得平拖。

振动棒不能直接靠在模板、钢筋及预应力管道上振捣，不得触碰精轧螺纹钢筋。

振捣分区定人，各负其责。悬浇段，每侧腹板不少于 2 台振动棒，并有备用棒。0 号、1 号块，每侧腹板不少于 8 台振动棒，每道隔墙不少于 2 台振动棒。

振捣时间一般控制在 45 s 左右，对每一振捣部位，必须振至该部位混凝土密实为止。

钢筋和管道密集部位采取 φ50 mm 的振动棒进行小间距振捣。

因张拉承压面受力很大，必须加强对锚垫板处混凝土振捣，在锚垫板螺旋筋上方约 30 cm 处的内模上开 20 cm × 20 cm 窗口振捣。

纵向束张拉槽口内缩，且该处主拉应力很大，受锚垫板、螺旋筋、锚下钢筋网片的影响，不易振捣密实，为保证该处混凝土密实，防止张拉后出现裂纹，在张拉槽下斜面处的内模上开20 cm × 20 cm 窗口振捣。

④ 箱梁顶面处理

浇筑混凝土之前，在两侧翼缘板边缘处，纵桥向每隔约 1.5 m 设置标高控制点，固定在翼缘模板上。标高控制点按照与模板的相对高度设置，并在翼缘左右侧标高控制点之间拉线。

顶面采用平板振捣器进行振捣，用 3 m 或 5 m 铝合金尺刮平。

制作收浆平台，便于人工收浆抹平。

在混凝土初凝前进行二次收浆和抹面，达到桥面设计高程及横坡。

箱梁顶面收浆抹平见图 6.1.9。

图 6.1.9　箱梁顶面收浆抹平

4. 混凝土养护

0 号、1 号块在 11 ~ 12 月份施工，气温较低，混凝土浇筑完毕初凝后，在混凝土暴露表面(顶板顶面和底板顶面)覆盖两层土工布和一层塑料薄膜保温保湿养护，并延迟拆模时间。

侧模为钢模，保水性好，5 d 后拆模，通过模板保水养护腹板混凝土。

加强高性能混凝土的早期保湿养护。

二、边跨直线段现浇

1. 总体施工方案

边跨直线段为 32 号节段，分别位于 77 号墩、80 号墩处，长 4.6 m，高 4.5 m，箱梁顶板宽 16.4 m，底板宽 7.5 m，顶板厚度 1.09～0.67 m，腹板厚度 0.8～0.67 m，底板厚度 0.85～0.56 m，梁端设置厚度为 1.95 m 的横隔墙。单个 32 号节段混凝土方量 125 m^3，重量 324 t。

直线段箱梁在墩身上安装托架，一次现浇完成。直线段托架总体布置见图 6.1.10。

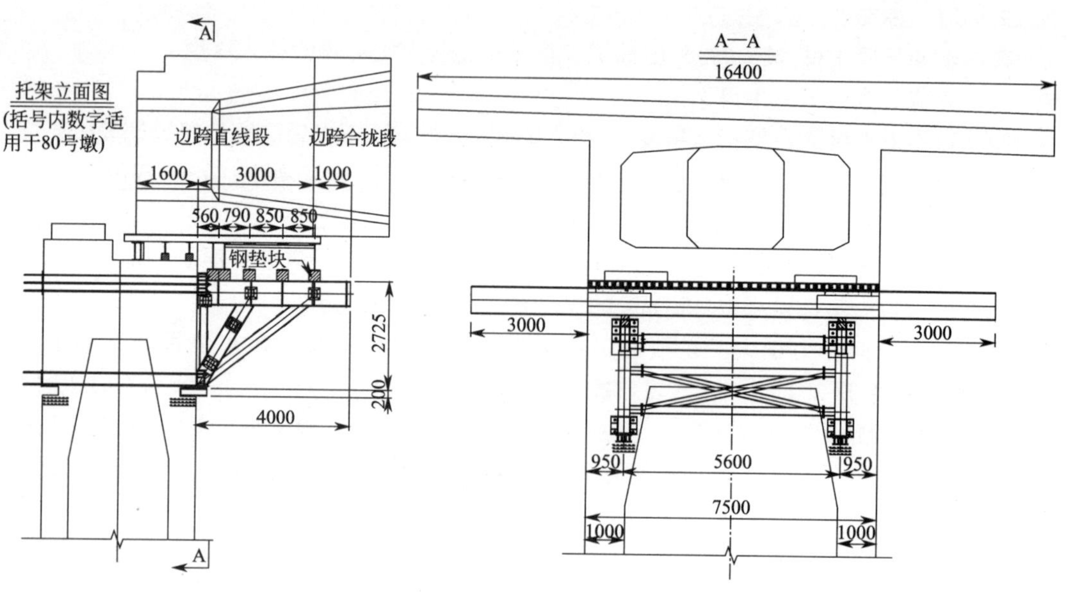

图 6.1.10　直线段托架总体布置图（单位：mm）

2. 边跨直线段施工

（1）托架施工

①托架结构

托架采用三角形焊接结构，其主要结构有：三角架、平联、剪力键、锚固系统、分配梁系。

A. 托架制造

托架在现场钢结构车间内制作。

直线段托架制造要求与 0 号、1 号块托架制造要求相同，详见 0 号、1 号块托架制造。

直线段托架安装与使用时间相隔较长，所有托架构件需作防锈处理，喷涂富锌底漆一道、富锌面漆一道，干膜厚度不小于 70 μm，表面颜色为天蓝色。

B. 托架安装

利用墩身施工塔吊安装直线段托架。

a. 77 号墩托架安装顺序

利用塔吊安装墩身前、后托架(后托架全部结构由 B2 标段自制) 剪力键、三角架(包括横向联结系)、锚固系统，待引桥 75 m 箱梁架设完毕后利用架桥机天车拆除 77 号墩后托架(南通侧)，保留前托架和锚固用的精轧螺纹钢筋，在南通侧改安装锚固钢板后，重新张拉精轧螺纹钢筋，将前托架与墩身进行锚固，再将托架分配梁吊放于前托架上，并临时固定。

b. 80 号墩托架安装顺序:

利用塔吊安装托架剪力键、三角架、锚架系统和分配梁系，并将分配梁固定。

②支座安装

A. 支座布置

在连续刚构边跨端，各设置一个多向活动支座 QZ5000DX 和一个纵向活动支座 QZ5000ZX。QZ5000DX 支座设置在远桥轴线侧，QZ5000ZX 支座设置在近桥轴线侧。

支座竖向承载力为 5 000 kN，纵向位移为 ±25 cm，横向位移为 ±35 cm(QZ5000ZX 为横向剪坏后的位移)，支座转动角度为 ±0.02rad，摩擦系数≤0.03，QZ5000ZX 支座限位方向的水平承载力为 6 000 kN。

B. 支座安装

a. 安装方法:

利用支座上的调平和临时锁定装置，将上、下支座板调平，并临时锁定。

将锚固螺栓、垫圈和钢套筒与下支座板连接并拧紧固定。

77 号墩用倒链和三角架，80 号墩用塔吊将支座摆放至设计位置。

支座精确调位，使下支座板套筒和支承垫石上的预埋孔对中，调整支座顶标高并使支座水平后，灌注自流平砂浆，使下支座板锚栓预留孔和支座板下灌满密实的水泥浆。

用锚固螺栓、垫圈和钢套筒将调平钢板与上支座板连接并拧紧固定。

b. 施工注意事项

进场的支座为整体，施工人员不得随意拆卸支座结构。

边跨直线段支座是否预设偏量，根据设计代表计算结果确定。

在边跨直线段施工过程中，支座应保持洁净，且不得受到机械损伤、灼热、污染和其他不利因素的影响。

边跨合拢段混凝土浇筑并养护后，张拉边跨合拢束前解除支座临时锁定装置，装上支座外部防尘装置，让支座进入正常工作状态。

③模板施工

77 号墩：直线段施工前，在 77 号墩南通侧引桥箱梁顶拼装简易吊机，将施工材料吊放到梁顶后，人工安装模板和钢筋。

80 号墩：25 t 汽车吊从引桥端走行至 50 m 箱梁顶，材料也从南引桥运输至 80 号墩，人工安装模板和钢筋。

A. 底　　模

在托架分配梁顶直接铺设 10 cm × 12 cm 木方，上铺 $\delta = 15$ mm 竹胶板。

底模面板在支座位置开孔、断开，墩顶范围内的底模下设置楔块，便于脱模。

底模材料提升到已完成的 75 m 或 50 m 梁面上后，人工搬运到托架平台上拼装。

直线段底模托架分配梁安装见图 6.1.11 和图 6.1.12。

图 6.1.11　安装托架分配梁

图 6.1.12　直线段底模托架分配梁安装

B. 外　　模

支架：采用建筑钢管做支架，支架支撑在托架平台上。

外侧模和翼缘模：面板采用竹胶板，$\delta = 15$ mm，分配梁采用进口 80 mm × 200 mm 木工字梁，后设 2[14a 钢背肋。

外侧模和翼缘模各分两段制作，每段再分若干块。边跨合拢段施工时，靠近合拢段处的侧模和翼缘模倒用到合拢段使用。

侧模和翼缘模材料提升到已完成的 75 m 或 50 m 梁面上后，人工搬运到托架平台上拼装。先拼装支架，再拼装外模。

C. 内　　模

面板采用竹胶板，$\delta = 15$ mm，分配梁采用方木，后设 2[14a 钢背肋。

内模分两段制作，每段再分若干块。边跨合拢段施工时，靠近合拢段处的内模倒用到合拢段使用。

内模材料提升到引桥梁面上后，人工搬运到底模平台上，内模在腹板和底板钢筋绑扎完成后拼装。

内顶模也采用钢管支架做支撑，钢管支架底部垫混凝土大垫块，支撑在底模木方上，靠近端横隔墙处顶板较厚，支撑应适当加密。

内外侧模之间采用拉杆对拉。

D. 端　　模

端模采用木模。波纹管和伸出钢筋位置在面板上直接开孔；伸缩缝预留槽口处端模应根据设计尺寸安装，同时预留封锚区域槽口，便于封锚。

④钢筋施工

A. 底板、腹板钢筋绑扎

绑扎底、腹板钢筋，安装纵向预应力孔道及竖向预应力筋。

竖向预应力筋在组装时，必须将锚板处各接触面密封。

竖向预应力下端压浆胶管安装前，在前端涂一层强力胶水后塞入压浆嘴，胶水不可太厚，防止将前端管口堵塞。压浆管应在与压浆嘴的接口附近用铁丝与箱梁钢筋绑扎，防止在浇筑混凝土过程中脱落。

起吊安装竖向预应力时，必须检查钢筋与锚垫板结合处胶管是否破损，是否密封到位，破损的及时更换。

在施工过程中，必须确保竖向预应力压浆胶管不被破坏，否则压浆无法进行。

竖向预应力上端张拉预留槽口必须居中，并用套筒扳手拧紧固定橡胶螺帽。

预应力锚头处螺旋筋要靠近锚垫板，并使预应力束居中。

绑扎腹板钢筋时，钢筋要避开拉杆孔，并使箍筋顶面在同一平面内。

底板纵向预应力管道通过位置均增设防崩钢筋，该处可取消架立钢筋。

端横隔墙钢筋与腹板钢筋同时绑扎。

腹板的拉筋要按照行列式布置。

保护层垫块用两根扎丝交叉绑牢，扎丝头掰向内侧。

B. 顶板钢筋绑扎

绑扎顶板钢筋，安装纵、横向预应力孔道及横向预应力束。

顶板底层横向钢筋、底板所有的横向钢筋采用无接头钢筋，其他钢筋按规范要求接长。

顶板拉筋加工尺寸要准确，拉钩弯曲须到位，由于顶板为变厚度，所以要按级差来区别安装。

仅齿板钢筋采用Ⅲ级钢筋，注意与其他同直径的Ⅱ钢筋区别开来。

P 锚制作要规范，钢绞线适当露出挤压套，弹簧丝应压满挤压套，不得外露。

P 锚约束环与锚垫板的距离按设计图安装，P 锚挤压套要紧贴锚垫板。

定位筋制作尺寸要准确，且不得过长，防止波纹管挤压变形或影响保护层厚度。

顶板横向束 P 锚端螺旋筋应卡在顶板上层纵向筋空档内，约束环应居于螺旋筋中间。

横向预应力束沿厚度方向的定位必须准确，防止顶板拉崩。

C. 预留预埋

a. 伸缩缝预埋钢筋

77 号墩处为 D480 型伸缩缝，80 号墩处为 D560 型伸缩缝。梁端伸缩缝槽口处须预埋伸缩缝锚固钢筋，预埋钢筋伸入箱梁的部分应与箱梁构造钢筋焊牢。

b. 支座调平钢板

梁底有 1.5% 的纵坡，支座处梁底须设置调平钢板，在安装底模前设置。

c. 线缆进出箱梁预留套管

77 号墩和 80 号墩处箱梁底板上预留线缆进出箱梁的套管，套管采用 φ110 mm × 4.8 mm 的 PVC 管，单幅箱梁沿纵向布置 4 排，每排 4 孔。若套管与预应力束触碰，应适当挪动套管位置。

d. 防雷接地预埋

在边跨直线段端部，对应墩顶预埋的防雷接地用的不锈钢板处的梁底预埋 2 块 200 mm × 200 mm × 5 mm 不锈钢板，箱梁腹板内侧也预埋 2 块 200 mm × 200 mm × 5 mm 的不锈钢板，梁底不锈钢板与底板下层 1 号钢筋焊接，腹板内侧不锈钢板与腹板箍筋焊接，该箍筋再与上述 1 号钢筋和顶板顶层 4 号钢筋焊接，然后将翼缘板下层 7 号钢筋与上述腹板箍筋和顶板 4 号钢筋焊接，并与护栏钢筋焊接，在近桥中线侧翼缘板的端部还须预埋 1 块 200 mm × 200 mm × 5 mm 的不锈钢板。以上相互连接的钢筋必须是整个闭合回路里的钢筋，不得随意选择。

注意事项：

伸出梁顶与接地系统连接的护栏钢筋必须作出特殊标记，现场采取在接地钢筋上焊接一根圆钢，使后续护栏施工时能容易辨识接地钢筋。

要求电气连通的钢筋交叉处均须用短钢筋做搭接焊处理，预埋钢板时要注意不要漏埋中间的不锈钢螺栓。

e. 合拢段劲性骨架预埋件

在梁顶和底板顶面预埋边跨合拢段劲性骨架预埋件，底板劲性骨架采取底板局部加厚成齿块状进行锚固，该部分混凝土与箱梁混凝土一起浇筑。

f. 合拢段吊架锚固孔

根据技术部门通知单，在对应位置预留孔洞。

g. 托架、模板拆除预留孔

根据相关设计图，在对应位置预留孔洞，便于后续模板和直线段托架拆除。

h. 护栏预埋钢筋

护栏钢筋包括外侧防撞护栏和中央分隔带护栏预埋钢筋，护栏钢筋安装前放线定位，必须预埋准确。

通风孔：梁段底板设 2 个，两侧腹板各设 2 个直径为 10 cm 的通气孔。

泄水孔：在箱梁顶板远离桥中线侧每 4 m 设置一个泄水管，但泄水管预留孔应避开预应力管道和节段接缝。

翼缘板横向预应力张拉槽口：根据相关图纸预留张拉槽口，采用钢模预留。

预埋连续刚构监控用的测量点。

⑤混凝土施工

A. 混凝土供应

从已施工完毕的边跨悬浇梁段(此时挂篮悬浇已施工完 29 号或 30 号节段) 搭设水平支架，混凝土泵管从支架上延伸至边跨直线段。

混凝土由主墩平台上固定式混凝土工厂生产，通过混凝土泵输送至边跨直线段。

B. 底板下料

在箱梁内顶模的中心开一个方洞，混凝土泵管穿过方洞后，接一节混凝土输送管和一节软管延伸到底板，通过摆动软管对底板进行布料。

浇筑底板混凝土时，底板倒角处模板先不安装，以利于对底板混凝土进行振捣。倒角模板上要开设一定的振捣孔兼出气孔，底板混凝土浇筑完毕，封堵倒角上的开孔。

待腹板下倒角处混凝土振捣密实后(有一部分混凝土流入底板)，对底板混凝土不足处补料。

C. 腹板下料

腹板两侧内侧模，端横隔墙内侧模上事先开有下料孔。泵管穿过内顶模的开孔伸入侧模下料孔下料。

当混凝土浇筑至内侧模开孔位置时，及时封堵下料孔。下料孔封堵时面板与整体面板要平齐，防止出现错台。

D. 顶板布料

顶板采用泵管和软管布料，人工辅助摊平。

E. 混凝土振捣

混凝土浇筑前对模板内的烟头、扎丝、电焊条头子、锯木屑等杂物进行彻底清理，保证模板内清洁。

浇筑混凝土前检查预应力孔道与封端模之间的缝隙堵塞情况，以及封端模与底模面板之间的堵塞情况，防止封端模处漏浆。

混凝土施工用的工具包括振动棒、铁锹、刮尺、铁耙、平板振动器等需备齐、备足，人员充分且分工明确。

振动棒在同一点振捣时间不得过长，以免造成翻浆。必须重视锚头混凝土的振捣，应在侧模相应位置开孔振捣。

充气胶囊卡箍应经常检查，防止松动脱落。浇筑混凝土过程中，必须保证充气胶囊内气压满足要求，防止波纹管进浆和波纹管被压瘪变形。

精轧螺纹钢筋下端和锯齿块处腹板下端钢筋非常密，应加强此处混凝土的振捣，倒角处模板在底板混凝土浇筑后安装。

竖向预应力张拉槽口成孔器内塞棉纱，成孔器固定螺帽用套筒扳手拧紧，防止混凝土进入竖向预应力槽口中，导致锚板口堵塞或精轧螺纹钢筋上沾染水泥浆，影响后续张拉施工。

混凝土试块要分批取样制作。

搭设脚手板设置收浆平台，禁止收浆人员踩踏端头钢筋和波纹管。

梁顶取消调平层后，必须控制桥面平整度≤5 mm，高程最大误差 ±10 mm。底板和顶板顶面混凝土要用铁耙找平，进行多次收浆，用刚度较好的刮尺刮平，严格控制顶板的横坡和平整度。

F. 混凝土养护

高性能混凝土尤其要注意早期保湿养护。气温较高时，表面覆盖土工布洒水保湿；若日平均气温低于 5 ℃，不得洒水；气温低于 0 ℃时混凝土外露面需覆盖棚布保温，适当延缓拆模时间，通过模板保温保湿对混凝土进行养护，混凝土龄期达 7 d 以上后再拆除侧模。

安排专人养护，责任到人，保证养护时间不少于 7 d。

⑥预应力施工

A. 边跨直线段预应力布置

a. 纵向预应力

顶板合拢束 T32、T33 各两对共 8 束 15-15；

底板合拢束 B1 ~ B6 各 1 对共 12 束 15-15，外加 2 束备用束 BY。

b. 竖向预应力精轧螺纹共 38 根。

c. 顶板横向预应力钢绞线共 10 束。

B. 预应力施工

a. 纵向预应力采用 $\varphi_{内}$ 10 cm 的塑料波纹管预留成孔。

b. 直线段 32 号梁段和边跨合拢段 33 号梁段浇筑完成，混凝土强度达 90% 设计强度后，32 号梁段、33 号梁段和 31 号梁段(31 号纵向束已张拉）同时张拉竖向预应力，然后张拉边跨纵向合拢束，最后 32 号梁段、33 号梁段和 31 号梁段(31 号纵向束已张拉）同时张拉顶板横向预应力。

c. 边跨纵向合拢束的张拉顺序：T32→T33→B1→B2→B3→B4→B5→B6→B7。

d. 钢绞线下料时，不能完全按设计图长度下料，而应考虑实际需要的工作长度和误差。

e. 预应力张拉完成后，对预应力管道及时压浆。竖向和横向预应力采用普通压浆工艺，纵向预应力采用真空辅助压浆工艺。

⑦托架和模板拆除

边跨直线段施工完毕，先拆除部分内外模，待边跨合拢段混凝土浇筑完成和边跨合拢束张拉后再松落底模，且在中跨合拢顶推前，边跨直线段底模必须脱模。

A. 边跨直线段施工完毕，先将靠近合拢段处的侧模拆除，便于安装合拢段模板，靠近梁端的侧模暂不拆除，便于后续浇筑封锚区混凝土。

B. 人工拆除侧模支架，分块拆除侧模和翼缘模，摆放到直线段托架平台上，用于边跨合拢段施工时使用。

C. 在箱梁翼缘板上预留孔洞，南引桥、刚构桥贯通后，用汽车吊在梁顶面安装卷扬机，利用卷扬机将底模、托架分配梁、托架等松落至承台上，拆除。

第二节　箱梁节段悬浇

一、2 号 ~31 号块设计基本数据

1. 2 号 ~31 号块节段结构

2 号 ~31 号块节段结构见表 6. 2. 1。

表 6. 2. 1　2 号 ~31 号块结构构造

梁块编号	节段长度（m）	腹板厚度（m）	底板厚度（m）	梁块高度（m）	注　意　事　项
2 号 ~10 号	3	70	1. 648 ~1. 217	14. 606 ~11. 322	
11 号	4	70 ~60	1. 217 ~1. 158	11. 322 ~10. 878	
12 号 ~18 号	4	60	1. 158 ~0. 793	10. 878 ~8. 096	中跨 16 号 ~18 号块底板有锯齿块
19 号 ~22 号	5	60	0. 793 ~0. 582	8. 096 ~6. 496	边跨 20 号 ~22 号块底板上有锯齿块;中跨底板上均有锯齿块,21 号块上有转向块
23 号	5	60 ~50	0. 582 ~0. 537	6. 496 ~6. 153	边跨、中跨节段底板上均有锯齿块
24 号 ~27 号	5	50	0. 537 ~0. 392	6. 153 ~5. 045	边跨、中跨节段底板上均有锯齿块,24 号、27 号中跨节段有转向块
28 号	5	50 ~45	0. 392 ~0. 365	5. 045 ~4. 844	中跨底板上有锯齿块
29 号 ~31 号	5	45	0. 365 ~0. 320	4. 844 ~4. 500	边跨节段:30 号块有顶板及底板锯齿块,31 号块有顶板锯齿块 中跨节段:底板上均有锯齿块,30 号、31 号块上有转向块

2. 2 号 ~31 号块结构预应力布置

采用三向预应力。

（1）纵向预应力

①体内预应力

顶板束：采用 15-31、15-22，直接锚固和下弯相结合（即有部分顶板束锚固在腹

板内，以克服主拉应力）。其中 T2 ~ T31 为 15-31；F2 ~ F22 为 15-31，F23 ~ F31 为 15-22。

中跨底板合拢束：中跨范围布置 15 对 15-31 体内束，最长为 148 m。其中 Z6、Z10、Z14 合拢一年后或适当时间进行张拉，其余钢束均在中跨合拢时张拉。

边跨底板合拢束：布置 7 对 15-15。

边跨顶板合拢束：为了克服桥面板的温差效应，在边跨靠近端部的顶板内，设置 4 对 15-15 的顶板束。

低松弛高强度预应力钢绞线应符合 GB/T 5224—2003 或 ASTM A 416—1998 的规定。单根钢绞线直径 $\varphi^{j}15.24$ mm，钢绞线面积 $A_y = 140\ mm^2$，钢绞线标准强度 $R_y^b = 1\,860$ MPa，弹性模量 $E_y = 1.95 \times 10^5$ MPa。

纵向束成孔采用塑料波纹管，波纹管满足交通部行业标准《预应力混凝土桥梁用塑料波纹管》(JT/T529—2004) 的要求。

②体外预应力

中跨 21 号 ~ 21 号节段间布置 3 对体外纵向预应力束，体外预应力束作为运营期备用束，型号为 15-25，体外预应力束采用无粘结环氧涂层低松弛钢绞线。

（2） 横向预应力

顶板横向预应力采用 15-3，纵向布置间距 0.5 m，固定端采用 P 型锚，单端交错整体张拉。

顶板横向钢束采用 BM 扁形锚具，管道成孔采用 60 × 22 mm 扁金属波纹管。

（3） 竖向预应力

采用德国 BBV 公司生产的精轧螺纹粗钢筋及其配套锚具(采用具有球面支承的垫板)，标准强度(屈服强度) 930 MPa，符合 BS4486:1980 标准的规定。

锚垫板下设置螺旋筋。

竖向束成孔采用高频焊管。

为防止固定端锚杯脱落，并防止浆液渗入高频管内，在下端连接螺纹处涂环氧树脂砂浆或玻璃胶。

3. 钢筋构造

28 号 ~ 31 号、34 号块的顶板、底板横向钢筋采用双筋布置。

2 号 ~ 27 号块的顶、底板横向钢筋及腹板箍筋的间距为 12 cm 或 11.8 cm；28 号 ~ 31 号块的顶、底板横向筋及腹板箍筋的间距为 15 cm。

为了加强悬臂根部区域底板的整体受力，2 号 ~ 15 号块底板布置有横向箍筋。

4. 混凝土量

悬浇过程中，最大混凝土方量节段为 11 号块，为 114.32 m^3，重量为 297.3 t；最小混凝土方量节段为 31 号块，为 67.12 m^3，重量为 174.5 t。

二、编制依据

1. 《苏通长江公路大桥辅桥连续刚构上部构造施工图变更设计(上、下册)》
2. 《公路桥涵施工技术规范》(JTJ 041—2000)
3. 《公路钢筋混凝土及预应力混凝土桥涵设计规范》(JTG D62—2004)

4. 《公路工程质量检验评定标准》(JTG F80/1—2004)
5. 《钢结构设计规范》
6. 挂篮、挂篮内外模、封端模等施工设计图
7. 省桥指有关会议及通知的要求

三、挂篮悬浇施工

主要机械设备：施工0号、1号块时墩中心塔吊保留，0号~10号块施工时，在塔吊覆盖范围之内，塔吊可以作为起重设备辅助悬浇施工，施工节段超出塔吊覆盖范围后，在每个T构梁顶南北端各配一台40 t·m塔吊和一辆4 t汽车，用于梁顶材料、设备运输和吊装。

每个承台上设置1座爬梯，爬梯位于0号块设备孔的正下方，可从承台爬至箱梁内，再通过节段端部的爬梯从箱梁内到箱梁顶。

每个主墩下游侧安装电梯一部，方便施工人员快速上、下桥面。

1. 工艺流程

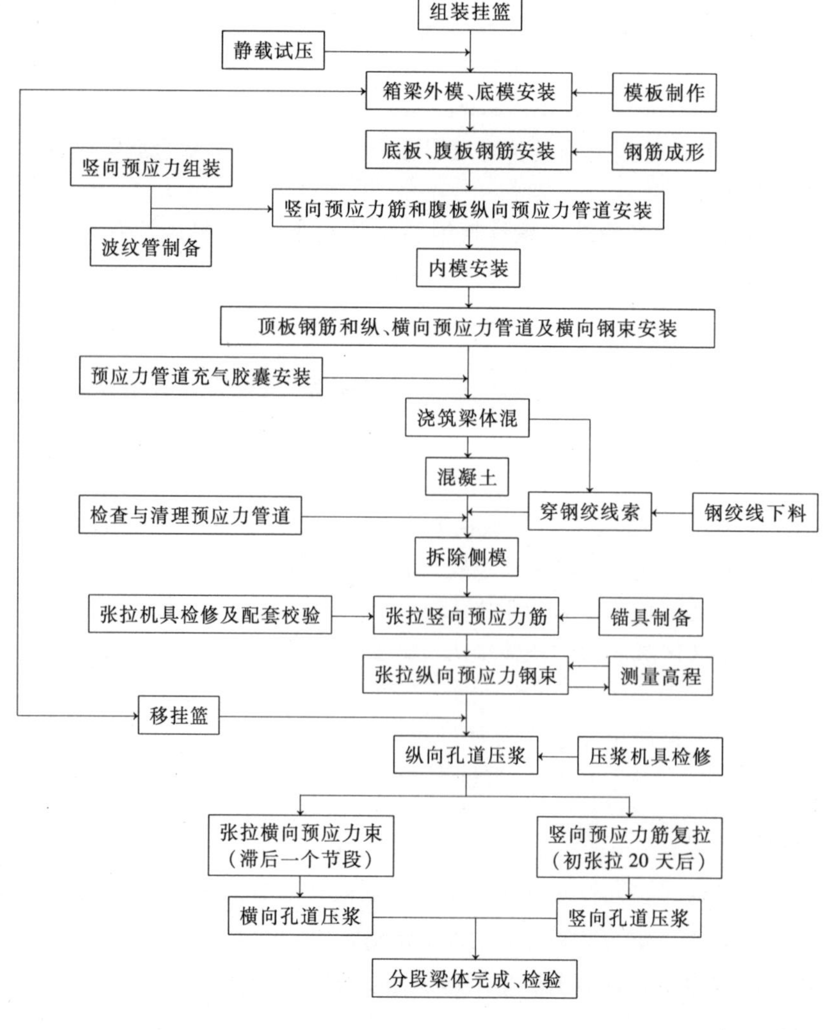

2. 施工挂篮

施工挂篮由挪威 NRS 公司设计，在国内制造完成。该挂篮具有以下特点：

（1）结构简单、受力明确、安全可靠：挂篮内、外模采用木模，操作方便，混凝土外观质量好。

（2）重量轻：主要结构组件采用方形空心截面，使钢结构自重达到最小，单个挂篮钢结构重约 85 t，加上模板重量及其他施工机具重量之和约 120 t，且不需任何配重。

（3）刚度大、挠度小：挂篮前端变形在最大荷载作用下不超过 25 mm，且不超过挂篮悬臂长度的 1/400，较小的挠度和变形值对大跨度连续刚构桥线形监控监测极为有利。

（4）使用灵活：挂篮走行驱动动力为油顶，高程和外形尺寸调整也采用油顶控制，施工操作方便、效率高，可以根据节段长度、梁高、壁厚、梁宽及桥面的坡度、曲线半径等进行调整。调整节段标高方便快捷，施工线形易控制。

（5）移动方便：挂篮主体结构和轨道利用千斤顶交互前移，不需压重，运行平稳，移动方便，前移时间短(前移时间仅 30 min)。

（6）安装、使用快捷：各构件间采用销轴或螺栓连接，安装速度快、拆卸方便，每只挂篮首次拼装时间不到一星期。

3. 挂篮模板

挂篮内外模板均采用钢木组合结构。

内模：内顶模面板采用 21 mm 厚 WISA 胶合板，倒用墩身模板面板；肋骨采用钢、木间隔布置排架，钢肋骨是挂篮结构中的内模排架，为［20 槽钢，顺桥向间距 60 cm 布置，木肋骨采用5 cm × 20 cm 木方，通过螺栓固定在钢排架纵向连接角钢上，顺桥向也为间距 60 cm 布置。内侧模为大面积木模，面板采用 21 mm 厚 WISA 胶合板，倒用墩身模板面板；肋骨为 8 cm × 16 cm 木方，顺桥向间距 30 cm，与内顶模钢木排架对应，内侧模设置四层 1.5 m 宽的操作平台；内侧模与内顶模采用栓接。

在安装第一片单侧内模时，为防止内顶模一侧受力很大，引起内顶模上翘，内顶模安装后，将内顶模与主轨道之间用木方楔紧。

外模：面板均采用 21 mm 厚进口新 WISA 胶合板。翼缘模肋骨采用钢、木结合间隔布置排架，钢背肋为挂篮结构中外模排架，为［20 型钢，木背肋采用 5 cm × 20 cm 木板，通过螺栓固定在翼缘模下的纵向分配梁上，钢、木排架布置形式与内模排架相同；外侧模也为大面积木模，肋骨采用进口 8 cm × 20 cm 木工字梁，顺桥向间距 30 cm 布置，与翼缘模肋骨对应，木工字梁用连接爪连接［14a 钢背肋，钢背肋的水平位置与内侧模的钢背肋相对应，以便拉杆对拉，外侧模上设置五层 0.75 m 宽的操作平台；外侧模与翼缘模采用铰接连接。

外侧模和内侧模在后场分块制作后，在主墩承台上、与箱梁 2 号块对应位置的下方组拼。

底模：面板采用 $\delta = 21$ mm 厚进口新 WISA 胶合板，下铺 10 cm × 16 cm 木方，木方直接铺在挂篮底模平台纵向分配梁上，顺桥向间距 30 cm，腹板下加密布置。

底模在前场拼装成形后，多层堆放时，应注意各层抄垫的位置在同一竖直线上，支点数量要足够，防止变形。

端模：采用钢木组合模板，面板采用 $\delta = 15$ mm 竹胶板和胶合板。端模分块要考虑以后节段的倒用；腹板及底板轮廓线边上镶木条，用于箱梁纵向钢筋穿过。

4. 挂篮拼装

(1) 总体安装顺序(T 构的两只挂篮)

内导梁结构(0 号、1 号块浇筑完毕)→内顶模结构→主桁结构(轨道前伸出 1 号块端面 3 m)→挂篮加载→内侧模结构→外模→底模(包括工作平台)→挂篮前端上工作平台→其他附属结构安装→将一端挂篮每组滑道的两工钢间距由 0.7 m 向两端对称分开至 1.3 m→将分开的挂篮轨道向后拖 3 m(使轨道前端与 1 号块前端平齐)→将另外一端挂篮轨道(不分开)也向后拖 3 m(使轨道前端与 1 号块前端平齐)→2 号块浇筑完毕后前移一端挂篮(轨道没有分开侧)轨道至 2 号块前端→将该挂篮前移至浇筑 3 号块位置→将另外一侧挂篮(轨道分开侧)轨道前移至 2 号块端部→将滑道的两工钢间距由 1.3 m 向中间对称收缩为 0.7 m→移动该侧挂篮至待浇 3 号块位置处→后续挂篮可以按照正常节段前移、施工。

(2) 前期预拼工作

预拼底模平台(不含栏杆扶手)，内顶模，翼缘模，主桁架，横梁，部分前后走行系统；随后分别在两墩的桥面完成挂篮的整体拼装。所有拼装工作都需严格按照《NRS 挂篮施工设计图》和《挂篮拼装技术交底资料》，在挂篮制作厂家现场指导下完成。

①底模平台预拼

在底模平台拼装时，因底模前横梁和后横梁存在高差，须先铺设横梁底支座并用水准仪进行调平，然后量取两道横梁之间的间距和对角线，使其保持正方形，防止底模扭曲安装。所有构件的连接螺栓均采用 8.8 级的高强螺栓，现场采用力矩扳手拧紧。底模拼装见图 6.2.1。

②内顶模预拼

按照分别量取两条对角线和间距的办法来调整基本框架；采用制作模具和逐个量取的办法进行构件分类，以确保构件的正确使用。

内顶模两侧的吊杆分别从上、下两个位置量取同一端两侧吊杆的相对间距，使吊杆处于竖直状态，并采用同侧吊杆两端拉线的办法使其处于同一条线上。

图 6.2.1　底模拼装图

③翼缘模预拼

翼缘模预拼相对简单，除了确保基本框架的对角线尺寸外，更重要的是要区分翼缘模顶部分配横梁弯折部分的朝向，防止同一位置处的翼缘模多拼或者少拼一组。近桥、远桥方向分配横梁弯折角度在工厂加工时要正确区分，但需标明使用的具体位置，防止安装时混淆。

④主桁架预拼

对于单片主桁架，由于部分构件上焊接有风撑的连接板，必须正确区分各构件的方向；对于同一组主桁架，还要注意相互之间的构件方向和其所处位置。待组拼完成后，再作出相应的位置标识。

⑤部分前后走行系统预拼

前走行系统：因前快速滚动需插入转向块当中，预拼时应注意前快速滚动加工的焊缝是否能保证转向块的正确对位与安装。

下拉装置：预拼时要检查下拉走道梁各连接所用的销轴，是否与前横梁下方的十字吊臂上所使用的销轴相混淆。

（3）挂篮现场安装

①内导梁及内顶模安装

用塔吊将在后场连成整体的内导梁整体起吊，使其穿过内隔墙上的预留孔洞，在预留孔洞顶与内导梁的空隙间塞填钢垫块，使其后端反顶在箱梁内横隔墙上，并安装内导梁后端限位板。在相应的孔位穿入 φ36 mm 精轧螺纹，并垫以合适高度的钢垫块。锚固，使内导梁锚固吊杆预紧，但后端滚轮不与梁接触。

预拼好的内顶模整体起吊安装在内导梁上，并临时固定，内顶模的快速滚轮的导向装置要先安装，且滚轮要能在梁上端自由滑动。同时在初步调整内顶模时注意其与 1 号块混凝土的包边。待挂篮主桁安装并加载完毕后，将内导梁前端导向轮用精轧螺纹钢筋吊杆吊起，拆除导梁后端与 0 号块内横隔墙孔洞之间的钢垫块，通过前端导向轮精轧螺纹钢筋吊杆的收放调整内顶模标高，内导梁的安装见图 6.2.2。

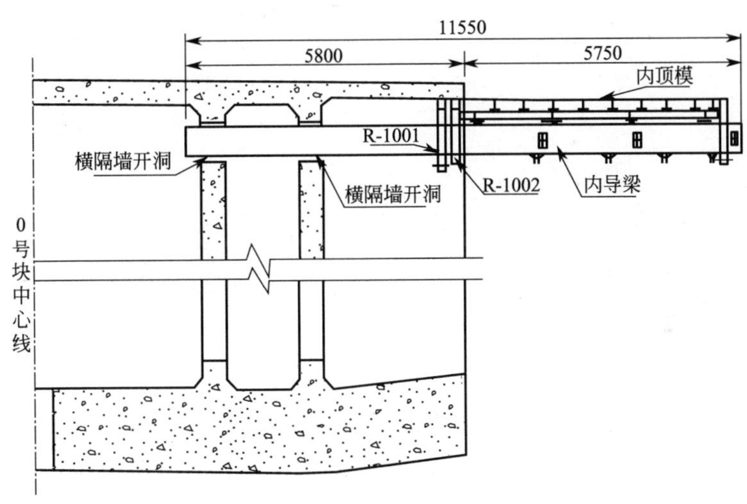

图 6.2.2　内导梁及内顶模拼装图

②主轨道安装

清理桥面，在桥面上测放出单幅箱梁设计中心线，在距中线两侧各 3.4 m 处做出设计的挂篮主轨道中心线。将下翼缘焊有垫块的主轨道按相应位置吊装就位（垫块高度在横桥向随桥面坡度变化），使主轨道前端各伸出 1 号块 3 m。主轨道下端混凝土垫块与箱梁面的空隙用小铁楔抄垫密实，轨道中心线与设计中心线（测量放线）吻合后，调整两侧轨道顶面在同一平面内，轨道横向水平，纵向同桥面设置 1.5% 纵坡。

安装锚固蹬筋、锚垫板、压板，将轨道大梁与箱梁锚固。

③安装前支承及转向结构

在前支承液压千斤顶的底座下做水泥砂浆找平层，以保证千斤顶始终处于垂直受力、均匀受力状态，吊放千斤顶于底座中心线上，千斤顶卡箍提前安装在千斤顶上。

将拼装好的前走行系统吊放就位，检查滚动状况，用楔块将其固定，防止吊装主桁时发生滚动。其安装见图 6.2.3 和图 6.2.4。

图 6.2.3　前支点系统图

图 6.2.4　快速滚轮装置

④安装主桁架

预拼好的每片桁架用塔吊整体起吊安装，桁架要立吊，并拉缆风。在主桁架前端对正就位后，安装前走行装置与主桁架连接的销轴，见图 6.2.5。安装弹簧锚固元宝螺栓，调整元宝螺栓使弹簧直至千斤顶压紧主构架，见图 6.2.6。

图 6.2.5　主桁与前走行连接销轴

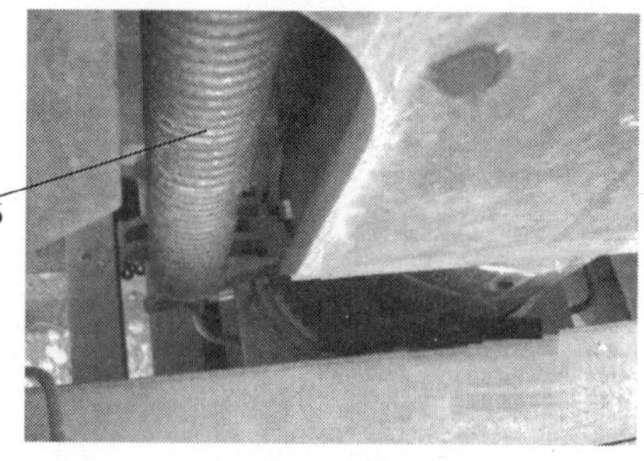

图 6.2.6　主千斤顶悬挂弹簧

主桁安装后，后端及两侧要设置临时支撑，并在桁架后端与主滑道之间设置临时下拉结构，防止主桁架片向前倾覆(整体桁架片的重心靠前)。主桁架现场安装见图 6.2.7。

图 6.2.7　主桁架现场安装

⑤安装后锚装置及后走行装置

安装后拉油缸装置：将预拼好的下拉装置及下拉油缸通过销轴连接，使得主桁架后端通过此锁定装置拉住主滑道。后锁定装置见图 6.2.8。

吊装后锚固梁组件：在内隔墙靠近两侧腹板处各预埋四根 φ32 mm 的国产精轧螺纹钢筋，在两侧翼缘板混凝土内各预留 2 个孔，用于锚固主桁架，见图 6.2.9。精轧螺纹钢筋需用连接器接长，且在连接器两端的精轧螺纹钢筋上分别作标记，以确保连接器处于正中心，而预留孔内直接穿入精轧螺纹锚杆，通过后锚梁锚固主桁架的后端，防止挂篮向前倾覆。

图 6.2.8　后锁定装置图

图 6.2.9　后锚固梁安装

安装后走行装置：后走行装置见图 6.2.10。

⑥安装后门联

后门联在工厂分两段加工，在平台上用螺栓连接，且需拧紧。塔吊起吊后门联，对正桁架杆件后下落到位，上、下端用轴销连接，并插上保险。后门联安装如图 6.2.11。

图 6.2.10　后走行装置

图 6.2.11　后门联安装

⑦安装前上横梁

在工作平台上将前上横梁与其下端的四组短吊横梁预先用销轴连成整体，安装时必须分清前上横梁的位置和方向，在起吊前要仔细检查连接螺栓是否已经拧紧，防止起吊变形。吊放前上横梁，使其两端卡入桁梁相应的杆件，对正孔位后插入销轴。

⑧其他小型构件安装

5. 挂篮加载试验

（1）加载目的

①在挂篮正式使用前，通过对挂篮加载消除挂篮的非弹性变形。

②验证挂篮的承载力。

③实测挂篮的弹性变形，并与理论值进行比较，为计算挂篮立模标高提供依据。

（2）加载前的准备

①桁架调平

通过前支点油顶和后锚下拉油缸，在测量人员配合下完成一组主桁架(即两侧的主桁架)标高及每一片主桁架水平的调整。为防止在后锚梁张拉过程中桁架后端下移，每一组桁架水平调整完成后，在桁架后端底面与其下方的支撑柱顶面之间填塞钢板及小楔块，保证充填密实。

②后锚梁张拉

根据加载前的后锚梁张拉要求，每一片主桁架上两道后锚梁各施加 70 t 的力用于锚固主桁架，且预留在两侧翼缘板混凝土内的V号孔中穿 φ36 mm 精轧螺纹锚杆，施加 31 t 的力；对预埋在内隔墙靠近两侧腹板处的四根 φ32 mm 精轧螺纹锚杆通过连接器接长后，位于块段前进方向一道梁中的两根 φ32 mm 精轧螺纹锚杆(即V′号孔) 各施加 19.5 t 的力，另一道梁中靠近桁架的精轧螺纹锚杆(即V″号孔) 施加 30 t 的力，另一根精轧螺纹锚杆(即V‴号孔) 施加 9 t 的力。

③结构检查

检查挂篮所有销接点是否有销轴遗漏，销轴保险销(含限位板) 是否已安装到位。

检查挂篮前支点油顶是否已工作，前工作车快速滚轮是否已脱离主轨道，且有 1 ~ 2 cm 的间隙。

挂篮主桁后锚吊杆是否按设计安装并张拉完成，螺栓是否已紧固。

④临时工作平台搭设

为确保施工的安全性，前吊横梁处工作平台在组装前上横梁时焊接成整体，铺设脚手板；为方便操作人员上、下挂篮前吊横梁的工作平台进行变形观测和安装张拉设备，现场分别装有钢管梯，并拉有安全绳。

⑤变形观测点设置

按照挂篮加载变形观测点设置的要求，分别在挂篮左右侧后锚横梁上、前上横梁顶左\右侧以及四个前吊横梁顶左、右侧各设置一个变形观测点。具体设置见图 6.2.12。

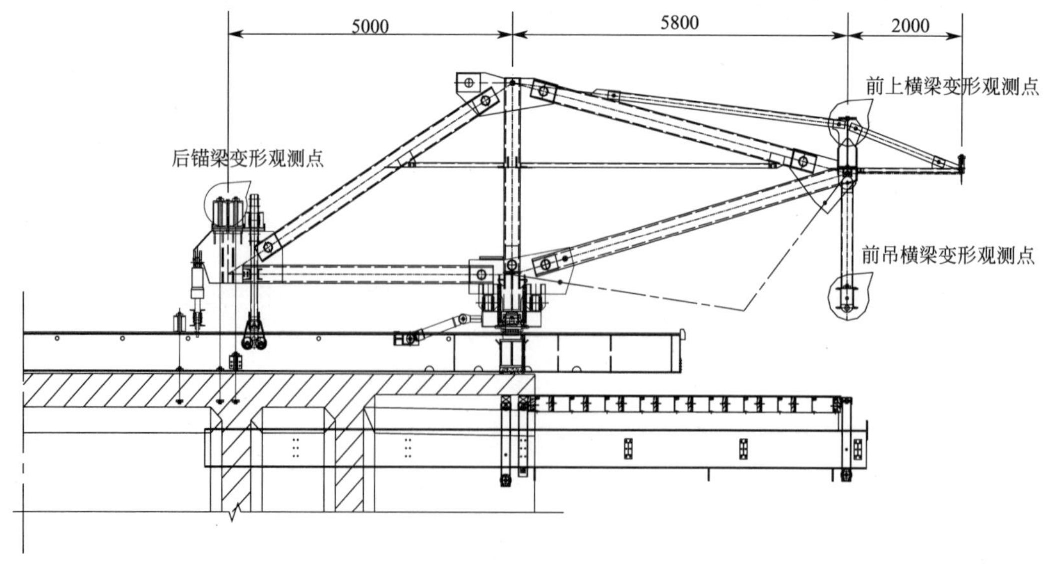

图 6.2.12 变形观测点设置图(单位：mm)

(3) 挂篮结构加载

①加载总体方案概述

A. 挂篮主桁后端与已浇筑梁体锚固，前端采用精轧螺纹钢筋、钢绞线和穿心千斤顶加载。钢绞线下端通过锚板、夹片与承台上型钢组预埋件锚固，钢绞线上端通过 P 锚挤压套筒与转换接头连接，精轧螺纹钢筋下端通过螺母与转换接头连接，精轧螺纹钢筋上端穿过挂篮前吊横梁和分配梁，穿心千斤顶置于分配梁上(60 t 穿心千斤顶下端设置支座，以便倒顶时扳手可以伸入拧紧下端锚固螺帽)，利用千斤顶张拉精轧螺纹钢筋加载。

B. 单幅箱梁中心线两侧同编号的点对称加载，保持加载速率基本一致。

C. 同一 T 构前后侧的两只挂篮用 12 台千斤顶同时加载。

D. 加载大小：T1 为 53. 162 t、T2 为 33. 046 t、T3 为 33. 268 t。

E. 分级加载：0→0. 2F→0. 4F→0. 8F→1. 0F(F 分别对应 T1、T2、T3 的值)，且每一级加载完成后，都进行结构变形测量。各钢束编号及对应位置见挂篮加载方案总体布置图(图 6. 2. 13)。

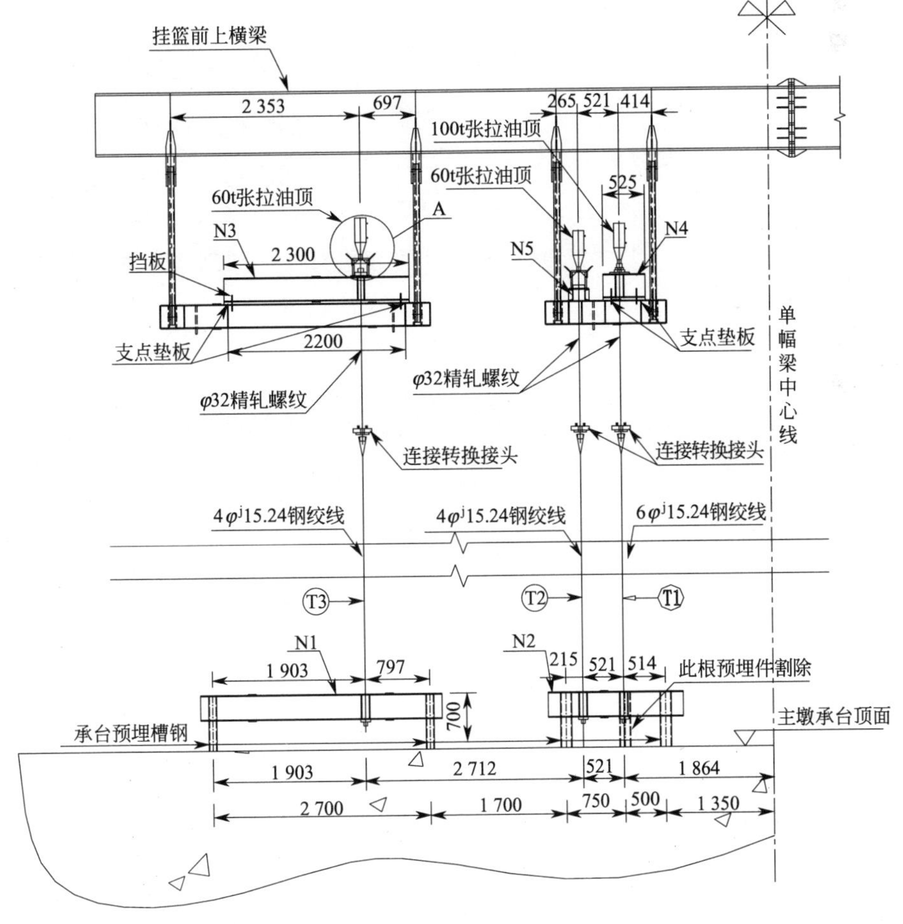

图 6. 2. 13　挂篮加载方案总体布置图

②加载结构安装

按照加载设计图的要求，在承台预埋件上焊接下锚固分配梁、锚垫板，在吊横梁上安装加载分配梁、精轧螺纹钢筋和钢绞线，在吊横梁上安放千斤顶张拉底座及千斤顶，将钢绞线下端穿过锚板孔，安装夹片并打紧。

应注意的问题：

所有抄垫钢板必须居中布置，且要去掉边上的切割毛刺，防止相互间产生空隙。

安装夹片时要保持各根钢绞线松紧一致，以使张拉时各根钢绞线受力均匀，且要避免夹片错牙。

③安装钢绞线时要防止钢绞线与承台预埋分配梁上焊接的垫板接触，避免张拉过程中因摩擦而对钢绞线产生损伤。

④加载试验

加载前，先预紧各钢绞线，且防止预紧吨位超过第一次加载级别(0.2F)，测量人员及时测量记录各观测点标高，作为原始数据。

按照加载要求依次分级同步加载至相应要求吨位后，锚固加载吊杆，检查挂篮结构、各锚固点，测量人员及时测量记录各观测点标高。

挂篮加载至1.0F后，应持荷5 min后进行锚固，再进行一次标高测量，记录后即可卸载，拆除加载设备。挂篮加载试验见图6.2.14。

图6.2.14 挂篮加载试验

加载试验应注意的问题：

A. 加载前应设置好各变形观测点，观测人员和观测仪器同步就位。

B. 加载应由有经验的工人进行操作，加载时油泵应缓慢、匀速供油，每加载一步骤待油表稳定后关闭回油阀、进油阀。

C. 受油顶的行程限制，加载过程中须多次倒顶，倒顶时要先拧紧精轧螺纹钢筋下端锚固螺帽，然后再回落油顶。

D. 加载试验要使用一部分挂篮构件，加载完成后，该部分构件还要继续使用，加载过程中要注意保护，不能随意切割或电焊，也要防止其变形。

6. 挂篮施工

(1) 2号块施工

①模板安装

挂篮加载完毕，安装挂篮外侧模、内侧模、底模。

②挂篮调整

A. 主桁后锚处用下拉油缸将主桁架调整为水平后，用精轧螺纹钢筋将主桁锚固，然后松除下拉油缸，松除后转向架，使下拉油缸和后转向架在浇筑混凝土时均不受力。应当注意，左右侧必须同步调整主桁为水平，防止挂篮受扭。

B. 为消除浇筑混凝土过程中锚杆受力变形对挠度的影响，主桁后锚杆（V号孔）在浇筑混凝土前也应用穿心顶预紧，预紧力为30 t。应当注意，在后转向架与主轨道之间须设置对立支承。

C. 调整外侧模和底模平面位置、高程、外侧模垂直度，收紧吊杆，后端吊杆张拉后，将外侧模最下端与底板连接的拉杆收紧(两侧对称)，然后绑扎钢筋。应当注意，在确定立模标高时，不但要考虑挂篮主桁架的弹性变形，还要考虑前端吊杆受拉产生的伸长量。

D. 挂篮模板吊杆调整顺序：先收后吊杆，但不收紧，使模板与已浇混凝土之间有1～2 cm空隙，然后调整前吊杆，使模板前端标高达到监控指令的标高，最后再收紧后吊杆，对应Ⅰ、Ⅱ、Ⅲ号孔的后吊杆预紧力分别为该吊杆实际受力+5 t，用穿心顶预紧(实际受力需计算得出)。

吊杆收紧的目的是防止浇筑混凝土过程中因吊杆受拉伸长造成模板与已浇混凝土之间的接头处漏浆，底板吊杆收紧的另一个作用是，通过底模与已浇混凝土之间摩擦力，抵抗作用在模板上的水平力。

③箱梁钢筋成型、绑扎及预应力孔道安装

在2号块底板中部有一层纵向和横向钢筋。

腹板的拉筋要按照行列式布置。

顶板架立钢筋的布置要避开纵向预应力管道。

各梁段之间连接钢筋的连接应牢固可靠。

底板内箍筋应定位准确，绑扎牢靠。

顶板上、下层钢筋间的架立钢筋，在非管道区域，沿纵向每隔两排与箱梁顶板上、下层钢筋焊接，腹板箍筋横肢与顶板上层横向钢筋焊接，其他架立钢筋则与箱梁横向钢筋和箍筋用扎丝绑扎牢固。

④箱梁混凝土施工

A. 混凝土输送

箱梁混凝土由主墩平台上固定式混凝土工厂拌制，通过混凝土输送泵和输送管将混凝土送至梁顶布料机，通过布料机布料。混凝土泵管沿主墩塔吊塔身安装至梁顶。

浇筑2号～5号节段时，布料机设置在0号块翼缘板上，由主墩平台上的地泵直接输送至布料机布料；浇筑6号～9号节段时，布料机设置在4号块翼缘板上，在0号块顶板上设置地泵接力(也可根据地泵能力，在其他节段设置接力地泵)，由接力地泵输送至布料机布料；其他节段通过布料机前移和混凝土泵管延伸进行混凝土输送。

B. 底板下料

箱梁内顶模中心沿纵向开一个方洞，混凝土工厂泵管接至方洞处，在泵管的下端接几节软管，软管穿过方洞延伸至底板，通过摆动软管对底板布料，在底板范围内搭设一定的钢管脚手架，用于挂设及支承软管，也方便人员上下拆卸或检修软管。底板倒角处的模板安装时间、封堵时间与0号块施工要求一致。

C. 腹板下料

在两侧内侧模上每隔2～3 m高度开一排洞。在箱梁内接两个软管，两个软管一端各引向一侧腹板开孔处，另一端引至内顶模上的开孔，布料机通过内顶模的开孔下料。每个软管完成一侧腹板的布料，浇筑一侧腹板混凝土时，混凝土输送泵管接到该侧腹板软管上。当浇筑另外一侧腹板混凝土时，混凝土输送泵管再转接至另外一侧腹板的软管上。

在内侧模上安装可以活动的封堵板结构，当混凝土面浇筑至开孔位置前及时予以封堵。

D. 顶板布料

顶板采用布料机直接布料。

E. 施工要点

冬季施工时采取以下措施：

水加温。

砂石料仓用帆布遮盖，并在里面装碘钨灯加热。

混凝土输送泵用草袋缠绕包裹保温。

翼缘模外侧钉胶合板保温。

外侧模工作平台处用挡板和篷布将节段包裹起来保温。

底模用胶合板钉成一封闭结构，形成一个隔层，防止空气流动来保温。

混凝土施工注意事项：

各对称梁段混凝土浇筑应同步进行，最大浇筑重量差按设计要求的不大于一个梁段的底板自重来严格控制，确保悬臂两端施工荷载的平衡。

精轧螺纹钢筋下端钢筋较密，应加强该处混凝土振捣。

由于挂篮翼缘模、内顶模、底模面板为木模，振捣时注意振动棒不得触及面板。

⑤预应力张拉和孔道压浆

钢绞线不能完全按照设计图的长度下料，应该考虑实际需要的工作长度和误差。

拆除模板后方可张拉，孔中心距侧模距离最大为 35 cm，最小为 25 cm，千斤顶直径为 70 cm。

由于 15-31 束的张拉千斤顶的直径为 70 cm，张拉槽口的尺寸不能容纳千斤顶伸入其中，要制作一定数量和厚度的垫板，张拉时安装在张拉千斤顶的前支承面上。

（2）其他节段施工

箱梁混凝土浇筑完毕，混凝土养护 7 d 并且混凝土强度达到 90% 后（此期间内可以进行纵向预应力钢绞线穿束施工），先张拉竖向预应力精轧螺纹粗钢筋，然后张拉纵向预应力，张拉完毕即可移动挂篮至下一节段，进行下一节段的施工。其施工顺序如下：

①翼缘模及外侧模脱模

A. 挂篮模板同时作为混凝土保水和保温养护的屏障。挂篮模板应在纵向预应力张拉前 2 d 开始拆拉杆，1 ~ 2 d 脱模（张拉竖向预应力时可以不脱模），使混凝土有充分的养护时间和较好的养护条件。

B. 拆下挂篮内外模对拉拉杆。

C. 用倒链在下端拉动外侧模，使外侧模绕转动而脱离混凝土面。

D. 放松外模后锚固钢筋，再放松外模前吊杆钢筋，外侧模和翼缘模整体下落，将外侧模的后点支承在底模平台梁上。

E. 最后拆除外模的后锚固钢筋。

②内顶模及内侧模脱模

A. 拆除底板倒角处模板，拆除内模倒角处木肋连接板。

B. 拆除内模侧面的工作平台杆件与内导梁的连接螺栓，用倒链将工作平台挂在内顶模钢排架上。

C. 拉动内侧模下端，使内侧模转动而脱离混凝土面。

D. 将内模导梁后滚轮装置前移至下一锚固孔，用锚固钢筋将其锚固。

E. 松落支点处吊杆，使内导梁后支点转移至前方孔处，再拆除后支点吊杆，使该处横梁挂在内导梁上，内模系统后端脱离混凝土面。

F. 放松内导梁前端吊杆，使内模系统的前端脱离混凝土面。

③预应力张拉、压浆

在混凝土养护期间即可穿纵向预应力钢绞线。

先张拉竖向预应力精轧螺纹粗钢筋（混凝土强度达到90%设计强度），然后张拉纵向预应力钢绞线（混凝土养护至少7 d并且混凝土强度达到90%设计强度后）。

纵向预应力孔道压浆可在挂篮前移后进行。

横向预应力滞后一个节段张拉，并在张拉后立即压浆。

张拉和压浆完成的预应力束应严格标记，并经监理认可。

④底模脱模

挂篮底模应在纵向预应力张拉完成后脱模。

拆除底模后横梁上的四根锚固钢筋。

松落底模的后长吊杆和前长吊杆，调整挂篮底模前横梁两侧15 t倒链的长度，使整个底模与混凝土面脱离，并保持8～10 cm的间距。此时应注意，松落底模时要注意随之调整前下工作平台前端3 t倒链的长度。在松落底模时注意同时松落外侧模的后吊杆。

⑤前移主轨道

A. 放松并拆下挂篮主轨道横梁和锚固钢筋。拆除轨道下的垫块。

B. 检查挂篮前工作车的快速滚轮是否已与主轨道脱离，启动千斤顶，将主轨道向前牵引，移至下一节段。检查、调整主轨道的平面位置。

C. 调整主轨道垫块，将主轨道抄垫密实，并使两组轨道顶面在同一平面上，将轨道横梁与主轨道用螺栓重新连接，并安装锚固钢筋，调整主轨道到设计位置，安装锚固钢筋。

应当注意，快速滚轮与主轨道既要有一定的间距，间距也不能太大，要保证轨道前移时快速滚轮能够起到导向作用。

⑥主桁架下落

A. 放松挂篮前支点油顶，使挂篮前工作车的快速滚轮落到主轨道上（两个主桁的两个前支点油顶要同时放松）。

B. 放松每个主桁的四根后锚杆，拆除对立支承。

C. 启动下拉液压油顶，逐渐使挂篮每个主桁的四根后锚杆不受力，并拆除每个主桁四根后锚杆（两个主桁的油顶要同步调整）。

D. 继续慢慢放松后拉液压油顶，使后工作车滚轮与主轨道上翼缘的下面顶紧。

E. 解除下拉液压油顶与主轨道的连接。

⑦挂篮移动前的准备和检查

A. 挂篮移动时，除内顶模、内侧模外，其他部件全部整体向前移动至下一节段，内顶模及内侧模要用倒链向后拉住，使挂篮前移时内顶模和内侧模不前移，待下一节段的底板钢筋和腹板钢筋绑扎完成后，再将内顶模和内侧模一起滑移至下一节段。

B. 挂篮前移前检查确认项目如下：

纵向预应力全部张拉完毕；

挂篮轨道已经锚固可靠，两组轨道在同一平面并抄垫密实；

挂篮轨道平面位置正确；

挂篮结构已与混凝土面脱空并有一定间距，妨碍挂篮前移的锚固钢筋或其他结构物已被拆除；

前快速滚轮及后转向架导向轮与轨道接触良好。

⑧挂篮移动

A. 开动液压走行系统，使挂篮的外模系统、底模系统、内模导梁一起随挂篮整体前移（仅内顶模及内侧模不动）。

B. 挂篮移动过程中，前支点油顶用三根元宝弹簧挂在主桁架的前端，当挂篮移动一定距离后，提前将前支点油顶的支座吊装到下一节段距节段端面 0.4 m 处并在轨道中心，将油顶支座调整水平并抄垫密实，保证油顶支座均匀受力。

C. 挂篮移动注意事项：

同一"T"构的两只挂篮移动时，必须对称进行，以保持梁体平衡。

挂篮走行速度不宜过快，且做到两片主桁同步、平稳走行，两主桁前移的距离偏差不超过 0.1 m。两侧走行油顶应由同一台油泵供油，保证同步工作，同时宜在主轨道上每 10 cm 画一刻度，便于观察，随时调整。

挂篮走行时，应有专人统一指挥。

挂篮走行时，主轨道两端设限位装置，中途停顿时应立即用钢楔块卡住前后工作车滚轮，防止挂篮意外移动。

挂篮走行应选择无大风的天气进行。

⑨挂篮移动到位的定位与锚固

A. 挂篮移动到位后，前支点油顶起顶并支承在钢支座上，要使前工作车的滚轮脱离轨道一个小间隙使滚轮不受力，脱离间隙≤10 mm，以便下次移动主轨道时，主轨道能在滚轮的导向下移动。

B. 调整下拉油缸，使下拉走道梁的构件钩在主轨道的翼缘上，启动下拉液压油顶将主桁架调整为水平。调整时，要使后工作车的滚轮脱离轨道一个小间隙以使滚轮不受力。

C. 在预留孔中穿入精轧螺纹锚固杆，将主桁与箱梁锚固。

D. 安装对立支承，张拉每组轨道的四根锚固杆，张拉吨位为 30 t。

E. 安装底模后横梁上的四根后锚固杆，安装翼缘模后端锚固杆。

F. 提升底模，合拢外侧模，按照设计、监控要求进行挂篮底模平面位置和高程调整。

G. 挂篮模板吊杆调整顺序：先收后吊杆，但不收紧，使模板与已浇混凝土之间有 1 ~ 2 cm 空隙。然后调整前吊杆，使模板前端标高达到监控指令的标高，最后再按每根吊杆计算"实际受力 +5 t"的力预紧后吊杆。

H. 先对底模定位和吊杆预紧，再对外侧模定位和吊杆收紧，然后将外侧模最下层与底模连接的拉杆拉紧。

I. 清理模板表面，涂刷脱模剂。

⑩底板、腹板钢筋绑扎

绑扎底、腹板钢筋，安装纵向预应力孔道及竖向预应力筋。

在组装竖向预应力筋时，必须将锚板处各接触面密封。

竖向预应力下端压浆胶管必须塞到位，在胶管前端涂一层强力胶水后塞入压浆嘴（不要太厚，防止将前端管口堵塞）。压浆管应在与压浆嘴的接口附近用铁丝与箱梁钢筋绑扎，防止在浇筑混凝土过程中脱落。

在起吊安装竖向预应力时，必须检查钢筋与锚垫板结合处胶管是否破损，是否密封到位，破损的必须更换。在纵向预应力安装前，现场值班技术员应下到腹板中逐根检查，并做好记录。

在施工过程中，必须确保竖向预应力压浆用的胶管不被破坏，否则压浆无法进行。

竖向预应力上端张拉用的预留槽口必须居中。

预应力锚头处螺旋筋要靠近锚垫板，并使预应力束居中。

绑扎腹板钢筋时，钢筋要避开拉杆孔，并使箍筋顶面在同一平面内。

底板纵向预应力管道通过位置均设置防崩钢筋，设防崩钢筋处取消架立钢筋。

腹板、底板内的架立钢筋钩在纵向筋上。

齿板钢筋、锚固块钢筋与箱梁同时安装。

在0号~15号梁段底板内布置横向箍筋，箍筋应定位准确、绑扎牢靠。

腹板的拉筋按行列式布置。

仅齿板钢筋采用Ⅲ级钢筋，应注意与其他同直径的Ⅱ钢筋相区别。

在跨中区域要预埋光纤应变传感器或相当精度的其他装置，具体由省桥指委托相关单位预埋，现场做好配合工作，在施工过程中注意保护。

⑪滑移内模到位

用倒链将内模从上一节段箱内拉出，到位后清理模板表面，进行内模中线、高程调整，完成后安装内外模对拉拉杆。

⑫顶板钢筋绑扎

绑扎顶板钢筋，安装纵、横向预应力孔道及横向预应力束。

顶板上、下层钢筋间的架立钢筋，在非管道区域，沿纵向每隔两排与箱梁顶板上、下层钢筋焊接，腹板箍筋横肢与顶板上层横向钢筋焊接，其他架立钢筋则与箱梁横向钢筋和箍筋用扎丝绑扎牢固。

顶板底层横向钢筋、底板所有横向钢筋采用无接头钢筋，其他钢筋按规范要求进行接长。

顶板拉筋加工尺寸要准确，拉钩弯曲须到位，因顶板为变厚度，故应要按级差区别安装。

P锚制作要规范，钢绞线适当露出挤压套，弹簧丝应压满挤压套，不得外露。

P锚约束环与锚垫板的距离按设计图安装，P锚挤压套要紧贴锚垫板。

顶板波纹管在定位前，量测位置后焊接定位筋，保证波纹管间距准确。

定位筋制作尺寸要准确，且不得过长，以防止波纹管挤压变形或影响保护层厚度。

顶板横向束P锚端螺旋筋应卡在顶板上层纵向筋空档内，约束环应居于螺旋筋中间。

横向预应力筋沿厚度方向的定位必须准确，防止顶板拉崩。

⑬箱梁混凝土施工

混凝土搅拌时间不小于3 min。

充气胶囊卡箍要经常检查，防止松动脱落。

在浇筑混凝土过程中，必须保证充气胶囊内的气压满足要求，防止波纹管进浆，并防止波纹管被压瘪变形。

体外预应力锚固块混凝土应与箱梁主体混凝土同时浇筑。

体外预应力转向块在挂篮悬浇时，在混凝土中预留套筒接头，挂篮移走后，利用套筒再接长钢筋、立模、浇筑后转向块。

体外预应力转向块应根据监控的要求安排在合适的时间浇筑，且必须在中跨合拢前浇筑完成。

中跨底板预应力束与上下层钢筋之间的距离很小，特别应加强该处底板混凝土浇筑。

转向块与锚固齿块的钢筋非常密，必须加强振捣。

精轧螺纹钢筋下端钢筋和锯齿块处腹板下端钢筋非常密，应加强该处混凝土振捣，倒角处模板安装同0号块施工。

锚头混凝土应在内模相应位置开孔振捣。

两幅桥宜同时施工，浇筑梁段数相差不超过1~2个节段；每半幅桥的两个单T同时施工，两个单T间浇筑梁段数相差不超过1~2个节段；每个单T要求对称悬臂浇筑，允许的不对称自重不得大于一个梁段的底板自重。

混凝土试块要分批取样制作。

高性能混凝土养护时间较普通混凝土长，尤其要注意早期保湿养护。要设专人负责养护，并保证养护时间。

养护时，养护水不得进入预应力管道。

梁顶取消调平层后，必须控制桥面平整度≤5 mm，高程最大误差±10 mm。

依上循环移动挂篮至下一节段。

（3）挂篮悬浇过程中模板的调整

①侧　　模

A. 侧模面板由三块高度约4.5 m的面板拼接而成，随着挂篮节端悬浇过程的推进，箱梁高度逐渐减小，侧模的面板伸出底模面板以下的长度逐渐增大，当其伸出的长度大于4.5 m时，可以逐渐分块拆除下面两块4.5 m高的模板。外模的平台也要随之调整。

B. 连续刚构箱梁的钢筋、三向预应力筋密集，挂篮悬浇时，上一节段施工所开的面板拉杆孔可能与下一节段施工的预应力孔道相冲突，有些孔道要调整（封堵或新开），钢背肋也要根据现场具体情况适当移动。

C. 当进行3 m至4 m、4 m至5 m节段施工转换时，内侧模相对于梁顶的高度要下降，内外模的钢背肋将产生错位，不能对拉，因此，节段长度转换施工时，要调整外模的背肋高度，使内外模钢背肋在同一平面内，能够对拉。

②内　　模

A. 为防止内模板发生损坏，内侧模在纵向分成三块。浇筑3 m段时，模板纵桥向长度为3.66 m；浇筑4 m节段时，再安装长度为0.6 m的模板块；浇筑5 m节段时，再安装第三块1.09 m长的内侧模。

B. 每次浇筑下一节段时，箱梁高度减小，内侧模最下端要裁切一部分，以满足下一节段施工的要求。

C. 内顶模木方与内侧模木方在倒角处采用螺接的钢板及木方组合结构，每个节段内模定位安装时，逐个栓接紧固，拆模时逐个拆除。

应当注意，对于腹板变化节段，内顶模木方与内侧模木方的连接夹板不适用，要重新制作，并且在浇筑这些节段时，内侧模沿桥纵向有一个角度，要调整内、外侧模的背肋，使其能够对拉。

③底　模

底模面板 5.365 m 长度一次安装铺设，浇筑 3 m 节段时，在面板前端钉复合板进行防护。

④封 端 模

封端模考虑倒用，浇筑下一节段时应一部分调整一部分新做。

封端模采用［10 槽钢肋与主体结构纵向钢筋锚固来承受混凝土侧压力，锚固筋在高度方向间隔 40 ~ 60 cm 布置。锚固筋端部镦粗车丝，后端采用套筒与已浇筑梁段中预留伸出的纵向筋连接，前端采用套筒锚固型钢。

第三节　预应力施工

箱梁混凝土养护龄期不小于 7 d、强度达到 90% 设计强度后进行张拉，张拉总顺序为：先竖向，再纵向，最后张拉顶板横向预应力。为了保证受力的均匀性，在浇筑完 $n+1$ 号梁段混凝土后，再张拉 n 号梁段的顶板横向预应力。纵向束同一 T 构左右两端对称张拉，先长束，后短束，竖向预应力钢筋由墩顶向合拢段方向进行，左右腹板对称单端张拉，横向束由墩顶向合拢段方向进行，翼缘板单端交错张拉。

张拉全部完成后，按竖向、纵向、横向的顺序压浆，纵向束采用专用的密封罩封锚，横向束采用无收缩水泥浆封锚，竖向束不必封锚，采用自身高度形成的压力，横向束和竖向预应力钢筋采用普通压浆工艺，纵向束采用真空辅助压浆工艺。对于长度大于 40 cm 的纵向长束和曲线束的驼峰处，要设置补浆孔兼排气孔。

一、预应力施工

1. 预应力材料验收与存放

（1）波纹管进场验收与存放

塑料波纹管进场后，按照《苏通大桥塑料波纹管质量管理控制要求》进行验收。

塑料波纹管应存放在远离热源及油污和化学品污染源的地方。

塑料波纹管存放地点应平整，堆放高度不超过 2 m，并设置遮阳棚或遮盖物，避免暴晒。

（2）钢绞线进场验收与存放

钢绞线应成批验收，每批质量不大于 60 t。

钢绞线进场时应同时提交材料质保书，特别是主要性能的出厂检验报告数据要齐全，必要时提供生产厂近期生产的钢绞线弹性模量的统计值，作为修正计算伸长值的参考。

抽查钢绞线的抗拉强度，通过试验测定钢绞线的弹性模量和截面积，以便修正钢绞线计算伸长值。

钢绞线存放场地应经过硬化处理，并有遮雨、防晒设施，同时应垫高、通风、防油污、防锈。

（3）锚具进场和存放

锚具进场时应同时提交材料质保书。

锚具进场后按照规范中的检验批次和检验项目进行抽检。

锚具进场验收合格后应入库存放，并登记造册，根据领料单发放。

锚具存放应垫高、通风、防油污、防锈。

2. 预应力管道、预应力筋及锚具安装

(1) 钢绞线的下料、成束

钢绞线采用砂轮机切断，切割之前，先在切割线左右两端各 3 ~ 5 cm 处捆扎一道，防止切断后散头。在钢束下料过程中，均匀排列，梳理成束，逐个标识。

技术人员计算出各编号钢绞线的下料长度，工班据此下料，并在两端注明编号，以免混杂。

钢绞线下料长度应参考设计图，并考虑实际施工时张拉端的工作长度。设计未定出下料长度时，按下式计算，并经试用后进行修正：

$$L = L_0 + 2L_1 + nL_2 + 2L_3$$

式中 L——钢绞线下料长度(mm)；

L_0——锚具支承板间孔道长度(mm)；

L_1——锚具高度(mm)；

L_2——张拉千斤顶支承端面到槽形口外端面间的距离(包括工具锚高度，mm)；

L_3——长度富余量(mm)(可取 100 mm)；

n——单端张拉为 1，两端张拉为 2。

下料时要注意，桥轴线位于半径为 7 000 m 的平曲线上，左、右幅箱梁钢绞线长度要考虑平曲线的影响。

钢绞线束制作应在特制的放盘柜中进行，防止弹伤人和钢绞线打绞。

0 号 ~4 号节段钢绞线在 800 t 平板驳上下料，其余节段钢绞线在已浇筑梁段顶面下料。

钢绞线成束时应理顺，不得交叉盘绞，可用钢板仿锚板孔位缩小做成梳型板，将各根钢绞线梳理顺直。束内每根两端均用白胶布缠绕编号，同根同号。

钢绞线下料后存放在防雨棚内待用。对于较长束，为便于存放运输，可将其盘成大盘，圈径宜为 3 m 左右；钢束应逐根编号。

钢绞线束在储存、运输、制作安装过程中，应防止钢束锈蚀，沾上油污及损坏变形。

(2) 纵向预应力束安装

纵向预应力管道采用塑料波纹管成孔，15-31 预应力束和 15-22 预应力束的塑料波纹管(聚丙烯) 直径为 $\varphi_{内}$ 130 mm，15-15 预应力束的塑料波纹管(聚丙烯) 直径为 $\varphi_{内}$ 100 mm。

①波纹管配色

由于连续刚构纵向波纹管密集，且部分波纹管直径较为接近，为防止施工过程中波纹管混淆，特对塑料波纹管颜色进行标识。彩色波纹管见图 6. 3. 1。

图 6. 3. 1 彩色波纹管

不同直径的塑料波纹管采用不同的颜色，顶板上、下层波纹管采用不同的颜色，顶板同一层相邻的两根波纹管也采用不同的颜色，两种颜色交错布置，底板上的相邻波纹管同样采用不同的颜色。

$\varphi_{内}$ 130 mm 波纹管采用黑、绿、红、黄四种颜色，其中上层为黑、绿颜色，下层为红、黄颜色；$\varphi_{\text{内}}$ 100 mm 波纹管采用黑、绿两种颜色（0 号块横隔墙内 $\varphi_{\text{内}}$ 100 mm 波纹管采用黑色）。

②波纹管与锚垫板连接

波纹管与锚垫板连接采用管板接头，波纹管端部旋入管板接头一端，管板接头另一端伸入锚垫板尾部。

波纹管与管板接头、管板接头与锚垫板的连接应具有 6 cm 以上的搭接长度并使用胶带缠绕密封，以防止灌注混凝土时产生漏浆。管板接头见图 6.3.2。

图 6.3.2　管板接头

③波纹管接头处理

波纹管接头采用两种处理办法：

一是利用专用卡箍接长，卡箍的长度≮200 mm；二是使用波纹管焊接机焊接。波纹管接长卡箍见图 6.3.3，波纹管焊接机见图 6.3.4。

图 6.3.3　波纹管接长卡箍

图 6.3.4　波纹管焊接机

④波纹管定位

根据预应力钢束曲线参数表计算预应力管道位置，每隔 50 cm 计算波纹管坐标，作为波纹管定位的依据。

波纹管的位置主要靠定位筋来保证。直线段波纹管定位钢筋间距不大于 0.5 m，曲线段不大于 0.25 m。定位钢筋应与箱梁主体钢筋绑扎牢固，与波纹管之间的缝隙很小（即上、下、左、右四个点与波纹管基本靠贴在一起）。在混凝土浇筑过程当中，波纹管不会上、下、左、右移位，管道的位置偏差最大不超过 10 mm。波纹管定位见图 6.3.5。

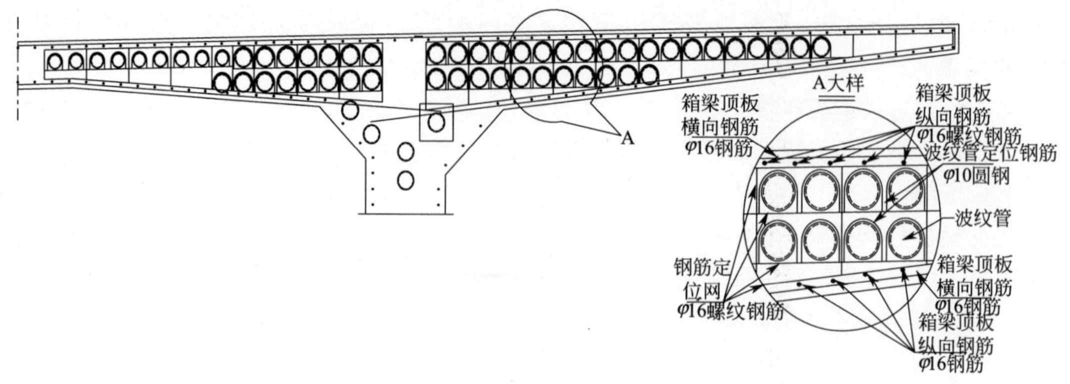

图 6.3.5　波纹管定位示意图

顶板和底板纵向束：安装完底层纵、横向钢筋后，安装定位网钢筋，量测其位置满足设计要求后，与主体钢筋连接，然后安装下层波纹管，用半环形定位筋对波纹管定位，使波纹管与定位钢筋密贴，再安装上层波纹管，用半环形定位筋对上层波纹管定位，最后安装主体结构顶层钢筋。

腹板内纵向束：在穿入波纹管后，根据事先计算不同截面处的位置，量测位置满足设计要求后，用定位筋对波纹管定位。

非锚固束波纹管伸出混凝土外下层为 40 cm，上层为 20 cm。

曲线管道严格按照设计线型控制，应弯曲圆顺，严禁有明显的弯折点和死弯点。

波纹管接头应平顺密合，且不能错台和漏浆，因此堵头模的位置准确十分重要，其开孔尺寸要准确，孔径比波纹管外径最多大 5 mm。

锚垫板上方的压浆孔及连接螺孔，用棉纱等材料填充，防止混凝土泥浆渗入管道或螺孔内。

螺旋筋须紧贴锚垫板承压面。

锚下垫板在预埋时确保与堵头板密贴，并且垂直于预应力管道。

纵向预应力波纹管安装定位后要装充气胶囊，充气胶囊前端用胶带将卡箍旋紧螺栓缠绕一圈，防止螺栓刮擦波纹管和阻碍胶囊的进出。

浇筑混凝土前，用压风机向充气胶囊内充气（气压不大于1 MPa），防止波纹管漏浆堵塞管道或者波纹管被压瘪，也能起到压重的作用，防止波纹管上浮。浇筑的混凝土初凝后，排放充气胶囊内的气体，即可把充气胶囊抽出。

充气胶囊冲气与混凝土浇筑间隔时间不要太长，否则充气胶囊会因长时间放置而漏气，造成气压下降。若下降过多，则须重新补充气体。

安装下一节段波纹管充气胶囊时，充气胶囊宜伸入上一节段波纹管内 20 cm。长束和曲线管道应预设压浆观察孔，同时也作为补浆孔和排气孔。长束每隔 40 m 左右设置一个压浆观察孔兼排气孔，在曲线管道的最高点或拐点处也应安装观察孔兼排气孔。排气孔、观察孔要求能承受 1.5 MPa 左右的压力，能弯折闭气，内径不小于 2 cm。排气孔、观察孔管道伸出混凝土面 20 cm。

补浆孔必须清楚、牢固地与钢束对应编号标识，以便压浆时检查。

⑤ 钢绞线穿束

穿束前应将锚下垫板面上的灰浆除净，检查锚下垫板下的混凝土是否密实，垫板与孔道是否垂直。如有问题，处理完毕后方可穿束张拉。

在每一梁段混凝土浇筑完毕拔出充气胶囊后，立即检查孔道是否漏浆和堵管。

钢绞线穿入后，各根钢绞线伸出锚垫板的长度基本保持平齐。

短束用人工单根穿，中、长束用专用的推式穿索机穿束或综合穿束。

A. 综合穿束(超长束)

对于31束钢绞线，首先用穿束机将钢绞线单根送入孔内，共穿入22根钢绞线。

将已穿设的钢绞线中的一根作为牵引钢绞线。

另外10根钢绞线端头装上穿束套，并与牵引钢绞线连接。

开动卷扬机，收拉牵引钢绞线，将剩余10根钢绞线束从穿入端拉至另一端。

B. 机械穿束(中、长束)

成盘钢绞线安放在分配器上，穿束机将钢绞线送入孔内。预应力孔道口在箱内时，钢绞线通过软导向管穿入。

(3) 横向预应力安装

① 顶板横向束

张拉端采用扁锚，固定端采用P型锚，交错布置。P型锚见图6.3.6。

横向预应力管道采用 $\varphi_{内}$ 60 mm×22 mm 金属波纹管成孔。

首先利用挤压器制作挤压锚，质量要点为异形钢丝弹簧圈挤满挤压锚环。

顶板中的横向预应力孔道采用钢绞线束压重。

横向预应力管道的张拉槽口采用钢模预留，应符合锚具尺寸和张拉顶空间的要求。

张拉端螺旋筋应该紧贴铸铁锚垫板背面，P锚端挤压锚应紧贴承压钢板，P锚处螺旋筋应介于约束环的两侧，即约束环位于螺旋筋的中间。

为防止波纹管漏浆，在进行焊接工作时，不能有焊渣熔穿波纹管，尤其不能用电焊条在波纹管上“打火”，混凝土浇筑时振动棒不能碰破波纹管。

压浆孔直接设置在扁铸铁承压板上，P锚处的排气管可直接设在约束环处。

波纹管的位置由定位网控制。定位钢筋间距不大于0.5 m。定位钢筋用 φ12 mm 的钢筋箍，与梁主体钢筋连接牢固，与波纹管之间的缝隙要几乎为零(即上、下、左、右四个点与波纹管紧密靠贴在一起)。

先穿入横向波纹管，再安装定位钢筋。横向预应力管道定位见图6.3.7。

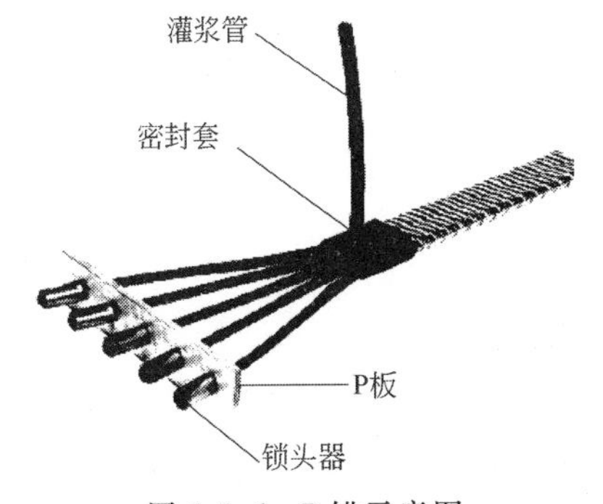

图6.3.6　P锚示意图

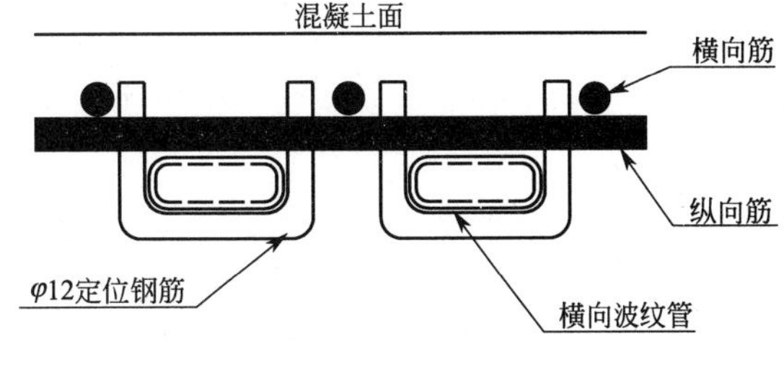

图6.3.7　横向预应力管道定位示意图

横向预应力钢筋安装时应防止绞编。

②0号块隔墙横向束

采用15-12预应力束。

预应力管道采用$\varphi_{内}$ 100 mm塑料波纹管成孔。

预应力孔道采用充气胶囊压重和防止管道堵塞。

张拉槽口采用木模预留，应符合锚具尺寸和张拉顶空间的要求。

（4）竖向预应力安装

①竖向预应力采用厂家的全套定型产品，张拉端为球面支承，螺帽上预留3个出浆槽口。竖向预应力组装件见图6.3.8。

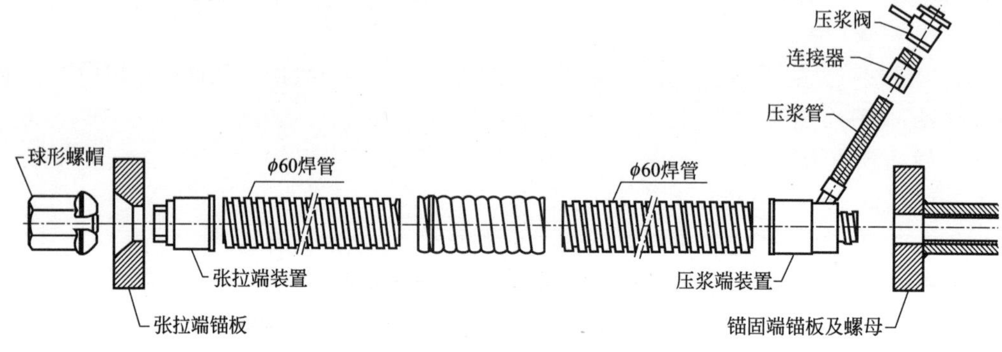

图6.3.8　竖向预应力组装件示意图

②竖向预应力采用$\varphi_{外}$ 60 mm的高频焊管成孔。安装前，在生产区或主墩工作平台上将竖向预应力组装成套(压浆管待竖向预应力筋安装后至内模安装前再安装)，组装时要保护好钢筋上的编号，以免混淆。

③由于竖向预应力筋长、组装件重量大，为不使高频焊管把下端的塑料压浆管压变形，使用3根小钢筋头一端焊接在高频焊管上，另一端直接支承在锚垫板上，以保护塑料压浆管，但钢筋头的下端必须保证在同一平面上受力。

④竖向预应力筋下端的压浆胶管塞入塑料压浆套管压浆嘴，将压浆管与压浆嘴接口附近的梁体钢筋绑扎，防止混凝土施工过程中压浆管脱落。

⑤下端压浆管要引出箱梁底板和腹板内表面，压浆管的长度根据实际需要长度切割。安装好后，压浆管要用棉纱、海绵包裹，防止压浆管路堵塞。

⑥竖向预应力管道要特别防止焊管上、下口与套管接头处及下端套管与精轧螺纹连接处漏浆，应采用胶带或密封剂密封所有接口，并在全部检查合格后合拢内模。

⑦安装竖向预应力钢筋时，锚固端螺母在旋进粗钢筋后，用环氧树脂将其固定在粗钢筋上。

⑧组装成套的竖向精轧螺纹钢筋长度在10 m以上的，采用塔吊吊装；长度在10 m以下的，利用桥面上的小型桅杆吊机吊装。竖向预应力束在绑扎腹板钢筋时，安装纵向波纹管前安装。竖向高强度粗钢筋供货时已根据每个节段的长度编号供货，在施工安装时由于箱梁顶面有2%的横坡及每节段的高度都在变化，应根据“中间高，两侧低，往0号块方向高，往跨中方向低”的原则，根据编号安装钢筋，不得混淆。

⑨竖向预应力筋较长，应采用长挂车和专用工具运输，并用软垫抄垫。起吊时，采用专用吊具竖立，防止挤压变形、弯曲变形或损坏管道接头。

⑩竖向预应力每隔1 m左右设置一道定位筋，定位筋与主体结构钢筋连接。施工过程中严禁电焊触碰精轧螺纹钢筋。张拉槽口采用配套的专用工具成形，尺寸满足张拉顶操作要求。竖向预应力定位见图6.3.9。

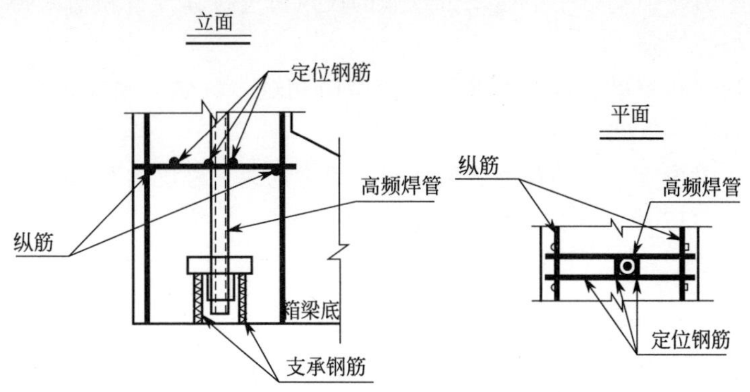

图6.3.9　竖向预应力定位示意图

(5) 质量检查

预应力管道、张拉端和固定端、预应力筋安装完成后，浇筑混凝土前做质量检查。检查重点为：

金属波纹管有无被电焊铁水烧穿，连接管处两端胶带封闭是否完好。

远望安装的孔道曲线是否流畅，检查关键点的坐标尺寸是否正确。

各压浆孔、排气孔安装质量，接口的密封情况。

张拉端与固定端喇叭管处安装质量。

3. 预应力张拉施工

(1) 预应力张拉准备

①梁体检查

梁体混凝土已达到设计张拉强度，梁体缺陷已修复，修复强度与张拉梁体的强度等强。

由于梁体1号~34号腹板厚度为70~45 cm，而YDC10000型千斤顶外径为70 cm，须将侧模外移后再张拉预应力束。

孔道经通孔清理，无残渣及积水。

锚下垫板表面清洁，施工时有保证孔道与支承板面垂直的措施。

完成孔道摩阻和锚圈口摩阻测试。

按《公路桥涵施工技术规范》计算钢绞线理论伸长值，计算理论伸长量时，钢绞线长度要考虑千斤顶内工作段的长度，同时μ的取值要参考孔道摩阻试验得出的数据。

通过试验，测定钢绞线的弹性模量和截面积，以便修正钢绞线计算伸长值。其计算公式如下：

$$\Delta L' = \frac{E'_p A'_p}{E_p A_p} \times \Delta L$$

式中　E'_p, A'_p——实测的钢绞线弹性模量(MPa) 和截面积(mm^2)；

E_p, A_p——计算采用的钢绞线弹性模量(MPa) 及截面积(mm^2)；

ΔL——计算的理论伸长值(mm)；

$\Delta L'$——修正后的理论伸长值(mm)。

②张拉设备与工具准备

准备好电动油泵、千斤顶、限位板、打紧器(套筒式堕锤)、退锚器、工具锚及夹片、钢片尺、木把螺丝刀、钢丝钳、手锤、带过滤的压风机等机具设备和辅助张拉工具。

③孔道摩阻损失测定

为验证设计数据和积累资料，要进行孔道摩阻测试。测试方法及设备按《公路桥涵施工技术规范》(JTJ 041—2000) 办理。

选择长短各2根预应力筋做孔道摩阻试验。短索选择1号块的F1束和T1束，长索选择17号块的F17束和T17束。孔道摩阻试验方案见图6.3.10。

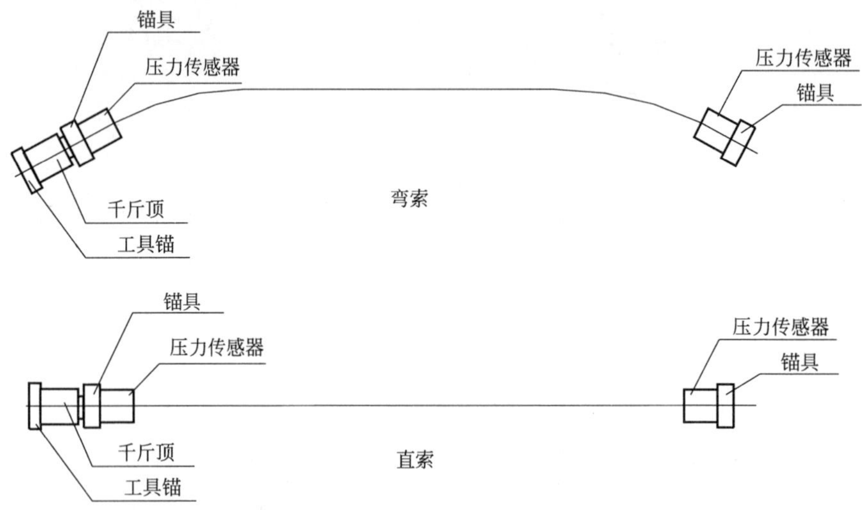

图6.3.10 孔道摩阻试验方案图

钢束两端安装压力传感器测试张拉吨位。首先张拉至0.1倍的控制拉力，以此作为初始状态，然后分级张拉至控制拉力。一端主动，一端被动，主、被动端荷载传感器的差值即为孔道摩阻损失，然后可用最小二乘法计算孔道的摩阻系数及孔道偏差系数。

参考实测摩阻系数计算钢绞线的理论伸长量。预应力张拉过程中，同时测试钢绞线的伸长量，并与计算伸长量对比，用以指导施工。

④安装锚具及张拉设备

A. 张拉机具配套、组装及运转

千斤顶、油压表应配套校验，根据校验曲线填写油压表读数卡片贴在现场，供张拉使用。

千斤顶、油泵及油管张拉设备移至梁体张拉端组装。

油泵先运转1~2 min，大缸进油，小缸回油，使大缸活塞外伸20 cm左右，再让小油缸进油，大活塞回零。如此反复2~3次，排出千斤顶缸内和油管路中的空气，使张拉压力平稳。

B. 安装和拆除顺序

工作锚→工作夹片→限位板⇌千斤顶⇌工具锚⇌工具夹片

安装工作锚：根据锚板孔位布置，钢绞线头上安装子弹头，先将钢绞线穿入卡箍，将两片卡箍合拢，使钢绞线按照锚孔位置排列整齐，然后穿入工作锚板。

安装工作锚夹片：每副夹片用橡胶圈箍在一起，沿钢绞线端用手将其紧推入锚板孔，锚板推至贴紧锚垫板。夹片全部安装就位后，用打紧器或手锤将每孔中夹片击平。打紧夹片时，不得过重敲打，以免敲坏夹片。

用工具再次分丝，安装限位板，钢绞线穿入与限位板相连的导向管内，将限位板沿钢绞线端推靠于工作锚板。限位板与工作锚配套使用，两者孔位一致。

安装千斤顶：将千斤顶吊起，穿过钢绞线及导向管，前支承口套在限位板外面，千斤顶与孔道中线初对位，充油，活塞伸出 3～5 cm。

自动工具锚推入千斤顶缸体外口套座（或垫环）内，特别注意两锚板孔位方向一致，保持钢绞线自然平行，防止千斤顶内钢绞线错位，千斤顶与孔道中线精确对位，推动自动工具锚的挡板。穿束及锚固见图 6.3.11，自动工具锚见图 6.3.12，锚具和张拉设备安装见图 6.3.13。

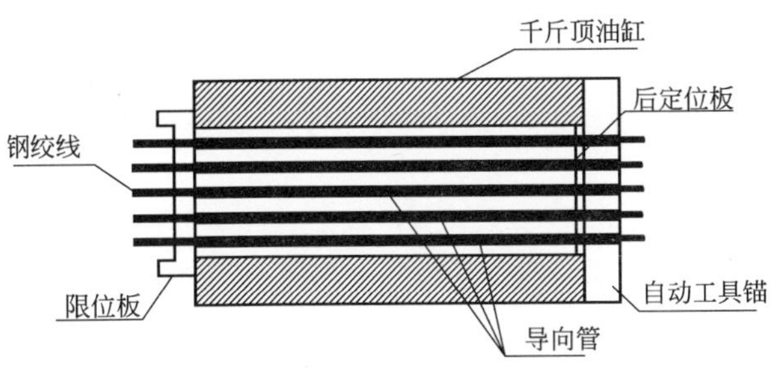

图 6.3.11　穿束及锚固图

图 6.3.12　自动工具锚图

图 6.3.13　安装锚具及张拉设备

C. 锚板及夹片使用注意事项

工作锚、限位板、千斤顶、工具锚保持同一轴线，使钢绞线受力均匀，保证张拉质量。

锚具的锚固系数质保书由供货单位提供，若张拉质量出现问题，应责成供货单位重新复检或更换锚具。现场应对锚具外观质量、锚环及夹片硬度进行分批抽检，作好记录。

锥孔、夹片必须清洁，不允许锚板、夹片有浮锈、油污、砂粒等杂物。

（2）预应力张拉

①张拉前应测定的数据

锚具的锚口摩阻；管道摩阻；夹片回缩量。

②预应力张拉总体要求

A. 总体顺序：

1～30号节段，先张拉竖向预应力筋，再张拉纵向束，最后张拉顶板横向预应力筋。为保证受力的均匀性，在浇筑完 $n+1$ 号梁段混凝土后，再张拉 n 号梁段的顶板横向预应力。

边跨31号梁段，先张拉纵向束，待直线段32号梁段和边跨合拢段33号梁段浇筑完成后，31号梁段与32号、33号梁段同时张拉竖向预应力，然后31号梁段与32号、33号梁段同时张拉顶板横向预应力。

中跨31号梁段，先张拉纵向束，待中跨合拢段34号梁段浇筑完成后，31号梁段与34号梁段同时张拉竖向预应力，然后31号梁段与34号梁段同时张拉顶板横向预应力。

纵向：同一T构左右对称张拉，先长束，后短束。

竖向：由墩顶向合拢段方向进行，同一块件箱梁左右腹板对称张拉，一个块件张拉完毕，然后移到对称的另一个块件张拉。

横向：由墩顶向合拢段方向进行，同一块件箱梁翼缘板单端交错张拉，一个块件张拉完毕，然后移到对称的另一个块件张拉。

B. 钢束的张拉控制应力采用 $0.75R_y^b$，张拉控制吨位为：15-31为6 054 kN，15-22位4 297 kN，15-15为2 930 kN，15-12为2 344 kN，15-3为586 kN，竖向预应力粗钢筋的控制张拉控制应力采用 $0.9R_s$，张拉吨位为673 kN。

C. 纵向预应力均采用两端张拉，横向预应力采用单端交错整体张拉，竖向预应力在箱梁顶面张拉。

D. 纵向预应力束张拉时，混凝土龄期不少于7d，同时混凝土达到90%设计强度后进行。其他预应力张拉，要求混凝土强度达到90%设计强度以后进行。

E. 中跨底板合拢束，除Z6、Z10、Z14在合拢一年后或正式竣工验收前的适当时间张拉外，其余中跨底板束在施工过程中分两批张拉压浆。第一批张拉Z1～Z5并压浆，浆体强度达到设计要求后，第二批张拉Z7～Z9、Z11～Z13、Z15并压浆，并注意观察跨中区域预埋的光纤应变传感器的变化。

F. 预施应力以主油缸油压表读数控制，并以钢绞线伸长量校核。

G. 备用钢束未经设计同意，不得使用。

③纵向预应力钢绞线张拉

A. 张拉程序

0（初始应力状态做伸长量标记）→750 kN（测伸长值）→1 000 kN（测伸长值）→1 500 kN（测伸长值）→2 000 kN（测伸长值）→3 000 kN（测伸长值）→4 000 kN（测伸长值）→5 000 kN（测伸长值）→6 054 kN（测伸长值）→$1.03\sigma_{con}$（测伸长值）→持荷5 min→补拉至$1.03\sigma_{con}$→锚固

B. 张拉工艺流程

千斤顶和油表校验→锚具、钢绞线检查验收→锚具锚固系数试验（或供货单位提供）→梁段竣工测量→管道清孔、通孔及支承板检验→张拉技术交底→钢绞线下料编号→孔道穿束→安装工作锚→安装限位器、张拉千斤顶和工具锚→按张拉程序进行张拉作业→孔道压浆

C. 张拉作业

0阶段：千斤顶充油，活塞伸出1～2 cm。

初始张拉：初始张拉前调整钢绞线束松紧，张拉设备与孔道轴线一致，均匀受力。到达预定吨位后，在钢绞线上安装测量标记，测量至油顶外沿的距离为初读数。

分级加载：每种状态均需测量钢绞线伸长值。纵向钢绞线伸长值测量见图 6.3.14。

图 6.3.14　测量纵向钢绞线伸长量

多次倒顶：待千斤顶活塞达到伸长量时，需回油，打开千斤顶回油和输油阀，千斤顶主油缸继续回缩，工具锚脱开油顶口，工具夹片陆续从锚孔脱离出来，直至千斤顶主油缸完全回缩，再次安装工具夹片，直接张拉至下一级吨位。

张拉吨位：张拉 $1.03\sigma_{con}$时，持荷 5 min 并在张拉端补足吨位，测量伸长值，观察钢绞线与夹片情况。

自锚：张拉完成后，千斤顶回油，油缸回缩，工具锚后退，工作锚夹片便自动将钢绞线锚住，回油应缓慢进行，达到自锚的目的。

回油：打开千斤顶回油和输油阀，千斤顶主油缸继续回缩，工具锚脱开油顶口，工具夹片陆续从锚孔脱离出来，详细检查钢绞线情况。

退顶：相继拆出工具锚、千斤顶、限位板，用游标卡尺量取工作锚夹片外露量。

张拉完成后，在锚圈口处的钢绞线上做好标记，记下数据，作为张拉后观察钢绞线锚固是否滑丝的标记。

D. 张拉作业要求

预应力筋伸长量测量精度应达到 1.5 mm，实测伸长量与理论伸长量的偏差应小于 ±6%，否则应分析原因，及时处理。

张拉以张拉力控制，不能通过超张拉来达到理论伸长量。

张拉完毕后，必须经技术人员检查签字认可。

因纵向预应力孔道较长，钢绞线的伸长滞后于张拉力的增长，故必须确保持压时间，并在锚固前补足张拉力。

施工现场预应力张拉质量控制内容有：正确的预应力张拉操作、用压力表控制的各级张拉力、量取实际张拉伸长值、检查有无滑丝或断丝、锚固后夹片的平整度等。

作为验收技术资料，现场量取的实际张拉伸长值应做张拉数据整理，并与修正的理论伸长值作对比，以判定张拉是否正常及有无堵孔等。

因箱梁纵向束较长，钢绞线伸长量也大，张拉时千斤顶需要多次倒顶，钢绞线需多次临时锚固，量测实际伸长值时不宜量测缸体伸长的长度，而应直接量测钢绞线的伸长。

在张拉顶前端钢绞线上用油漆做好记号，在千斤顶每次倒顶张拉过程中，均以油漆标记距千斤顶缸体前端的距离来计算钢绞线伸长量。由于油漆标记与缸体垂直距离被活塞挡住，为便于量测，采用长直角尺测量。

E. 张拉质量标准

张拉采用双控，以张拉控制吨位为主，用伸长值进行核对，实际伸长值与理论伸长值误差控制在 ±6% 以内。

同一断面断丝之和不超过总丝数的 1%，且每束断丝不超过一根。

张拉过程中出现以下情况之一者，需要更换锚具或更换钢绞线重新张拉：

锚具内夹片错牙在 10 mm 以上者；锚具内夹片断裂在两片以上者（含有错牙的两片断裂）；锚环裂纹损坏者；切割钢绞线或者压浆时又发生滑丝者；预应力筋在张拉与锚固时，由于各种原因，有可能会产生个别力筋滑移和断裂等现象。

（3）竖向预应力粗钢筋张拉

①张拉前准备

预应力粗钢筋拧上螺帽，支承板以外的丝长要满足所选用张拉设备的要求。

不得在已安装的预应力筋周边进行电焊作业，以免损伤预应力筋。

竖向粗钢筋支承板面在桥面板上的预留槽口应与张拉顶校对，以便千斤顶安装。

清除支承板上焊渣、毛刺及砂浆等杂物。检查支承板下混凝土密度，确保支承板与孔道垂直。

千斤顶及油泵油表配套校正。

②千斤顶张拉作业

张拉程序：0→$0.1\sigma_{con}$（做伸长量标记）→$0.2\sigma_{con}$→$0.5\sigma_{con}$→持荷 2 min（测量伸长量）→约 3 周后先复拉至 $0.5\sigma_{con}$→拉至 $1.02\sigma_{con}$→拧帽锚固。

千斤顶就位、对中：将预应力粗钢筋的张拉端用连接器和短节同规格钢筋接长，套入穿心千斤顶，拧紧工具锚螺帽。

启动油泵，千斤顶顶压（小）缸进油，活塞杆伸出。

千斤顶顶压（小）缸回油，张拉（大）缸进油，活塞杆缩进，油压表指针有起动时，张拉缸停止进油，检查千斤顶是否对准孔道中心，如有偏差及时校正，张拉（大）缸断续进油，进行正式张拉。不得在有偏心情况下进行正式张拉。

先张拉到初始应力，停止张拉缸进油，以 5 MPa/min 的速度断续加载，最后张拉到控制吨位，持荷 2 min，测量并记录伸长量，拧紧螺帽锚固，回油松顶，拆除张拉设备，完成一根粗钢筋张拉。

竖向预应力施工见图 6.3.15。

③张拉质量标准

不得有一根断筋或滑移。

实际伸长量与计算伸长量允许误差 ±6%。如超过此值，必须进行分析。

不得超拧，以免粗钢筋超张拉。

为确保有效预应力，约 3 周后重复张拉、锚固一次。

④张拉注意事项

图 6.3.15　竖向预应力施工

为保证预应力值的精确性，张拉设备应定期进行检查标定。

千斤顶中心线与预应力筋受力中线保持重合，不产生偏扭。

保持油管接头良好，千斤顶加载、卸载应均匀平稳、无冲击。

妥善保管好设备，千斤顶张拉缸体不得长期裸露在外，以防锈蚀。

粗钢筋复拉完成后，应尽快清理孔道，及时压浆，防止钢筋锈蚀。

(4) 横向预应力钢绞线张拉

顶板横向预应力钢绞线采用整体张拉千斤顶整束张拉，一次张拉到位。

顶板横向预应力钢绞线采用单端交错张拉。

0 号块横隔墙横向预应力钢绞线采用单端张拉，单个主墩 0 号块的边跨向与中跨向横隔墙对称张拉，对应同一墩身的两道横隔墙共两排预应力束左右交错张拉。

其他张拉要求同“纵向预应力钢绞线张拉”。

横向预应力施工见图 6.3.16。

图 6.3.16　横向预应力施工

4. 安全注意事项

(1) 高压油管使用前应做耐压试验，不合格的不能使用。

(2) 油压泵上的安全阀应调至额定工作油压下能自动打开状态。

(3) 油压表安装必须紧密满扣，油泵与千斤顶之间采用高压油管连通，油路的各部接头均须完整紧密、油路畅通，在额定工作油压下保持 5 min 以上均不得漏油。若出现故障，应及时修理或更换。

（4）张拉时，张拉端部及两侧45°范围内不许站人，以免钢绞线断丝飞出或夹片飞出伤人，也不得踩踏高压油管。

（5）张拉时发现张拉设备运转声音异常，应立即停机检查维修。

（6）锚具、夹具均应设专人妥善保管，避免锈蚀、沾污、散失。

（7）千斤顶拴吊应牢固可靠，经常检查钢丝绳、手动葫芦等损坏或磨损情况，有问题时应及时维修或更换。

（8）参加施工的人员均应进行安全培训，严格施工纪律，禁止违章作业。

（9）所有压力作业应能有效防范压力设备失效时可能产生的事故。

（10）晚间作业时，应设置足够的照明设施。

二、预应力孔道压浆

1. 施工准备

（1）锚头封闭

①预应力外露头切割

压力表的读数、每束预应力筋伸长量的记录得到监理工程师认可后，切断端部多余的预应力筋。钢绞线使用砂轮锯从锚板后30 mm处切割；精轧螺纹钢筋使用砂轮锯从锚板后35 mm处切割。

②封锚

A. 纵向束：采用专用的密封罩封锚。安装前将锚垫板表面清理干净，无砂浆杂屑，保证平整，然后在密封罩底面和橡胶密封圈表面均匀涂上一层玻璃胶，装上橡胶密封圈，将密封罩与锚垫板上的安装孔对正，用螺栓拧紧，注意将排气口朝向上方。在压浆后一定时间拆除，拆除时间根据试验确定。密封套见图6.3.17。

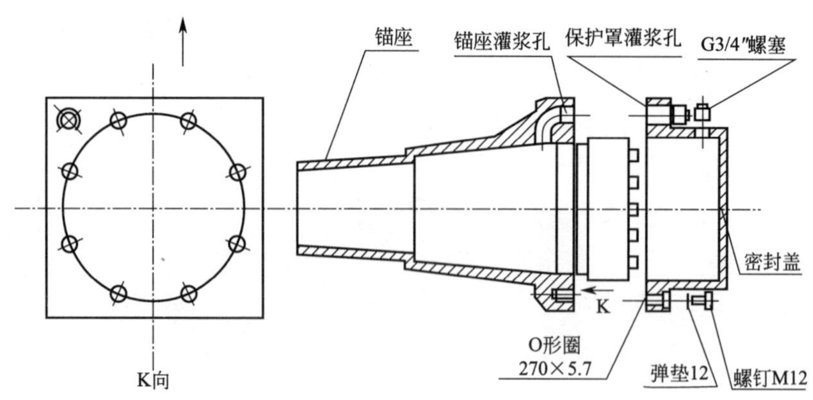

图6.3.17　密封罩示意图

B. 横向束：张拉端锚具夹片采用无收缩水泥砂浆封锚，砂浆必须将锚板及夹片、外露钢绞线全部包裹，覆盖层厚度大于15 mm。

C. 竖向束：不必封锚，可利用自身高度形成的压力。

③孔道清理

孔道在施工过程中应采取措施防止异物和水进入孔道内。

(2) 浆液配合比设计

浆液配合比委托江苏省建科院设计。

①原材料要求

水泥：采用南通华新水泥厂生产的 P. O52. 5 水泥，要求水泥不得含有任何结块或杂物。

水：采用清洁的江水。

外加剂：采用江苏省建筑科学研究院研制的压浆专用掺和料 JM-HF。

②浆体性能

标准养护条件下，28 d 浆体强度不低于 60 MPa。

浆体水灰比约 0. 35。

浆体泌水率小于水泥浆初始体积的 2%，泌水在 24 h 内能被吸收。

具备较好的流动性，浆体流动度宜控制在 12 ~ 18 s。

具备一定保塑性能，以维持压浆过程的正常进行(流动度损失小)。

浆体体积收缩率小于 2%。

初凝时间应不小于 6 h。

浆体搅拌及压浆时浆体温度应在 32 ℃ ~5 ℃之间。

具备一定的膨胀性能，以抵消水泥浆硬化过程中的收缩，保证孔道中的各个部位充盈饱满的浆体。

浆体对钢绞线无腐蚀作用。

2. 普通压浆工艺

桥面横向预应力和腹板竖向预应力采用普通压浆工艺。

工艺要求如下：

预应力筋张拉完毕，经检查签证后才能进行压浆。

横向预应力束张拉完毕后应尽快压浆。

竖向预应力束在复拉后压浆。

普通压浆不需要抽真空设备，其他设备同真空辅助压浆设备。

横向束从张拉端进浆，从 P 锚端出浆。竖向束从下端进浆口进浆，从上端出浆口出浆，以浆液填满张拉槽口为宜。

从进浆口压浆时，水泥浆从出浆口排出。当出浆口与进浆口的浆体稠度相同时，封闭出浆口，压浆泵压力达到 0. 5 ~0. 7 MPa，持荷 2 min(竖向孔道的压浆压力由压浆高度确定)，无漏水、漏浆，压浆泵停机，同时关闭压浆端阀门。

孔道压浆完毕后，等待一定时间，至水泥浆流动性消失，拆除两端阀门，冲洗干净，倒用下一孔。

拌好的水泥浆通过 1. 2 mm 的筛网过滤后存于储浆桶内。

压浆中发现浆流不动时，应立即拆下压浆阀，清洗待用。

夏季气温超过 35 ℃时，应采取降温措施(降水温等)，同时尽量安排在早晚压浆。冬季气温低于 5 ℃时，不宜对孔道进行压浆。必须压浆时，应采取防寒保温措施，防止孔道冻裂。

因故不能及时进行压浆的孔道，应适当遮盖，防止养护水和雨水进入孔道，锈蚀钢绞线。

3. 真空辅助压浆工艺

纵向预应力孔道采用真空辅助压浆工艺。

(1) 工作原理

首先在预留孔道的一端采用真空泵抽吸孔道中的空气，使孔道内达到 -0.08 MPa 左右的真空度；然后在孔道的另一端再用压浆泵以 0.7 MPa 的正压力将水泥浆压入孔道，由于孔道内只有极少的空气，很难形成气泡；同时，由于孔道与压浆机之间的正负压力差，大大提高了孔道压浆的饱满度。在水泥浆中，减小了水灰比，添加了专用的添加剂，提高了水泥浆的流动度，减小了水泥浆的收缩。真空辅助压浆见图 6.3.18。

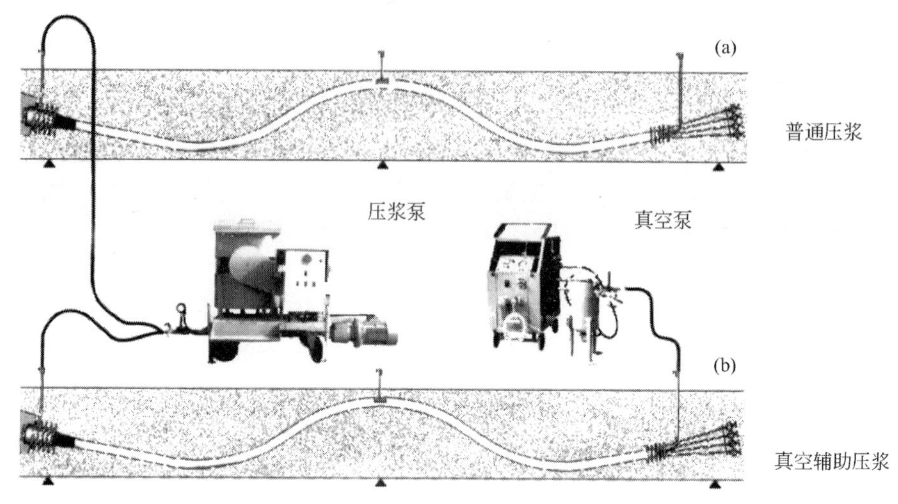

图 6.3.18 真空辅助压浆示意图

(2) 技术要求

①整个预留孔道及孔道的两端必须密封，且孔道内无砂石、杂物等。

②预留孔道用管材必须具有一定的强度，必须与混凝土可靠粘结。

③孔道内的真空度宜控制在 -0.08 MPa 左右。

④宜先压灌下层预应力管道，再压灌上层预应力管道。

(3) 真空辅助压浆工艺优点

①孔道中原有的空气和水被清除，同时，混夹在水泥浆中的气泡和多余的自由水亦被消除，可减少泌水现象，保证浆体的密实度。

②浆体中的泡沫浆及稀浆在真空负压下率先流进负压容器，待稠浆流出后，孔道中浆体的稠度即能保持一致，使浆体密实度和强度得到保证。

③真空辅助压浆过程是一个连续且迅速的过程，因而可缩短压浆时间。

④孔道在真空状态下，减小了由于孔道高低弯曲而使浆体自身形成的压头差，便于浆体充盈整个孔道，尤其是一些异形关键部位。

(4) 设备要求

所有设备在压浆操作中至少每 3 h 左右用清洁水彻底洗一次，每天使用结束时也应清洗一次。

①搅拌设备

A. 拌浆机

采用转速为 1400 r/min 的高速拌浆机。

当采用预应力孔道专用压浆剂 JM-HF 时，浆液性能指标与搅拌机设备关系很大，相同的配比采用不同搅拌速度，流锥时间及浆体性能相差较大。

高速循环搅拌机优点：没有沉底、结团现象。高速循环抽吸喷射撞击，充分分散水泥颗粒，单个水泥颗粒被水膜包裹，虽黏稠但流动性极好，保持时间长。整个硬化过程没有泌水，浆体硬化后收缩小。

B. 储浆桶

储浆桶自制，容积大于 1.5 m^3，储浆桶设置搅拌设备，能防止浆液沉淀。

②压浆设备

A. 压浆泵

选用 OVM 公司生产的 UBL3 压浆泵。

可连续操作，对于纵向预应力管道，能以不小于 0.7 MPa 的恒压作业。

压浆泵为螺杆式，该压浆泵出力稳定，流量和压力的调节简单、方便。

B. 压力表

在第一次使用前及此后监理工程师认为需要时应加以校准。

C. 负压容器

负压容器即储浆罐，可防止浆液进入真空泵而损坏真空泵。负压容器见图 6.3.19。

图 6.3.19　负压容器示意图

③抽真空设备

A. 真空泵

选用柳州 OVM 公司生产的 SZ-2 型真空泵，抽气速率 120 m^3/h，功率 4 kW，自重 120 kg。该泵抽真空和清洗都十分方便，无需拆卸任何组件即可完成清洗工作。

在真空泵前配备空气滤清器，防止抽出的浆体直接进入真空泵而造成真空泵的损坏。真空压浆设备连接见图 6.3.20。

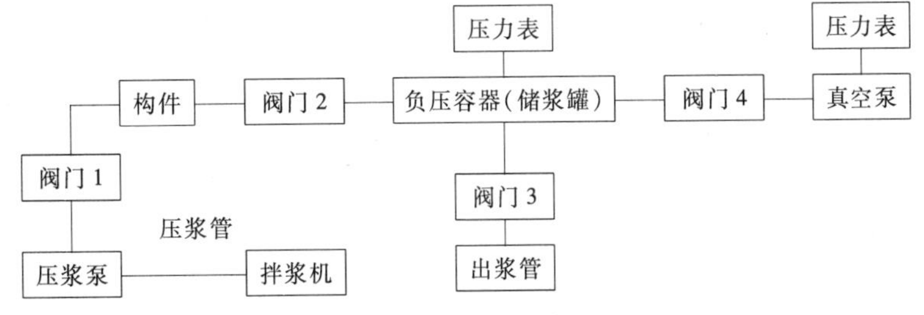

图 6.3.20　真空压浆设备连接示意图

（5）压浆施工

压浆之前，首先采用真空泵抽吸预应力孔道中的空气，使孔道内的真空度达到 80% 以上，然后在孔道另一端再用压浆机以 0.7 MPa 的正压力将水泥浆压入预应力孔道。

工艺流程如下：

①清理锚垫板上的压浆孔，保证压浆通道畅通。

②确定抽真空端及压浆端，在水泥浆出口及入口处接上密封阀门，将真空泵连接在非压浆端，压浆泵连接在压浆端，以串联的方式将负压容器、三向阀门和锚具密封罩连接起来，其中锚具密封罩和阀门 2 之间用一段透明的喉管连接。

③压浆前关闭所有排气阀门(从构件连接至真空泵的除外，即阀门 2 和阀门 4 要打开)，启动真空泵约 10 min，使真空度达到 -0.08 ~ -0.1 MPa，并保持稳定。如未能满足上述要求，则表示波纹管未能完全封闭，需在继续压浆前进行检查并完善。

④在保持真空泵运作的同时，启动压浆泵，开始往压浆端的入浆口压浆，注意在压浆过程中真空压力会下降(约 0.03 MPa)。

⑤待透明的喉管中有水泥浆经过并进入储浆罐时，关闭阀门 4，然后关掉真空泵，打开阀门 3。当水泥浆从阀门 3 顺畅流出，且稠度与压入的浆体稠度一样时，关闭阀门 2。

⑥打开管道两端密封帽上的阀门，待流出的浆体稠度与压入的浆体稠度一样时，关闭密封帽上的阀门。

⑦一一打开管道中途预留的排气(浆) 口，待排出一些浓浆后再一一封闭。

⑧压浆泵继续工作，并保持 0.5 ~ 0.7 MPa 的压力，持压不少于 2 min。

⑨关闭压浆端阀门 1 和压浆泵，完成压浆。

⑩拆卸外接管路、附件，清洗真空泵管路及阀。

当日完成压浆后，必须将所有沾有水泥浆的设备清洗干净。

安装在压浆端和出浆端的密封罩和球阀，应在压浆后一定时间内(具体根据实际情况确定) 拆除并彻底清洗干净。

备用孔道待悬浇施工完毕，并经设计单位同意后全部压浆填满。

4. 压浆质量控制

(1) 质量控制要点

孔道必须密封、清洁、干爽；

浆体配合比控制；

施工现场质量管理控制。

(2) 压浆施工中质量控制

事先进行现场压浆工艺试验。

严格控制水灰比，用水量应称重或用固定体积的容器计量，禁止随意加水。

采用高速搅拌机拌浆，在控制水灰比的前提下水泥浆流锥时间宜控制在 12 ~ 18 s。

压浆过程中必须经常检查水泥浆的稠度，宜 2 ~ 4 h 测试一次，防止浆液稠度下降，造成压浆困难甚至堵管。

做好完整的压浆记录，包括每个管道的压浆日期、水灰比及掺合料、压浆压力、试块强度、障碍事故细节及需要补做的工作。

管道压浆须试验和监理人员在场时进行，搅拌浆体水灰比、流动度、泌水性等均应达到技术要求的指标。

压浆管应选用高强橡胶管，抗压能力不小于 1.5 MPa，并注意连接牢固，不得脱管。

灰浆进入压浆泵前应通过筛网过滤。

在曲线预应力孔道最高处留设半透明排气(浆) 口，高出混凝土面约 20 cm，同时作为观察孔；对于长预应力孔道，每隔 20 ~ 40 m 留设排气(浆) 口，同时作为备用压浆孔。

排气(浆) 孔必须清楚，牢固地与钢束对应编号进行标识，以便压浆时检查。进浆管和出浆管在安装时应防止突然的折角，以保证压浆能顺利进行。

如遇孔道堵塞，更换压浆口时，第二个压浆口应选择在第一个压浆口压浆时有浆液流出的排浆口，防止两次压入的水泥浆之间有气体未排出，保证压浆饱满、密实。

压浆宜在灰浆流动性下降前进行。对于因延迟使用导致流动度降低的水泥浆，不得通过加水来增加其流动度。

压浆应缓慢均匀进行。同一孔道压浆应一次完成，不得中途停压。因故中途停压不能连续一次压满时，应立即用压力水冲干净，研究处理后再压浆。

夏季气温超过 35 ℃时，应采取降温措施(降水温等)，同时尽量安排在早晚压浆。冬季气温低于 5 ℃时，不宜对孔道进行压浆。必须压浆时，应采取防冻保温措施。

压浆过程中，真空泵保持继续工作，维持相应的真空度，待透明的喉管中有水泥浆经过并进入储浆罐时停止。

压浆应有持压过程，压力表应经常校正。

压浆孔数及位置须做好标识和记录，以防漏压。

压浆结束后，立即用高压水对箱梁表面进行冲洗，防止浮浆粘结，影响铺装层与桥面的粘结力。

压浆端和出浆端用土工布或麻袋遮盖，防止浆液溅出污染梁体。

压浆过程中要注意观察相邻孔道的情况。如果出现串孔现象，则停止压浆，并冲洗管道，相互串孔的管道留待以后同时压浆。

(3) 压浆质量评定

①压浆质量评定要素

水泥浆的工作性，即水泥浆的稠度是否满足需要(采用流锥时间测试)。

水泥浆试块的强度是否满足设计需要。

水泥浆对管道的填充是否饱满，水泥浆硬化后管道内是否密实、充满。

②水泥浆强度评定

压浆时，每一工作班应留取不少于 3 组 70.7 mm × 70.7 mm × 70.7 mm 立方体试件，标准养生 28 d，检查其抗压强度，作为水泥浆质量的评定依据。

(4) 压浆后预应力束孔道是否压满的检测

采用真空辅助压浆工艺的预应力孔道：在压浆后拆开密封帽，检查是否被水泥浆压满。

采用普通压浆工艺的预应力孔道：对于水平孔道，旋下压浆口接头管，检查孔道密实程度；对于竖直孔道，检查张拉槽口内的水泥浆是否充满。

三、封端施工

1. 顶板上远离桥中线侧的张拉槽口，横向预应力锚具在施工防撞护栏时与护栏混凝土一起浇筑进行封端，但在浇筑护栏混凝土前须用防水材料对张拉端锚具进行防锈处理。由于护栏混凝土与梁体混凝土间隔时间很长，实际施工时宜在横向预应力压浆完成后即灌注封端混凝土封锚。

2. 顶板靠近桥中线侧的张拉槽口，由于中央分隔带基础没有完全包裹张拉槽口，所以横向预应力压浆完成后，即立模灌注封端混凝土，且保证混凝土外侧面光洁顺直，线条与原梁体线条一致。封端混凝土强度与梁体强度相同，坍落度以 7 ~ 8 cm 为宜，采用 5 ~ 10 mm 的粗骨料，振捣应密实，浇筑后应进行有效养护，防止出现裂纹。

3. 0 号块横隔墙中的横向预应力束，压浆完毕，安装封锚钢筋网和封锚端模板，灌注封锚微膨胀混凝土。封锚混凝土强度与梁体强度相同，坍落度以 7 ~ 8 cm 为宜，采用 5 ~ 10 mm 的粗骨料，振捣应密实，浇筑后应进行有效养护，防止出现裂纹。

封端混凝土用微膨胀混凝土的配合比由试验室提供。

封端工序为：锚穴周边混凝土凿毛→清扫并湿润→安装钢筋→安装模板→微膨胀混凝土填塞→抹平表面→养护。

4. 边跨端纵向预应力束和锯齿板纵向预应力束，压浆完毕，安装封端钢筋网，并与伸出的结构钢筋连接（锯齿板封端钢筋不与结构钢筋连接），安装模板，灌注封端混凝土。封端混凝土强度与梁体混凝土强度相同，坍落度以 12 ~ 14 cm 为宜，采用 5 ~ 20 mm 的粗骨料，振捣应密实，浇筑后应进行有效养护，防止出现裂纹。保护层厚度不小于 5 cm。

封端工序为：封端端面混凝土凿毛→清扫并湿润→安装钢筋→安装模板→微膨胀混凝土浇筑→养护。

浇筑以上封锚混凝土时，要注意混凝土的颜色应尽量与箱梁主体结构混凝土颜色一致。

5. 竖向预应力束，压浆完毕，浆液注满张拉槽口，直接封锚。

6. 正常悬浇节段，下一节段的混凝土直接封端，不必额外进行封端。

真空辅助压浆施工见图 6. 3. 21。

图 6. 3. 21　真空辅助压浆施工示意图

第四节　合拢段施工

一、合拢段结构

（1）边跨合拢段

连续刚构边跨合拢段为 33 号节段，分别位于 77 号墩、80 号墩处边跨直线段(32 号节段）与边跨 31 号梁段之间，长 2.0 m，高 4.52 m，箱梁顶板宽 16.4 m，底板宽 7.5 m，顶板厚度 0.686 ~ 0.340 m，腹板厚度 0.601 ~ 0.45 m，底板厚度 0.558 ~ 0.320 m。单个边跨合拢段混凝土方量 31.4m^3，重量 81.7 t。

合拢段采用三向预应力体系。纵向预应力：底板采用 7 对 15φ^j15.24(B1 ~ B7）预应力、1 对备用束(BY)；顶板采用 4 对 15 φ^j15.24(2-T32、2-T33)；横向预应力：采用 3 φ^j15.24 预应力束，单个边跨合拢段共有 4 束横向束，固定端采用 P 型锚，固定端与张拉端交错布置；竖向预应力：采用进口 φ32 mm 高强度精轧螺纹粗钢筋及其相应的预应力锚固体系，单侧腹板共有 7 根竖向预应力筋。

预应力管道成孔：纵向预应力管道采用塑料波纹管，15-15 钢束波纹管直径为 $\varphi_{内}$ 100 mm；横向预应力管道成孔采用 $\varphi_{内}$ 60 × 22 mm 金属扁波纹管；竖向预应力管道成孔采用 $\varphi_{外}$ 60 mm 高频焊管。

（2）中跨合拢段

连续刚构中跨合拢段为 34 号节段，长 2.0 m，高 4.52 m，箱梁顶板宽 16.4 m，底板宽 7.5 m，箱梁顶板厚度为 0.34 m，腹板厚度为 0.45 m，底板厚度为 0.32 m。单个 34 号节段（中跨合拢段）混凝土方量 27.4 m^3，重量 71.2 t。

合拢段梁体采用三向预应力体系。纵向预应力：底板采用 15 对 31 φ^j15.24(Z1 ~ Z15）预应力束、1 对备用束(ZY)；横向预应力：采用 3 φ^j15.24 预应力束，单个中跨合拢段共有 4 束横向束，固定端采用 P 型锚，固定端与张拉端交错布置；竖向预应力：采用进口 φ32 mm 高强度精轧螺纹粗钢筋及其相应的预应力锚固体系，单侧腹板共有 8 根竖向预应力筋。

预应力管道成孔：纵向预应力管道采用塑料波纹管，15-31 钢束波纹管直径为 $\varphi_{内}$ 130 mm；横向预应力管道成孔采用 $\varphi_{内}$ 60 × 22 mm 金属扁波纹管；竖向预应力管道成孔采用 $\varphi_{外}$ 60 mm 的高频焊管。

二、边跨合拢段施工

（1）施工方案

采用挂篮轨道锚固锁定边跨合拢段，并调整悬臂端标高；底板仍采用原设计图中预埋钢结构件锚固锁定。

采用挂篮及直线段托架支承底模、侧模，在悬臂端 31 号块及直线段上安装托梁，锚固合拢段翼缘模及内顶模，混凝土一次浇筑完成。

（2）施工步骤

①调整悬臂端标高，并将直线段与悬臂端临时锁定。

②安装合拢段模板，绑扎钢筋，安装三向预应力体系，进行混凝土浇筑。

③混凝土强度达 50% 设计强度后，拆除锚固锁定结构。

④养护，至合拢段混凝土达 90% 设计强度及 7 d 龄期要求后，张拉三向预应力。

(3) 边跨合拢重要工序施工控制

①直线段与悬臂端临时锁定

步骤一：

直线段与悬臂端顶面临时锁定利用两组挂篮轨道锁定；

用预应力蹬筋将挂篮轨道与悬臂端 31 号节段锚固；

直线段锚固梁上用千斤顶加载来调节 31 号块悬臂端标高；

在直线段挂篮轨道下方设置垫块，再将轨道也锚固于梁面上。

步骤二：

按照设计图中要求焊接底板上的锚固杆件（设计图中顶板上的锚固杆件取消），焊接锚固杆件时，对预埋件周边混凝土洒水降温，防止烧伤混凝土。

边跨合拢段梁顶、梁底临时锁定结构（劲性骨架）见图 6. 4. 1 和图 6. 4. 2。

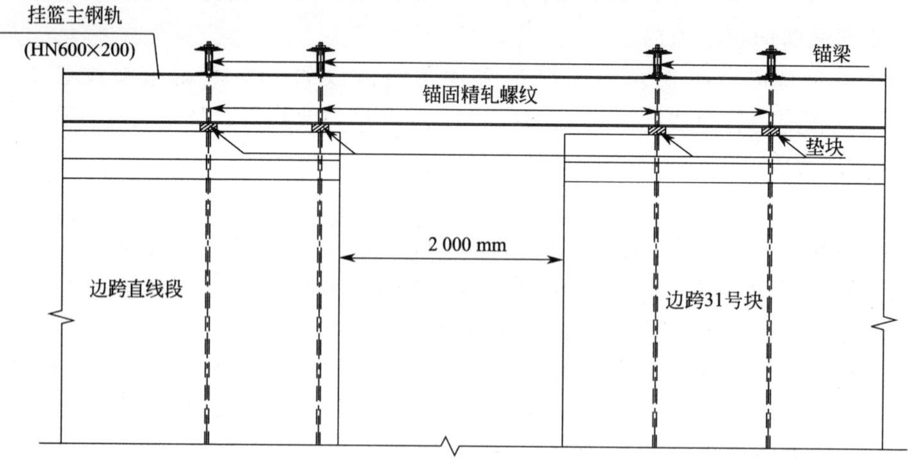

图 6. 4. 1　边跨合拢段梁顶劲性骨架示意图

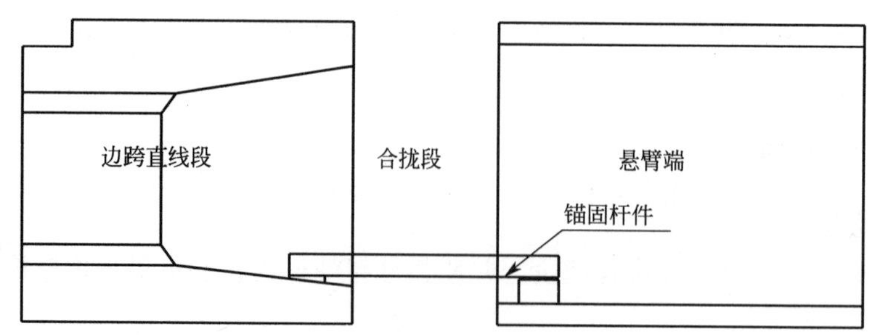

图 6. 4. 2　边跨合拢段梁底劲性骨架示意图

注意事项：

上述步骤一、步骤二应选择在气温起伏不大的一天中最低温度时合拢，且合拢温度不得超过 15 ℃，时间最好选择在早晨。

合拢段顶板、底板的锚固结构在合拢段混凝土浇筑完成并达设计强度 50% 后拆除。

锁定时，梁端相对高差不得超过 2 cm，相对轴线偏差不得超过 1 cm。

②模板施工

底模系统一端支承于直线段托架前端，一端支承于挂篮底板前下横梁上。

外模及内模系统倒用边跨直线段模板。

③混凝土施工

混凝土浇筑时间：选择在夜间 12 点以后进行，最好在阴天浇筑。

混凝土由混凝土泵输送至边跨合拢段。

采用在顶板及腹板上开孔，接软管伸入的方式布料。

④预应力施工

直线段、合拢段及 31 号块横向、竖向、纵向预应力均在合拢段施工完成并拆除锁定结构后张拉(须满足强度和龄期要求)。

边跨合拢段 33 号梁段浇筑完成，混凝土达 90% 设计强度并满足龄期要求后，同时张拉 32 号梁段、33 号梁段及 31 号梁段竖向预应力，然后张拉 32 号梁段、33 号梁段、31 号梁段横向预应力，最后张拉纵向合拢束。

边跨纵向合拢束的张拉顺序：T32→T33→B1→B2→B3→B4→B5→B6→B7。

边跨合拢段混凝土浇筑并养护后，张拉边跨合拢束前解除支座临时锁定装置，装上支座外部防尘装置，让支座进入正常工作状态。

预应力张拉完成后，及时对预应力管道压浆。竖向和横向预应力采用普通压浆，纵向预应力孔道采用真空辅助压浆。

三、中跨合拢段施工

(1) 施工方案

在底板上设置对顶结构，合拢前两悬臂对顶 6 cm 并锁定；

顶板利用挂篮轨道、底板利用设置在底板的对顶结构锁定；

模板采用挂篮底模、内外模及翼缘模；

底模、翼缘模及内顶模与两悬臂端 31 号锚固，混凝土一次浇筑完成。

(2) 施工步骤

78 号墩挂篮浇筑完成 31 号节段后后退 5 m，并锚固在 T 构上。

79 号墩挂篮浇筑完成 31 号节段后前移 3.5 m，作为中跨合拢施工的支承结构。

安装对顶结构，T 构悬臂端对顶力，使两个 T 构相对位移为 12 cm。

两侧的两个悬臂端临时锁定。

安装模板系统、绑扎钢筋、预应力孔道等，进行合拢段混凝土浇筑。

合拢段混凝土达设计强度的 50% 后，解除对顶结构及临时锁定结构。

张拉合拢段及两侧 31 号块上的竖向预应力、横向预应力及底板纵向合拢束。

注意：31 号块施工时，其横向及竖向预应力先不张拉。

中跨合拢段挂篮移动步骤见图 6.4.3。

(3) 中跨合拢重要工序施工控制

①南、北两悬臂端对顶及临时锁定施工

取消原设计图中的中跨合拢段临时锁定结构，取消中跨合拢前两悬臂端压重措施，采用

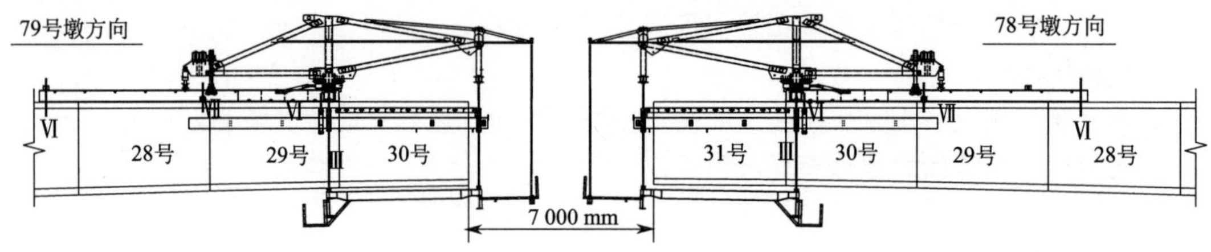

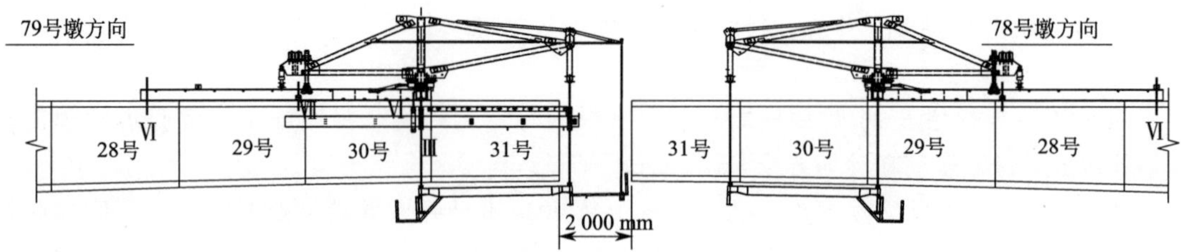

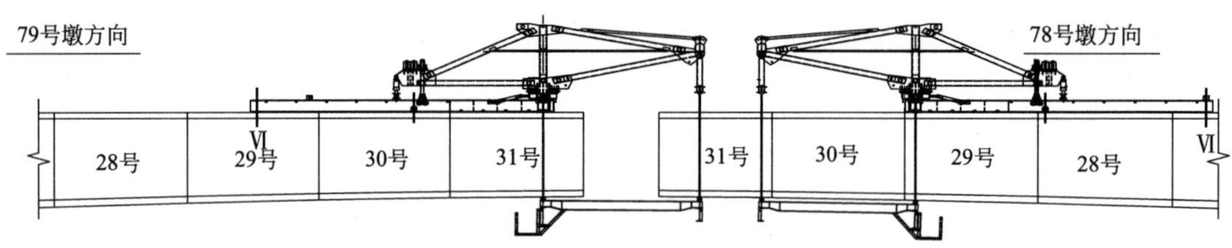

图 6. 4. 3 中跨合拢段挂篮移动步骤图

如下方案：

A. 底板对顶

在中跨南、北两个 31 号块转向块之间设置 4 台千斤顶对两悬臂端进行对顶，单个悬臂顶开 6 cm(两悬臂总的相对对顶位移量为 12 cm)，4 台千斤顶总的对顶力为 650 t。

对顶施工要求：

对顶千斤顶采用挂篮前支点的 300 t 千斤顶。

对顶杆及千斤顶与混凝土接触面要垫以韧性较好的橡胶皮或多层石棉。

保证 4 台千斤顶受力均匀，相邻的两台千斤顶串连起来，加载过程中保证 4 台千斤顶的活塞伸长量基本一致。

B. 顶板锁定

中跨合拢施工用挂篮的两组轨道前移，使两组轨道两端分别支承于中跨南、北两个 31 号节段上。将两组挂篮轨道两端用梁体上的精轧螺纹分别锚固在两悬臂端上，每根锚固用精轧螺纹均张拉 25 t 初张力。

中跨合拢段对顶及锁定结构布置见图 6. 4. 4。

C. 注意事项

上述步骤 A、步骤 B 均应选择在气温起伏不大的一天中最低温度时合拢，且合拢温度不得超过 15 ℃，时间最好选择在早晨。

锁定时，梁端相对高差不得超过 2 cm，相对轴线偏差不得超过 1 cm。

合拢段顶锚固结构及底板预顶结构在合拢段混凝土浇筑完成，混凝土达 50% 设计强度后

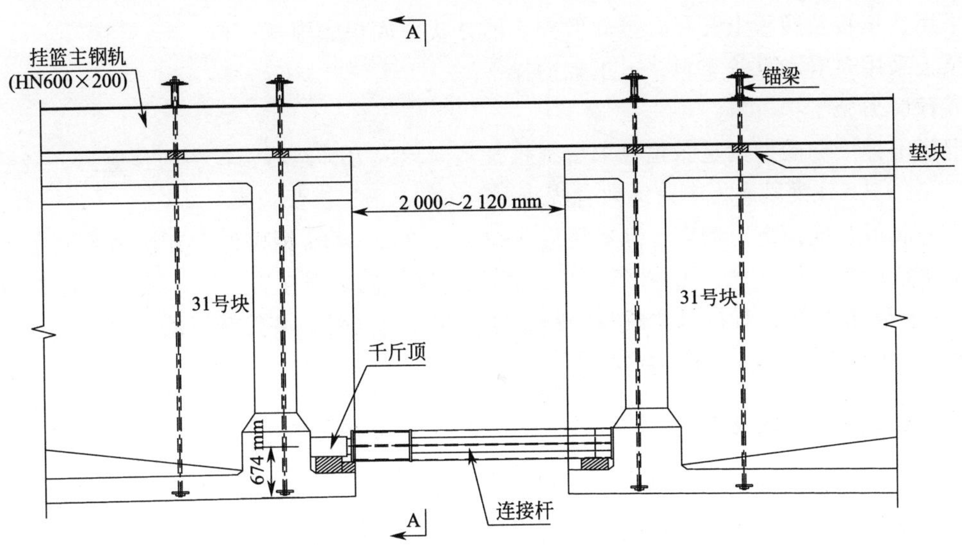

图 6.4.4 中跨合拢段对顶及锁定结构布置图

拆除。

②模板施工

中跨合拢段混凝土模板利用挂篮结构上的模板，对破损的模板进行修补或更换。中跨合拢段施工模板见图 6.4.5。

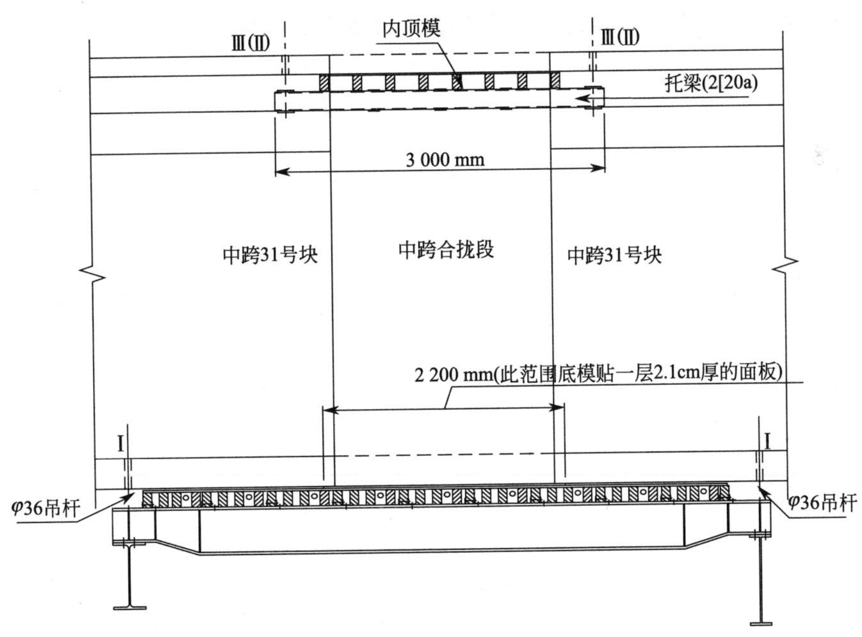

图 6.4.5 中跨合拢段施工模板布置图

③ 混凝土施工

混凝土浇筑时间：选择在夜间 12 点以后进行，最好在阴天浇筑。

混凝土由混凝土泵输送至中跨合拢段。

采用在顶板及腹板上开孔，接软管伸入的方式对底板、腹板布料。

顶板采用泵管和软管布料，人工辅助摊平。

④预应力施工

混凝土强度和龄期满足张拉要求后，张拉竖向预应力，然后张拉横向预应力，最后张拉中跨 17 号 ~31 号梁段底板中跨纵向合拢束(第一次、第二次张拉束)。

中跨底板合拢预应力钢束，除成桥后张拉 Z6、Z10、Z14 钢束外，其余中跨底板合拢束分两批张拉压浆。第一批先张拉 Z5 ~ Z1 并灌浆，浆体满足强度后，第二批张拉 Z15、Z13 ~ Z11、Z9 ~ Z7 并灌浆，张拉时注意观测跨中区域预埋的光纤应变传感器的变化。

预应力张拉完成后，及时对预应力管道压浆。

四、合拢段施工的监控

31 号节段悬浇结束后，选择晴天对标高和梁体温度进行 24 h 联测，以确定主梁悬臂端部竖向位移、纵向位移随温度变化规律。

测试边跨合拢束张拉前后梁体挠度变化，以及测试截面的应力变化。

中跨对顶时测量对顶前后两个工况梁体的线形变化，以及测试截面的应力变化。

测试中跨合拢束张拉前后梁体挠度变化，以及测试截面的应力变化。

测试挂篮拆除前后梁体挠度变化，以及测试截面的应力变化。

全桥梁顶标高联测(每个截面增加隔车带内侧和防撞墙内侧两个测点)，确定箱梁铺装前最终线形。

后续防撞墙、中央隔车带和桥面铺装施工匀采用相对标高控制。

第七章　上部结构施工监控

第一节　概　　述

苏通长江公路大桥辅桥为 140 + 268 + 140 = 548 m 预应力混凝土连续刚构桥，分上下行两幅桥布置。两幅桥仅在 0 号节段位置用横隔板相连，桥面设置 1.5% 的单一纵坡，各单幅桥桥面均设置由内向外的 2% 横坡，但箱梁底面横向保持水平。主墩为普通钢筋混凝土双薄壁矩形空心构件。桥面总宽 34 m，为双向 6 车道。全桥设计车速 100 km/h，荷载等级为汽车—超 20、挂车—120。箱梁为单箱单室截面，顶板宽 16.4 m，底板宽 7.5 m，根部梁高 15.0 m，跨中及边跨直线段梁高为 4.5 m，其余梁高均按抛物线 $y = 0.00452x^{1.6}$变化。顶板最小厚度为 0.32 m，腹板厚度为 0.45 m ~ 0.5 m ~ 0.6 m ~ 0.7 m 不等，底板厚度：根部 1.7 m 跨中及边跨直线段为 0.32 m，其余底板厚度变化规律同梁高。

连续刚构桥下部结构采用钻孔灌注桩，实体承台和双薄壁矩形空心墩，上部结构采用挂篮悬浇施工。

主梁和主墩墩身为 C60 混凝土，承台为 C35 混凝土。

纵向预应力采用 270 级 $\varphi^{j}15.24$（ASTM A 416—1998）高强低松弛钢绞线，标准强度为 1 860 MPa，弹性模量为 1.95×10^5 MPa，其类型有 $31\varphi^{j}15.24$、$22\varphi^{j}15.24$、$15\varphi^{j}15.24$ 三种，锚下控制应力为 1 395 MPa，塑料波纹管成孔；横向预应力采用 $3\varphi^{j}15.24$，标准同纵向预应力束，纵向布置间距为 0.5m，单端交错整体张拉，管道成孔采用扁形金属波纹管，固定端采用 P 型锚；竖向预应力采用进口 φ32 mm 精轧螺纹粗钢筋及相应的预应力锚固体系，标准强度为 930 MPa，弹性模量为 2.0×10^5 MPa，锚下控制应力为 837 MPa，横断面每个腹板布置为 2 肢，纵向间隔 0.5 m 布置一断面，管道成孔采用金属波纹管。

该桥施工监控任务由武汉桥梁科学研究院承担。在业主、施工、设计、监理、COWI 公司、奥雅纳公司等单位共同努力下，及时完成了各项监控工作。

第二节　施工监控依据

1. 《公路桥涵设计通用规范》(JTG D60—2004)；
2. 《公路钢筋混凝土及预应力混凝土桥涵设计规范》(JTG D62—2004)；
3. 《城市桥梁设计荷载标准》(CJJ77—98)；
4. 《城市桥梁设计准则》(CJJ11—93)；
5. 《苏通大桥辅桥施工图设计》；
6. 《苏通大桥辅桥施工组织设计》。

第三节　施工监控组织体系

一、施工监控组织机构

1. 监控有关各方组织机构框图

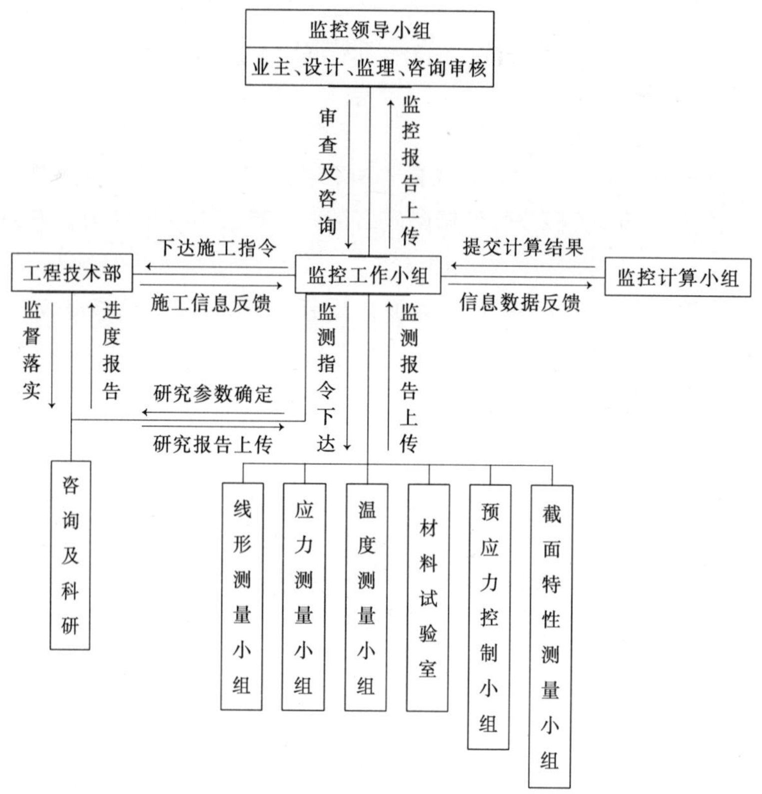

为保证施工控制分析的准确性，奥雅纳公司和武汉桥科院两家单位分别进行施工控制的计算和复核，以武汉桥科院为主，奥雅纳公司平行复核。

2. 组织形式

设立施工控制领导小组与施工控制工作小组。重大技术问题由领导小组讨论决定，具体工作由施工控制工作小组实施。

（1）施工控制领导小组

组长：由指挥部相关负责人担任

副组长：设计、监理、第三方复核、承包商负责人

成员：各方主要技术负责人

（2）施工控制工作小组

职责：负责与省桥指、设计代表处、总监代表办、测量中心、中心试验室进行沟通、协调；制定并组织相关科研试验；审查施工方案；审查监控指令；制定纠偏方案；制定结构安全预案措施。

①监控工作小组

职责：编制工作流程方案；现场数据信息汇总并反馈给监控计算小组；监控指令上传给施工控制总部；下达监控指令。

②监控计算小组

职责：编制施工控制、施工监测方案；编制施工控制手册；编制施工控制用图、表；建立误差控制系统，进行参数敏感性分析；根据现场实测数据，进行控制计算，及时更新施工控制手册；及时评估施工变形状态，如有偏差，提出纠偏方案；评估结构受力，提出保证结构安全的预案措施；提交施工控制、施工监测成果报告。

③工程技术部

职责：编制施工组织设计和施工方案；落实、协调相关的试验测试；相关的试验研究成果整理后提交监控工作小组；监督监控指令的落实。

④线形测量小组

职责：建立测量系统；测量结构和环境信息，并对测量数据进行误差分析和评估；测量数据整理后提交监控工作小组。

⑤应力测量小组

职责：在主梁和墩身截面埋设应力测点；截面应力测试；测试数据整理后提交监控工作小组。

⑥温度测量小组

职责：在主梁和墩身截面埋设温度测点；大气环境温度场测量；主梁梁体和主墩墩身温度场测量；测试数据整理后提交监控工作小组。

⑦材料试验室

职责：混凝土配合比设计；混凝土原材料质量抽检，混凝土施工质量控制；混凝土强度和弹性模量试块的制作、数据测试；混凝土容重的测试；钢材质量抽检和性能测试；试验数据整理后提交监控工作小组。

⑧预应力控制小组

职责：实施相关预应力控制参数试验；控制现场预应力施工质量；提供箱梁上临时荷载的分布图给监控工作小组。

⑨截面特性测量小组

职责：截面特性参数测试；测试数据整理后提交监控工作小组。

二、监控各方之间工作关系

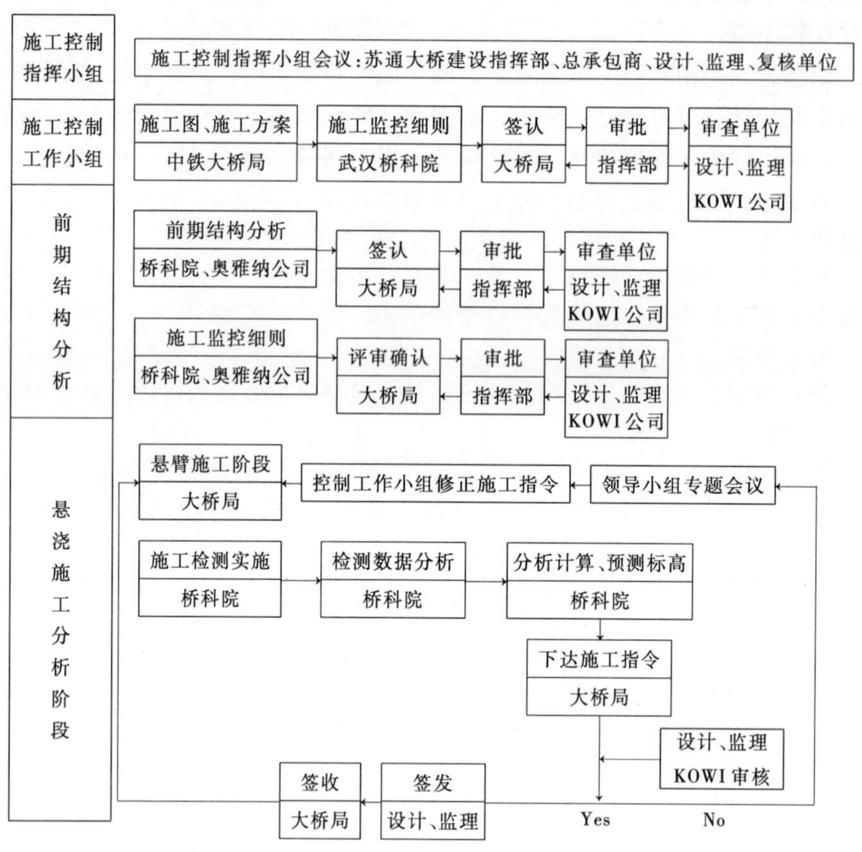

第四节　施工监控重点考虑因素

刚构桥施工方案为：先T构对称悬臂施工，再边跨合拢，最后中跨合拢。苏通大桥连续刚构桥的结构和施工过程复杂，施工周期长，影响因素多，技术含量高。预应力混凝土连续刚构桥采用悬浇施工工法有许多优点，但刚构的形成都要经过一个复杂的过程。在施工过程中，如何保证主梁竖向线形偏差及横向偏移不超过容许范围、如何保证合拢后的桥面线形良好、如何避免施工过程中主梁出现过大的应力、如何保证施工状态与设计状态最大程度吻合等，均需通过施工监控监测来解决。此外，设计是在对结构初始状态及其他参数作出假定的情况下进行的，事先设计时难以精确估计结构的实际状态及参数。实际施工时，各种施工误差（如截面误差、材料容重误差、弹性模量误差、张拉误差等）、施工步骤的改变以及偶然施工荷载的作用都会引起桥梁结构线形与内力的改变，影响结构在施工和成桥时的状态和结构的安全。而施工监控是根据施工现场实测结果所得的结构参数真实值进行施工阶段计算，确定每个节段的立模标高，并在施工过程中根据施工监测成果进行误差分析、预测和对下一立模标高进行调整，从而保证成桥后线形、合拢精度及结构内力符合规定值的要求。

施工监控重点考虑以下因素的影响：

1. 混凝土收缩、徐变的影响，必须在施工控制时加以考虑。

2. 悬臂施工周期，大风、温度等环境因素的影响。

3. 预应力施工误差对桥梁线形的影响。

4. 施工节段重量误差对线形的影响。

5. 挂篮及临时施工荷载对线形的影响。

第五节　施工控制的总体思路

一、控制思路

1. 施工控制应当采取理论计算预测→按预测进行阶段施工作业→阶段施工作业完成后实测反馈→根据实测反馈进行参数分析、评估及优化→进行下一施工阶段理论计算预测的循环次序进行。因此，其主要工作内容包括阶段施工前的预测计算、阶段施工过程中的控制测量、实测结果与计算预测结果的偏差分析及优化分析三个方面的内容。具体实施时，需要考虑以下内容：

（1）建立全桥关键断面应力、线形、温度场实时监测系统，针对不同的施工阶段及施工内容，适当提高监测频率。

（2）施工控制以每一阶段构件的结构尺寸、桥面标高控制、结构应力控制为主。

（3）预应力张拉精度、梁体截面尺寸、混凝土材料性能及浇筑重量、施工周期、结构的温度场等对桥面的竖向线形影响非常敏感，应作为精度控制的重点。

（4）预应力张拉对结构线形及结构受力安全均有较大影响，在张拉过程中应对其进行重点控制。

（5）温度变化会非常大地影响梁体几何线形，并对梁体的精确线形确定非常重要。各施工阶段的线形测量应在黎明前进行，以消除不均匀温度场造成与计算值的偏离。

（6）混凝土收缩徐变对结构线形影响较为明显，施工前应收集相关资料进行预测分析，施工过程中应结合实测资料进行详细分析。

2. 悬臂施工阶段立模标高控制采用相对高差控制。

3. 进行梁段立模标高计算时，主要提供每一个拟浇梁段前后端截面的高差，绝对标高作为参考，如果出现位移计算结果与实际发生的位移值有偏差，再对高差进行修正。

4. 立模标高的控制应以追求桥面线形的平顺为目标。

5. 在成桥桥面标高的控制中应以桥面线形平顺为目标，不必片面追求个别节点的理论标高。当施工中某工序或梁段浇筑后标高值与理论值发生偏差后，不强行在下一个梁段中立即调整过来，而应根据偏差发生的特点找出原因，在后期悬臂浇筑梁段挠度计算时进行修正，在以后的几个梁段甚至后期悬臂浇筑的所有梁段中将标高偏差纠正过来。最后成桥可能很多梁段实际标高与设计标高都存在一定偏差，但桥面整体线形平顺。

二、施工控制误差范围

根据《公路桥涵施工技术规范》，结合目前测试仪器的精度范围和结构的分析水平，参照国内其他一些大跨度刚构桥的施工控制情况，确定本桥的施工控制误差如表 7. 5. 1。

表 7.5.1　施工控制误差表

监　控　项　目	限　　差
主梁各施工控制节段标高误差	±20 mm
相邻节段标高误差	±10 mm
成桥后主梁线形	±50 mm
主梁轴线偏位	10 mm
合拢段两侧梁段容许高差	20 mm

三、主要监控内容

1. 混凝土弹性模量

混凝土弹性模量是结构计算中一个非常重要的参数，实际的弹模与假定值总是存在一定差距，需要通过试验得出实际的混凝土弹性模量。按规范制作弹性模量试块八组，每组 6 个，分别做 3d、7d、28d、60d、90d、120d、150d、180d 等不同龄期的弹性模量试验。混凝土弹性模量试验由现场材料试验室完成，分阶段提供。

2. 混凝土容重及配合比

C60 混凝土容重初步计算时取 26 kN/m^3，混凝土容重大小与混凝土配合比、所用石料密度等有关，实际容重与计算取值有一定差异。在主梁施工前几个节段，要求按规范制作试块，测定实际混凝土容重。混凝土容重由混凝土搅拌站根据材料用量确定。

为满足 C60 混凝土的强度及适应大跨度连续刚构桥的要求，项目部委托有关单位对混凝土配合比进行了专项研究。

3. 截面特性参数

任何施工都可能存在截面尺寸误差，验收规范中也设置了误差范围，但这种误差将直接导致截面特性误差，从而直接影响结构内力及变形的分析结果。因此在施工中，从开始立模至混凝土浇筑成形，都应进行截面特性参数的控制，一方面及时纠正施工偏差，另一方面及时发现成形后的截面特性偏差，在计算分析中予以适当考虑。截面特性参数由工程技术部现场质检员进行监测，其检测结果在阶段报告中提供。

4. 挂篮弹性变形

预拱度的设置应考虑挂篮弹性变形的影响，挂篮弹性变形通过挂篮加载试验结果获取，因此预拱度设置时已考虑挂篮弹性变形。

5. 钢材力学性能

预应力混凝土梁体所使用的普通钢筋及预应力钢筋的弹性模量及强度指标、延伸率指标一般由材料供应商提供，由材料试验室负责落实。计算时，根据材料试验室提供的数据取值。

6. 混凝土材料收缩徐变参数

混凝土材料的收缩徐变会导致施工过程中及成桥后梁体线形及内力发生较大变化，因此在施工前及施工过程中的监控计算，必须了解混凝土材料的收缩徐变特性。在施工前采用规范规定的收缩徐变参数，在施工过程中的监控计算则采用混凝土收缩徐变专项试验研究成果结合现场对位移及内力的实测结果进行试算确定最佳收缩徐变参数。苏通大桥建设指挥部委托东南大学成立课题组，进行收缩徐变专项试验研究，项目部也委托武汉桥科院制作了收缩徐变试件。

7. 预应力施工控制参数

预施应力是预应力混凝土结构内力及变形控制考虑的重要结构参数,预施应力的大小受很多因素影响,需根据现场实际进行测定。预应力控制参数参考指挥部预应力张拉专项试验研究成果,并结合施工时实际控制测量成果确定,具体由工程技术部负责,相关参数由预应力张拉报表提供。

8. 温度场测量

施工过程中的温度场测量包括大气环境温度场测量、主梁梁体温度场测量、主墩温度场测量及温度对线形及内力的影响测量分析。温度场测量由监测小组进行现场测量,具体内容详见后面相关内容。

9. 施工线形控制测量

施工过程中的线形测量包括桥梁施工控制测量网定期复核测量、主墩墩顶沉降测量、各节段施工立模标高测量、施工荷载对线形影响测量、温度对线形影响测量等。施工线形控制测量由施工单位测量组进行,桥科院监测小组进行复核测量。线形测量的测点布置及测试方法详见后面相关内容。

10. 施工应力测量

在施工控制截面布置应力测点,以监控施工过程中应力变化及分布情况,并与理论计算值对比,在计入误差及变量调整后分析以后每阶段及竣工后结构的实际工作状态。应力测量由桥科院监测小组进行,具体内容详见后面相关内容。

第六节　施工线形控制

一、施工线形控制总体流程

苏通大桥施工线形控制是在线形计算分析和施工阶段线形控制两个阶段,分别按一系列工作程序,综合地实施严格的线形控制,从而实现预期的线形目标。线形控制的两个阶段流程见图 7.6.1。

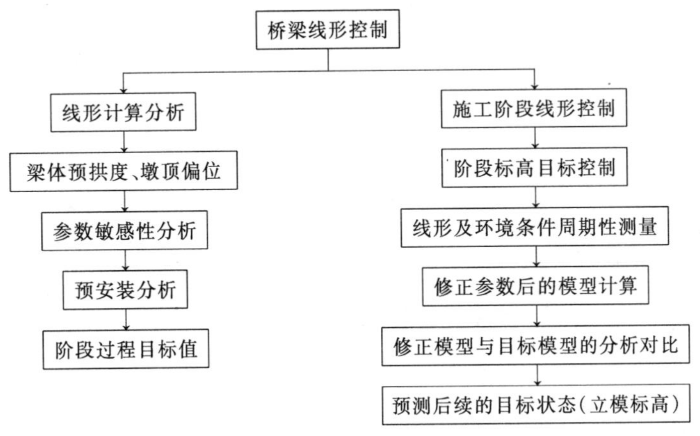

图 7.6.1　线形控制的两个阶段流程图

以上两个阶段均为动态控制,每个目标线形的实现都要通过计划、实施、测量、纠偏四个环节来保证,并通过计算机模拟和预测本阶段的纠偏结果对下一个阶段的影响。

如果线形与目标线形不一致是由于几何尺寸控制引起的,则利用计算模型进行几何尺寸偏差对目标线形的影响分析，确定偏差对后期结果的影响及调整方法，纠正几何尺寸偏差对目标线形的影响。

如果线形与目标线形不一致是由于与时间有关的效应引起的，则需要调整计算参数使计算模型适应实测结果，并通过调整后的参数对线形进行计算，确定前期参数对目标线形的影响及是否应对目标线形进行优化，并在调整参数的基础上进行下一轮的预测。

二、线形计算分析阶段线形控制方法

线形计算分析阶段的一项重要工作是逐段进行分析，并用分析的结果指导下一阶段的施工。线形计算分析阶段的流程见图 7.6.2。

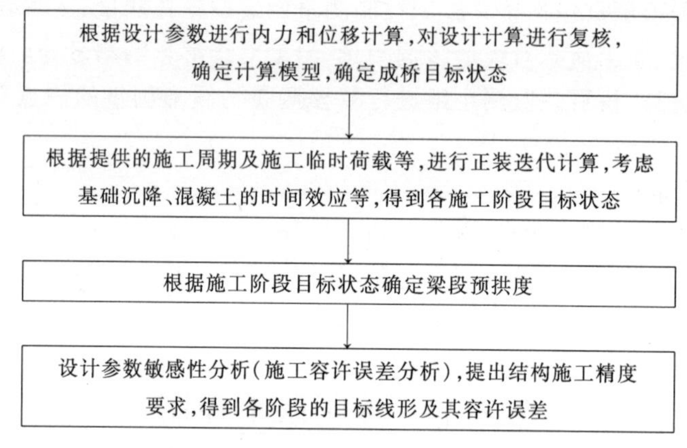

图 7.6.2　线形计算分析阶段的流程图

1. 线形计算分析阶段线形控制内容

(1)优化施工周期；

(2)确定每一个施工阶段梁体线形的目标值；

(3)确定结构线形、内力及温度控制测点布置及测试方案；

(4)确定成桥目标线形；

(5)分析材料、预应力偏差对成桥目标线形的影响。

2. 线形计算分析阶段考虑的因素

(1)预应力及其时间效应的影响；

(2)混凝土材料及其时间效应的影响；

(3)预应力混凝土梁的预拱度；

(4)考虑桥墩及基础结构在恒载作用下的位移及预偏；

(5)基础位移的补偿。

3. 线形计算分析阶段提交的成果

(1)预应力混凝土梁施工预拱度；

(2)各阶段目标线形；

(3)施工工艺及周期、施工荷载、临时荷载等要求；

(4)施工容许误差，截面几何尺寸精度要求；

(5)确定梁体应力、线形、温度控制测点布置方案；

(6)形成参数敏感性分析报告；

(7)建立线形计算分析阶段结构模型。

根据线形计算分析阶段提交的成果，在悬臂施工开始前，监控计算小组与设计、业主、咨询等单位多次就计算参数、计算边界条件、计算结果分析、计算结果提供格式等内容进行了沟通，双方就参数的修正、精度控制、线形控制等达成一致，最终双方认为线形分析阶段的结构计算模型与实际施工过程基本吻合。

三、施工阶段线形控制方法

1. 施工阶段线形控制过程

施工阶段线形控制过程见图 7.6.3。

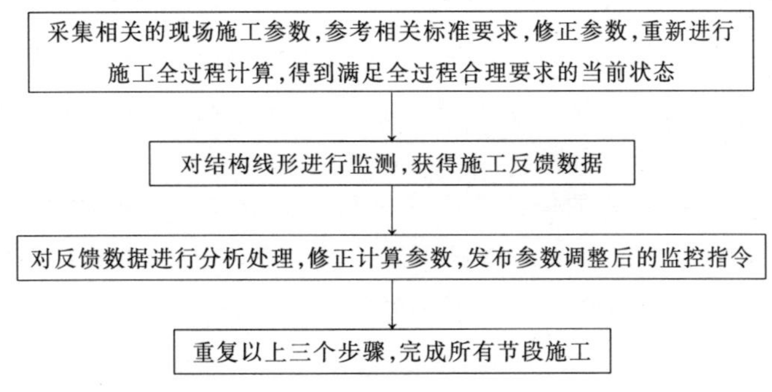

图 7.6.3　施工阶段线形控制过程

2. 施工阶段线形控制内容

(1)施工阶段线形控制内容

①合理的预应力张拉控制措施，控制预应力张拉精度对几何线形的影响，必要时进行预应力张拉试验确定相关参数；

②根据主梁的实际线形来修正计算参数及预测后续节段的线形；

③根据设定的适当数量的测量控制节点来确定结构的测量方案，获得已施工结构的实际线形或基础的变形，测量作业要在日出前梁体温度场相对较均匀的时段进行；

④用适宜的温度场监测方案，监测结构的温度场及温度变化对结构线形的影响，并取得考虑结构温度修正值所需要的温度数据；

⑤采取必要的措施减小或精确估计施工临时荷载对结构几何控制的影响；

⑥必要时进行结构在 24 h 或 48 h 内线形随温度变化的测试。

(2)具体操作步骤

①运用高精密的仪器对一系列主梁和桥墩控制点进行测量，得到结构的几何线形；

②线形控制点布置在主梁横向、纵向及截面关键点处，既能控制梁体纵、横向线形，也能控制梁体截面尺寸；

③定期监测承台顶面高程，监测数据可用来分离由于结构变形和基础沉降而引起的结构位移；

④进行测量时，桥上应无大规模的施工作业，施工机具等应停放在指定位置，以减小或便于分析临时荷载对线形的影响；

⑤在长悬臂阶段或合拢前进行 24 h 或 48 h 的温度场和线形的联测，有助于摸清线形随温

度变化的规律,确定合理的合拢温度及时间。

3. 施工阶段线形控制要点

为了保证悬臂节段施工达到预期的线形控制目标,必须遵循以下方法和步骤:

(1)施工前必须进行挂篮压重试验,确定挂篮的变形值满足要求,并在预拱度中考虑挂篮的变形值;

(2)混凝土浇筑前对模板进行检测,校核截面尺寸误差满足要求,应记录混凝土的实际浇筑方量,作为变形分析参数;

(3)在混凝土浇筑前和浇筑后,应对梁端及挂篮实际高程变化进行监测,当与计算预测值有较大出入时,应查明原因,及时调整;

(4)预应力张拉应在混凝土达到规定的要求后进行,张拉前后应进行梁段高程监测,并与计算值对比,出现偏差应分析原因,及时调整;

(5)应合理安排节段内前后、左右混凝土的浇筑顺序,减小挂篮变形误差;

(6)确保一个T构内悬臂浇筑的基本平衡进行,当不平衡浇筑时,应当考虑不平衡对结构内力及线形的影响,并与计算值对比;

(7)应尽量在每一节段容许的偏差范围内进行梁段立模标高的调整,尽量减小梁段立模标高的误差积累,从而使预测参数偏差或施工偏差的调整对主梁线形的影响在一定的梁段范围内较为均匀地分摊,使施工线形始终偏离目标线形最小。

4. 施工阶段提交的成果

(1)节段立模标高预测值;

(2)计算值与实测值分析阶段报告(应力、线形、温度场);

(3)关于下一阶段施工操作,或需要时的纠偏施工指令。

第七节　主梁线形修正的过程

一、计算模型更新和线形修正计算

将计算目标值与实测结果进行比较,根据比较结果对线形进行修正。

检验节段施工的几何尺寸在容许误差内,而且监控指令执行无误后,比较结构在本阶段增加的位移和当前阶段末端所累积的位移。如果发现比较结果中有偏差值超出误差范围,在确定几何尺寸测量数据及计算荷载无误的情况下,应当对变异较大的参数(如混凝土收缩徐变等)进行参数敏感性分析。可以用最小二乘法来计算实际增加位移与预测增加位移之间的差值,再对模型的参数进行修正,以减少模型的误差。在更新参数的条件下对以上三个方面的目标数值进行重新比较,确定更新的计算模型,并以此模型进行目标几何线形及下一阶段预测。如果复测表明是施工几何尺寸或计算荷载有误引起的偏差值超标,则应修正计算模型中的施工几何尺寸或计算荷载,对其误差引起的最终目标线形的变化进行评估。若偏离值是可以接受的,则只需考虑在后续施工节段中对偏差值的影响逐步消减的措施;若偏离结果是不可接受的,则必要时应当考虑返工措施。

比较安装阶段末期的结构实际位移(实际累积位移)和预测位移。从本阶段的末期开始,利用分阶段分析来预测将来阶段的几何形状(假设本阶段末期的总位移就是模型中的开始位移)。比较最终的预测累积几何形状和目标几何形状,看结构是否在指定的误差范围内,按照要求的位移发展。如果最终的预测偏差超出了施工误差的范围,则查找偏差的原因,并评估最终桥梁几何形状的可接受性。如果需要修正,则计算将要安装的节段调整值,并用最小二乘法来修正最后阶段的分析。为保证线形的平顺,调整需要在一定的梁段范围内进行。

二、线形调整

1. 线形调整的基本原则

(1)小于施工控制误差范围 ±5 mm 的误差,不作调整。

(2)大于施工控制误差 ±5 mm 的误差,在后续节段调整一半。

2. 调整具体过程

对施工线形与计算线形的几种偏差方式及其处理方法见图 7.7.1。

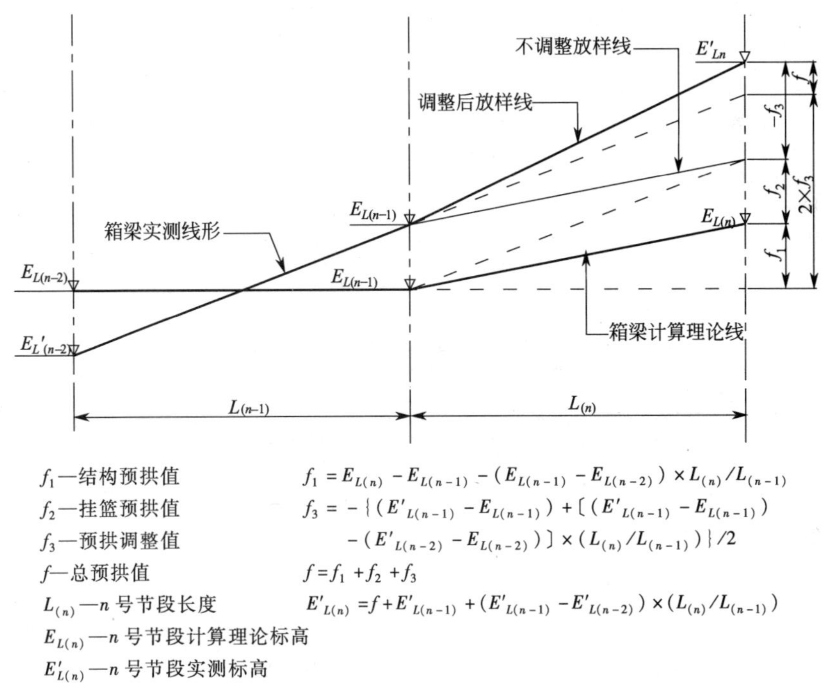

图 7.7.1　线性偏差及其处理方法示意图

三、施工阶段线形控制程序

施工阶段线形控制程序见图 7.7.2。

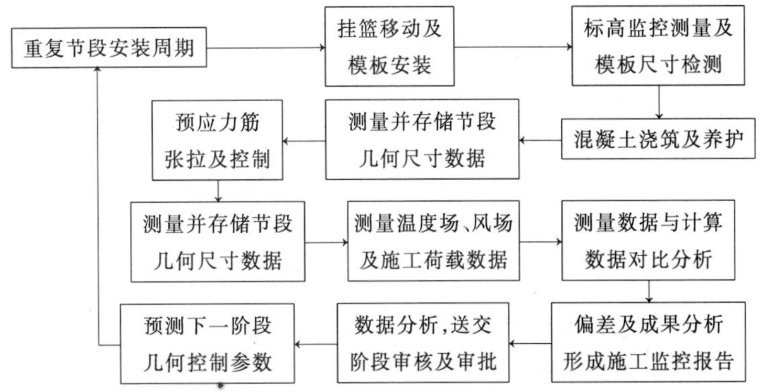

图 7.7.2　施工阶段线形控制图

四、线形控制数据分析过程

计算前后两个施工阶段结束时总位移之间的差值，即理论（预测）增加位移；

测量前后两个施工阶段结束时总位移之间的差值，即实际（测量）增加位移；

如果两个增加位移的差值超出容许误差，要重新检查测量数据；

在测量资料中检查过失误差，如果发现过失误差，则要求现场的几何控制小组重新检查和检验测量数据；

检查测出的基础总位移如果超出容许误差，则对目标线形进行调整；

把本阶段测出的施工末期总位移输入到分析模型中，作为未来施工阶段的初始位移；

进行新的安装分析，以预测桥梁施工完成后的最终线形；

如果最终线形超出了指定的误差，就要重新检查将要安装节段的预拱度，进行新的分阶段模型分析，预测随后施工阶段梁段的预拱度；

发布新的监控指令，并遵照执行。

线形控制数据分析过程流程见图 7.7.3。

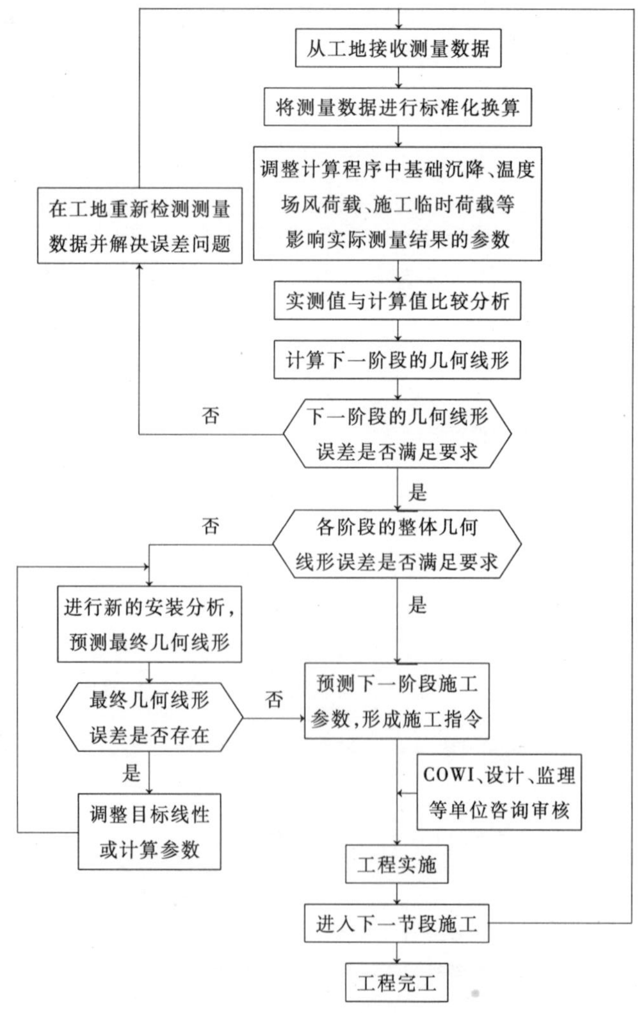

图 7.7.3　线形控制数据分析过程流程图

第八节　施工监测结果及分析

一、监测项目

施工监控项目见表7.8.1。

表7.8.1　施工监测项目一览表

序　号	监　测　项　目	监　测　阶　段		备　　注
		墩柱施工	主梁施工	
1	墩柱关键截面的应力	◇	◇	
2	墩柱关键截面的温度分布	◇	◇	
3	墩顶变位	◇	◇	
4	墩柱温度场	◇	◇	
5	基础沉降	◇	◇	
6	各节段高程、截面尺寸、节段梁重		◇	
7	主梁轴线的平面位置		◇	
8	主梁关键截面的应力		◇	
9	主梁关键截面的温度		◇	
10	主梁温度场		◇	

二、应力监测

1. 测试方法

应力监测可直接反映桥梁在各种施工状态下的应力水平，是保证结构安全的重要预警措施。应力测试元件在施工至相应测试截面时埋入混凝土中，并在以后的各施工阶段进行测试。应力测试与桥梁施工同时进行，因而要求测试组件必须具备长期稳定性、抗损伤性能好、埋设或粘贴定位容易及对施工干扰小等优点。通过以前的测量经验和对国内元件及仪器综合分析比较，测量元件选用JXH-2型钢弦式应变传感器，测读仪器为ZXY-2型频率巡检仪，其主要指标如下：量程为 +1 500 με；分辨率为 <1 με；稳定性为3 ~7 με。

钢弦应变计具有温度影响系数小，稳定性好，抗干扰能力强的特点，适合应力的长期测量。为保护组件不受损坏，对于混凝土应力计，在其周围预埋一个10 cm见方的钢筋框架护住信号线并用油漆做上明显记号。

2. 测点布置

在连续刚构桥的78号、79号主墩根部4 m处截面埋设应力测点，监测施工过程中桥墩的受力状态，主梁应力测点布置见图7.8.1。

连续刚构桥主梁应力测试截面上游幅布设12个截面，下游幅布设3个截面。1—截面设在边跨跨中附近，2—2、10—10截面设在边跨1/4附近，3—3、8—8截面设在距主墩墩顶9 m处，4—4截面设在中跨1/8附近，5—5、7—7截面设在中跨1/4附近，6—6截面设在中跨跨中，9—9截面设在边跨1/8附近。

主梁应力测量在以下工况进行：

(1)每节段混凝土浇筑完成；

(2)每节段预应力张拉完成；

(3)合拢段浇筑前后；

(4)合拢段预应力张拉前后；

（5）中跨顶推前后；

（6）全桥合拢后。

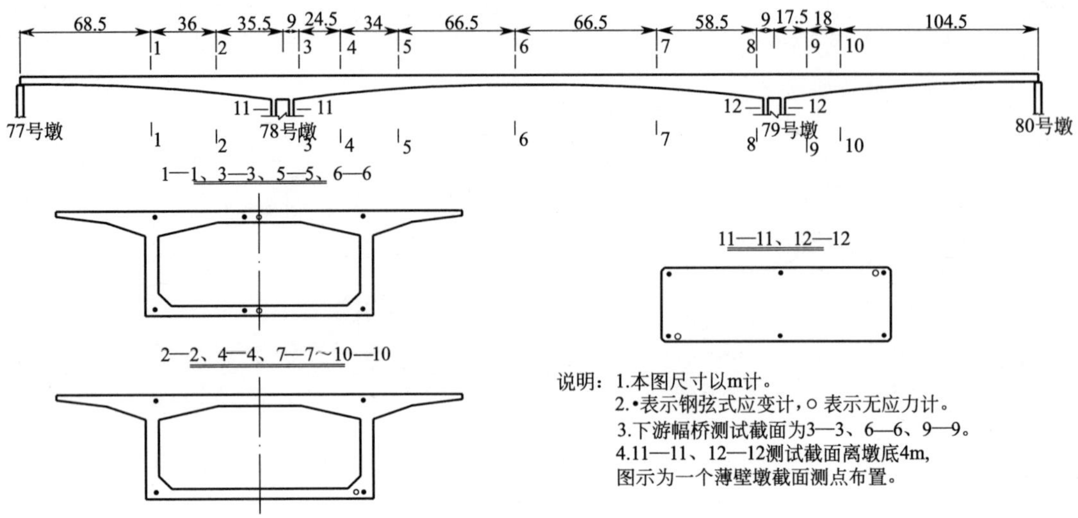

图 7.8.1　主梁应力测点布置图

3. 测试结果及分析

各阶段应力详细测试结果见附件 1。

应力测试方法是通过测试混凝土的应变，再将其换算成应力。28 d 混凝土弹性模量参考实测值取 $E=42$ GPa。实测应力与计算应力差值大部分在 2 MPa 范围内。各阶段截面实测应力与计算应力比较吻合，最大差值在 3 MPa 以内。因实测混凝土应变包含徐变应变，而徐变应变很难从实测混凝土应变中分离出来，故一般采用计算值或经验值，而计算值或经验值与实际发生的混凝土应变可能存在一定差距，加之混凝土弹性模量存在一定的离散性，因而造成实测混凝土应力与计算值之间存在一定差距。该差距在 3 MPa 以内是可以接受的。由应力实测值随施工工况变化曲线来看，各截面实测应力与计算应力随施工工况变化规律一致，且实测值一般小于理论值。

三、温度监测

1. 监测方法

（1）环境温度的测量采用电子温度计，全桥共设置 2 个温度、湿度监测站。

（2）主梁温度场的测量采用数字式测温传感器进行测试。

2. 测点布置

由于混凝土结构的热传导性能较差、周围环境温度的变化和阳光照射不同等原因，使其表面和内部形成较大的温度梯度。温度测点的布置将要反映这种梯度的变化，分别在测试截面顶板的上表面和下表面，腹板、底板的上表面和下表面布置测点。主梁温度测点布置见图 7.8.2。

主梁梁体温度场测试采用在梁体内埋设铜镍热敏电阻方法进行，使用 DT9202A 型万用表测量测温元件的电阻，根据电阻随温度变化的关系来确定被测物体的温度。铜镍热敏电阻测温具有较高的测量精度，最大测量误差为 $\pm(0.15+3\times10^{-3}t)$℃，其中 t 为被测温度。温度场的测量值作为控制参数供施工控制计算之用。

在主梁 1—1 ~ 7—7 应力测试截面及主墩根部 4 m 处埋设温度测点。

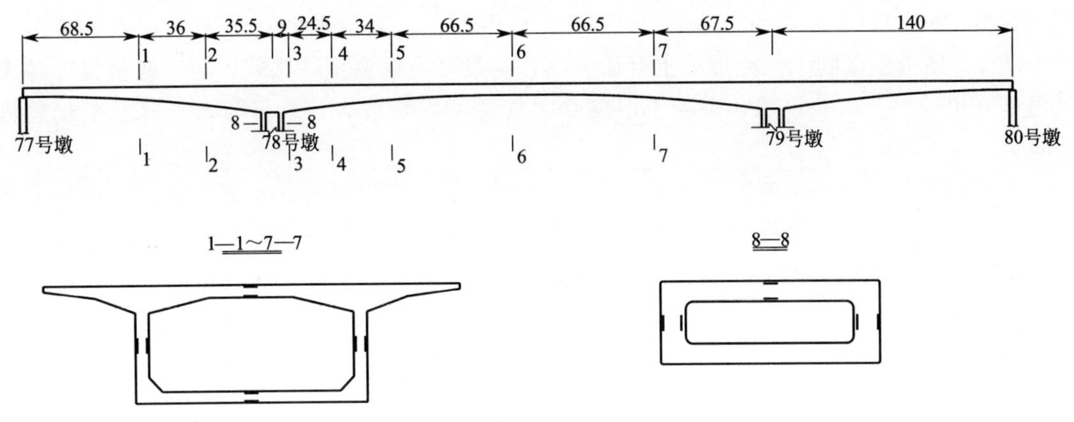

图 7.8.2　主梁温度测点布置图

温度场应在以下时间测量：

（1）选择气温变化较大的一天进行全天测试，每隔 2～4 h 测试一次，分析温度场随气温变化的规律；

（2）在合拢前，对温度场进行一次全天测试，研究合拢时梁体的线形情况。

3. 温度场测试结果及分析

78 号墩右幅 15 号块浇筑完成后及中跨合拢前，进行主梁温度场 24 h 联测。

中跨合拢前主梁温度场测试结果见图 7.8.3。由图可见，上顶板测点温度在下午 1 点达

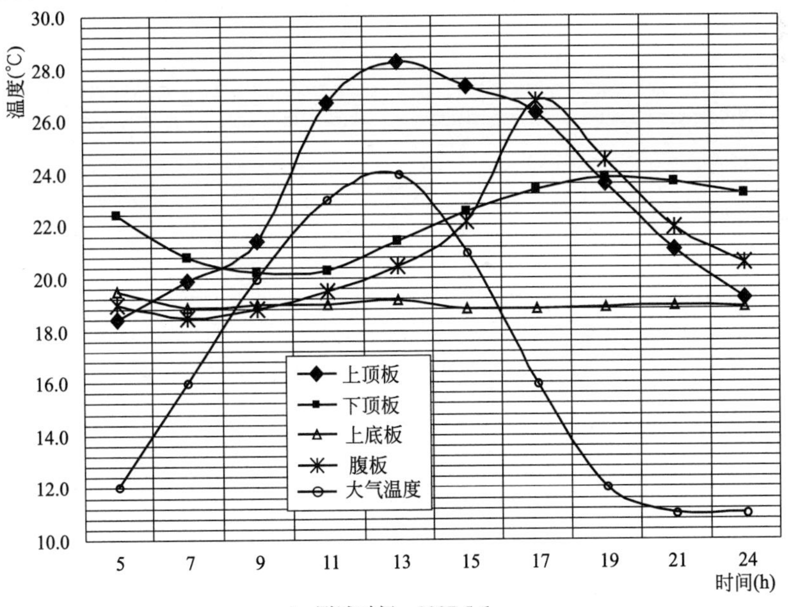

1. 测试时间：2007-5-6；

2. 天气：晴；

3. 测试工况：中跨顶推后。

图 7.8.3　78-U-S02 号温度场测试结果

到最大值(28.3 ℃)，此时大气温度为 24 ℃。上顶板与上底板温差在下午 1 点达到最大值(9.1 ℃)。顶板温度随大气温度的上升而升高，凌晨时主梁温度场比较均匀。底板温度随大气温度变化较小。由此说明，混凝土温度受大气温度影响较大，并且与大气温度变化趋势一致。

环境温度对主梁线形的影响见表 7.8.2 及图 7.8.4。由表可见，主梁在早晨 7 点处于最高状态，下午 5 点处于最低状态，其最大高差达 40 mm。下午 5 点后，主梁标高逐渐回升，0 点与早晨 7 点最大高差为 21 mm。建议合拢段混凝土浇筑选择在阴天进行，且合拢时间选择在凌晨 3 点后。

表 7.8.2 主梁线形随温度变化测试结果(单位：m)

位置	测试时间及环境温度									
	5:00	7:00	9:00	11:00	13:00	15:00	17:00	19:00	21:00	0:00
	12 ℃	16 ℃	20 ℃	23 ℃	24 ℃	21 ℃	16 ℃	12 ℃	11 ℃	11 ℃
78-U-31	58.366	58.370	58.363	58.342	58.336	58.331	58.330	58.333	58.337	58.349
79-U-31	58.357	58.361	58.353	58.334	58.327	58.322	58.321	58.326	58.328	58.340
78-D-31	58.360	58.362	58.357	58.339	58.333	58.327	58.326	58.331	58.332	58.346
79-D-31	58.342	58.345	58.339	58.320	58.314	58.308	58.307	58.312	58.315	58.327

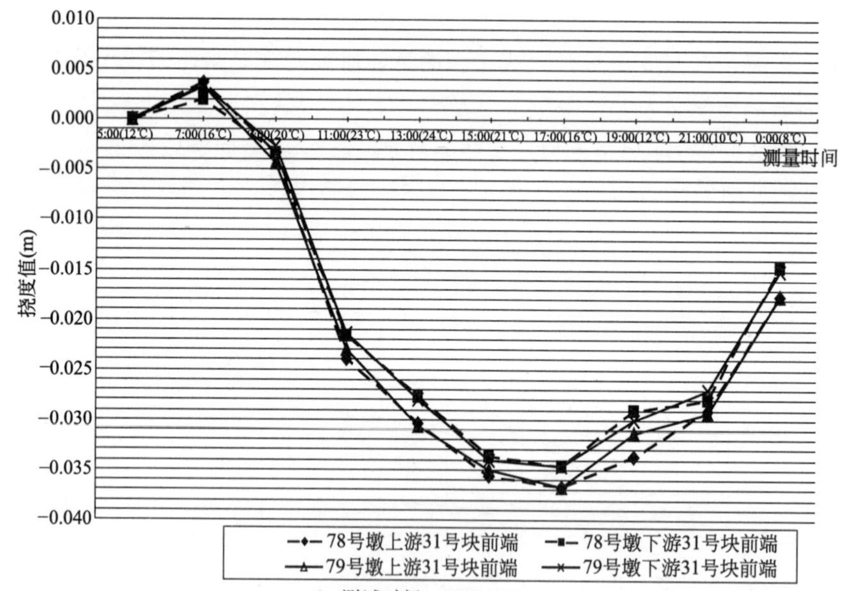

1. 测试时间：2007-5-6；

2. 天气：晴；

3. 测试工况：中跨顶推后。

图 7.8.4 温度变化对主梁线形的影响

四、线形监测

1. 监测方法

(1) 主梁高程

采用高精度水准仪测量。

（2）主梁轴线平面位置

主梁轴线平面位置的监测与主梁高程的监测相结合，采用 Topcon(±2 s) 型全站仪三维坐标法测量。通过主梁轴线高程和平面位置的监测，使主梁轴线位置始终处于设计和规范规定的范围之内。

2. 监测内容

连续刚构桥采用悬臂施工法，每施工节段的标高(即每个节点坐标位置) 的变化与偏离都会造成合拢困难，影响最终成桥线形。为保证连续刚构桥线形符合设计要求，必须在主梁施工过程中进行线形控制。线形测量主要内容包括：

（1）主梁线形控制网的测定及高程控制基准点的定期复测；

（2）主梁节段立模标高及截面尺寸的放样监测；

（3）中线偏位测量；

（4）主梁标高测量；

（5）主墩偏位及沉降定期测量；

（6）合拢前后线形 24 h 联测；

（7）成桥线形测量。

3. 线形控制网及高程控制基准点复核

主桥线形控制网设在河岸上，按规范要求测量主桥高程控制基准点(其为理论不动点，由水准基点引测其高程)。为防止测点位置被移动或破坏，线形测试前需对高程控制基准点进行复核，要求每两个月复测一次。测量采用水准仪进行。

4. 主梁立模标高与截面尺寸放样监测

在施工挂篮移动到位，固定底模后，用极坐标法测出每节段的桥轴线及底板两边控制点。因箱梁采用变截面形式，故底板上每点的里程不同，高程也不同。根据设计及施工监控计算所提供的资料，在立模前计算出待浇节段前端的底板和顶板主要控制点(见图 7.8.5 中 a、b、c、d、e、f、g、h、i 各点) 的坐标，利用全站仪直接控制各主要点的平面位置，再根据水准控制点用水准仪来控制各主要点的高程。控制好各主要点后用钢尺来控制细部尺寸，在保证每块箱梁的平面和高程的基础上还要保证局部尺寸和位置。

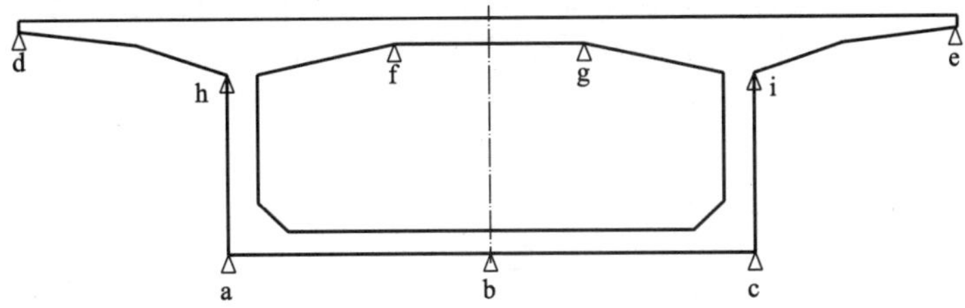

图 7.8.5　箱梁截面立模控制点

以上是箱梁立模时的模板控制，它也是悬浇箱梁控制的一部分。其控制关键在于通过挂篮试验数据，准确预测浇筑过程中的弹性和非弹性变形，在放样过程中对这些变形给予适当的考虑，保证箱梁截面在浇筑成形后最优化，减小截面特性施工误差。此项工作在每一节段立模前均需进行。

5. 主梁高程控制点监测

主梁高程控制点位以施工单位的布点为准，采用水准仪测量，从高程控制基准点引测。

主梁高程控制点设在墩顶中线处，要求每月复测一次。

6. 中线偏差及主梁标高监测

根据架设主梁的中线标志，采用测小角法直接以经纬仪或全站仪测量其偏角。具体做法是：仪器架设在一边墩中心，瞄准另一边墩的中心，视线为基准线，然后观测各已架设主梁的中线标志相对于基准线的偏角 α_i，则偏移值 L_i 为

$$L_i = a_i / \rho'' \cdot S_i$$

式中　ρ''——单位弧度换算到秒的系数，其值为 206 265；

S_i——测点到测端的距离。

每节段施工完成后，测量该节段的标高及相邻 4 个节段的标高变化，测点布置见图 7.8.6（当前节段施工测量 a、b、c、d、e 五点，其中 d、e 点为校核点，后续节段施工只测 a、b、c 三点）。测点采用圆形螺帽，顶部与混凝土面水平。

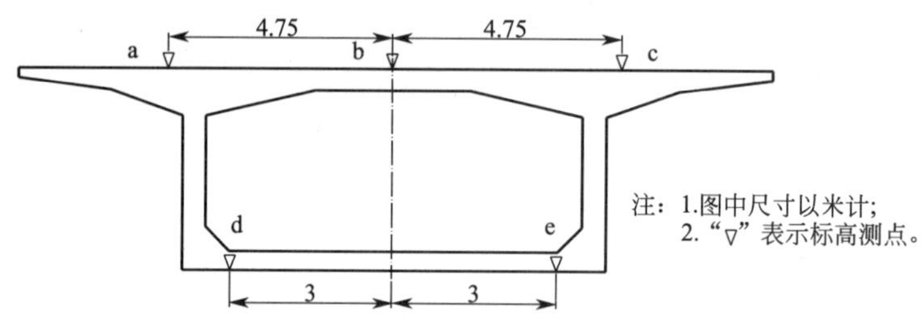

图 7.8.6　主梁标高测点布置图

主梁标高测量按以下两个工况进行：

（1）混凝土浇筑后；

（2）张拉预应力后。

7. 主墩的偏位和沉降监测

主墩的偏位和沉降监测主要针对连续刚构桥。测量采用坐标法，测试仪器为全站仪。仪器架设在主梁上，后视高程控制基准点，再瞄准主墩各测点的棱镜，测出各测点的三维坐标，从而算出主墩的实测偏位。主墩各测点以施工单位的施工放样测点为准。

在 78 号、79 号墩墩顶截面各设置两个沉降观测点。测试仪器为全站仪。仪器架设在主梁上，后视高程控制基准点，再瞄准主墩各测点的棱镜，测出各测点的三维坐标，从而得到主墩的沉降值。测试工作每完成 5 ~7 个节段后进行一次。

8. 合拢前后线形 24 h 联测

中边跨合拢前后各进行一次 24 h 联测，以观测主梁线形随温度变化情况。另外在具体施工时，视监控计算与监测结果的对比需要，进行温度对线形的影响观测。

9. 成桥线形测量

二期恒载铺装前测量全桥线形，每节段布置五个测点。

成桥线形测量结果及标高调整见附件 3。

从附件 3 可以看出，成桥主梁标高实测值与计算值基本吻合，差值均控制在 5 cm 以内，主梁整体线形变化平顺。其中 78 号墩右幅南通侧 26 号、27 号块及 79 号墩左幅南通侧 27 号块标高差值超出 4 cm，绝大部分块段标高差值均在 3 cm 以内。

第九节　施工控制计算

一、计算参数

计算参数是对桥梁结构行为进行正确计算的前提条件。通常情况下，选择构件所用材料的弹性模量、构件自重、施工荷载、结构温度场和施工周期等作为计算参数。计算参数包括几何参数、材料参数等。施工阶段的计算参数以设计图及相应的设计规范作为基本依据，对桥梁在施工各阶段的线形、内力及施工参数进行预测，并提供施工需要的初始参数、目标线形及基本控制要求。本桥的几何参数根据设计图纸输入，并在计算软件中自行形成，其余计算参数基本取值见后述。在预测阶段，为进行参数分析，在基本参数的基础上，对部分参数进行了参数变化对线形的影响分析计算。

1. 材料参数

（1）混凝土

主梁及主墩墩身为C60混凝土，其主要力学性能指标见表7.9.1。

表7.9.1　C60混凝土主要力学性能指标

序　号	力学性能指标	C60混凝土
1	弹性模量E(MPa)	42000
2	轴心抗压标准强度(MPa)	42
3	抗拉标准强度(MPa)	3.4
4	轴心抗压设计强度(MPa)	32.5
5	抗拉设计强度(MPa)	2.65
6	容重(kN/m^3)	26
7	热膨胀系数(1/℃)	0.00001

（2）预应力钢筋

预应力钢筋的主要力学性能指标和计算参数见表7.9.2及表7.9.3。

表7.9.2　预应力钢筋力学性能指标表

力学性能指标	钢绞线	预应力粗钢筋
弹性模量E(MPa)	195000	200000
抗拉标准强度(MPa)	1860	930

表7.9.3　预应力钢筋计算参数表

主　要　参　数	纵向预应力束	横向预应力束	竖向预应力筋
型　　号	31φ15.24,22φ15.24,15φ15.24	3φ15.24	4φ32精轧螺纹钢
弹性模量(MPa)	1.95×10^5	1.95×10^5	2.0×10^5
锚下控制应力(MPa)	1395	1395	837
松弛比	0.025	0.025	0.05
孔道偏差系数	0.0015	0.0015	0.0015
孔道摩阻系数	0.15	0.25	0.40
锚具变形及钢丝回缩量(mm)	6	6	2

2. 荷载参数

(1) 恒　　载

结构自重：混凝土基本容重取为 26.0 kN/m³。在施工控制阶段，混凝土容重需要通过试验确定。主梁横隔板和锯齿块按集中荷载考虑。单个横隔板重 769.41 kN，以均布荷载作用在结构上。

二期恒载：按 62.0 kN/m 计。

(2) 活载

设计活载：汽—超 20。借鉴 AASHTO 关于箱梁计算的方法，考虑箱梁偏载系数 1.15，纵向未作折减，按三车道计算时，横向增大系数为 $3 \times 0.78 \times 1.15 = 2.691$，汽车冲击按《公路桥涵设计通用规范》计算；

满人荷载：3.5 kPa，桥面满人宽度 15.5 m；

检算荷载：挂—120。

(3) 附加荷载

结构运营阶段计算考虑的附加荷载如下：

体系温度：±20.0 ℃；

局部温差：顶板升温 +8.0 ℃，降温 -4.0 ℃；

支点沉降：按不相邻支点沉降 5 cm 考虑。

(4) 施工荷载

悬臂施工时挂篮、模板等临时荷载按 1 200 kN 计，作用点距悬臂最前端 0.5 m。

(5) 收缩、徐变

收缩、徐变按各自的计算周期考虑，收缩徐变参数按原桥规(JTJ 023—85) 徐变计算模式取值。

二、计算模型及假定

采用空间杆系单元建立结构纵向计算模型。纵向计算模型见图 7.9.1。计算采用以下假定：

两幅桥横向仅在主墩处用横隔板连接，计算按单幅桥进行；

主梁为全预应力构件，不考虑普通钢筋参与结构受力；

墩身底部与承台按固结约束考虑。

(a) 立面计算模型图

(b) 平面计算模型图

图 7.9.1　计算模型图式

全桥共180个单元。其中1～140为主梁单元，其他为墩柱单元。模型的边界条件采用与施工过程一致，由于缺少支座刚度资料，故模型中均不考虑弹性边界条件，所有位移边界条件均为刚性约束。

三、施工阶段计算工况划分

根据相关施工组织设计，施工中以施工节段确定计算工况。施工周期是计算收缩、徐变的直接参数，应考虑。施工阶段计算工况划分见表7.9.4。

表7.9.4　施工阶段计算工况划分

工况编号	施工内容	持续时间	工况编号	施工内容	持续时间
1	墩身施工	100 d	39	张拉预应力束 T10、F10	1 d
2	托架浇筑0号、1号节段混凝土	70 d	40	挂篮前移	1 d
3	张拉预应力束 T1、F1	3 d	41	浇筑11号节段混凝土	3 d
4	对称安装2号节段挂篮、模板	30 d	42	混凝土养护	7 d
5	浇筑2号节段混凝土	3 d	43	张拉预应力束 T11、F11	1 d
6	混凝土养护	7 d	44	挂篮前移	1 d
7	张拉预应力束 T2、F2	1 d	45	浇筑12号节段混凝土	3 d
8	挂篮前移	1 d	46	混凝土养护	7 d
9	浇筑3号节段混凝土	3 d	47	张拉预应力束 T12、F12	1 d
10	混凝土养护	7 d	48	挂篮前移	1 d
11	张拉预应力束 T3、F3	1 d	49	浇筑13号节段混凝土	3 d
12	挂篮前移	1 d	50	混凝土养护	7 d
13	浇筑4号节段混凝土	3 d	51	张拉预应力束 T13、F13	1 d
14	混凝土养护	7 d	52	挂篮前移	1 d
15	张拉预应力束 T4、F4	1 d	53	浇筑14号节段混凝土	3 d
16	挂篮前移	1 d	54	混凝土养护	7 d
17	浇筑5号节段混凝土	3 d	55	张拉预应力束 T14、F14	1 d
18	混凝土养护	7 d	56	挂篮前移	1 d
19	张拉预应力束 T5、F5	1 d	57	浇筑15号节段混凝土	3 d
20	挂篮前移	1 d	58	混凝土养护	7 d
21	浇筑6号节段混凝土	3 d	59	张拉预应力束 T15、F15	1 d
22	混凝土养护	7 d	60	挂篮前移	1 d
23	张拉预应力束 T6、F6	1 d	61	浇筑16号节段混凝土	3 d
24	挂篮前移	1 d	62	混凝土养护	7 d
25	浇筑7号节段混凝土	3 d	63	张拉预应力束 T16、F16	1 d
26	混凝土养护	7 d	64	挂篮前移	1 d
27	张拉预应力束 T7、F7	1 d	65	浇筑17号节段混凝土	3 d
28	挂篮前移	1 d	66	混凝土养护	7 d
29	浇筑8号节段混凝土	3 d	67	张拉预应力束 T17、F17	1 d
30	混凝土养护	7 d	68	挂篮前移	1 d
31	张拉预应力束 T8、F8	1 d	69	浇筑18号节段混凝土	3 d
32	挂篮前移	1 d	70	混凝土养护	7 d
33	浇筑9号节段混凝土	3 d	71	张拉预应力束 T18、F18	1 d
34	混凝土养护	7 d	72	挂篮前移	1 d
35	张拉预应力束 T9、F9	1 d	73	浇筑19号节段混凝土	3 d
36	挂篮前移	1 d	74	混凝土养护	7 d
37	浇筑10号节段混凝土	3 d	75	张拉预应力束 T19、F19	1 d
38	混凝土养护	7 d	76	挂篮前移	1 d

续上表

工况编号	施　工　内　容	持续时间	工况编号	施　工　内　容	持续时间
77	浇筑 20 号节段混凝土	3 d	116	混凝土养护	7 d
78	混凝土养护	7 d	117	张拉预应力束 T29、F29	1 d
79	张拉预应力束 T20、F20	1 d	118	挂篮前移	1 d
80	挂篮前移	1 d	119	浇筑 30 号节段混凝土	3 d
81	浇筑 21 号节段混凝土	3 d	120	混凝土养护	7 d
82	混凝土养护	7 d	121	张拉预应力束 T30、F30	1 d
83	张拉预应力束 T21、F21	1 d	122	浇筑转向块 B1	0.1 d
84	挂篮前移	1 d	123	挂篮前移	1 d
85	浇筑 22 号节段混凝土	3 d	124	浇筑 31 号节段混凝土	3 d
86	混凝土养护	7 d	125	混凝土养护	7 d
87	张拉预应力束 T22、F22	1 d	126	张拉预应力束 T31、F31	1 d
88	挂篮前移	1 d	127	浇筑转向块 A1、A2	0.1 d
89	浇筑 23 号节段混凝土	3 d	128	托架浇筑两边跨直线段	1 d
90	混凝土养护	7 d	129	边跨挂篮前移，改装成吊篮	3 d
91	张拉预应力束 T23、F23	1 d	130	边跨 31 号块压重 40t，中跨 31 号块压重 35t，安装劲性骨架	3 d
92	挂篮前移	1 d			
93	浇筑 24 号节段混凝土	3 d	131	现浇边跨合拢段，逐级拆除边跨侧平衡重	10 d
94	混凝土养护	7 d			
95	张拉预应力束 T24、F24	1 d	132	混凝土养护	7 d
96	浇筑转向块 B3	0.1 d	133	张拉边跨合拢束 T32、T33、B1 ~ B7	5 d
97	挂篮前移	1 d			
98	浇筑 25 号节段混凝土	3 d	134	中跨挂篮前移，改装成吊篮	3 d
99	混凝土养护	7 d	135	中跨向边跨预顶 5cm，安装劲性骨架	5 d
100	张拉预应力束 T25、F25	1 d			
101	挂篮前移	1 d	136	现浇中跨合拢段，逐级拆除中跨侧平衡重	10 d
102	浇筑 26 号节段混凝土	3 d			
103	混凝土养护	7 d	137	混凝土养护	7 d
104	张拉预应力束 T26、F26	1 d			
105	挂篮前移	1 d	138	张拉中跨合拢束 Z1 ~ Z5、Z7 ~ Z9、Z11 ~ Z13、Z15	20 d
106	浇筑 27 号节段混凝土	3 d			
107	混凝土养护	7 d	139	挂篮、托架拆除	10 d
108	张拉预应力束 T27、F27	1 d	140	桥面铺装	60 d
109	浇筑转向块 B2	0.1 d	141	收缩徐变 1 年	1 年
110	挂篮前移	1 d	142	张拉剩余束 Z6、Z10、Z14	10 d
111	浇筑 28 号节段混凝土	3 d	143	收缩徐变 2 年	2 年
112	混凝土养护	7 d	144	收缩徐变 3 年	3 年
113	张拉预应力束 T28、F28	1 d	145	收缩徐变 10 年	10 年
114	挂篮前移	1 d	146	收缩徐变 30 年	30 年
115	浇筑 29 号节段混凝土	3 d			

四、计算工况模拟说明

工　况	示　意　图	说　明
边跨合拢前	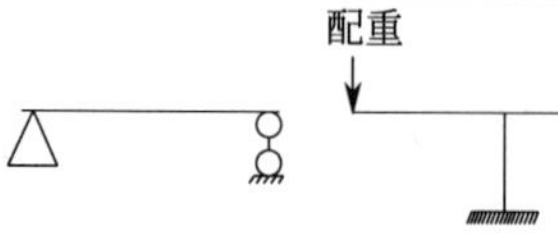 配重　配重 合拢前	直线段在支架上施工，计算时支架为刚性支撑，只约束向下位移，不约束向上位移，支座端约束向下位移与水平位移。同时在 T 构悬臂端施加配重

续上表

工　况	示　意　图	说　明
边跨合拢后	配重 合拢后	1. 边跨合拢过程中同时拆除边跨配重，合拢后解除支座端水平约束 2. 边跨张拉，此时支架脱空，相当于已解除支架约束
中跨合拢前	配重配重 顶推800 t 顶推	施加顶推力
中跨合拢后	中跨合拢后	1. 中跨合拢过程中同时拆除配重 2. 合拢后拆除顶推装置 3. 张拉第一批中跨合拢束 4. 拆除支架

五、计算结果及分析

根据前面建立的计算模型和确定的计算参数，结合施工工况，进行正装迭代计算，得到各工况下的位移和内力。

1. 主梁检算

施工阶段主梁正截面最大压应力为 19.64 MPa，最大拉应力为 2.03 MPa。《公路钢筋混凝土及预应力混凝土桥涵设计规范》第 5.3.4 条要求，预应力构件施工阶段最大压应力小于 $0.75R_a^b = 0.75 \times 42.0 = 31.5$ MPa，最大拉应力小于 $0.70R_l^b = 0.70 \times 3.40 = 2.38$ MPa。主梁在施工阶段的受力满足规范要求。

(1) 主梁主要施工阶段截面正应力见图 7.9.2 ~ 图 7.9.17。

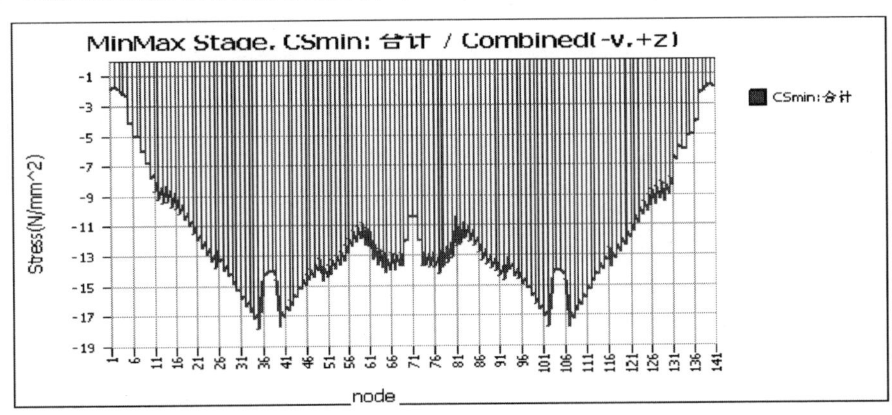

图 7.9.2　施工阶段截面上缘正应力

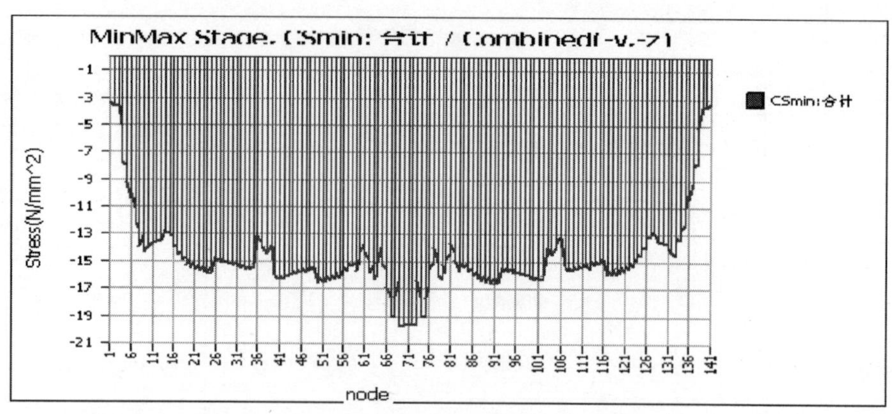

图 7.9.3 施工阶段截面下缘正应力

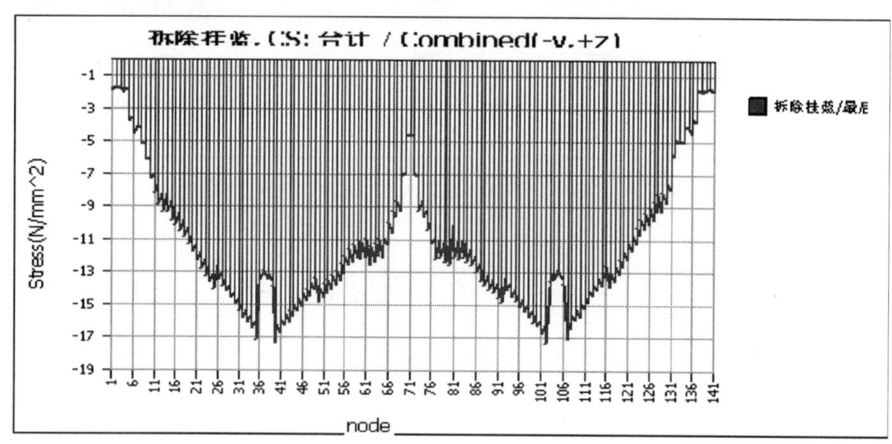

图 7.9.4 桥面铺装前上缘正应力

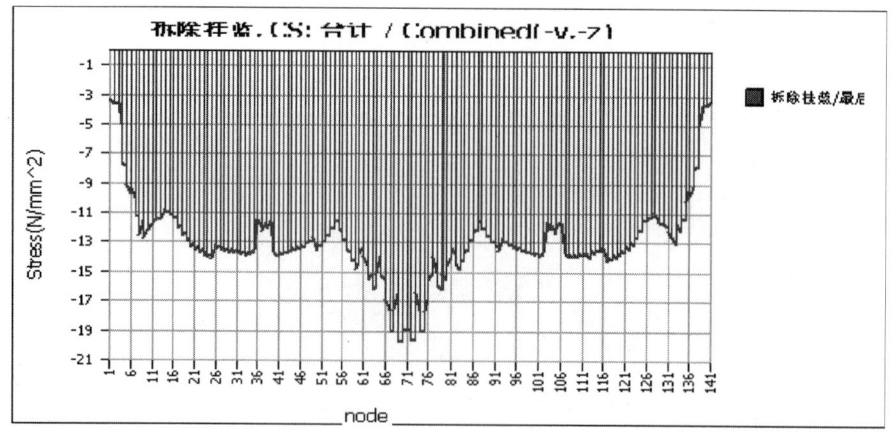

图 7.9.5 桥面铺装前下缘正应力

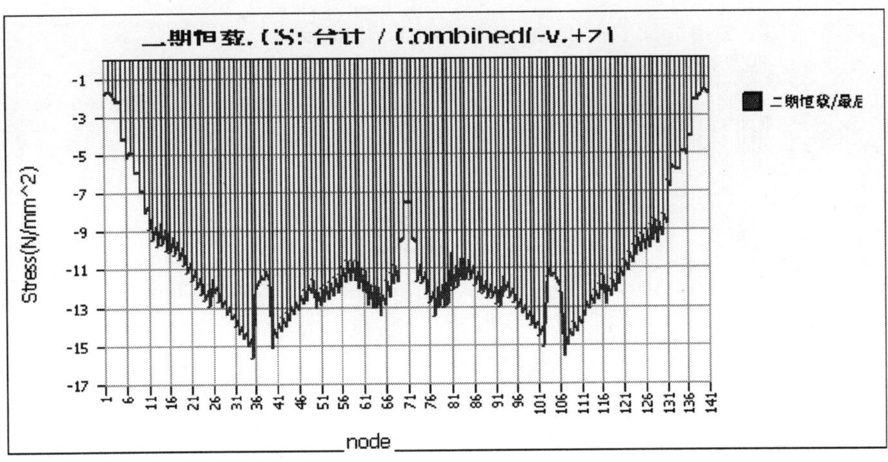

图 7.9.6　桥面铺装后上缘正应力

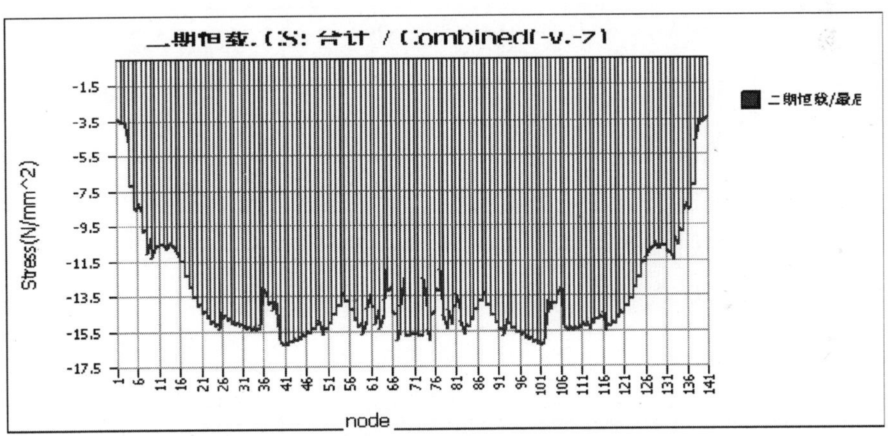

图 7.9.7　桥面铺装后下缘正应力

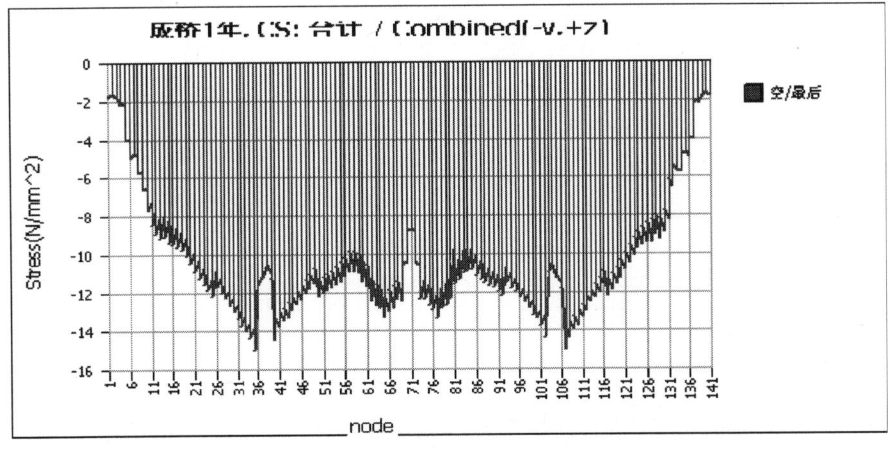

图 7.9.8　桥面铺装 1 年后上缘正应力

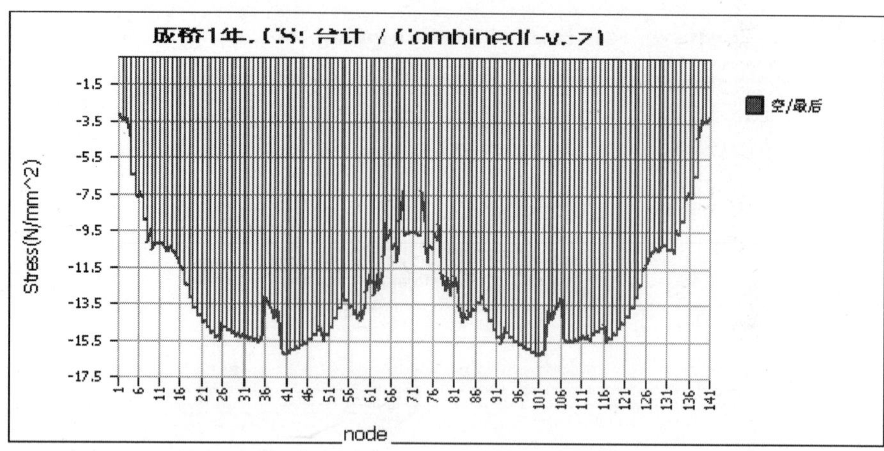

图 7.9.9　桥面铺装 1 年后下缘正应力

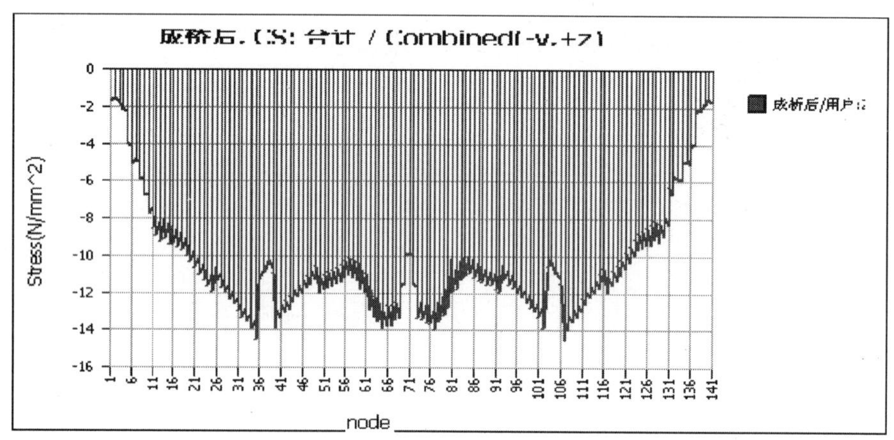

图 7.9.10　桥面铺装 3 年后上缘正应力

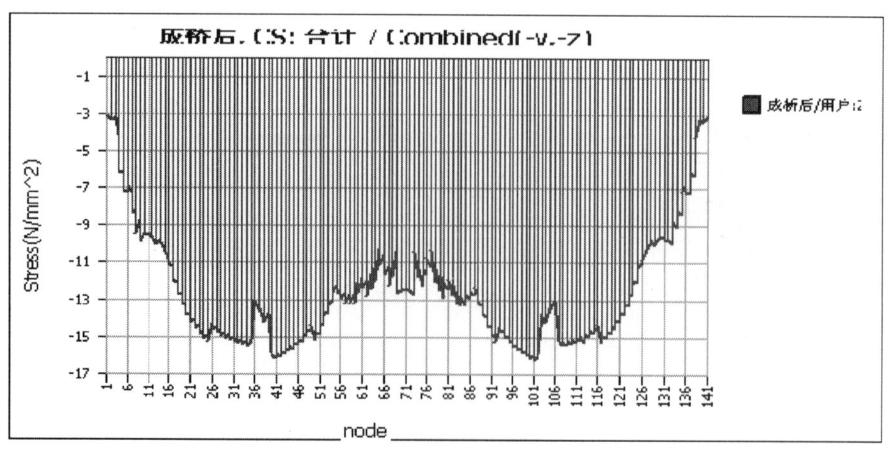

图 7.9.11　桥面铺装 3 年后下缘正应力

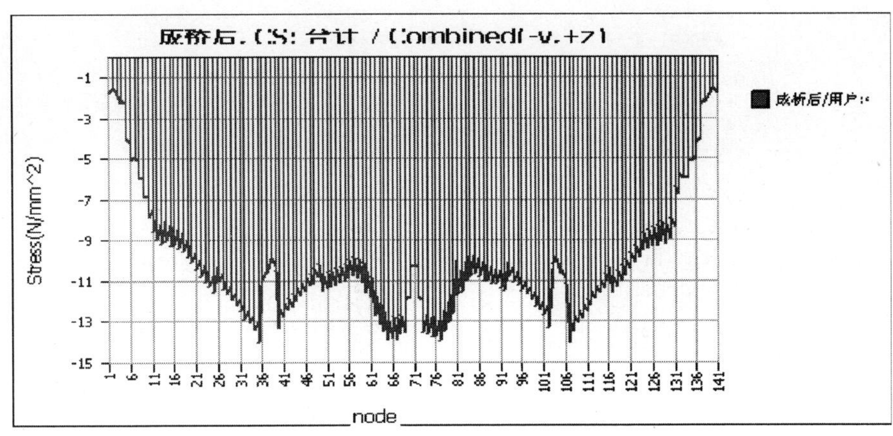

图 7.9.12　桥面铺装 10 年后上缘正应力

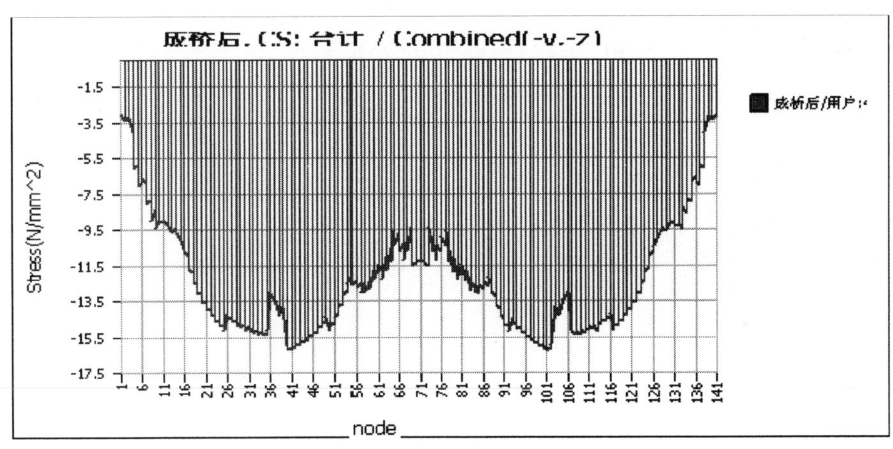

图 7.9.13　桥面铺装 10 年后下缘正应力

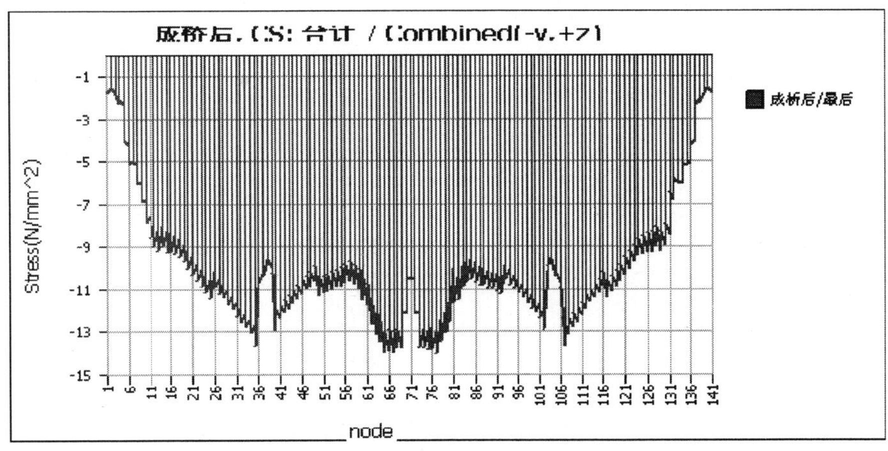

图 7.9.14　桥面铺装 30 年后上缘正应力

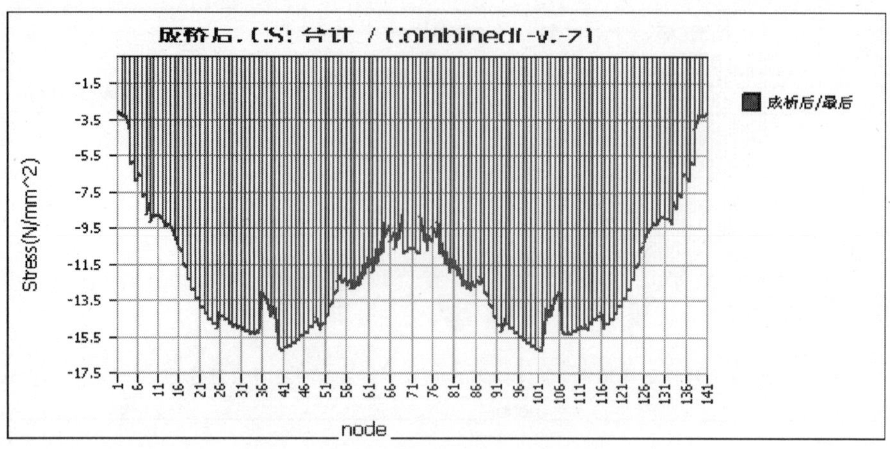

图 7.9.15　桥面铺装 30 年后下缘正应力

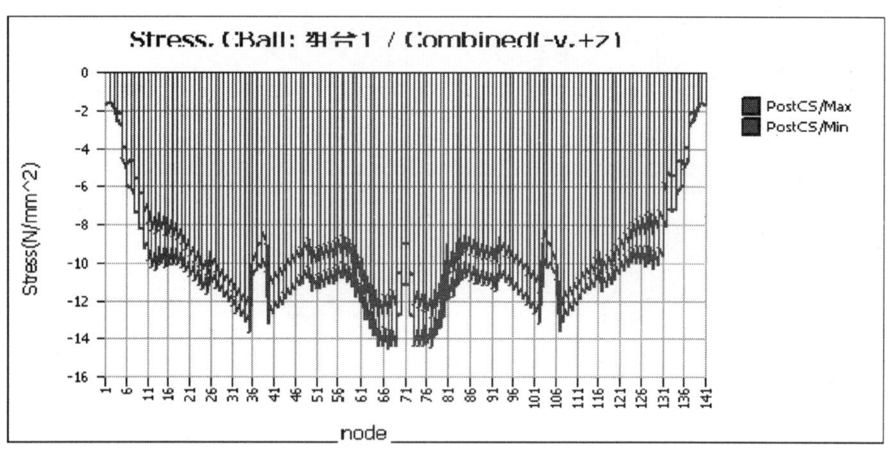

图 7.9.16　荷载组合 1 上缘正应力

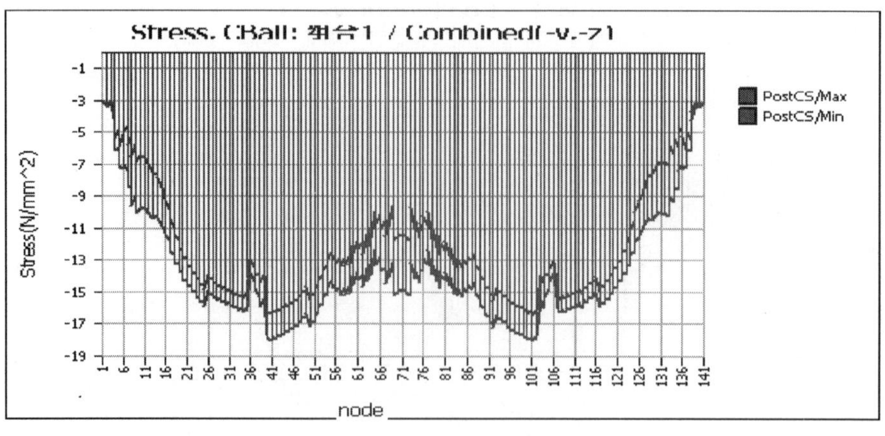

图 7.9.17　荷载组合 1 下缘正应力

（2）主梁主要施工阶段内力见图 7.9.18 ~ 图 7.9.24。

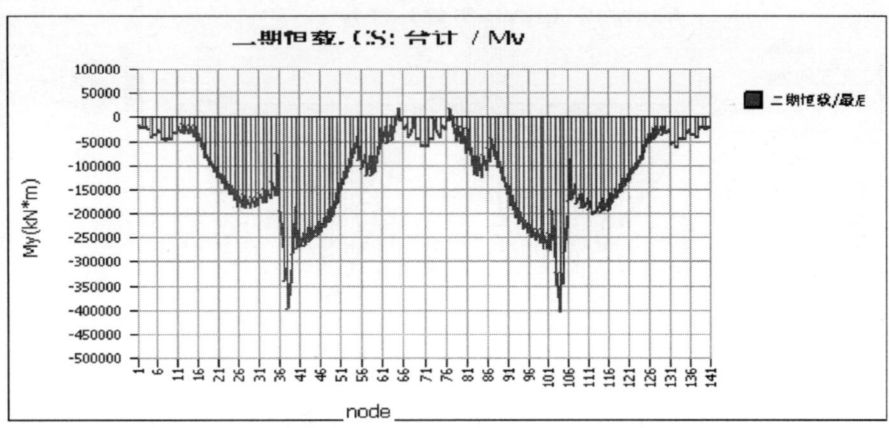

图 7.9.18　桥面铺装后弯矩图

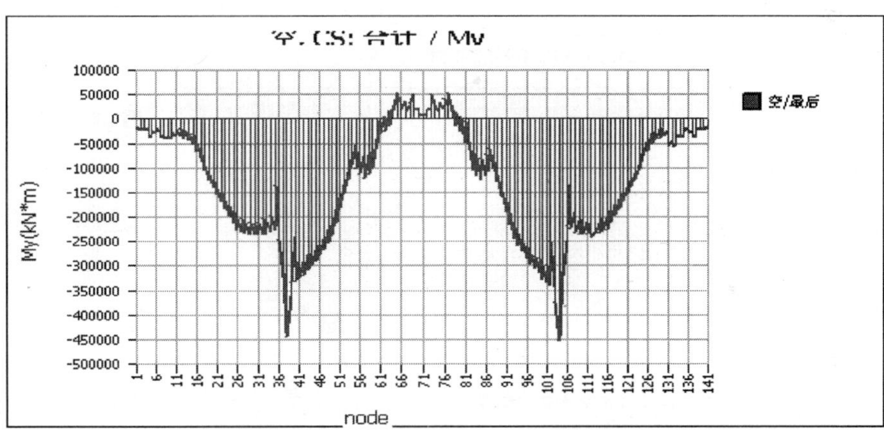

图 7.9.19　桥面铺装 1 年后弯矩图

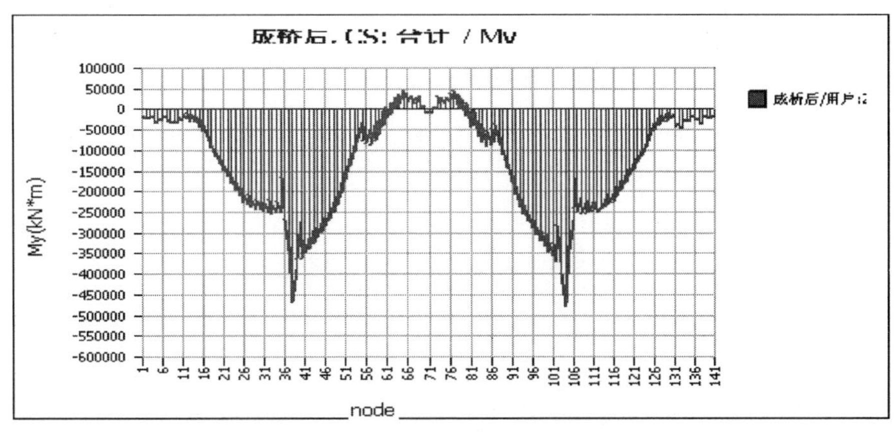

图 7.9.20　桥面铺装 3 年后弯矩图

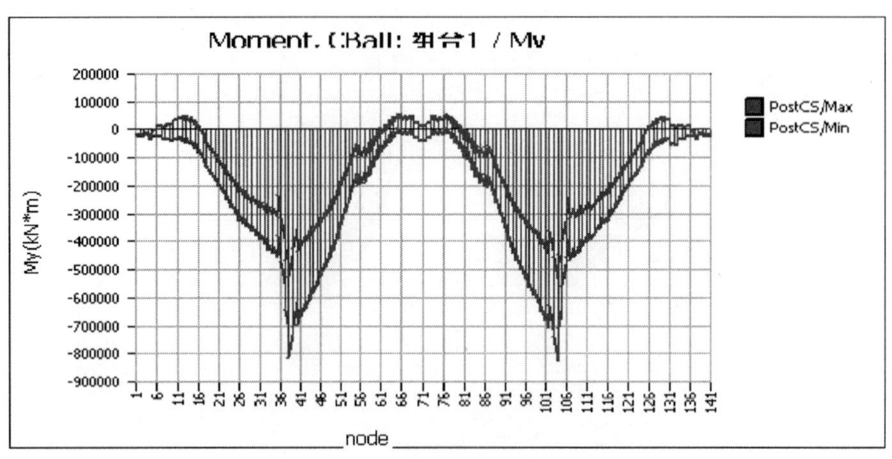

图 7.9.21　荷载组合 1 弯矩图

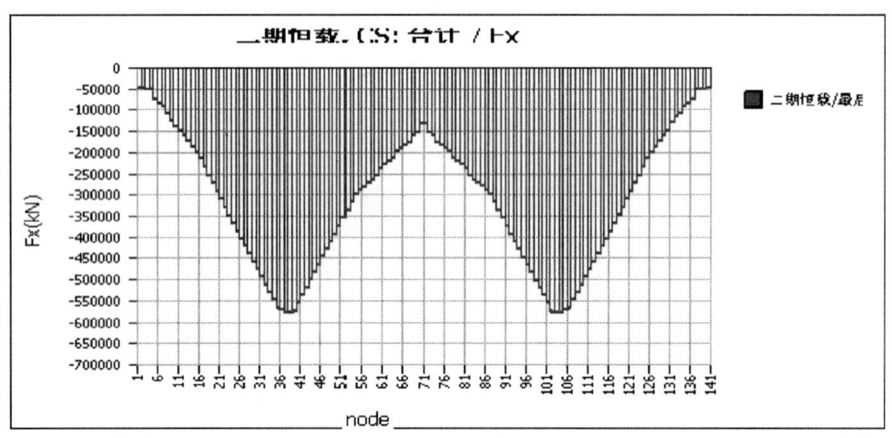

图 7.9.22　桥面铺装后轴力图

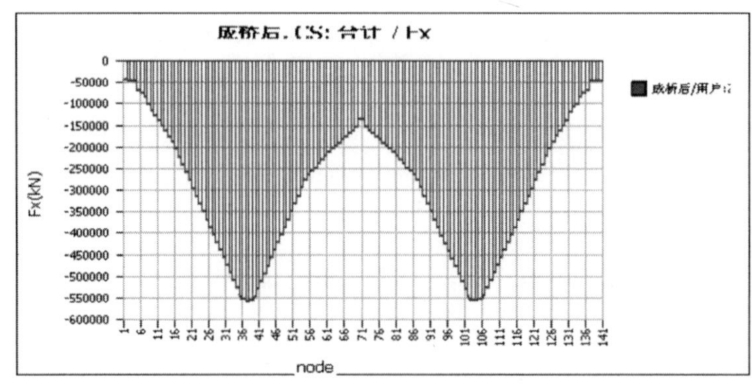

图 7.9.23　桥面铺装 3 年后轴力图

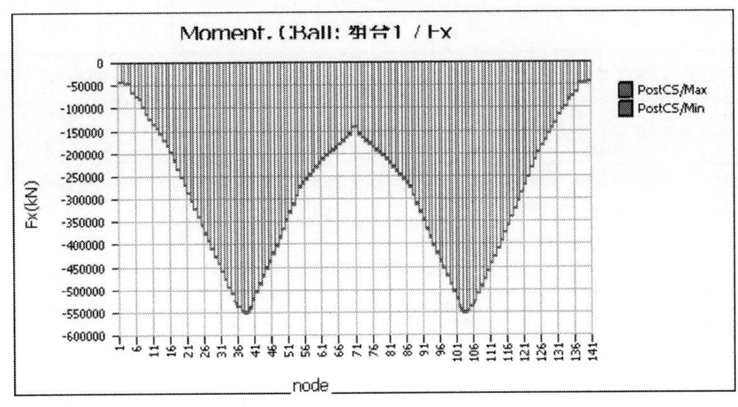

图 7.9.24　荷载组合 1 轴力图

2. 主梁预拱度计算

(1) 主梁梁顶立模标高的确定

$$H_{施} = H_0 - f_s + f_m + f_g$$

式中　$H_{施}$——主梁梁顶立模标高；

H_0——主梁梁顶设计标高，即成桥状态设计线形；

f_s——从梁段安装到成桥状态累计位移，向下为负；

f_m——主梁的活载预拱度，本桥考虑活载最大位移的 1/2；

f_g——挂篮变形产生的挠度。

成桥状态设计线形为考虑 30 年收缩徐变后的成桥线形，挂篮变形产生的挠度通过挂篮加载试验来获得。

根据前面的分析和计算结果，得出本桥各节点梁顶的立模标高。

(2) 施工预拱度理论计算结果

主梁预拱度计算结果见图 7.9.25。

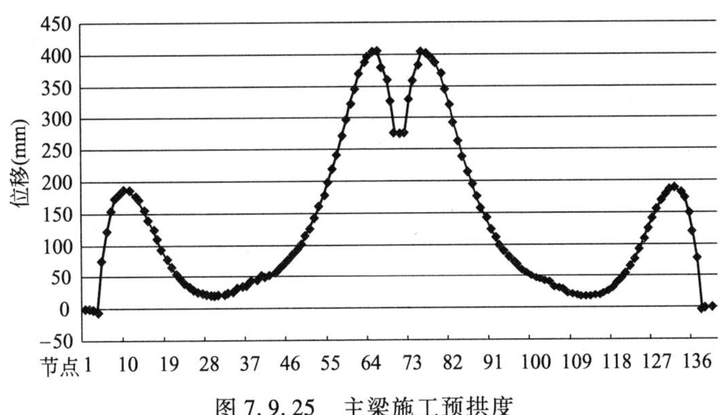

图 7.9.25　主梁施工预拱度

主梁梁顶立模标高见表 7.9.5。

表 7.9.5　主梁立模标高

节　点	里程桩号(m)	预拱度(mm)	立模标高(m)	节　点	里程桩号(m)	预拱度(mm)	立模标高(m)
1	21 419.4	0.0	62.195	3	21 421.35	-1.5	62.165
2	21 420.3	0.0	62.182	4	21 424	-5.0	62.121

续上表

节　点	里程桩号(m)	预拱度(mm)	立模标高(m)	节　点	里程桩号(m)	预拱度(mm)	立模标高(m)
5	21 426	75. 1	62. 171	53	21 611	160. 5	59. 482
6	21 431	121. 1	62. 142	54	21 615	179. 0	59. 440
7	21 436	154. 5	62. 101	55	21 619	198. 4	59. 399
8	21 441	174. 0	62. 045	56	21 623	219. 4	59. 360
9	21 446	180. 8	61. 977	57	21 627	241. 4	59. 322
10	21 451	186. 8	61. 908	58	21 632	269. 9	59. 276
11	21 456	185. 6	61. 832	59	21 637	296. 2	59. 227
12	21 461	176. 6	61. 748	60	21 642	323. 4	59. 179
13	21 466	170. 1	61. 666	61	21 647	345. 1	59. 126
14	21 471	156. 7	61. 578	62	21 652	370. 2	59. 076
15	21 476	140. 7	61. 487	63	21 657	388. 9	59. 020
16	21 481	125. 5	61. 397	64	21 662	395. 2	58. 951
17	21 486	110. 3	61. 306	65	21 667	403. 3	58. 884
18	21 491	92. 5	61. 213	66	21 672	404. 5	58. 811
19	21 495	79. 1	61. 140	67	21 677	381. 6	58. 713
20	21 499	66. 8	61. 068	68	21 682	359. 9	58. 616
21	21 503	56. 2	60. 997	69	21 687	328. 0	58. 509
22	21 507	47. 0	60. 928	70	21 692	274. 7	58. 381
23	21 511	39. 4	60. 860	71	21 693	275. 4	58. 366
24	21 515	33. 3	60. 794	72	21 694	276. 8	58. 353
25	21 519	28. 5	60. 730	73	21 699	330. 1	58. 331
26	21 523	24. 7	60. 666	74	21 704	361. 2	58. 287
27	21 526	22. 4	60. 618	75	21 709	382. 8	58. 234
28	21 529	20. 9	60. 572	76	21 714	404. 8	58. 181
29	21 532	20. 2	60. 526	77	21 719	402. 0	58. 103
30	21 535	20. 3	60. 481	78	21 724	393. 6	58. 020
31	21 538	20. 9	60. 437	79	21 729	386. 1	57. 937
32	21 541	22. 2	60. 393	80	21 734	369. 9	57. 846
33	21 544	23. 9	60. 350	81	21 739	344. 3	57. 745
34	21 547	26. 1	60. 307	82	21 744	322. 0	57. 648
35	21 550	32. 7	60. 269	83	21 749	294. 5	57. 546
36	21 553	34. 8	60. 226	84	21 754	267. 8	57. 444
37	21 554. 25	35. 6	60. 208	85	21 759	239. 0	57. 340
38	21 563. 75	44. 6	60. 075	86	21 763	216. 6	57. 258
39	21 565	46. 3	60. 057	87	21 767	195. 7	57. 177
40	21 568	50. 4	60. 016	88	21 771	176. 2	57. 097
41	21 571	50. 0	59. 971	89	21 775	157. 8	57. 019
42	21 574	54. 2	59. 930	90	21 779	140. 8	56. 942
43	21 577	59. 0	59. 890	91	21 783	125. 4	56. 866
44	21 580	64. 2	59. 850	92	21 787	111. 4	56. 792
45	21 583	70. 1	59. 811	93	21 791	98. 4	56. 719
46	21 586	76. 8	59. 773	94	21 794	89. 1	56. 665
47	21 589	84. 2	59. 735	95	21 797	80. 9	56. 612
48	21 592	92. 3	59. 698	96	21 800	73. 5	56. 560
49	21 595	101. 5	59. 663	97	21 803	66. 9	56. 508
50	21 599	114. 5	59. 616	98	21 806	61. 0	56. 457
51	21 603	128. 5	59. 569	99	21 809	55. 7	56. 407
52	21 607	143. 9	59. 525	100	21 812	50. 9	56. 357

续上表

节 点	里程桩号(m)	预拱度(mm)	立模标高(m)	节 点	里程桩号(m)	预拱度(mm)	立模标高(m)
101	21 815	46.7	56.308	122	21 887	65.9	55.220
102	21 818	46.5	56.262	123	21 891	78.4	55.168
103	21 821	42.5	56.213	124	21 895	91.9	55.118
104	21 822.25	40.8	56.193	125	21 900	109.9	55.055
105	21 831.75	32.0	56.042	126	21 905	125.1	54.989
106	21 833	31.2	56.022	127	21 910	140.3	54.923
107	21 836	29.2	55.975	128	21 915	156.3	54.857
108	21 839	23.2	55.923	129	21 920	170.0	54.788
109	21 842	21.2	55.876	130	21 925	178.1	54.714
110	21 845	19.7	55.829	131	21 930	186.9	54.640
111	21 848	18.6	55.782	132	21 935	188.6	54.558
112	21 851	18.1	55.735	133	21 940	182.6	54.468
113	21 854	18.2	55.689	134	21 945	175.6	54.377
114	21 857	19.0	55.644	135	21 950	153.8	54.270
115	21 860	20.6	55.599	136	21 955	120.8	54.152
116	21 863	23.0	55.555	137	21 960	74.8	54.020
117	21 867	27.0	55.497	138	21 962	-5.2	53.906
118	21 871	31.8	55.439	139	21 964.65	-1.5	53.863
119	21 875	38.1	55.382	140	21 965.7	0.0	53.847
120	21 879	45.9	55.327	141	21 966.6	0.0	53.832
121	21 883	55.3	55.273				

混凝土连续刚构墩身竖向位移（墩身弹性压缩值）见表 7.9.6。

表 7.9.6 连续刚构主墩竖向位移表

节点(主墩墩顶位置)	里程桩号(m)	铺装结束(m)	铺装结束 10000d 后(m)
153	21 554.25	-0.019	-0.025
165	21 563.75	-0.019	-0.034
175	21 822.25	-0.019	-0.034
185	21 831.75	-0.019	-0.025

注：墩身竖向位移以向上为正。

混凝土连续刚构墩身纵向位移见表 7.9.7。

表 7.9.7 连续刚构墩身纵向位移表

节点(主墩墩顶位置)	里程桩号(m)	铺装结束(m)	铺装结束 10 000 d 后(m)
153	21 554.25	-0.035	0.042
165	21 563.75	-0.042	0.030
175	21 822.25	0.042	-0.030
185	21 831.75	0.035	-0.042

注：墩身纵向位移以里程桩号前进方向为正。

六、温度效应分析

桥梁温度场随环境温度的变化而变化，具体包括结构整体温差和结构局部温差。对于静定结构，温度荷载只引起结构变形；对于超静定结构，温度荷载会在结构中产生次内力。实际温度场是不断变化的，很难得到全面而准确的温度场分布数据。一般而言，整体温差对结构影响较小，而局部温差对结构内力和变形影响较大。

选取几个日照强烈、早晚温差大的天气，对主梁温度场进行观测。在白天日照作用下，混凝土箱梁底板温度变化不明显，混凝土箱梁顶板温度变化明显，一般顶底板最大温差可达5 ℃ ~10 ℃。

采用有限元分析程序分别计算中跨张拉后几种温差效应的变形，见图 7.9.26 ~ 图 7.9.27。

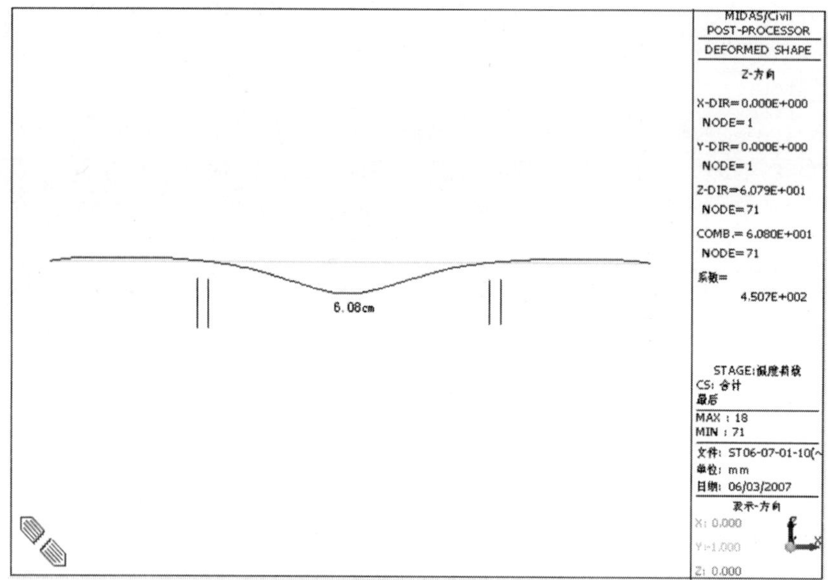

图 7.9.26　主梁顶板升温 10℃位移变化

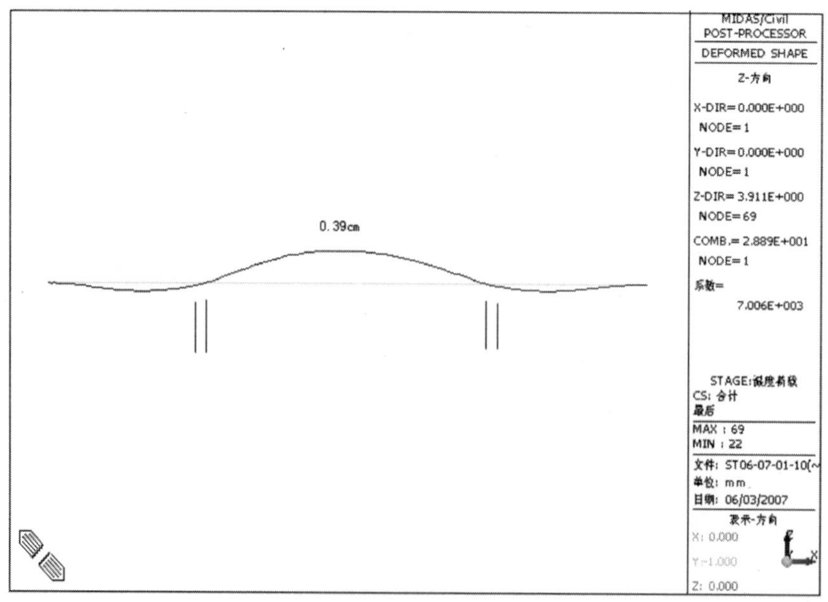

图 7.9.27　体系升温 10℃位移变化

七、中跨合拢控制

桥梁合拢过程是一个体系转换的过程，合拢时机和合拢方案的选择必须充分考虑到合拢前后结构内力变化、温差影响等因素。

1. 合拢时机的确定

一般而言，合拢时机主要与桥址处温度变化有关。合拢过程中温度变化应尽量小，以免在合拢过程中产生相对位移，一般要求在夜间或阴天合拢。另外，合拢温度应尽量接近当地年内最高温度和最低温度的平均值。

2. 合拢方案

（1）步骤一：底板对顶

在每幅中跨南、北两个31号块转向块之间设置4台千斤顶对两悬臂端进行对顶，且两幅同时对顶，一共8台千斤顶，单个悬臂顶开6 cm（两悬臂总的相对对顶位移量为12 cm），单幅4台千斤顶总的对顶力为650 t。

为保证8台千斤顶受力均匀，相邻的两台千斤顶串连起来，加载过程中保证4台千斤顶的活塞伸长量基本一致，对顶时主要以两悬臂端顶开位移量控制，顶推力作为校核。

（2）步骤二：标高调整及顶板锁定

中跨合拢施工用挂篮的两组轨道前移，使两组轨道一端支承于一侧31号节段上，通过千斤顶对箱梁顶面另一侧挂篮轨道锚固梁加载，调整悬臂端标高。标高调整到位后，将两组挂篮轨道两端用梁体上的精轧螺纹筋分别锚固在两悬臂端上。

中跨合拢对顶及临时锁定见图7.9.28。

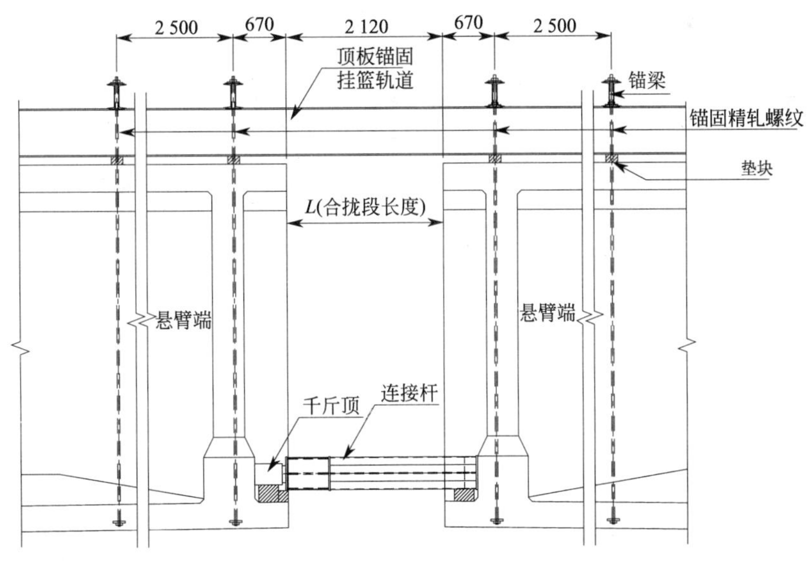

图7.9.28　中跨合拢对顶及临时锁定示意图（单位mm）

3. 合拢过程中对顶控制

在跨中左右幅同时分级施加720 t水平力，实测合拢口水平位移增量为10 cm。

顶推过程中对78号墩中跨侧墩柱应力进行了观测，测试截面距墩底4 m，测试结果见表7.9.8。由表7.9.8可知，顶推后中跨南通侧实测应力增加了3.68 MPa，与理论增量相差

1.75 MPa；中跨苏州侧实测应力减小了5.19 MPa，与理论增量相差1.89 MPa，顶推过程中未出现拉应力。

表7.9.8　78号墩应力测试结果（MPa）

测点位置	顶推前			顶推后			实测应力增量	计算应力增量
	实测值	计算值	差　值	实测值	计算值	差　值		
78号墩中跨南通侧	7.96	7.37	0.59	11.64	12.80	-1.16	3.68	5.43
78号墩中跨苏州侧	7.50	7.45	0.05	2.31	0.37	1.94	-5.19	-7.08

4. 合拢精度

合拢时右幅桥31号块前端标高差值为12 mm，左幅桥差值为2 mm。

第十节　监控实施效果

1. 根据MIDAS软件计算的结果，施工阶段主梁正截面最大压应力为19.64 MPa，最大拉应力为2.03 MPa。《公路钢筋混凝土及预应力混凝土桥涵设计规范》第5.3.4条要求预应力构件施工阶段最大压应力小于$0.75R_a^b=0.75\times42.0=31.5$ MPa，最大拉应力小于$0.70R_l^b=0.70\times3.40=2.38$ MPa。主梁在施工阶段的受力满足规范要求。

2. 成桥运营阶段，在正常使用荷载组合1下，顶板最大压应力为14.72 MPa，底板最大压应力为18.10 MPa，墩身最大压应力为22.48 MPa，未出现拉应力，均能满足规范要求，且有一定安全储备。

3. 成桥主梁标高实测值与计算值基本吻合，按照预定线形控制目标，差值控制在5 cm以内，主梁整体线形变化平顺。成桥标高最大偏差为4.6 cm，绝大部分节段标高差值在3 cm以内。

4. 各阶段截面实测应力与计算应力偏差较小，且变化规律与计算相吻合，应力最大差值在3 MPa以内。

5. 成桥线形及结构内力满足设计及规范要求，达到了施工控制的目的，表明该桥施工控制是成功的。

苏通大桥辅桥连续刚构为国内同类型桥梁中第二大跨径，从悬臂施工阶段至成桥阶段，主梁线形变化明显，影响主梁线形的因素很难准确把握，施工控制难度大。在苏通大桥建设指挥部的统一领导下，通过施工、设计、监理、COWI公司、奥雅纳公司等单位的共同努力，施工监控工作取得圆满成功。

附件1 各阶段截面应力测试结果

附表7—1为78号墩右幅中跨侧2号块后端截面(3—3)应力测试结果。由附表7—1可见，实测应力与计算应力比较吻合，应力最大差值在3 MPa以内。

附表7—1 2号块截面(3—3)应力测试结果(MPa)

施工工况	计算顶板应力	实测顶板应力	顶板差值	计算底板应力	实测底板应力	底板差值
15号	-13.05	-12.10	-0.95	-2.98	-3.18	0.20
16号	-13.65	-12.30	-1.35	-3.41	-3.35	-0.06
17号	-14.25	-12.50	-1.75	-3.85	-3.73	-0.12
18号	-14.75	-12.95	-1.80	-4.35	-4.57	0.22
19号	-15.05	-13.50	-1.55	-5.01	-5.27	0.26
20号	-15.26	-13.97	-1.29	-5.73	-5.93	0.20
21号	-15.46	-14.31	-1.15	-6.45	-6.26	-0.19
22号	-15.46	-14.32	-1.14	-7.27	-6.56	-0.71
23号	-15.66	-14.41	-1.25	-8.04	-6.83	-1.21
24号	-15.57	-14.22	-1.35	-8.83	-7.23	-1.60
25号	-15.47	-14.24	-1.23	-9.74	-7.63	-2.11
26号	-15.28	-14.31	-0.97	-10.55	-8.60	-1.95
27号	-15.08	-13.96	-1.12	-11.36	-9.38	-1.98
28号	-14.89	-13.93	-0.96	-12.40	-10.47	-1.93
29号	-14.69	-13.89	-0.80	-13.27	-11.59	-1.68
30号	-14.50	-13.83	-0.67	-14.14	-12.44	-1.70
31号	-14.10	-13.72	-0.38	-15.17	-13.41	-1.76
中跨张拉后	-15.93	-14.70	-1.23	-13.93	-12.42	-1.51

注：各节段测试工况为混凝土浇筑后。

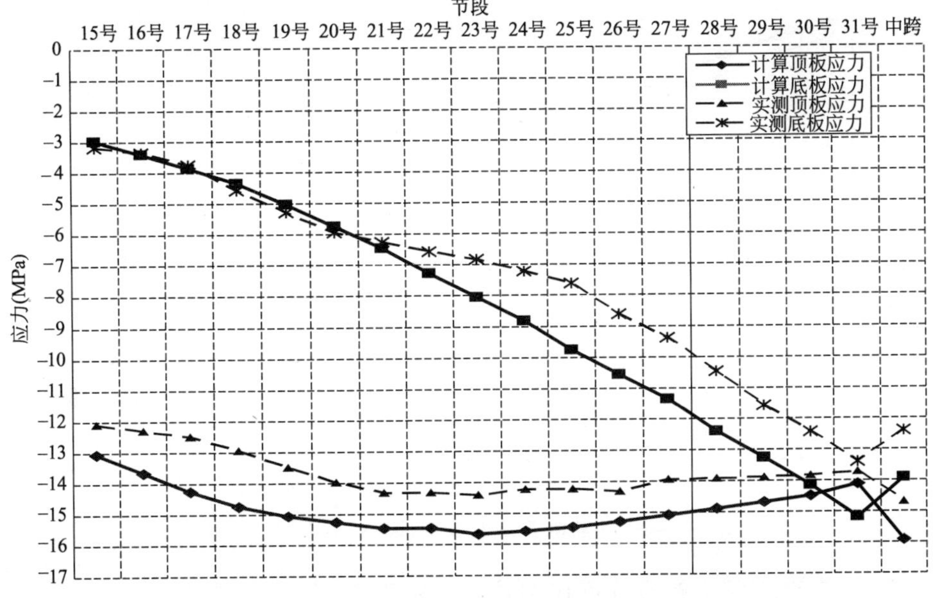

附图7—1 2号块截面(3—3)应力测试结果

附表 7—2 为 78 号墩右幅中跨侧 10 号块后端截面(4—4)应力测试结果。由表 7—2 可见，实测应力与计算应力比较吻合，应力最大差值在 3 MPa 以内。

附表 7—2　10 号块截面(4—4)应力测试结果(MPa)

施工工况	计算顶板应力	实测顶板应力	顶板差值	计算底板应力	实测底板应力	底板差值
17 号	-8.24	-5.83	-2.41	-1.88	-2.39	0.51
18 号	-9.18	-7.66	-1.52	-2.30	-2.90	0.60
19 号	-9.85	-8.17	-1.68	-2.91	-3.51	0.60
20 号	-10.36	-8.53	-1.83	-3.61	-4.08	0.47
21 号	-10.86	-9.15	-1.71	-4.36	-4.48	0.12
22 号	-11.17	-9.70	-1.47	-5.25	-5.47	0.22
23 号	-11.57	-9.78	-1.79	-6.10	-5.88	-0.22
24 号	-11.57	-9.57	-2.00	-7.00	-6.14	-0.86
25 号	-11.48	-9.61	-1.87	-8.05	-6.63	-1.42
26 号	-11.49	-9.73	-1.76	-9.05	-7.48	-1.57
27 号	-11.29	-9.67	-1.62	-10.08	-8.46	-1.62
28 号	-11.00	-9.55	-1.45	-11.27	-9.52	-1.75
29 号	-10.81	-9.70	-1.11	-12.41	-10.75	-1.66
30 号	-10.62	-9.63	-0.99	-13.56	-11.87	-1.69
31 号	-10.23	-9.18	-1.05	-14.78	-12.98	-1.80
中跨张拉后	-11.16	-10.76	-0.40	-12.74	-11.18	-1.56

注：各节段测试工况为混凝土浇筑后。

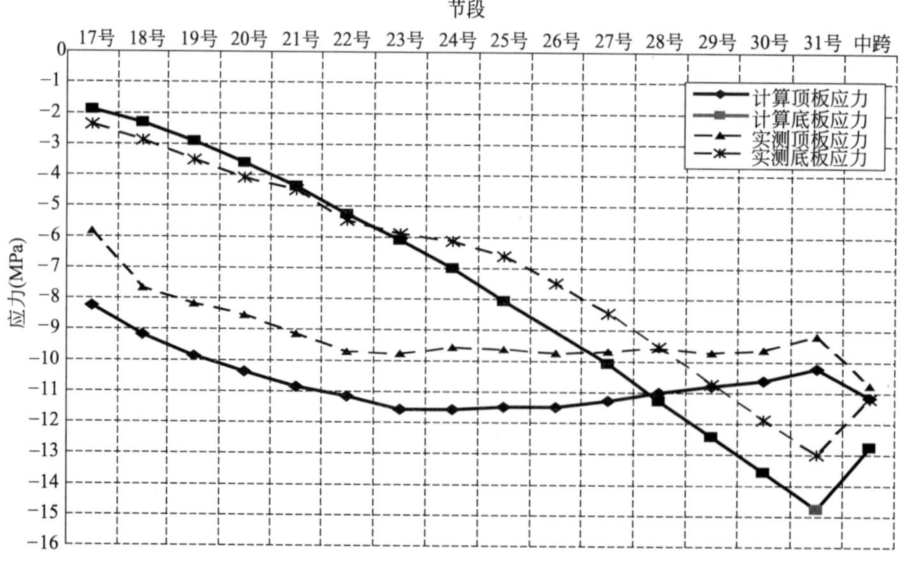

附图 7—2　中跨侧 10 号块截面(4—4)应力测试结果

附表 7—3 为 78 号墩右幅边跨侧 10 号块后端截面(2—2)应力测试结果。由附表 7—3 可见，实测应力与计算应力比较吻合，应力最大差值在 3 MPa 以内。

附表 7—3　10 号块截面(2—2)应力测试结果(MPa)

施工工况	计算顶板应力	实测顶板应力	顶板差值	计算底板应力	实测底板应力	底板差值
17 号	-8.25	-6.05	-2.20	-1.88	-2.01	0.13
18 号	-9.21	-7.45	-1.76	-2.28	-1.97	-0.31
19 号	-9.90	-8.06	-1.84	-2.88	-2.35	-0.53
20 号	-10.46	-8.65	-1.81	-3.57	-2.93	-0.64
21 号	-10.96	-9.25	-1.71	-4.32	-3.35	-0.97
22 号	-11.26	-9.54	-1.72	-5.17	-3.78	-1.39
23 号	-11.67	-9.63	-2.04	-6.02	-4.20	-1.82
24 号	-11.67	-9.49	-2.18	-6.93	-4.54	-2.39
25 号	-11.68	-9.43	-2.25	-7.90	-5.19	-2.71
26 号	-11.68	-9.70	-1.98	-8.89	-6.79	-2.10
27 号	-11.59	-9.67	-1.92	-9.94	-7.90	-2.04
28 号	-11.40	-9.57	-1.83	-11.04	-8.94	-2.10
29 号	-11.21	-9.66	-1.55	-12.10	-10.14	-1.96
30 号	-11.01	-9.54	-1.47	-13.24	-11.27	-1.97
31 号	-10.62	-9.04	-1.58	-14.46	-12.34	-2.12
中跨张拉后	-12.72	-10.95	-1.77	-13.19	-11.47	-1.72

注：各节段测试工况为混凝土浇筑后。

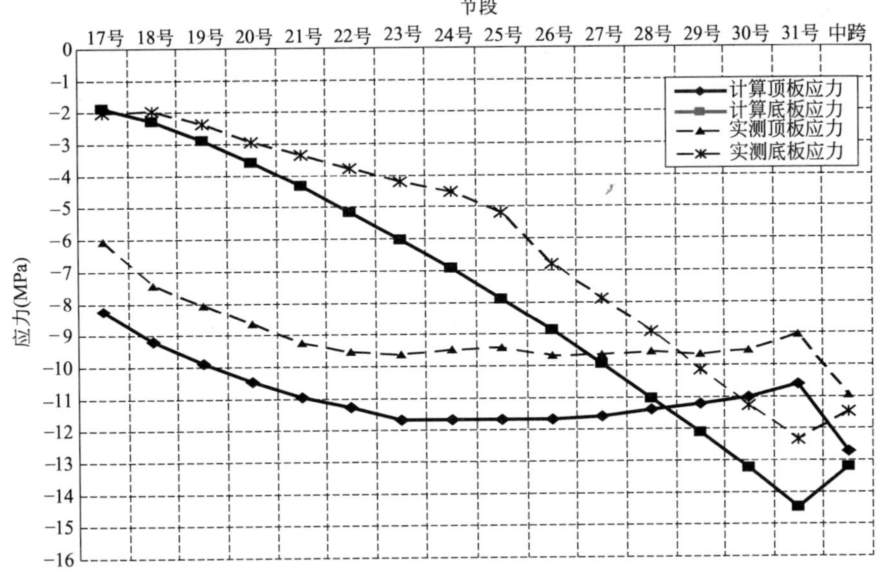

附图 7—3　边跨侧 10 号块截面(2—2)应力测试结果

附表 7—4 为 78 号墩右幅中跨侧 18 号块后端截面(5—5)应力测试结果。由附表 7—4 可见，实测应力与计算应力比较吻合，应力最大差值在 3 MPa 以内。

附表 7—4 18 号块截面(5—5)应力测试结果(MPa)

施工工况	计算顶板应力	实测顶板应力	顶板差值	计算底板应力	实测底板应力	底板差值
25 号	-6.84	-5.22	-1.62	-5.63	-3.85	-1.78
26 号	-7.20	-6.17	-1.03	-6.80	-5.26	-1.54
27 号	-7.38	-6.26	-1.12	-8.10	-6.44	-1.66
28 号	-7.26	-6.22	-1.04	-9.67	-7.75	-1.92
29 号	-7.29	-6.33	-0.96	-11.11	-9.34	-1.77
30 号	-7.20	-6.26	-0.94	-12.73	-10.76	-1.97
31 号	-6.91	-6.26	-0.65	-14.52	-12.40	-2.12
中跨张拉后	-11.26	-10.02	-1.24	-12.87	-10.85	-2.02

注：各节段测试工况为混凝土浇筑后。

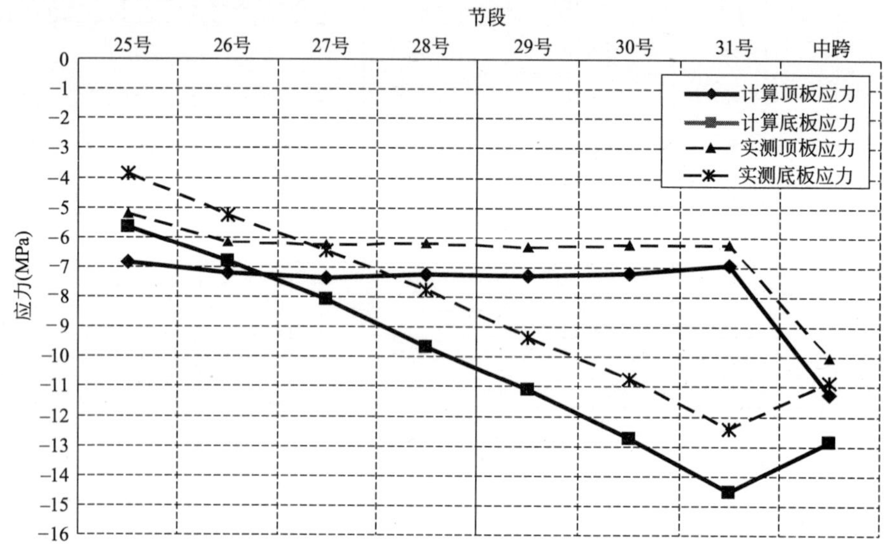

附图 7—4 中跨侧 18 号块截面(5—5)应力测试结果

附表 7—5 为 78 号墩右幅边跨侧 19 号块后端截面(1—1)应力测试结果。由附表 7—5 可见，实测应力与计算应力比较吻合，应力最大差值在 3MPa 以内。

附表 7—5 19 号块截面(1—1)应力测试结果(MPa)

施工工况	计算顶板应力	实测顶板应力	顶板差值	计算底板应力	实测底板应力	底板差值
25 号	-6.06	-4.17	-1.89	-4.96	-2.74	-2.22
26 号	-6.50	-5.31	-1.19	-6.13	-4.73	-1.40
27 号	-6.79	-5.56	-1.23	-7.43	-5.73	-1.70
28 号	-6.88	-5.51	-1.37	-8.85	-7.25	-1.60
29 号	-6.97	-5.67	-1.30	-10.36	-8.85	-1.51
30 号	-6.93	-5.74	-1.19	-11.90	-10.19	-1.71
31 号	-6.64	-5.27	-1.37	-13.78	-11.77	-2.01
中跨张拉后	-9.48	-9.04	-0.44	-11.79	-10.58	-1.21

注：各节段测试工况为混凝土浇筑后。

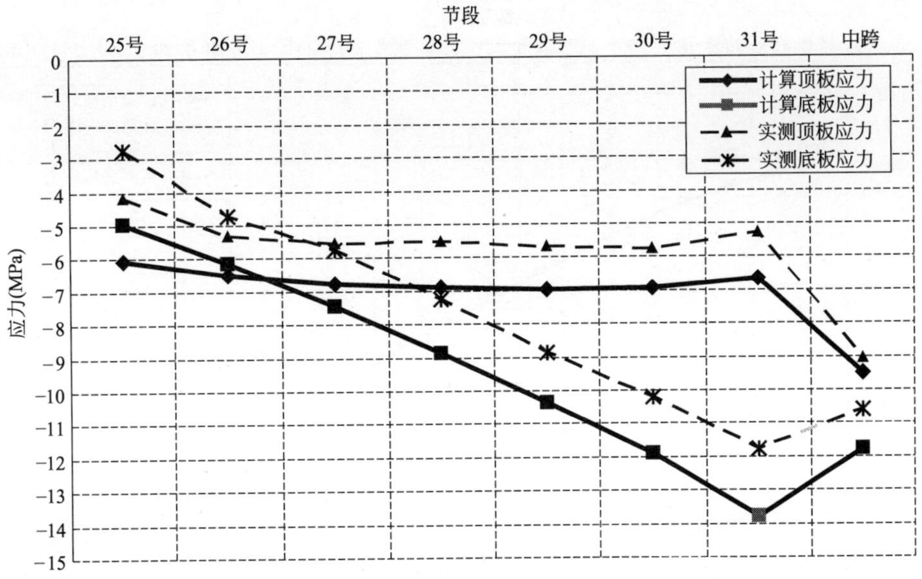

附图 7—5　边跨侧 19 号块截面(1—1)应力测试结果

附表 7—6 为 78 号墩左幅中跨侧 2 号块后端截面(3—3)应力测试结果。由附表 7—6 可见，实测应力与计算应力比较吻合，应力最大差值在 3 MPa 以内。

附表 7—6　2 号块截面(3—3)应力测试结果(MPa)

施工工况	计算顶板应力	实测顶板应力	顶板差值	计算底板应力	实测底板应力	底板差值
15 号	-13.05	-10.54	-2.51	-2.98	-2.53	-0.45
16 号	-13.65	-10.91	-2.74	-3.41	-2.96	-0.45
17 号	-14.25	-12.96	-1.29	-3.85	-2.89	-0.96
18 号	-14.75	-13.43	-1.32	-4.35	-3.18	-1.17
19 号	-15.05	-13.82	-1.23	-5.01	-3.82	-1.19
20 号	-15.26	-13.98	-1.28	-5.73	-4.47	-1.26
21 号	-15.46	-14.03	-1.43	-6.45	-4.99	-1.46
22 号	-15.46	-14.17	-1.29	-7.27	-5.20	-2.07
23 号	-15.66	-14.19	-1.47	-8.04	-5.62	-2.42
24 号	-15.57	-14.02	-1.55	-8.83	-6.14	-2.69
25 号	-15.47	-14.18	-1.29	-9.74	-7.58	-2.16
26 号	-15.28	-14.15	-1.13	-10.55	-8.51	-2.04
27 号	-15.08	-14.03	-1.05	-11.36	-9.59	-1.77
28 号	-14.89	-13.92	-0.97	-12.40	-10.67	-1.73
29 号	-14.69	-13.92	-0.77	-13.27	-11.48	-1.79
30 号	-14.50	-13.84	-0.66	-14.14	-12.21	-1.93
31 号	-14.10	-13.64	-0.46	-15.17	-13.39	-1.78
中跨张拉后	-15.93	-14.74	-1.19	-13.93	-12.21	-1.72

注：各节段测试工况为混凝土浇筑后。

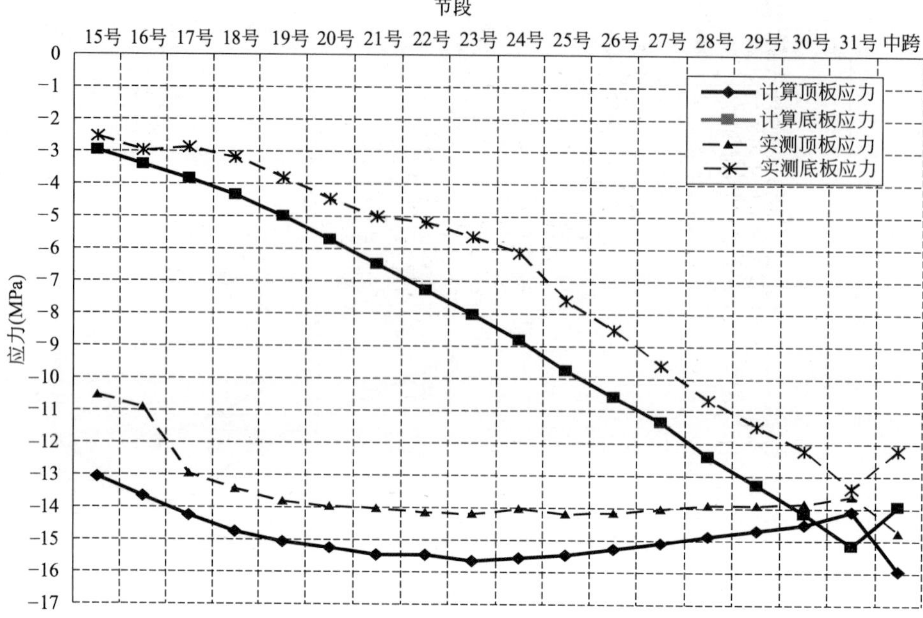

附图 7—6 2 号块截面(3—3)应力测试结果

附表 7—7 为 79 号墩右幅中跨侧 2 号块后端截面(8—8)应力测试结果。由附表 7—7 可见，实测应力与计算应力比较吻合，应力最大差值在 3 MPa 以内。

附表 7—7 2 号块截面(8—8)应力测试结果(MPa)

施工工况	计算顶板应力	实测顶板应力	顶板差值	计算底板应力	实测底板应力	底板差值
15 号	-13.05	-10.57	-2.48	-2.98	-4.02	1.04
16 号	-13.65	-11.26	-2.39	-3.41	-4.31	0.90
17 号	-14.25	-11.62	-2.63	-3.85	-4.71	0.86
18 号	-14.75	-12.15	-2.60	-4.35	-5.21	0.86
19 号	-15.05	-12.15	-2.90	-5.01	-5.21	0.20
20 号	-15.26	-12.70	-2.56	-5.73	-5.56	-0.17
21 号	-15.46	-12.83	-2.63	-6.45	-5.93	-0.52
22 号	-15.46	-12.95	-2.51	-7.27	-6.82	-0.45
23 号	-15.66	-13.20	-2.46	-8.04	-7.19	-0.85
24 号	-15.57	-12.93	-2.64	-8.83	-7.58	-1.25
25 号	-15.47	-13.21	-2.26	-9.74	-8.34	-1.40
26 号	-15.28	-13.06	-2.22	-10.55	-9.53	-1.02
27 号	-15.08	-13.05	-2.03	-11.36	-10.43	-0.93
28 号	-14.89	-13.01	-1.88	-12.40	-11.33	-1.07
29 号	-14.69	-12.88	-1.81	-13.27	-12.48	-0.79
30 号	-14.50	-12.59	-1.91	-14.14	-13.55	-0.59
31 号	-14.10	-12.46	-1.64	-15.17	-14.71	-0.46
中跨张拉后	-15.93	-14.96	-0.97	-13.93	-13.28	-0.65

注：各节段测试工况为混凝土浇筑后。

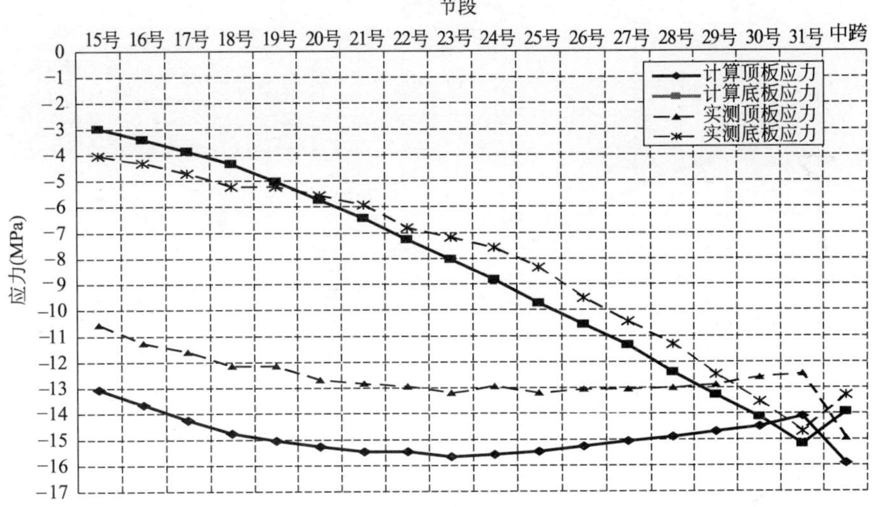

附图 7—7　中跨侧 2 号块截面(8—8)应力测试结果

附表 7—8 为 79 号墩右幅边跨侧 4 号块后端截面(9—9)应力测试结果。由附表 7—8 可见，实测应力与计算应力比较吻合，应力最大差值在 3 MPa 以内。

附表 7—8　4 号块截面(9—9)应力测试结果(MPa)

施工工况	计算顶板应力	实测顶板应力	顶板差值	计算底板应力	实测底板应力	底板差值
15 号	-11.56	-8.71	-2.85	-2.55	-2.32	-0.23
16 号	-12.25	-9.38	-2.87	-2.95	-2.63	-0.32
17 号	-12.95	-10.32	-2.63	-3.39	-3.07	-0.32
18 号	-13.55	-11.01	-2.54	-3.86	-3.51	-0.35
19 号	-13.95	-12.02	-1.93	-4.52	-3.66	-0.86
20 号	-14.16	-12.54	-1.62	-5.22	-4.60	-0.62
21 号	-14.36	-12.89	-1.47	-5.96	-5.04	-0.92
22 号	-14.56	-13.20	-1.36	-6.78	-5.48	-1.30
23 号	-14.67	-13.38	-1.29	-7.56	-5.78	-1.78
24 号	-14.67	-13.08	-1.59	-8.39	-6.21	-2.18
25 号	-14.57	-13.01	-1.56	-9.24	-7.27	-1.97
26 号	-14.38	-12.88	-1.50	-10.11	-8.37	-1.74
27 号	-14.28	-12.83	-1.45	-11.00	-9.47	-1.53
28 号	-13.99	-12.70	-1.29	-11.95	-10.18	-1.77
29 号	-13.80	-12.61	-1.19	-12.82	-11.52	-1.30
30 号	-13.60	-12.28	-1.32	-13.78	-12.58	-1.20
31 号	-13.21	-12.09	-1.12	-14.81	-13.47	-1.34
中跨张拉后	-14.97	-13.96	-1.01	-13.84	-13.02	-0.82

注：各节段测试工况为混凝土浇筑后。

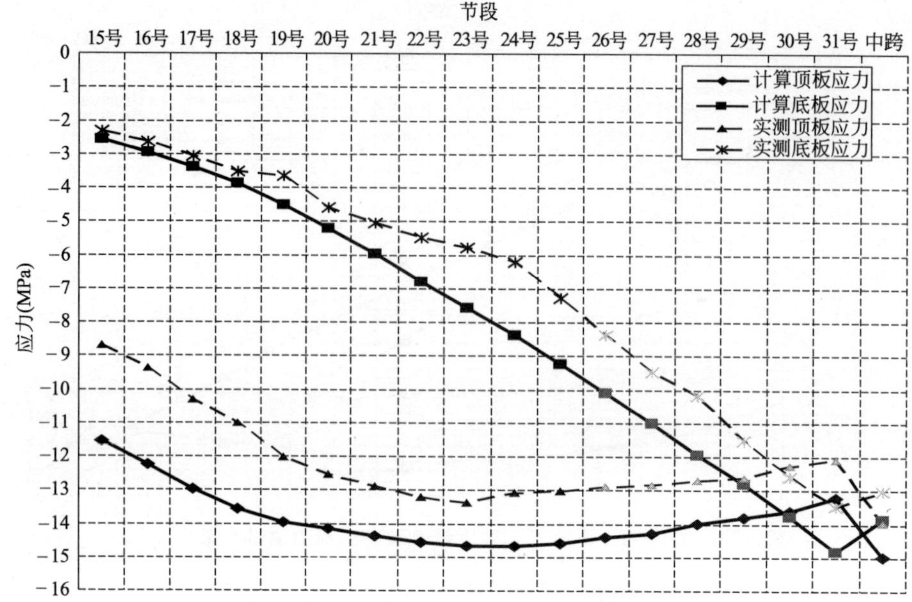

附图 7—8　边跨侧 4 号块截面(9—9)应力测试结果

附表 7—9 为 79 号墩右幅边跨侧 10 号块后端截面(10—10)应力测试结果。由附表 7—9 可见，实测应力与计算应力比较吻合，应力最大差值在 3 MPa 以内。

附表 7—9　10 号块截面(10—10)应力测试结果(MPa)

施工工况	计算顶板应力	实测顶板应力	顶板差值	计算底板应力	实测底板应力	底板差值
17 号	-8.25	-5.71	-2.54	-1.88	-1.36	-0.52
18 号	-9.21	-6.34	-2.87	-2.28	-1.66	-0.62
19 号	-9.90	-7.60	-2.30	-2.88	-1.95	-0.93
20 号	-10.46	-8.27	-2.19	-3.57	-2.53	-1.04
21 号	-10.96	-8.47	-2.49	-4.32	-2.99	-1.33
22 号	-11.26	-8.70	-2.56	-5.17	-3.38	-1.79
23 号	-11.67	-9.11	-2.56	-6.02	-3.68	-2.34
24 号	-11.67	-9.23	-2.44	-6.93	-4.18	-2.75
25 号	-11.68	-9.48	-2.20	-7.90	-5.63	-2.27
26 号	-11.68	-9.63	-2.05	-8.89	-6.78	-2.11
27 号	-11.59	-9.64	-1.95	-9.94	-7.75	-2.19
28 号	-11.40	-9.57	-1.83	-11.04	-8.79	-2.25
29 号	-11.21	-9.54	-1.67	-12.10	-10.08	-2.02
30 号	-11.01	-9.14	-1.87	-13.24	-11.37	-1.87
31 号	-10.62	-9.02	-1.60	-14.46	-12.55	-1.91
中跨张拉后	-12.72	-10.58	-2.14	-13.19	-11.19	-2.00

注：各节段测试工况为混凝土浇筑后。

附表 7—10 为 79 号墩右幅中跨侧 18 号块后端截面(7—7)应力测试结果。由附表 7—10 可见，实测应力与计算应力比较吻合，应力最大差值在 3 MPa 以内。

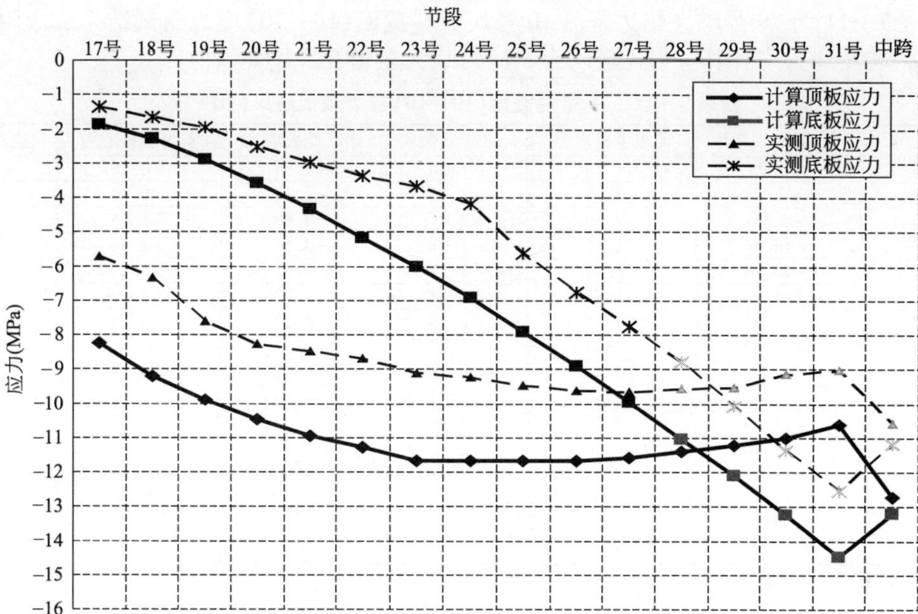

附图 7—9　10 号块截面(10—10)应力测试结果

附表 7—10　18 号块截面(7—7)应力测试结果(MPa)

施工工况	计算顶板应力	实测顶板应力	顶板差值	计算底板应力	实测底板应力	底板差值
25 号	-6.81	-5.47	-1.34	-5.63	-4.30	-1.33
26 号	-7.18	-5.53	-1.65	-6.80	-5.28	-1.52
27 号	-7.41	-5.68	-1.73	-8.10	-6.65	-1.45
28 号	-7.34	-5.76	-1.58	-9.68	-8.03	-1.65
29 号	-7.36	-5.85	-1.51	-11.12	-9.68	-1.44
30 号	-7.29	-5.67	-1.62	-12.74	-11.14	-1.60
31 号	-6.99	-5.58	-1.41	-14.53	-12.46	-2.07
中跨张拉后	-11.23	-9.31	-1.92	-12.97	-11.52	-1.45

注：各节段测试工况为混凝土浇筑后。

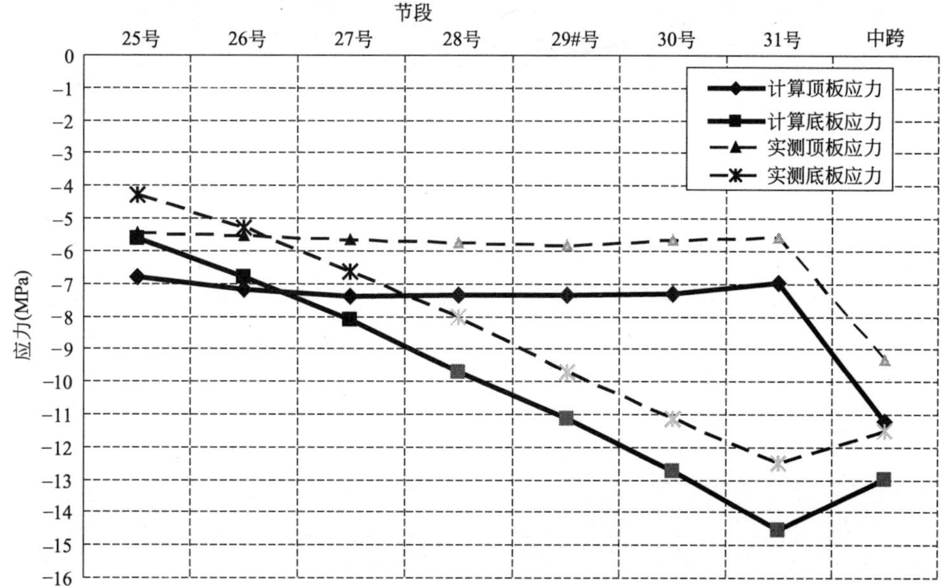

附图 7—10　中跨侧 19 号块截面(7—7)应力测试结果

附表 7—11 为 79 号墩左幅边跨侧 10 号块后端截面(10—10)应力测试结果。由附表 7—11 可见，实测应力与计算应力比较吻合，应力最大差值在 3 MPa 以内。

附表 7—11　10 号块截面(10—10)应力测试结果(MPa)

施工工况	计算顶板应力	实测顶板应力	顶板差值	计算底板应力	实测底板应力	底板差值
17 号	-8.25	-6.35	-1.90	-1.88	-0.16	-1.72
18 号	-9.21	-7.10	-2.11	-2.28	-0.50	-1.78
19 号	-9.90	-7.89	-2.01	-2.88	-1.45	-1.43
20 号	-10.46	-8.55	-1.91	-3.57	-2.54	-1.03
21 号	-10.96	-8.79	-2.17	-4.32	-3.00	-1.32
22 号	-11.26	-9.02	-2.24	-5.17	-3.29	-1.88
23 号	-11.67	-9.18	-2.49	-6.02	-3.56	-2.46
24 号	-11.67	-9.07	-2.60	-6.93	-4.17	-2.76
25 号	-11.68	-9.40	-2.28	-7.90	-5.63	-2.27
26 号	-11.68	-9.45	-2.23	-8.89	-6.68	-2.21
27 号	-11.59	-9.39	-2.20	-9.94	-7.79	-2.15
28 号	-11.40	-9.34	-2.06	-11.04	-9.16	-1.88
29 号	-11.21	-10.50	-0.71	-12.10	-10.09	-2.01
30 号	-11.01	-10.07	-0.94	-13.24	-11.26	-1.98
31 号	-10.62	-9.96	-0.66	-14.46	-12.57	-1.89
中跨张拉后	-12.72	-10.50	-2.22	-13.19	-11.70	-1.49

注：各节段测试工况为混凝土浇筑后。

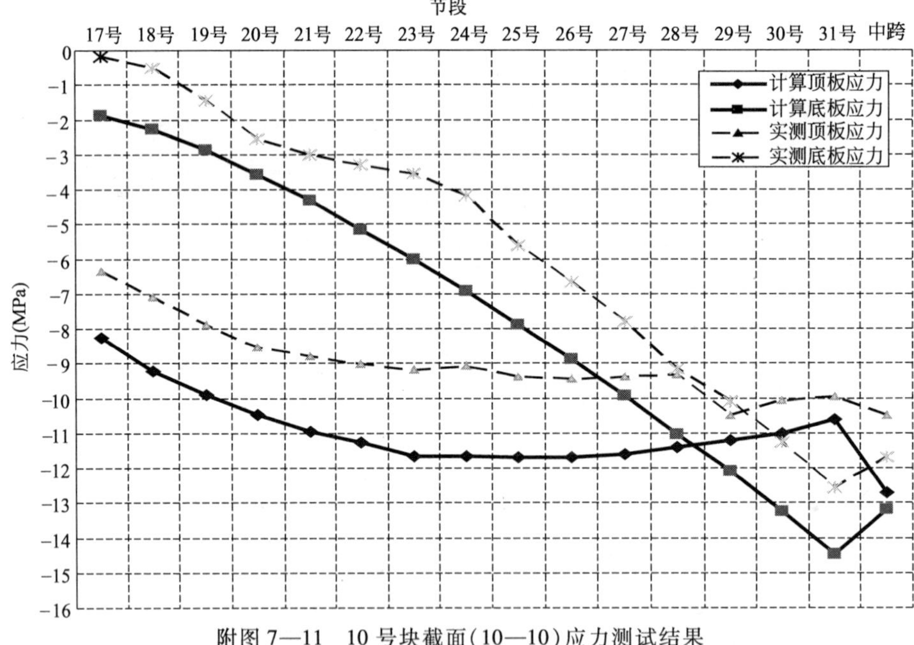

附图 7—11　10 号块截面(10—10)应力测试结果

附表 7—12 为 78 号墩右幅中跨侧主墩墩底截面(11—11)及中跨合拢段跨中截面(6—6)应力测试结果。测试工况为中跨第一次张拉完成后。由附表 7—12 可见，实测应力与计算应力比较吻合，应力最大差值在 2 MPa 以内。

附表 7—12　截面应力测试结果(MPa)

测试截面	计算应力	实测应力	差值
主墩苏州侧	-2.44	-3.61	1.17
主墩南通侧	-9.19	-8.63	-0.56
右幅跨中底板	-16.44	-17.42	0.98
左幅跨中底板	-16.44	-16.67	0.23

注：主墩测试截面距墩底约 4 m。

附件 2 各阶段主梁线形测试结果

附表 7—13 78 号墩右幅南通侧主梁线形状态记录

工况	状态	1号	2号	3号	4号	5号	6号	7号	8号	9号	10号	11号	12号	13号
5号块浇筑后	实测平均值	60.267	60.320	60.365	60.414	60.441								
	计算值	60.265	60.308	60.352	60.395	60.439								
	差值	0.002	0.012	0.013	0.019	0.002								
6号块浇筑后	实测平均值		60.316	60.364	60.412	60.436	60.470							
	计算值		60.308	60.351	60.395	60.439	60.482							
	差值		0.008	0.012	0.017	-0.002	-0.013							
7号块浇筑后	实测平均值			60.368	60.414	60.438	60.471	60.510						
	计算值			60.351	60.395	60.439	60.483	60.527						
	差值			0.017	0.019	-0.001	-0.012	-0.017						
8号块浇筑后	实测平均值				60.414	60.438	60.471	60.509	60.556					
	计算值				60.395	60.439	60.483	60.528	60.572					
	差值				0.019	-0.001	-0.012	-0.019	-0.016					
9号块浇筑后	实测平均值					60.439	60.471	60.507	60.551	60.603				
	计算值					60.439	60.484	60.528	60.573	60.618				
	差值					-0.001	-0.013	-0.021	-0.022	-0.014				
10号块浇筑后	实测平均值						60.473	60.511	60.553	60.606	60.666			
	计算值						60.484	60.529	60.574	60.619	60.664			
	差值						-0.011	-0.018	-0.020	-0.012	0.002			
11号块浇筑后	实测平均值							60.511	60.556	60.608	60.666	60.745		
	计算值							60.529	60.574	60.620	60.665	60.726		
	差值							-0.018	-0.019	-0.012	0.001	0.019		
12号块浇筑后	实测平均值								60.555	60.606	60.665	60.744	60.803	
	计算值								60.575	60.620	60.666	60.727	60.789	
	差值								-0.019	-0.015	-0.001	0.017	0.014	
13号块浇筑后	实测平均值									60.607	60.666	60.742	60.805	60.852
	计算值									60.621	60.667	60.729	60.790	60.853
	差值									-0.014	-0.001	0.014	0.015	0.000

续上表

工　况	状　态	10 号	11 号	12 号	13 号	14 号	15 号	16 号	17 号	18 号	19 号	20 号	21 号	22 号
14 号块浇筑后	实测平均值	60. 665	60. 742	60. 804	60. 850	60. 912								
	计算值	60. 667	60. 730	60. 792	60. 855	60. 918								
	差　值	-0. 003	0. 012	0. 012	-0. 004	-0. 005								
15 号块浇筑后	实测平均值		60. 742	60. 804	60. 852	60. 912	60. 981							
	计算值		60. 730	60. 793	60. 857	60. 920	60. 984							
	差　值		0. 011	0. 011	-0. 005	-0. 009	-0. 004							
16 号块浇筑后	实测平均值			60. 806	60. 854	60. 913	60. 982	61. 047						
	计算值			60. 794	60. 858	60. 922	60. 987	61. 052						
	差　值			0. 012	-0. 005	-0. 009	-0. 005	-0. 005						
17 号块浇筑后	实测平均值				60. 853	60. 913	60. 981	61. 047	61. 114					
	计算值				60. 860	60. 924	60. 990	61. 055	61. 121					
	差　值				-0. 007	-0. 011	-0. 009	-0. 009	-0. 007					
18 号块浇筑后	实测平均值					60. 915	60. 983	61. 048	61. 118	61. 191				
	计算值					60. 926	60. 992	61. 058	61. 124	61. 191				
	差　值					-0. 011	-0. 009	-0. 010	-0. 006	0. 000				
19 号块浇筑后	实测平均值						60. 983	61. 047	61. 115	61. 188	61. 279			
	计算值						60. 992	61. 058	61. 125	61. 192	61. 277			
	差　值						-0. 009	-0. 011	-0. 010	-0. 005	0. 002			
20 号块浇筑后	实测平均值							61. 045	61. 115	61. 187	61. 279	61. 375		
	计算值							61. 057	61. 124	61. 192	61. 277	61. 362		
	差　值							-0. 012	-0. 009	-0. 005	0. 002	0. 013		
21 号块浇筑后	实测平均值								61. 116	61. 186	61. 278	61. 373	61. 465	
	计算值								61. 124	61. 192	61. 277	61. 363	61. 449	
	差　值								-0. 008	-0. 005	0. 001	0. 010	0. 015	
22 号块浇筑后	实测平均值									61. 183	61. 273	61. 367	61. 456	61. 534
	计算值									61. 189	61. 274	61. 360	61. 446	61. 533
	差　值									-0. 006	-0. 001	0. 007	0. 010	0. 001

续上表

工　况	状　态	19 号	20 号	21 号	22 号	23 号	24 号	25 号	26 号	27 号	28 号	29 号	30 号	31 号
23 号块浇筑后	实测平均值	61.274	61.368	61.458	61.534	61.617								
	计算值	61.271	61.357	61.443	61.530	61.616								
	差　值	0.003	0.011	0.015	0.005	0.001								
24 号块浇筑后	实测平均值		61.370	61.461	61.539	61.619	61.699							
	计算值		61.354	61.440	61.526	61.612	61.699							
	差　值		0.016	0.021	0.013	0.006	0.000							
25 号块浇筑后	实测平均值			61.452	61.527	61.605	61.683	61.778						
	计算值			61.431	61.516	61.602	61.687	61.773						
	差　值			0.021	0.010	0.003	-0.004	0.005						
26 号块浇筑后	实测平均值				61.518	61.597	61.675	61.770	61.868					
	计算值				61.505	61.589	61.674	61.758	61.842					
	差　值				0.014	0.008	0.002	0.012	0.025					
27 号块浇筑后	实测平均值					61.585	61.662	61.755	61.855	61.943				
	计算值					61.580	61.664	61.747	61.830	61.914				
	差　值					0.004	-0.001	0.008	0.025	0.030				
28 号块浇筑后	实测平均值						61.650	61.743	61.842	61.929	61.996			
	计算值						61.646	61.727	61.809	61.890	61.972			
	差　值						0.004	0.015	0.033	0.038	0.024			
29 号块浇筑后	实测平均值							61.713	61.808	61.891	61.952	62.011		
	计算值							61.703	61.782	61.861	61.940	62.020		
	差　值							0.010	0.026	0.030	0.012	-0.009		
30 号块浇筑后	实测平均值								61.774	61.855	61.912	61.968	62.047	
	计算值								61.754	61.830	61.906	61.982	62.059	
	差　值								0.020	0.025	0.006	-0.014	-0.012	
31 号块浇筑后	实测平均值									61.830	61.885	61.936	62.009	62.078
	计算值									61.786	61.857	61.928	62.000	62.076
	差　值									0.044	0.028	0.008	0.008	0.001
备　注		线形测点位于各节段前端												

附表 7—14 78 号墩右幅苏州侧主梁线形状态记录

工况	状态	1号	2号	3号	4号	5号	6号	7号	8号	9号	10号	11号	12号	13号
5号块浇筑后	实测平均值	60.000	59.982	59.947	59.909	59.873								
	计算值	60.011	59.971	59.930	59.890	59.849								
	差值	−0.012	0.012	0.016	0.019	0.024								
6号块浇筑后	实测平均值		59.983	59.947	59.906	59.871	59.822							
	计算值		59.971	59.930	59.890	59.850	59.810							
	差值		0.012	0.017	0.016	0.021	0.012							
7号块浇筑后	实测平均值			59.950	59.911	59.873	59.824	59.780						
	计算值			59.930	59.890	59.850	59.810	59.770						
	差值			0.020	0.021	0.023	0.014	0.010						
8号块浇筑后	实测平均值				59.911	59.873	59.824	59.780	59.739					
	计算值				59.890	59.850	59.811	59.771	59.732					
	差值				0.021	0.023	0.013	0.008	0.007					
9号块浇筑后	实测平均值					59.875	59.826	59.781	59.740	59.716				
	计算值					59.850	59.811	59.772	59.733	59.694				
	差值					0.025	0.015	0.009	0.008	0.022				
10号块浇筑后	实测平均值						59.826	59.779	59.741	59.715	59.681			
	计算值						59.811	59.772	59.734	59.695	59.657			
	差值						0.014	0.007	0.007	0.020	0.025			
11号块浇筑后	实测平均值							59.779	59.742	59.717	59.682	59.639		
	计算值							59.773	59.734	59.696	59.658	59.607		
	差值							0.006	0.007	0.021	0.024	0.032		
12号块浇筑后	实测平均值								59.741	59.716	59.680	59.637	59.589	
	计算值								59.735	59.697	59.659	59.609	59.559	
	差值								0.007	0.020	0.021	0.028	0.030	
13号块浇筑后	实测平均值									59.717	59.680	59.636	59.590	59.527
	计算值									59.697	59.660	59.610	59.561	59.512
	差值									0.020	0.020	0.026	0.029	0.015

续上表

工况	状态	10号	11号	12号	13号	14号	15号	16号	17号	18号	19号	20号	21号	22号
14号块浇筑后	实测平均值	59.682	59.639	59.592	59.529	59.475								
	计算值	59.660	59.611	59.563	59.514	59.466								
	差值	0.022	0.027	0.029	0.014	0.009								
15号块浇筑后	实测平均值		59.638	59.591	59.528	59.473	59.420							
	计算值		59.612	59.564	59.516	59.468	59.421							
	差值		0.026	0.027	0.012	0.005	-0.002							
16号块浇筑后	实测平均值			59.592	59.529	59.475	59.421	59.377						
	计算值			59.564	59.517	59.470	59.424	59.377						
	差值			0.028	0.012	0.005	-0.002	0.000						
17号块浇筑后	实测平均值				59.531	59.476	59.422	59.378	59.328					
	计算值				59.518	59.471	59.426	59.380	59.334					
	差值				0.013	0.005	-0.003	-0.002	-0.006					
18号块浇筑后	实测平均值					59.474	59.421	59.375	59.327	59.284				
	计算值					59.472	59.427	59.382	59.336	59.292				
	差值					0.002	-0.006	-0.007	-0.009	-0.008				
19号块浇筑后	实测平均值						59.419	59.375	59.325	59.280	59.236			
	计算值						59.426	59.381	59.336	59.292	59.237			
	差值						-0.007	-0.006	-0.011	-0.012	-0.001			
20号块浇筑后	实测平均值							59.373	59.324	59.279	59.235	59.189		
	计算值							59.380	59.335	59.291	59.237	59.183		
	差值							-0.007	-0.011	-0.013	-0.002	0.006		
21号块浇筑后	实测平均值								59.324	59.279	59.236	59.190	59.146	
	计算值								59.332	59.288	59.234	59.180	59.127	
	差值								-0.008	-0.009	0.002	0.010	0.019	
22号块浇筑后	实测平均值									59.275	59.231	59.184	59.140	59.094
	计算值									59.284	59.230	59.176	59.124	59.071
	差值									-0.010	0.001	0.008	0.016	0.023

续上表

工况	状态	19号	20号	21号	22号	23号	24号	25号	26号	27号	28号	29号	30号	31号
23号块浇筑后	实测平均值	59.226	59.179	59.134	59.089	59.034								
	计算值	59.227	59.173	59.121	59.068	59.016								
	差值	-0.001	0.006	0.013	0.020	0.018								
24号块浇筑后	实测平均值		59.176	59.130	59.084	59.029	58.972							
	计算值		59.162	59.108	59.055	59.002	58.949							
	差值		0.014	0.022	0.029	0.027	0.023							
25号块浇筑后	实测平均值			59.115	59.068	59.012	58.953	58.899						
	计算值			59.098	59.044	58.990	58.936	58.882						
	差值			0.017	0.024	0.021	0.017	0.017						
26号块浇筑后	实测平均值				59.064	59.008	58.948	58.893	58.839					
	计算值				59.033	58.978	58.923	58.868	58.812					
	差值				0.030	0.030	0.025	0.025	0.026					
27号块浇筑后	实测平均值					58.980	58.920	58.865	58.808	58.737				
	计算值					58.954	58.897	58.840	58.782	58.722				
	差值					0.026	0.022	0.025	0.026	0.014				
28号块浇筑后	实测平均值						58.904	58.849	58.789	58.717	58.644			
	计算值						58.875	58.815	58.755	58.693	58.629			
	差值						0.029	0.034	0.034	0.024	0.016			
29号块浇筑后	实测平均值							58.817	58.754	58.678	58.601	58.528		
	计算值							58.792	58.729	58.664	58.598	58.530		
	差值							0.025	0.025	0.013	0.003	-0.002		
30号块浇筑后	实测平均值								58.707	58.627	58.547	58.471	58.397	
	计算值								58.697	58.629	58.559	58.488	58.415	
	差值								0.010	-0.002	-0.013	-0.017	-0.018	
31号块浇筑后	实测平均值									58.604	58.521	58.441	58.362	58.299
	计算值									58.589	58.515	58.439	58.362	58.287
	差值									0.015	0.006	0.002	0.001	0.012
备注		线形测点位于各节段前端												

附表 7—15　78 号墩左幅南通侧主梁线形状态记录

工　况	状　态	1 号	2 号	3 号	4 号	5 号	6 号	7 号	8 号	9 号	10 号	11 号	12 号	13 号
5 号块浇筑后	实测平均值	60. 261	60. 312	60. 352	60. 394	60. 430								
	计算值	60. 265	60. 308	60. 352	60. 395	60. 439								
	差　值	-0. 004	0. 004	0. 000	-0. 001	-0. 009								
6 号块浇筑后	实测平均值		60. 314	60. 354	60. 391	60. 431	60. 472							
	计算值		60. 308	60. 351	60. 395	60. 439	60. 482							
	差　值		0. 006	0. 003	-0. 004	-0. 008	-0. 011							
7 号块浇筑后	实测平均值			60. 355	60. 394	60. 432	60. 471	60. 516						
	计算值			60. 351	60. 395	60. 439	60. 483	60. 527						
	差　值			0. 003	-0. 001	-0. 007	-0. 012	-0. 011						
8 号块浇筑后	实测平均值				60. 396	60. 431	60. 470	60. 517	60. 565					
	计算值				60. 395	60. 439	60. 483	60. 528	60. 572					
	差　值				0. 001	-0. 009	-0. 013	-0. 011	-0. 007					
9 号块浇筑后	实测平均值					60. 432	60. 470	60. 517	60. 564	60. 616				
	计算值					60. 439	60. 484	60. 528	60. 573	60. 618				
	差　值					-0. 007	-0. 013	-0. 012	-0. 009	-0. 002				
10 号块浇筑后	实测平均值						60. 471	60. 517	60. 563	60. 614	60. 666			
	计算值						60. 484	60. 529	60. 574	60. 619	60. 664			
	差　值						-0. 013	-0. 012	-0. 011	-0. 005	0. 002			
11 号块浇筑后	实测平均值							60. 517	60. 563	60. 613	60. 664	60. 734		
	计算值							60. 529	60. 574	60. 620	60. 665	60. 726		
	差　值							-0. 012	-0. 012	-0. 007	-0. 001	0. 008		
12 号块浇筑后	实测平均值								60. 563	60. 614	60. 663	60. 733	60. 789	
	计算值								60. 575	60. 620	60. 666	60. 727	60. 789	
	差　值								-0. 012	-0. 006	-0. 003	0. 005	0. 001	
13 号块浇筑后	实测平均值									60. 615	60. 665	60. 734	60. 790	60. 849
	计算值									60. 621	60. 667	60. 729	60. 790	60. 853
	差　值									-0. 006	-0. 002	0. 005	-0. 001	-0. 003

续上表

工　况	状　态	10 号	11 号	12 号	13 号	14 号	15 号	16 号	17 号	18 号	19 号	20 号	21 号	22 号
14 号块浇筑后	实测平均值	60. 666	60. 736	60. 791	60. 850	60. 914								
	计算值	60. 667	60. 730	60. 792	60. 855	60. 918								
	差　值	-0. 002	0. 006	-0. 001	-0. 005	-0. 004								
15 号块浇筑后	实测平均值		60. 737	60. 793	60. 852	60. 915	60. 981							
	计算值		60. 730	60. 793	60. 857	60. 920	60. 984							
	差　值		0. 006	-0. 001	-0. 005	-0. 005	-0. 004							
16 号块浇筑后	实测平均值			60. 794	60. 851	60. 916	60. 981	61. 056						
	计算值			60. 794	60. 858	60. 922	60. 987	61. 052						
	差　值			0. 000	-0. 007	-0. 006	-0. 006	0. 004						
17 号块浇筑后	实测平均值				60. 852	60. 917	60. 980	61. 055	61. 129					
	计算值				60. 860	60. 924	60. 990	61. 055	61. 121					
	差　值				-0. 008	-0. 007	-0. 010	0. 000	0. 008					
18 号块浇筑后	实测平均值					60. 916	60. 979	61. 057	61. 130	61. 193				
	计算值					60. 926	60. 992	61. 058	61. 124	61. 191				
	差　值					-0. 010	-0. 012	-0. 001	0. 005	0. 001				
19 号块浇筑后	实测平均值						60. 983	61. 059	61. 131	61. 195	61. 264			
	计算值						60. 992	61. 058	61. 125	61. 192	61. 277			
	差　值						-0. 009	0. 000	0. 005	0. 003	-0. 013			
20 号块浇筑后	实测平均值							61. 056	61. 130	61. 193	61. 261	61. 341		
	计算值							61. 057	61. 124	61. 192	61. 277	61. 362		
	差　值							-0. 001	0. 006	0. 001	-0. 016	-0. 022		
21 号块浇筑后	实测平均值								61. 131	61. 195	61. 263	61. 343	61. 422	
	计算值								61. 124	61. 192	61. 277	61. 363	61. 449	
	差　值								0. 007	0. 003	-0. 014	-0. 020	-0. 028	
22 号块浇筑后	实测平均值									61. 191	61. 259	61. 339	61. 417	61. 507
	计算值									61. 189	61. 274	61. 360	61. 446	61. 533
	差　值									0. 002	-0. 015	-0. 021	-0. 029	-0. 026

续上表

工　况	状　态	19 号	20 号	21 号	22 号	23 号	24 号	25 号	26 号	27 号	28 号	29 号	30 号	31 号
23 号块浇筑后	实测平均值	61.262	61.342	61.419	61.510	61.618								
	计算值	61.271	61.357	61.443	61.530	61.616								
	差　值	-0.009	-0.015	-0.024	-0.020	0.002								
24 号块浇筑后	实测平均值		61.331	61.409	61.498	61.605	61.712							
	计算值		61.354	61.440	61.526	61.612	61.699							
	差　值		-0.022	-0.031	-0.028	-0.007	0.013							
25 号块浇筑后	实测平均值			61.400	61.490	61.596	61.706	61.794						
	计算值			61.432	61.518	61.605	61.691	61.778						
	差　值			-0.032	-0.028	-0.009	0.015	0.016						
26 号块浇筑后	实测平均值				61.476	61.582	61.691	61.779	61.854					
	计算值				61.502	61.586	61.671	61.755	61.839					
	差　值				-0.027	-0.004	0.020	0.024	0.014					
27 号块浇筑后	实测平均值					61.570	61.679	61.764	61.839	61.911				
	计算值					61.577	61.660	61.744	61.827	61.910				
	差　值					-0.007	0.018	0.021	0.012	0.001				
28 号块浇筑后	实测平均值						61.664	61.749	61.823	61.892	61.962			
	计算值						61.646	61.727	61.809	61.890	61.972			
	差　值						0.018	0.022	0.014	0.002	-0.010			
29 号块浇筑后	实测平均值							61.721	61.792	61.859	61.927	62.014		
	计算值							61.704	61.782	61.862	61.941	62.020		
	差　值							0.018	0.010	-0.003	-0.014	-0.006		
30 号块浇筑后	实测平均值								61.762	61.824	61.888	61.969	62.049	
	计算值								61.754	61.830	61.906	61.982	62.059	
	差　值								0.008	-0.006	-0.018	-0.013	-0.009	
31 号块浇筑后	实测平均值									61.794	61.857	61.936	62.015	62.099
	计算值									61.786	61.857	61.928	62.000	62.076
	差　值									0.009	0.000	0.008	0.015	0.023
备　注	线形测点位于各节段前端													

附表 7—16　78 号墩左幅苏州侧主梁线形状态记录

工　况	状　态	1 号	2 号	3 号	4 号	5 号	6 号	7 号	8 号	9 号	10 号	11 号	12 号	13 号
5 号块浇筑后	实测平均值	60.004	59.981	59.946	59.910	59.856								
	计算值	60.011	59.971	59.930	59.890	59.849								
	差　值	-0.007	0.010	0.015	0.020	0.006								
6 号块浇筑后	实测平均值		59.985	59.948	59.914	59.859	59.806							
	计算值		59.971	59.930	59.890	59.850	59.810							
	差　值		0.014	0.018	0.024	0.009	-0.003							
7 号块浇筑后	实测平均值			59.949	59.916	59.860	59.808	59.768						
	计算值			59.930	59.890	59.850	59.810	59.770						
	差　值			0.019	0.026	0.010	-0.003	-0.002						
8 号块浇筑后	实测平均值				59.916	59.860	59.808	59.767	59.735					
	计算值				59.890	59.850	59.811	59.771	59.732					
	差　值				0.026	0.010	-0.003	-0.004	0.003					
9 号块浇筑后	实测平均值					59.860	59.807	59.765	59.733	59.699				
	计算值					59.850	59.811	59.772	59.733	59.694				
	差　值					0.009	-0.004	-0.007	0.000	0.005				
10 号块浇筑后	实测平均值						59.807	59.765	59.734	59.700	59.667			
	计算值						59.811	59.772	59.734	59.695	59.657			
	差　值						-0.004	-0.007	0.000	0.005	0.011			
11 号块浇筑后	实测平均值							59.768	59.736	59.700	59.668	59.626		
	计算值							59.773	59.734	59.696	59.658	59.607		
	差　值							-0.005	0.001	0.004	0.010	0.019		
12 号块浇筑后	实测平均值								59.734	59.700	59.666	59.624	59.575	
	计算值								59.735	59.697	59.659	59.609	59.559	
	差　值								0.000	0.003	0.007	0.015	0.016	
13 号块浇筑后	实测平均值									59.701	59.668	59.625	59.577	59.518
	计算值									59.697	59.660	59.610	59.561	59.512
	差　值									0.004	0.008	0.015	0.016	0.006

续上表

工　况	状　态	10 号	11 号	12 号	13 号	14 号	15 号	16 号	17 号	18 号	19 号	20 号	21 号	22 号
14 号块浇筑后	实测平均值	59. 668	59. 627	59. 578	59. 518	59. 469								
	计算值	59. 660	59. 611	59. 563	59. 514	59. 466								
	差　值	0. 008	0. 016	0. 015	0. 003	0. 003								
15 号块浇筑后	实测平均值		59. 627	59. 579	59. 519	59. 469	59. 428							
	计算值		59. 612	59. 564	59. 516	59. 468	59. 421							
	差　值		0. 015	0. 015	0. 003	0. 001	0. 006							
16 号块浇筑后	实测平均值			59. 581	59. 520	59. 471	59. 429	59. 389						
	计算值			59. 564	59. 517	59. 470	59. 424	59. 377						
	差　值			0. 017	0. 003	0. 001	0. 005	0. 012						
17 号块浇筑后	实测平均值				59. 523	59. 472	59. 428	59. 389	59. 342					
	计算值				59. 518	59. 471	59. 426	59. 380	59. 334					
	差　值				0. 005	0. 001	0. 002	0. 009	0. 008					
18 号块浇筑后	实测平均值					59. 470	59. 426	59. 388	59. 341	59. 298				
	计算值					59. 472	59. 427	59. 382	59. 336	59. 292				
	差　值					-0. 002	0. 000	0. 006	0. 005	0. 006				
19 号块浇筑后	实测平均值						59. 428	59. 389	59. 341	59. 297	59. 244			
	计算值						59. 426	59. 381	59. 336	59. 292	59. 237			
	差　值						0. 002	0. 008	0. 005	0. 005	0. 007			
20 号块浇筑后	实测平均值							59. 388	59. 341	59. 298	59. 245	59. 197		
	计算值							59. 380	59. 335	59. 291	59. 237	59. 183		
	差　值							0. 008	0. 005	0. 007	0. 008	0. 014		
21 号块浇筑后	实测平均值								59. 337	59. 294	59. 240	59. 191	59. 145	
	计算值								59. 332	59. 288	59. 234	59. 180	59. 127	
	差　值								0. 005	0. 006	0. 006	0. 012	0. 018	
22 号块浇筑后	实测平均值									59. 290	59. 235	59. 186	59. 137	59. 091
	计算值									59. 284	59. 230	59. 176	59. 124	59. 071
	差　值									0. 006	0. 005	0. 010	0. 013	0. 020

续上表

工　况	状　态	19 号	20 号	21 号	22 号	23 号	24 号	25 号	26 号	27 号	28 号	29 号	30 号	31 号
23 号块浇筑后	实测平均值	59.230	59.181	59.134	59.086	59.028								
	计算值	59.227	59.173	59.121	59.068	59.016								
	差　值	0.003	0.008	0.013	0.018	0.012								
24 号块浇筑后	实测平均值		59.170	59.123	59.076	59.017	58.956							
	计算值		59.162	59.108	59.055	59.002	58.949							
	差　值		0.008	0.014	0.020	0.015	0.007							
25 号块浇筑后	实测平均值			59.106	59.058	58.997	58.934	58.880						
	计算值			59.097	59.042	58.987	58.932	58.877						
	差　值			0.008	0.015	0.010	0.002	0.003						
26 号块浇筑后	实测平均值				59.045	58.985	58.921	58.864	58.820					
	计算值				59.035	58.980	58.925	58.870	58.814					
	差　值				0.010	0.005	-0.004	-0.005	0.005					
27 号块浇筑后	实测平均值					58.971	58.906	58.848	58.798	58.752				
	计算值					58.956	58.899	58.842	58.784	58.725				
	差　值					0.015	0.006	0.006	0.014	0.027				
28 号块浇筑后	实测平均值						58.885	58.825	58.776	58.727	58.656			
	计算值						58.875	58.815	58.755	58.693	58.629			
	差　值						0.010	0.010	0.021	0.034	0.027			
29 号块浇筑后	实测平均值							58.789	58.737	58.683	58.612	58.526		
	计算值							58.792	58.729	58.664	58.598	58.530		
	差　值							-0.002	0.008	0.019	0.014	-0.004		
30 号块浇筑后	实测平均值								58.705	58.649	58.572	58.481	58.402	
	计算值								58.697	58.629	58.559	58.488	58.415	
	差　值								0.008	0.020	0.013	-0.007	-0.014	
31 号块浇筑后	实测平均值									58.613	58.533	58.441	58.360	58.301
	计算值									58.589	58.515	58.439	58.362	58.287
	差　值									0.024	0.018	0.003	-0.002	0.014
备　注		线形测点位于各节段前端												

附表 7—17　79 号墩右幅南通侧主梁线形状态记录

工　况	状　态	1 号	2 号	3 号	4 号	5 号	6 号	7 号	8 号	9 号	10 号	11 号	12 号	13 号
5 号块浇筑后	实测平均值	56. 254	56. 311	56. 367	56. 413	56. 456								
	计算值	56. 259	56. 308	56. 358	56. 407	56. 457								
	差　值	−0. 005	0. 003	0. 009	0. 006	−0. 001								
6 号块浇筑后	实测平均值		56. 315	56. 368	56. 414	56. 455	56. 501							
	计算值		56. 308	56. 358	56. 407	56. 457	56. 507							
	差　值		0. 007	0. 011	0. 007	−0. 002	−0. 006							
7 号块浇筑后	实测平均值			56. 368	56. 414	56. 454	56. 498	56. 553						
	计算值			56. 358	56. 408	56. 458	56. 508	56. 558						
	差　值			0. 010	0. 007	−0. 004	−0. 010	−0. 005						
8 号块浇筑后	实测平均值				56. 417	56. 456	56. 500	56. 550	56. 607					
	计算值				56. 408	56. 458	56. 508	56. 559	56. 610					
	差　值				0. 009	−0. 002	−0. 009	−0. 009	−0. 002					
9 号块浇筑后	实测平均值					56. 455	56. 499	56. 547	56. 607	56. 672				
	计算值					56. 458	56. 509	56. 560	56. 611	56. 662				
	差　值					−0. 003	−0. 009	−0. 012	−0. 003	0. 010				
10 号块浇筑后	实测平均值						56. 501	56. 550	56. 608	56. 671	56. 725			
	计算值						56. 509	56. 560	56. 612	56. 663	56. 715			
	差　值						−0. 008	−0. 011	−0. 004	0. 008	0. 010			
11 号块浇筑后	实测平均值							56. 548	56. 608	56. 671	56. 723	56. 789		
	计算值							56. 561	56. 612	56. 664	56. 716	56. 786		
	差　值							−0. 013	−0. 004	0. 007	0. 007	0. 004		
12 号块浇筑后	实测平均值								56. 610	56. 671	56. 725	56. 791	56. 856	
	计算值								56. 613	56. 665	56. 717	56. 787	56. 858	
	差　值								−0. 003	0. 006	0. 008	0. 003	−0. 001	
13 号块浇筑后	实测平均值									56. 671	56. 724	56. 790	56. 854	56. 925
	计算值									56. 665	56. 718	56. 789	56. 860	56. 931
	差　值									0. 006	0. 006	0. 001	−0. 005	−0. 006

续上表

工况	状态	10号	11号	12号	13号	14号	15号	16号	17号	18号	19号	20号	21号	22号
14号块浇筑后	实测平均值	56.725	56.791	56.855	56.925	56.999								
	计算值	56.719	56.790	56.861	56.933	57.005								
	差值	0.006	0.001	-0.006	-0.008	-0.006								
15号块浇筑后	实测平均值		56.792	56.856	56.927	57.000	57.078							
	计算值		56.790	56.862	56.935	57.008	57.080							
	差值		0.001	-0.006	-0.008	-0.007	-0.002							
16号块浇筑后	实测平均值			56.857	56.928	57.002	57.079	57.153						
	计算值			56.863	56.936	57.009	57.083	57.156						
	差值			-0.006	-0.008	-0.008	-0.004	-0.003						
17号块浇筑后	实测平均值				56.928	57.002	57.077	57.151	57.226					
	计算值				56.937	57.011	57.085	57.159	57.233					
	差值				-0.008	-0.009	-0.008	-0.008	-0.007					
18号块浇筑后	实测平均值					56.999	57.074	57.147	57.223	57.303				
	计算值					57.011	57.086	57.161	57.236	57.312				
	差值					-0.013	-0.012	-0.014	-0.013	-0.009				
19号块浇筑后	实测平均值						57.076	57.150	57.226	57.304	57.410			
	计算值						57.085	57.161	57.236	57.312	57.407			
	差值						-0.009	-0.011	-0.010	-0.008	0.003			
20号块浇筑后	实测平均值							57.146	57.223	57.303	57.409	57.495		
	计算值							57.159	57.235	57.311	57.407	57.504		
	差值							-0.013	-0.012	-0.008	0.001	-0.009		
21号块浇筑后	实测平均值								57.223	57.303	57.409	57.497	57.602	
	计算值								57.232	57.308	57.404	57.501	57.598	
	差值								-0.009	-0.006	0.005	-0.004	0.004	
22号块浇筑后	实测平均值									57.300	57.405	57.493	57.600	57.702
	计算值									57.305	57.401	57.498	57.595	57.693
	差值									-0.005	0.004	-0.004	0.005	0.009

续上表

工　况	状　态	19 号	20 号	21 号	22 号	23 号	24 号	25 号	26 号	27 号	28 号	29 号	30 号	31 号
23 号块浇筑后	实测平均值	57.405	57.493	57.597	57.702	57.798								
	计算值	57.398	57.495	57.592	57.690	57.789								
	差　值	0.007	−0.002	0.005	0.011	0.009								
24 号块浇筑后	实测平均值		57.480	57.584	57.687	57.783	57.876							
	计算值		57.483	57.580	57.677	57.775	57.872							
	差　值		−0.003	0.004	0.010	0.008	0.004							
25 号块浇筑后	实测平均值			57.570	57.672	57.766	57.857	57.956						
	计算值			57.570	57.667	57.763	57.859	57.956						
	差　值			0.000	0.005	0.003	−0.002	0.000						
26 号块浇筑后	实测平均值				57.657	57.750	57.842	57.938	58.037					
	计算值				57.653	57.748	57.844	57.939	58.034					
	差　值				0.003	0.002	−0.002	−0.001	0.004					
27 号块浇筑后	实测平均值					57.736	57.826	57.922	58.018	58.117				
	计算值					57.729	57.822	57.915	58.008	58.100				
	差　值					0.008	0.005	0.007	0.010	0.018				
28 号块浇筑后	实测平均值						57.796	57.889	57.983	58.077	58.162			
	计算值						57.800	57.891	57.982	58.071	58.158			
	差　值						−0.004	−0.003	0.001	0.006	0.003			
29 号块浇筑后	实测平均值							57.876	57.968	58.061	58.146	58.233		
	计算值							57.867	57.955	58.042	58.127	58.210		
	差　值							0.009	0.013	0.020	0.020	0.023		
30 号块浇筑后	实测平均值								57.937	58.026	58.108	58.188	58.259	
	计算值								57.924	58.008	58.089	58.169	58.248	
	差　值								0.013	0.019	0.019	0.019	0.011	
31 号块浇筑后	实测平均值									57.990	58.068	58.145	58.212	58.305
	计算值									57.968	58.045	58.120	58.194	58.271
	差　值									0.023	0.023	0.025	0.018	0.034
备　注		线形测点位于各节段前端												

附表 7—18　79 号墩右幅苏州侧主梁线形状态记录

工　况	状　态	1 号	2 号	3 号	4 号	5 号	6 号	7 号	8 号	9 号	10 号	11 号	12 号	13 号
5 号块浇筑后	实测平均值	55.987	55.926	55.884	55.843	55.800								
	计算值	55.972	55.924	55.878	55.830	55.782								
	差　值	0.015	0.002	0.006	0.013	0.018								
6 号块浇筑后	实测平均值		55.929	55.886	55.846	55.799	55.748							
	计算值		55.924	55.878	55.830	55.783	55.735							
	差　值		0.005	0.008	0.016	0.017	0.013							
7 号块浇筑后	实测平均值			55.886	55.845	55.798	55.748	55.698						
	计算值			55.877	55.830	55.783	55.736	55.689						
	差　值			0.009	0.015	0.015	0.012	0.009						
8 号块浇筑后	实测平均值				55.847	55.801	55.747	55.688	55.652					
	计算值				55.830	55.783	55.737	55.690	55.643					
	差　值				0.017	0.017	0.010	-0.001	0.009					
9 号块浇筑后	实测平均值					55.799	55.747	55.695	55.651	55.606				
	计算值					55.784	55.737	55.690	55.644	55.597				
	差　值					0.016	0.010	0.004	0.007	0.010				
10 号块浇筑后	实测平均值						55.748	55.697	55.653	55.608	55.561			
	计算值						55.737	55.691	55.645	55.598	55.552			
	差　值						0.011	0.006	0.008	0.010	0.009			
11 号块浇筑后	实测平均值							55.697	55.657	55.608	55.561	55.503		
	计算值							55.691	55.645	55.599	55.553	55.492		
	差　值							0.006	0.012	0.009	0.008	0.011		
12 号块浇筑后	实测平均值								55.654	55.608	55.560	55.501	55.441	
	计算值								55.646	55.599	55.554	55.493	55.432	
	差　值								0.008	0.008	0.006	0.007	0.010	
13 号块浇筑后	实测平均值									55.609	55.562	55.502	55.442	55.376
	计算值									55.600	55.555	55.495	55.434	55.373
	差　值									0.009	0.007	0.007	0.008	0.004

续上表

工　况	状　态	10号	11号	12号	13号	14号	15号	16号	17号	18号	19号	20号	21号	22号
14号块浇筑后	实测平均值	55.561	55.501	55.442	55.376	55.322								
	计算值	55.556	55.496	55.435	55.375	55.315								
	差　值	0.005	0.005	0.007	0.001	0.007								
15号块浇筑后	实测平均值		55.501	55.443	55.377	55.321	55.267							
	计算值		55.497	55.437	55.377	55.317	55.258							
	差　值		0.005	0.006	0.000	0.003	0.009							
16号块浇筑后	实测平均值			55.445	55.379	55.324	55.269	55.207						
	计算值			55.438	55.378	55.320	55.261	55.202						
	差　值			0.007	0.001	0.004	0.008	0.005						
17号块浇筑后	实测平均值				55.382	55.327	55.272	55.208	55.148					
	计算值				55.380	55.322	55.264	55.205	55.147					
	差　值				0.002	0.005	0.008	0.003	0.000					
18号块浇筑后	实测平均值					55.324	55.271	55.207	55.145	55.094				
	计算值					55.323	55.266	55.208	55.151	55.094				
	差　值					0.001	0.005	-0.001	-0.006	0.000				
19号块浇筑后	实测平均值						55.271	55.207	55.145	55.094	55.036			
	计算值						55.266	55.208	55.151	55.095	55.024			
	差　值						0.005	-0.001	-0.006	-0.001	0.012			
20号块浇筑后	实测平均值							55.205	55.144	55.092	55.034	54.969		
	计算值							55.207	55.151	55.094	55.023	54.953		
	差　值							-0.002	-0.007	-0.002	0.011	0.016		
21号块浇筑后	实测平均值								55.143	55.090	55.031	54.966	54.902	
	计算值								55.150	55.094	55.024	54.953	54.884	
	差　值								-0.007	-0.004	0.008	0.013	0.018	
22号块浇筑后	实测平均值									55.090	55.031	54.965	54.901	54.831
	计算值									55.091	55.021	54.951	54.881	54.810
	差　值									-0.001	0.010	0.014	0.020	0.021

续上表

工　况	状　态	19 号	20 号	21 号	22 号	23 号	24 号	25 号	26 号	27 号	28 号	29 号	30 号	31 号
23 号块浇筑后	实测平均值	55.032	54.965	54.901	54.832	54.765								
	计算值	55.017	54.947	54.878	54.807	54.736								
	差　值	0.015	0.018	0.023	0.025	0.029								
24 号块浇筑后	实测平均值		54.960	54.895	54.823	54.755	54.691							
	计算值		54.944	54.874	54.804	54.732	54.662							
	差　值		0.016	0.021	0.019	0.023	0.029							
25 号块浇筑后	实测平均值			54.884	54.813	54.744	54.680	54.579						
	计算值			54.865	54.794	54.721	54.650	54.578						
	差　值			0.019	0.019	0.022	0.030	0.001						
26 号块浇筑后	实测平均值				54.808	54.738	54.672	54.566	54.483					
	计算值				54.784	54.710	54.638	54.565	54.491					
	差　值				0.024	0.027	0.034	0.001	-0.008					
27 号块浇筑后	实测平均值					54.721	54.653	54.548	54.464	54.409				
	计算值					54.699	54.626	54.551	54.476	54.401				
	差　值					0.022	0.027	-0.003	-0.012	0.008				
28 号块浇筑后	实测平均值						54.631	54.525	54.438	54.379	54.315			
	计算值						54.608	54.532	54.454	54.377	54.300			
	差　值						0.023	-0.007	-0.017	0.002	0.015			
29 号块浇筑后	实测平均值							54.496	54.409	54.349	54.282	54.207		
	计算值							54.510	54.430	54.351	54.272	54.191		
	差　值							-0.014	-0.022	-0.002	0.010	0.015		
30 号块浇筑后	实测平均值								54.378	54.316	54.245	54.166	54.076	
	计算值								54.399	54.317	54.234	54.150	54.067	
	差　值								-0.021	-0.001	0.011	0.016	0.008	
31 号块浇筑后	实测平均值									54.283	54.207	54.125	54.028	53.951
	计算值									54.273	54.185	54.097	54.009	53.925
	差　值									0.011	0.021	0.028	0.019	0.026
备　注	线形测点位于各节段前端													

附表 7—19　79 号墩左幅南通侧主梁线形状态记录

工　况	状　态	1 号	2 号	3 号	4 号	5 号	6 号	7 号	8 号	9 号	10 号	11 号	12 号	13 号
5 号块浇筑后	实测平均值	56.252	56.305	56.368	56.422	56.468								
	计算值	56.259	56.308	56.358	56.407	56.457								
	差　值	-0.006	-0.003	0.011	0.015	0.011								
6 号块浇筑后	实测平均值		56.306	56.369	56.422	56.466	56.508							
	计算值		56.308	56.358	56.407	56.457	56.507							
	差　值		-0.002	0.011	0.014	0.009	0.001							
7 号块浇筑后	实测平均值			56.371	56.424	56.468	56.508	56.558						
	计算值			56.358	56.408	56.458	56.508	56.558						
	差　值			0.013	0.017	0.011	0.000	-0.001						
8 号块浇筑后	实测平均值				56.424	56.469	56.510	56.556	56.605					
	计算值				56.408	56.458	56.508	56.559	56.610					
	差　值				0.016	0.011	0.001	-0.003	-0.004					
9 号块浇筑后	实测平均值					56.470	56.509	56.556	56.605	56.665				
	计算值					56.458	56.509	56.560	56.611	56.662				
	差　值					0.012	0.000	-0.003	-0.005	0.004				
10 号块浇筑后	实测平均值						56.510	56.557	56.606	56.666	56.721			
	计算值						56.509	56.560	56.612	56.663	56.715			
	差　值						0.001	-0.004	-0.005	0.003	0.006			
11 号块浇筑后	实测平均值							56.557	56.607	56.666	56.720	56.785		
	计算值							56.561	56.612	56.664	56.716	56.786		
	差　值							-0.003	-0.006	0.002	0.004	-0.001		
12 号块浇筑后	实测平均值								56.604	56.664	56.717	56.783	56.853	
	计算值								56.613	56.665	56.717	56.787	56.858	
	差　值								-0.009	-0.001	0.000	-0.005	-0.004	
13 号块浇筑后	实测平均值									56.666	56.719	56.784	56.854	56.929
	计算值									56.665	56.718	56.789	56.860	56.931
	差　值									0.000	0.001	-0.005	-0.005	-0.002

续上表

工况	状态	10号	11号	12号	13号	14号	15号	16号	17号	18号	19号	20号	21号	22号
14号块浇筑后	实测平均值	56.720	56.785	56.855	56.929	57.009								
	计算值	56.719	56.790	56.861	56.933	57.005								
	差值	0.001	-0.005	-0.006	-0.004	0.004								
15号块浇筑后	实测平均值		56.787	56.857	56.931	57.011	57.091							
	计算值		56.790	56.862	56.935	57.008	57.080							
	差值		-0.004	-0.005	-0.003	0.004	0.010							
16号块浇筑后	实测平均值			56.857	56.932	57.011	57.089	57.161						
	计算值			56.863	56.936	57.009	57.083	57.156						
	差值			-0.006	-0.004	0.002	0.006	0.005						
17号块浇筑后	实测平均值				56.929	57.008	57.083	57.154	57.229					
	计算值				56.937	57.011	57.085	57.159	57.233					
	差值				-0.008	-0.002	-0.001	-0.005	-0.004					
18号块浇筑后	实测平均值					57.011	57.087	57.158	57.231	57.318				
	计算值					57.011	57.086	57.161	57.236	57.312				
	差值					-0.001	0.001	-0.003	-0.005	0.007				
19号块浇筑后	实测平均值						57.086	57.157	57.231	57.318	57.421			
	计算值						57.085	57.161	57.236	57.312	57.407			
	差值						0.000	-0.004	-0.005	0.006	0.013			
20号块浇筑后	实测平均值							57.157	57.229	57.318	57.419	57.509		
	计算值							57.159	57.235	57.311	57.407	57.504		
	差值							-0.002	-0.006	0.006	0.011	0.005		
21号块浇筑后	实测平均值								57.230	57.317	57.418	57.506	57.601	
	计算值								57.232	57.308	57.404	57.501	57.598	
	差值								-0.001	0.009	0.014	0.005	0.002	
22号块浇筑后	实测平均值									57.313	57.414	57.501	57.595	57.690
	计算值									57.305	57.401	57.498	57.595	57.693
	差值									0.008	0.013	0.004	0.000	-0.003

续上表

工况	状态	19号	20号	21号	22号	23号	24号	25号	26号	27号	28号	29号	30号	31号
23号块浇筑后	实测平均值	57.408	57.495	57.588	57.681	57.772								
	计算值	57.398	57.495	57.592	57.690	57.789								
	差值	0.010	0.000	−0.005	−0.010	−0.016								
24号块浇筑后	实测平均值		57.483	57.576	57.669	57.759	57.857							
	计算值		57.483	57.580	57.677	57.775	57.872							
	差值		0.000	−0.004	−0.009	−0.016	−0.015							
25号块浇筑后	实测平均值			57.572	57.665	57.754	57.850	57.949						
	计算值			57.571	57.669	57.766	57.863	57.961						
	差值			0.001	−0.004	−0.012	−0.014	−0.012						
26号块浇筑后	实测平均值				57.654	57.744	57.838	57.936	58.046					
	计算值				57.656	57.751	57.847	57.942	58.037					
	差值				−0.002	−0.007	−0.009	−0.006	0.009					
27号块浇筑后	实测平均值					57.719	57.814	57.909	58.017	58.129				
	计算值					57.729	57.822	57.915	58.008	58.100				
	差值					−0.010	−0.008	−0.007	0.009	0.029				
28号块浇筑后	实测平均值						57.791	57.886	57.995	58.104	58.186			
	计算值						57.800	57.891	57.982	58.071	58.158			
	差值						−0.009	−0.005	0.013	0.033	0.028			
29号块浇筑后	实测平均值							57.860	57.964	58.071	58.149	58.218		
	计算值							57.867	57.955	58.042	58.127	58.210		
	差值							−0.007	0.009	0.029	0.023	0.008		
30号块浇筑后	实测平均值								57.942	58.048	58.126	58.191	58.259	
	计算值								57.924	58.008	58.089	58.169	58.248	
	差值								0.017	0.041	0.037	0.022	0.011	
31号块浇筑后	实测平均值									58.012	58.086	58.148	58.213	58.290
	计算值									57.968	58.045	58.120	58.194	58.271
	差值									0.045	0.041	0.028	0.019	0.019
备注		线形测点位于各节段前端												

附表 7—20　79 号墩左幅苏州侧主梁线形状态记录

工　况	状　态	1 号	2 号	3 号	4 号	5 号	6 号	7 号	8 号	9 号	10 号	11 号	12 号	13 号
5 号块浇筑后	实测平均值	55.980	55.933	55.889	55.846	55.796								
	计算值	55.972	55.924	55.878	55.830	55.782								
	差　值	0.008	0.009	0.011	0.016	0.014								
6 号块浇筑后	实测平均值		55.932	55.889	55.845	55.795	55.746							
	计算值		55.924	55.878	55.830	55.783	55.735							
	差　值		0.008	0.011	0.015	0.012	0.010							
7 号块浇筑后	实测平均值			55.890	55.847	55.798	55.749	55.698						
	计算值			55.877	55.830	55.783	55.736	55.689						
	差　值			0.013	0.016	0.015	0.013	0.009						
8 号块浇筑后	实测平均值				55.847	55.798	55.746	55.700	55.656					
	计算值				55.830	55.783	55.737	55.690	55.643					
	差　值				0.016	0.014	0.009	0.010	0.013					
9 号块浇筑后	实测平均值					55.800	55.750	55.699	55.657	55.604				
	计算值					55.784	55.737	55.690	55.644	55.597				
	差　值					0.016	0.013	0.009	0.013	0.007				
10 号块浇筑后	实测平均值						55.747	55.698	55.656	55.603	55.553			
	计算值						55.737	55.691	55.645	55.598	55.552			
	差　值						0.010	0.007	0.011	0.005	0.001			
11 号块浇筑后	实测平均值							55.699	55.656	55.606	55.555	55.502		
	计算值							55.691	55.645	55.599	55.553	55.492		
	差　值							0.008	0.011	0.007	0.002	0.010		
12 号块浇筑后	实测平均值								55.657	55.606	55.555	55.499	55.443	
	计算值								55.646	55.599	55.554	55.493	55.432	
	差　值								0.011	0.007	0.001	0.006	0.011	
13 号块浇筑后	实测平均值									55.607	55.557	55.500	55.445	55.392
	计算值									55.600	55.555	55.495	55.434	55.373
	差　值									0.007	0.002	0.006	0.011	0.019

续上表

工　况	状　态	10号	11号	12号	13号	14号	15号	16号	17号	18号	19号	20号	21号	22号
14号块浇筑后	实测平均值	55.557	55.500	55.444	55.391	55.331								
	计算值	55.556	55.496	55.435	55.375	55.315								
	差　值	0.001	0.004	0.009	0.016	0.016								
15号块浇筑后	实测平均值		55.499	55.444	55.389	55.331	55.262							
	计算值		55.497	55.437	55.377	55.317	55.258							
	差　值		0.003	0.007	0.013	0.013	0.003							
16号块浇筑后	实测平均值			55.446	55.392	55.333	55.265	55.201						
	计算值			55.438	55.378	55.320	55.261	55.202						
	差　值			0.008	0.013	0.014	0.003	-0.001						
17号块浇筑后	实测平均值				55.391	55.333	55.263	55.199	55.141					
	计算值				55.380	55.322	55.264	55.205	55.147					
	差　值				0.012	0.012	-0.001	-0.006	-0.006					
18号块浇筑后	实测平均值					55.336	55.266	55.201	55.143	55.098				
	计算值					55.323	55.266	55.208	55.151	55.094				
	差　值					0.013	0.000	-0.007	-0.008	0.004				
19号块浇筑后	实测平均值						55.263	55.199	55.141	55.096	55.035			
	计算值						55.266	55.208	55.151	55.095	55.024			
	差　值						-0.003	-0.009	-0.011	0.001	0.011			
20号块浇筑后	实测平均值							55.201	55.143	55.098	55.039	54.975		
	计算值							55.207	55.151	55.094	55.023	54.953		
	差　值							-0.007	-0.007	0.004	0.015	0.022		
21号块浇筑后	实测平均值								55.145	55.100	55.040	54.974	54.907	
	计算值								55.150	55.094	55.024	54.953	54.884	
	差　值								-0.005	0.006	0.016	0.021	0.024	
22号块浇筑后	实测平均值									55.094	55.034	54.967	54.901	54.825
	计算值									55.091	55.021	54.951	54.881	54.810
	差　值									0.003	0.013	0.017	0.020	0.014

续上表

工　况	状　态	19 号	20 号	21 号	22 号	23 号	24 号	25 号	26 号	27 号	28 号	29 号	30 号	31 号
23 号块浇筑后	实测平均值	55.032	54.966	54.898	54.822	54.755								
	计算值	55.017	54.947	54.878	54.807	54.736								
	差　值	0.015	0.018	0.021	0.015	0.018								
24 号块浇筑后	实测平均值		54.966	54.899	54.824	54.756	54.684							
	计算值		54.944	54.874	54.804	54.732	54.662							
	差　值		0.022	0.025	0.020	0.024	0.022							
25 号块浇筑后	实测平均值			54.882	54.806	54.739	54.666	54.590						
	计算值			54.864	54.792	54.718	54.646	54.573						
	差　值			0.018	0.015	0.021	0.019	0.017						
26 号块浇筑后	实测平均值				54.793	54.725	54.650	54.572	54.499					
	计算值				54.782	54.709	54.637	54.563	54.489					
	差　值				0.011	0.016	0.013	0.008	0.010					
27 号块浇筑后	实测平均值					54.719	54.646	54.567	54.491	54.421				
	计算值					54.699	54.626	54.551	54.476	54.401				
	差　值					0.020	0.020	0.016	0.015	0.020				
28 号块浇筑后	实测平均值						54.620	54.540	54.464	54.392	54.319			
	计算值						54.608	54.532	54.454	54.377	54.300			
	差　值						0.012	0.009	0.010	0.014	0.019			
29 号块浇筑后	实测平均值							54.505	54.424	54.350	54.275	54.187		
	计算值							54.510	54.430	54.351	54.272	54.191		
	差　值							-0.005	-0.006	-0.001	0.003	-0.004		
30 号块浇筑后	实测平均值								54.409	54.333	54.252	54.165	54.084	
	计算值								54.399	54.317	54.234	54.150	54.067	
	差　值								0.010	0.016	0.018	0.015	0.016	
31 号块浇筑后	实测平均值									54.303	54.221	54.130	54.041	53.953
	计算值									54.273	54.185	54.097	54.009	53.925
	差　值									0.030	0.036	0.034	0.032	0.029
备　注	线形测点位于各节段前端													

附件 3　苏通大桥辅桥桥面铺装高程控制表

附表 7—21　苏通大桥辅桥右幅桥面铺装高程控制表

项目		阶段理论高程（m）	高程调整值（mm）	调整后高程（m）	桥面铺装高程（m）	防撞护栏高程（m）	中分带高程（m）	控制点高程（m）	实测高程（m）					实测平均高程（m）	差值（m）	沥青铺装层厚度（cm）				
									1	2	3	4	5			1	2	3	4	5
21419.4	N32 号	62.195	5	62.200	62.310	62.839	62.584													
21420.1		62.186	5	62.191	62.301	62.830	62.575	62.179	62.066	62.179	62.265	62.038	62.336	62.177	-0.009	14.0	12.2	13.1	10.9	11.9
21426	N31 号	62.099	7	62.106	62.216	62.745	62.490	62.106	62.017	62.106	62.207	61.966	62.252	62.110	0.011	10.4	11.0	10.4	9.6	11.8
21431	N30 号	62.027	9	62.035	62.145	62.674	62.419	62.032	61.945	62.032	62.133	61.885	62.199	62.039	0.012	10.5	11.3	10.7	10.6	10.0
21436	N29 号	61.954	10	61.965	62.075	62.604	62.349	61.967	61.871	61.967	62.057	61.811	62.121	61.965	0.011	10.9	10.8	11.3	11.0	10.8
21441	N28 号	61.881	12	61.893	62.003	62.532	62.277	61.906	61.817	61.906	62.009	61.761	62.071	61.913	0.031	9.1	9.7	8.9	8.8	8.6
21446	N27 号	61.807	13	61.821	61.931	62.460	62.205	61.845	61.756	61.845	61.945	61.708	62.011	61.853	0.046	8.0	8.6	8.1	6.9	7.4
21451	N26 号	61.733	15	61.748	61.858	62.387	62.132	61.761	61.675	61.761	61.867	61.626	61.936	61.773	0.040	8.8	9.7	8.6	7.8	7.6
21456	N25 号	61.658	13	61.671	61.781	62.310	62.055	61.674	61.578	61.674	61.769	61.527	61.841	61.678	0.020	10.8	10.7	10.7	10.0	9.4
21461	N24 号	61.582	12	61.594	61.704	62.233	61.978	61.584	61.495	61.584	61.691	61.436	61.756	61.592	0.010	11.4	12.0	10.8	11.4	10.2
21466	N23 号	61.506	10	61.516	61.626	62.155	61.900	61.516	61.423	61.516	61.609	61.366	61.674	61.518	0.012	10.8	11.0	11.2	10.6	10.6
21471	N22 号	61.429	8	61.438	61.548	62.077	61.822	61.439	61.349	61.439	61.544	61.302	61.609	61.449	0.019	10.4	10.9	9.9	9.2	9.3
21476	N21 号	61.352	7	61.359	61.469	61.998	61.743	61.371	61.274	61.371	61.474	61.229	61.537	61.377	0.025	10.0	9.8	9.0	8.6	8.6
21481	N20 号	61.275	5	61.280	61.390	61.919	61.664	61.283	61.196	61.283	61.392	61.138	61.451	61.292	0.017	9.9	10.7	9.3	9.8	9.3
21486	N19 号	61.199	3	61.202	61.312	61.841	61.586	61.201	61.110	61.201	61.301	61.060	61.344	61.203	0.005	10.7	11.1	10.6	9.8	12.2
21491	N18 号	61.122	2	61.123	61.233	61.762	61.507	61.109	61.021	61.109	61.217	60.968	61.274	61.118	-0.004	11.7	12.4	11.1	11.1	11.3
21495	N17 号	61.061	0	61.061	61.171	61.700	61.445	61.043	60.956	61.043	61.150	60.904	61.215	61.054	-0.007	12.0	12.8	11.6	11.3	11.0
21499	N16 号	61.000	-1	60.999	61.109	61.638	61.383	60.977	60.884	60.977	61.086	60.833	61.148	60.986	-0.014	13.0	13.2	11.8	12.2	11.5
21503	N15 号	60.939	-2	60.937	61.047	61.576	61.322	60.921	60.838	60.921	61.028	60.780	61.075	60.928	-0.010	11.4	12.6	11.4	11.3	12.6

续上表

项目		阶段理论高程(m)	高程调整值(mm)	调整后高程(m)	桥面铺装高程(m)	防撞护栏高程(m)	中分带高程(m)	控制点高程(m)	实测高程(m)					实测平均高程(m)	差值(m)	沥青铺装层厚度(cm)				
									1	2	3	4	5			1	2	3	4	5
21507	N14 号	60.879	-3	60.875	60.985	61.514	61.261	60.851	60.776	60.851	60.960	60.695	61.018	60.860	-0.019	11.4	13.4	12.0	13.6	12.1
21511	N13 号	60.819	-5	60.814	60.924	61.453	61.200	60.797	60.708	60.797	60.893	60.661	60.975	60.807	-0.012	12.1	12.7	12.6	10.9	10.3
21515	N12 号	60.759	-6	60.753	60.863	61.392	61.140	60.752	60.673	60.752	60.859	60.607	60.921	60.762	0.004	9.5	11.1	9.9	10.2	9.6
21519	N11 号	60.700	-7	60.693	60.803	61.332	61.080	60.701	60.605	60.701	60.802	60.546	60.856	60.702	0.002	10.3	10.2	9.6	10.3	10.1
21523	N10 号	60.641	-8	60.632	60.742	61.271	61.021	60.621	60.531	60.621	60.728	60.476	60.781	60.627	-0.013	11.6	12.1	10.9	11.2	11.5
21526	N9 号	60.597	-9	60.588	60.698	61.227	60.976	60.573	60.483	60.573	60.665	60.414	60.735	60.574	-0.023	12.0	12.5	12.8	13.0	11.7
21529	N8 号	60.553	-10	60.543	60.653	61.182	60.932	60.525	60.426	60.525	60.615	60.368	60.694	60.526	-0.027	13.2	12.8	13.3	13.1	11.3
21532	N7 号	60.509	-10	60.499	60.609	61.138	60.888	60.481	60.382	60.481	60.567	60.341	60.646	60.483	-0.026	13.2	12.8	13.7	11.4	11.7
21535	N6 号	60.466	-10	60.456	60.566	61.095	60.845	60.442	60.355	60.442	60.537	60.296	60.613	60.449	-0.017	11.6	12.4	12.4	11.6	10.7
21538	N5 号	60.422	-10	60.412	60.522	61.051	60.801	60.413	60.309	60.413	60.501	60.266	60.571	60.412	-0.010	11.8	10.9	11.6	10.2	10.5
21541	N4 号	60.379	-10	60.369	60.479	61.008	60.758	60.386	60.300	60.386	60.486	60.236	60.549	60.391	0.012	8.4	9.3	8.8	8.9	8.4
21544	N3 号	60.336	-10	60.326	60.436	60.965	60.715	60.344	60.243	60.344	60.442	60.196	60.506	60.346	0.010	9.8	9.2	8.9	8.6	8.4
21547	N2 号	60.294	-10	60.284	60.394	60.923	60.673	60.291	60.198	60.291	60.389	60.146	60.447	60.294	0.001	10.1	10.3	10.0	9.4	10.1
21550	N1 号	60.251	-10	60.241	60.351	60.880	60.630	60.232	60.135	60.232	60.330	60.086	60.375	60.232	-0.019	12.1	11.9	11.6	11.1	13.0
21559	N0 号	60.125	-10	60.115	60.225	60.754	60.504	60.108	60.013	60.108	60.197	59.941	60.251	60.102	-0.023	11.7	11.7	12.3	13.0	12.8
21568	S1 号	60.001	-10	59.991	60.101	60.630	60.380	59.979	59.888	59.979	60.067	59.831	60.121	59.977	-0.024	11.8	12.2	12.9	11.6	13.4
21571	S2 号	59.961	-10	59.951	60.061	60.590	60.340	59.961	59.865	59.961	60.051	59.816	60.113	59.961	0.001	10.1	10.0	10.5	9.1	10.2
21574	S3 号	59.921	-10	59.911	60.021	60.550	60.300	59.915	59.830	59.915	60.025	59.776	60.073	59.924	0.003	9.6	10.6	9.1	9.1	10.2
21577	S4 号	59.881	-10	59.871	59.981	60.510	60.260	59.881	59.798	59.881	59.978	59.725	60.041	59.885	0.004	8.8	10.0	9.8	10.2	9.4
21580	S5 号	59.841	-10	59.831	59.941	60.470	60.220	59.836	59.760	59.836	59.943	59.702	59.999	59.848	0.007	8.6	10.5	9.3	8.5	9.6

续上表

项目		阶段理论高程（m）	高程调整值（mm）	调整后高程（m）	桥面铺装高程（m）	防撞护栏高程（m）	中分带高程（m）	控制点高程（m）	实测高程（m）					实测平均高程（m）	差值（m）	沥青铺装层厚度（cm）				
									1	2	3	4	5			1	2	3	4	5
21583	S6 号	59.802	−10	59.792	59.902	60.431	60.181	59.788	59.715	59.788	59.891	59.655	59.951	59.800	−0.002	9.2	11.4	10.6	9.3	10.5
21586	S7 号	59.763	−10	59.753	59.863	60.392	60.142	59.746	59.661	59.746	59.842	59.600	59.901	59.750	−0.013	10.7	11.7	11.6	10.9	11.6
21589	S8 号	59.724	−10	59.714	59.824	60.353	60.103	59.706	59.617	59.706	59.804	59.567	59.872	59.713	−0.011	11.2	11.8	11.5	10.3	10.6
21592	S9 号	59.686	−10	59.676	59.786	60.315	60.065	59.689	59.598	59.689	59.770	59.535	59.835	59.685	0.000	9.3	9.7	11.1	9.7	10.5
21595	S10 号	59.648	−10	59.638	59.748	60.277	60.027	59.647	59.554	59.647	59.741	59.501	59.807	59.650	0.002	9.9	10.1	10.2	9.3	9.5
21599	S11 号	59.597	−10	59.587	59.697	60.226	59.976	59.599	59.507	59.599	59.696	59.447	59.756	59.601	0.004	9.5	9.8	9.6	9.6	9.5
21603	S12 号	59.547	−10	59.537	59.647	60.176	59.926	59.551	59.461	59.551	59.643	59.402	59.710	59.553	0.007	9.1	9.6	9.9	9.1	9.1
21607	S13 号	59.497	−10	59.488	59.598	60.127	59.877	59.481	59.396	59.481	59.583	59.334	59.636	59.486	−0.011	10.7	11.7	11.0	11.0	11.6
21611	S14 号	59.448	−9	59.439	59.549	60.078	59.828	59.423	59.338	59.423	59.528	59.271	59.587	59.429	−0.018	11.6	12.6	11.6	12.4	11.6
21615	S15 号	59.399	−9	59.390	59.500	60.029	59.779	59.372	59.273	59.372	59.475	59.223	59.536	59.376	−0.023	13.2	12.8	12.0	12.3	11.8
21619	S16 号	59.351	−9	59.342	59.452	59.981	59.731	59.317	59.231	59.317	59.426	59.178	59.481	59.327	−0.024	12.6	13.5	12.1	12.0	12.5
21623	S17 号	59.303	−8	59.294	59.404	59.933	59.683	59.272	59.172	59.272	59.366	59.121	59.443	59.275	−0.028	13.7	13.2	13.3	12.9	11.5
21627	S18 号	59.255	−8	59.247	59.357	59.886	59.636	59.221	59.131	59.221	59.321	59.062	59.386	59.224	−0.030	13.1	13.6	13.1	14.1	12.5
21632	S19 号	59.195	−7	59.188	59.298	59.827	59.577	59.177	59.076	59.177	59.276	59.020	59.334	59.177	−0.018	12.7	12.1	11.7	12.4	11.8
21637	S20 号	59.136	−7	59.129	59.239	59.768	59.518	59.120	59.022	59.120	59.232	58.974	59.281	59.126	−0.010	12.2	11.9	10.2	11.1	11.2
21642	S21 号	59.077	−6	59.070	59.180	59.709	59.459	59.071	58.981	59.071	59.171	58.922	59.226	59.074	−0.003	10.4	10.9	10.4	10.4	10.8
21647	S22 号	59.018	−6	59.012	59.122	59.651	59.401	59.020	58.924	59.020	59.127	58.879	59.171	59.024	0.006	10.3	10.2	9.0	8.9	10.5
21652	S23 号	58.959	−5	58.953	59.063	59.592	59.342	58.965	58.871	58.965	59.060	58.810	59.120	58.965	0.007	9.7	9.8	9.8	9.9	9.7
21657	S24 号	58.899	−5	58.894	59.004	59.533	59.283	58.906	58.804	58.906	58.996	58.755	59.056	58.903	0.004	10.5	9.8	10.3	9.5	10.2
21662	S25 号	58.838	−5	58.834	58.944	59.473	59.223	58.837	58.743	58.837	58.945	58.699	59.010	58.847	0.008	10.6	10.7	9.4	9.1	8.8

续上表

项目		阶段理论高程(m)	高程调整值(mm)	调整后高程(m)	桥面铺装高程(m)	防撞护栏高程(m)	中分带高程(m)	控制点高程(m)	实测高程(m)					实测平均高程(m)	差值(m)	沥青铺装层厚度(cm)				
									1	2	3	4	5			1	2	3	4	5
21667	S26号	58.776	-4	58.772	58.882	59.411	59.161	58.781	58.682	58.781	58.882	58.629	58.939	58.783	0.006	10.5	10.1	9.5	9.9	9.7
21672	S27号	58.713	-4	58.709	58.819	59.348	59.098	58.711	58.608	58.711	58.804	58.562	58.871	58.711	-0.002	11.6	10.8	11.0	10.3	10.2
21677	S28号	58.647	-3	58.644	58.754	59.283	59.033	58.631	58.530	58.631	58.735	58.483	58.790	58.634	-0.013	12.9	12.3	11.4	11.7	11.8
21682	S29号	58.578	-3	58.575	58.685	59.214	58.964	58.566	58.457	58.566	58.667	58.405	58.711	58.561	-0.017	13.3	11.9	11.3	12.6	12.8
21687	S30号	58.507	-2	58.504	58.614	59.143	58.893	58.496	58.390	58.496	58.584	58.345	58.638	58.491	-0.016	12.9	11.8	12.5	11.5	13.0
21692	S31号	58.433	-2	58.431	58.541	59.070	58.820	58.426	58.341	58.426	58.521	58.290	58.587	58.433	0.000	10.5	11.5	11.5	9.7	10.8
21694	N31号	58.403	-2	58.401	58.511	59.040	58.790	58.415	58.331	58.415	58.524	58.277	58.574	58.424	0.021	8.5	9.6	8.2	8.0	9.1
21699	N30号	58.326	-1	58.325	58.435	58.964	58.714	58.330	58.231	58.330	58.428	58.169	58.484	58.328	0.002	10.9	10.5	10.2	11.2	10.5
21704	N29号	58.247	-1	58.247	58.357	58.886	58.636	58.250	58.170	58.250	58.360	58.107	58.419	58.261	0.014	9.2	10.7	9.2	9.6	9.2
21709	N28号	58.166	0	58.166	58.276	58.805	58.555	58.172	58.072	58.172	58.278	58.022	58.329	58.175	0.009	10.9	10.4	9.3	10.0	10.1
21714	N27号	58.081	0	58.082	58.192	58.721	58.471	58.084	57.989	58.084	58.198	57.938	58.245	58.091	0.009	10.8	10.8	8.9	10.0	10.1
21719	N26号	57.995	0	57.995	58.105	58.634	58.384	57.999	57.896	57.999	58.102	57.849	58.160	58.001	0.006	11.4	10.6	9.8	10.2	9.9
21724	N25号	57.907	0	57.907	58.017	58.546	58.296	57.900	57.801	57.900	58.007	57.764	58.058	57.906	-0.001	12.1	11.7	10.5	9.9	11.3
21729	N24号	57.817	0	57.816	57.926	58.455	58.205	57.813	57.722	57.813	57.903	57.674	57.979	57.818	0.002	10.9	11.3	11.8	9.8	10.1
21734	N23号	57.727	-1	57.726	57.836	58.365	58.115	57.723	57.626	57.723	57.830	57.574	57.894	57.729	0.003	11.5	11.3	10.1	10.8	9.6
21739	N22号	57.636	-1	57.635	57.745	58.274	58.024	57.634	57.544	57.634	57.729	57.492	57.788	57.637	0.002	10.6	11.1	11.1	9.9	11.1
21744	N21号	57.545	-1	57.543	57.653	58.182	57.932	57.529	57.444	57.529	57.634	57.390	57.690	57.537	-0.007	11.4	12.4	11.4	10.9	11.7
21749	N20号	57.453	-2	57.452	57.562	58.091	57.841	57.436	57.331	57.436	57.541	57.282	57.602	57.438	-0.015	13.6	12.6	11.6	12.6	11.4
21754	N19号	57.363	-2	57.361	57.471	58.000	57.750	57.350	57.258	57.350	57.452	57.209	57.517	57.357	-0.005	11.8	12.1	11.4	10.8	10.8
21759	N18号	57.272	-2	57.270	57.380	57.909	57.659	57.251	57.159	57.251	57.350	57.101	57.415	57.255	-0.017	12.6	12.9	12.5	12.5	11.9
21763	N17号	57.200	-3	57.197	57.307	57.836	57.586	57.180	57.080	57.180	57.266	57.034	57.344	57.181	-0.019	13.2	12.7	13.6	11.9	11.7

续上表

项目		阶段理论高程(m)	高程调整值(mm)	调整后高程(m)	桥面铺装高程(m)	防撞护栏高程(m)	中分带高程(m)	控制点高程(m)	实测高程(m)					实测平均高程(m)	差值(m)	沥青铺装层厚度(cm)				
									1	2	3	4	5			1	2	3	4	5
21767	N16 号	57.128	-3	57.125	57.235	57.764	57.514	57.099	57.006	57.099	57.199	56.957	57.268	57.106	-0.022	13.4	13.6	13.1	12.4	12.1
21771	N15 号	57.057	-3	57.053	57.163	57.692	57.442	57.028	56.941	57.028	57.131	56.888	57.189	57.035	-0.021	12.7	13.5	12.7	12.1	12.8
21775	N14 号	56.986	-4	56.982	57.092	57.621	57.371	56.958	56.864	56.958	57.058	56.817	57.119	56.963	-0.022	13.3	13.4	12.9	12.1	12.7
21779	N13 号	56.915	-4	56.911	57.021	57.550	57.300	56.884	56.799	56.884	56.982	56.751	57.062	56.896	-0.019	12.7	13.7	13.4	11.6	11.3
21783	N12 号	56.844	-4	56.840	56.950	57.479	57.229	56.817	56.721	56.817	56.920	56.676	56.984	56.824	-0.021	13.4	13.3	12.5	12.0	12.0
21787	N11 号	56.775	-4	56.770	56.880	57.409	57.159	56.761	56.664	56.761	56.845	56.619	56.916	56.761	-0.014	12.1	11.9	13.0	10.7	11.8
21791	N10 号	56.705	-5	56.701	56.811	57.340	57.090	56.692	56.601	56.692	56.787	56.547	56.849	56.695	-0.010	11.5	11.9	11.9	11.0	11.6
21794	N9 号	56.653	-5	56.648	56.758	57.287	57.037	56.640	56.548	56.640	56.732	56.494	56.798	56.642	-0.011	11.5	11.8	12.1	11.0	11.4
21797	N8 号	56.602	-5	56.597	56.707	57.236	56.986	56.580	56.482	56.580	56.669	56.432	56.730	56.579	-0.023	13.0	12.7	13.3	12.1	13.1
21800	N7 号	56.551	-5	56.545	56.655	57.184	56.934	56.519	56.425	56.519	56.610	56.373	56.671	56.520	-0.031	13.5	13.6	14.0	12.8	13.8
21803	N6 号	56.500	-6	56.494	56.604	57.133	56.883	56.474	56.378	56.474	56.566	56.325	56.628	56.474	-0.026	13.1	13.0	13.3	12.5	13.0
21806	N5 号	56.449	-6	56.443	56.553	57.082	56.832	56.424	56.334	56.424	56.516	56.285	56.594	56.431	-0.019	12.4	12.9	13.2	11.4	11.3
21809	N4 号	56.399	-6	56.393	56.503	57.032	56.782	56.389	56.303	56.389	56.486	56.247	56.553	56.396	-0.003	10.5	11.4	11.2	10.2	10.4
21812	N3 号	56.349	-6	56.342	56.452	56.981	56.731	56.348	56.259	56.348	56.448	56.196	56.499	56.350	0.001	9.8	10.4	9.9	10.2	10.7
21815	N2 号	56.299	-6	56.292	56.402	56.931	56.681	56.286	56.191	56.286	56.385	56.147	56.447	56.291	-0.008	11.6	11.6	11.2	10.1	10.9
21818	N1 号	56.249	-7	56.242	56.352	56.881	56.631	56.224	56.128	56.224	56.323	56.082	56.369	56.225	-0.024	12.9	12.8	12.4	11.6	13.7
21827	N0 号	56.103	-7	56.096	56.206	56.735	56.485	56.086	55.981	56.086	56.176	55.930	56.227	56.080	-0.023	13.0	12.0	12.5	12.2	13.3
21836	S1 号	55.959	-8	55.951	56.061	56.590	56.340	55.965	55.874	55.965	56.055	55.792	56.107	55.959	-0.001	9.2	9.6	10.1	11.5	10.8
21839	S2 号	55.911	-8	55.903	56.013	56.542	56.292	55.909	55.820	55.909	55.994	55.754	56.063	55.908	-0.003	9.8	10.4	11.4	10.5	10.4
21842	S3 号	55.864	-8	55.855	55.965	56.494	56.244	55.844	55.765	55.844	55.954	55.714	56.025	55.860	-0.003	10.5	12.1	10.6	9.7	9.4

续上表

项目		阶段理论高程(m)	高程调整值(mm)	调整后高程(m)	桥面铺装高程(m)	防撞护栏高程(m)	中分带高程(m)	控制点高程(m)	实测高程(m)					实测平均高程(m)	差值(m)	沥青铺装层厚度(cm)				
									1	2	3	4	5			1	2	3	4	5
21845	S4 号	55.816	-9	55.807	55.917	56.446	56.196	55.803	55.716	55.803	55.914	55.665	55.975	55.815	-0.001	10.6	11.4	9.8	9.8	9.6
21848	S5 号	55.768	-9	55.759	55.869	56.398	56.148	55.755	55.675	55.755	55.863	55.615	55.925	55.767	-0.001	9.9	11.4	10.1	10.0	9.8
21851	S6 号	55.720	-9	55.711	55.821	56.350	56.100	55.703	55.617	55.703	55.800	55.569	55.866	55.711	-0.009	10.9	11.8	11.6	9.8	10.9
21854	S7 号	55.673	-9	55.664	55.774	56.303	56.053	55.650	55.552	55.650	55.756	55.516	55.816	55.658	-0.015	12.7	12.4	11.3	10.4	11.2
21857	S8 号	55.625	-9	55.616	55.726	56.255	56.005	55.600	55.522	55.600	55.711	55.471	55.766	55.614	-0.011	10.9	12.6	11.0	10.1	11.4
21860	S9 号	55.577	-10	55.568	55.678	56.207	55.957	55.553	55.470	55.553	55.659	55.425	55.720	55.565	-0.012	11.3	12.5	11.4	9.9	11.2
21863	S10 号	55.530	-10	55.521	55.631	56.160	55.910	55.502	55.421	55.502	55.611	55.367	55.679	55.516	-0.014	11.5	12.9	11.5	11.0	10.6
21867	S11 号	55.467	-10	55.457	55.567	56.096	55.846	55.446	55.356	55.446	55.544	55.300	55.604	55.450	-0.017	11.6	12.1	11.8	11.3	11.7
21871	S12 号	55.404	-10	55.393	55.503	56.032	55.782	55.376	55.292	55.376	55.484	55.234	55.545	55.386	-0.018	11.6	12.7	11.4	11.5	11.2
21875	S13 号	55.340	-11	55.330	55.440	55.969	55.719	55.316	55.214	55.316	55.412	55.172	55.480	55.319	-0.022	13.1	12.4	12.3	11.4	11.4
21879	S14 号	55.277	-11	55.266	55.376	55.905	55.655	55.249	55.162	55.249	55.355	55.099	55.417	55.256	-0.021	11.9	12.7	11.6	12.3	11.3
21883	S15 号	55.215	-11	55.204	55.314	55.843	55.593	55.192	55.098	55.192	55.296	55.038	55.351	55.195	-0.020	12.1	12.2	11.3	12.2	11.7
21887	S16 号	55.152	-12	55.140	55.250	55.779	55.529	55.120	55.034	55.120	55.222	54.980	55.291	55.129	-0.022	12.1	13.0	12.3	11.6	11.3
21891	S17 号	55.089	-12	55.077	55.187	55.716	55.466	55.057	54.962	55.057	55.156	54.909	55.221	55.061	-0.028	13.0	13.0	12.6	12.4	12.0
21895	S18 号	55.026	-12	55.014	55.124	55.653	55.403	54.997	54.900	54.997	55.103	54.854	55.162	55.003	-0.023	12.9	12.7	11.6	11.6	11.6
21900	S19 号	54.947	-13	54.934	55.044	55.573	55.323	54.920	54.841	54.920	55.034	54.780	55.089	54.933	-0.014	10.8	12.4	10.5	11.0	10.9
21905	S20 号	54.868	-13	54.855	54.965	55.494	55.244	54.847	54.763	54.847	54.969	54.709	55.018	54.861	-0.007	10.7	11.8	9.1	10.2	10.1
21910	S21 号	54.789	-13	54.775	54.885	55.414	55.164	54.781	54.688	54.781	54.886	54.635	54.946	54.787	-0.001	10.2	10.4	9.4	9.6	9.3
21915	S22 号	54.709	-14	54.695	54.805	55.334	55.084	54.703	54.604	54.703	54.803	54.564	54.862	54.707	-0.001	10.6	10.2	9.7	8.7	9.7
21920	S23 号	54.627	-14	54.613	54.723	55.252	55.002	54.628	54.520	54.628	54.728	54.479	54.793	54.630	0.002	10.8	9.5	9.0	9.0	8.4
21925	S24 号	54.547	-14	54.532	54.642	55.171	54.921	54.550	54.451	54.550	54.661	54.403	54.715	54.556	0.009	9.6	9.2	7.6	8.5	8.1

续上表

项目		阶段理论高程(m)	高程调整值(mm)	调整后高程(m)	桥面铺装高程(m)	防撞护栏高程(m)	中分带高程(m)	控制点高程(m)	实测高程(m)					实测平均高程(m)	差值(m)	沥青铺装层厚度(cm)				
									1	2	3	4	5			1	2	3	4	5
21930	S25 号	54.464	-15	54.450	54.560	55.089	54.839	54.434	54.342	54.434	54.543	54.293	54.603	54.443	-0.021	12.3	12.6	11.2	11.3	11.1
21935	S26 号	54.380	-15	54.365	54.475	55.004	54.754	54.345	54.235	54.345	54.446	54.208	54.520	54.351	-0.030	14.5	13.0	12.4	11.3	10.9
21940	S27 号	54.296	-13	54.283	54.393	54.922	54.671	54.277	54.187	54.277	54.375	54.144	54.445	54.286	-0.011	11.1	11.6	11.3	9.5	10.2
21945	S28 号	54.211	-12	54.199	54.309	54.838	54.587	54.205	54.112	54.205	54.300	54.054	54.360	54.206	-0.005	10.2	10.4	10.4	10.1	10.3
21950	S29 号	54.124	-10	54.114	54.224	54.753	54.500	54.122	54.032	54.122	54.218	53.969	54.288	54.126	0.002	9.7	10.2	10.1	10.1	9.0
21955	S30 号	54.037	-9	54.028	54.138	54.667	54.414	54.024	53.925	54.024	54.126	53.863	54.196	54.027	-0.010	11.8	11.4	10.7	12.1	9.6
21960	S31 号	53.948	-7	53.941	54.051	54.580	54.326	53.944	53.849	53.944	54.036	53.783	54.094	53.941	-0.007	10.7	10.7	11.0	11.4	11.1
21965.9	S32 号	53.844	-5	53.839	53.949	54.478	54.223	53.836	53.741	53.836	53.933	53.681	53.986	53.835	-0.009	11.3	11.3	11.1	11.4	11.7
21966.6		53.832	-5	53.827	53.937	54.466	54.211									加权平均厚度 11.2 cm				

说明：

1. 本高程控制表中，防撞护栏、中间分隔带及桥面沥青铺装施工控制高程为虚拟高程(即后续施工箱梁变形为零)。其控制高程是在箱梁合拢束张拉完成施工阶段理论高程的基础上，结合沥青铺装层厚度控制进行了相应的调整，为了保证两幅沥青铺装层厚度基本一致，左幅桥控制高程部分区域比右幅桥高 1 cm，中间分隔带控制高程为两幅桥的平均值。另外，为了确保线形平顺，与相邻标段接口处比设计高程抬高 5 mm。
2. 每个断面控制点高程为箱梁合拢束张拉完成后的联测值，后续施工过程中控制点高程会发生变化，但控制点高程不做调整。
3. 表中桥面铺装高程指每幅桥桥中线处沥青铺装的顶面高程。
4. 由于箱梁顶面高程随时间、温度及荷载而变化，桥面防撞护栏、中间分隔带及桥面沥青铺装施工放样采用相对高程进行放样，即一幅桥每个断面的高程放样后视该断面的高程控制点。

附表 7—22　苏通大桥辅桥左幅桥面铺装高程控制表

项目		阶段理论高程（m）	高程调整值（mm）	调整后高程（m）	桥面铺装高程（m）	防撞护栏高程（m）	中分带高程（m）	控制点高程（m）	实测高程（m）					实测平均高程（m）	差值（m）	沥青铺装层厚度（cm）				
									1	2	3	4	5			1	2	3	4	5
21419.4	N32 号	62.195	5	62.200	62.310	62.839	62.584													
21420.1		62.186	5	62.191	62.301	62.830	62.575	62.181	62.285	62.181	62.096	62.029	62.337	62.186	0.000	11.1	12.0	11.0	11.8	11.8
21426	N31 号	62.099	7	62.106	62.216	62.745	62.490	62.126	62.212	62.126	62.027	61.976	62.292	62.127	0.028	9.9	9.0	9.4	8.6	7.8
21431	N30 号	62.027	9	62.035	62.145	62.674	62.419	62.032	62.138	62.032	61.941	61.893	62.209	62.043	0.016	10.2	11.3	10.9	9.8	9.0
21436	N29 号	61.954	10	61.965	62.075	62.604	62.349	61.959	62.063	61.959	61.864	61.806	62.113	61.961	0.007	10.7	11.6	11.6	11.5	11.6
21441	N28 号	61.881	12	61.893	62.003	62.532	62.277	61.873	61.984	61.873	61.787	61.740	62.047	61.886	0.005	11.4	13.0	12.1	10.9	11.0
21446	N27 号	61.807	13	61.821	61.931	62.460	62.205	61.812	61.915	61.812	61.723	61.691	61.989	61.826	0.019	11.1	11.9	11.3	8.6	9.6
21451	N26 号	61.733	15	61.748	61.858	62.387	62.132	61.749	61.855	61.749	61.660	61.611	61.930	61.761	0.028	9.8	10.9	10.3	9.3	8.2
21456	N25 号	61.658	13	61.671	61.781	62.310	62.055	61.692	61.777	61.692	61.595	61.542	61.854	61.692	0.034	9.9	8.9	9.1	8.5	8.1
21461	N24 号	61.582	12	61.594	61.704	62.233	61.978	61.599	61.702	61.599	61.516	61.464	61.765	61.609	0.027	9.7	10.5	9.3	8.6	9.3
21466	N23 号	61.506	10	61.516	61.626	62.155	61.900	61.502	61.597	61.502	61.409	61.353	61.672	61.507	0.001	12.4	12.4	12.2	11.9	10.8
21471	N22 号	61.429	8	61.438	61.548	62.077	61.822	61.392	61.500	61.392	61.313	61.255	61.580	61.408	−0.021	14.3	15.6	14.0	13.9	12.2
21476	N21 号	61.352	7	61.359	61.469	61.998	61.743	61.322	61.419	61.322	61.221	61.186	61.501	61.330	−0.023	14.5	14.7	15.3	12.9	12.2
21481	N20 号	61.275	5	61.280	61.390	61.919	61.664	61.254	61.350	61.254	61.151	61.106	61.429	61.258	−0.017	13.5	13.6	14.4	13.0	11.5
21486	N19 号	61.199	3	61.202	61.312	61.841	61.586	61.166	61.280	61.166	61.088	61.035	61.342	61.182	−0.016	12.7	14.6	12.9	12.3	12.4
21491	N18 号	61.122	2	61.123	61.233	61.762	61.507	61.114	61.224	61.114	61.018	60.969	61.282	61.121	0.000	10.4	11.9	12.0	11.0	10.5
21495	N17 号	61.061	0	61.061	61.171	61.700	61.445	61.059	61.159	61.059	60.966	60.908	61.217	61.062	0.001	10.7	11.2	11.0	10.9	10.8
21499	N16 号	61.000	0	61.000	61.110	61.639	61.383	60.982	61.093	60.982	60.900	60.842	61.148	60.993	−0.007	11.2	12.8	11.5	11.4	11.6
21503	N15 号	60.939	0	60.939	61.049	61.578	61.322	60.918	61.025	60.918	60.820	60.772	61.088	60.925	−0.014	11.9	13.1	13.4	12.3	11.5
21507	N14 号	60.879	0	60.879	60.989	61.518	61.261	60.860	60.963	60.860	60.764	60.717	61.023	60.865	−0.013	12.1	12.9	13.0	11.8	12.0
21511	N13 号	60.819	0	60.819	60.929	61.458	61.200	60.796	60.906	60.796	60.708	60.653	60.965	60.806	−0.013	11.8	13.3	12.6	12.2	11.8

续上表

项目		阶段理论高程(m)	高程调整值(mm)	调整后高程(m)	桥面铺装高程(m)	防撞护栏高程(m)	中分带高程(m)	控制点高程(m)	实测高程(m)					实测平均高程(m)	差值(m)	沥青铺装层厚度(cm)				
									1	2	3	4	5			1	2	3	4	5
21515	N12 号	60.759	0	60.759	60.869	61.398	61.140	60.742	60.835	60.742	60.645	60.598	60.915	60.747	-0.012	12.9	12.7	12.9	11.7	10.8
21519	N11 号	60.700	0	60.700	60.810	61.339	61.080	60.690	60.790	60.690	60.605	60.549	60.855	60.698	-0.002	11.5	12.0	11.0	10.7	10.9
21523	N10 号	60.641	0	60.641	60.751	61.280	61.021	60.625	60.720	60.625	60.533	60.482	60.791	60.630	-0.010	12.6	12.6	12.3	11.5	11.4
21526	N9 号	60.597	0	60.597	60.707	61.236	60.976	60.583	60.671	60.583	60.491	60.434	60.736	60.583	-0.014	13.1	12.4	12.1	11.9	12.5
21529	N8 号	60.553	0	60.553	60.663	61.192	60.932	60.534	60.623	60.534	60.436	60.383	60.689	60.533	-0.020	13.5	12.9	13.2	12.6	12.8
21532	N7 号	60.509	0	60.509	60.619	61.148	60.888	60.485	60.582	60.485	60.390	60.340	60.650	60.489	-0.020	13.2	13.4	13.4	12.5	12.3
21535	N6 号	60.466	0	60.466	60.576	61.105	60.845	60.439	60.529	60.439	60.351	60.303	60.615	60.447	-0.018	14.2	13.7	13.0	11.9	11.5
21538	N5 号	60.422	0	60.422	60.532	61.061	60.801	60.396	60.500	60.396	60.314	60.262	60.569	60.408	-0.014	12.7	13.6	12.3	11.6	11.7
21541	N4 号	60.379	0	60.379	60.489	61.018	60.758	60.365	60.466	60.365	60.276	60.220	60.527	60.371	-0.008	11.8	12.4	11.8	11.5	11.6
21544	N3 号	60.336	0	60.336	60.446	60.975	60.715	60.330	60.437	60.330	60.231	60.184	60.492	60.335	-0.001	10.4	11.6	12.0	10.8	10.8
21547	N2 号	60.294	0	60.294	60.404	60.933	60.673	60.287	60.394	60.287	60.191	60.145	60.440	60.291	-0.002	10.5	11.7	11.8	10.5	11.8
21550	N1 号	60.251	0	60.251	60.361	60.890	60.630	60.228	60.338	60.228	60.138	60.066	60.387	60.231	-0.019	11.8	13.3	12.8	14.1	12.8
21559	N0 号	60.125	0	60.125	60.235	60.764	60.504	60.118	60.225	60.118	60.015	59.948	60.284	60.118	-0.007	10.5	11.7	12.5	13.3	10.5
21568	S1 号	60.001	0	60.001	60.111	60.640	60.380	59.974	60.084	59.974	59.890	59.825	60.140	59.983	-0.018	12.2	13.7	12.6	13.2	12.5
21571	S2 号	59.961	0	59.961	60.071	60.600	60.340	59.955	60.067	59.955	59.876	59.818	60.126	59.968	0.008	9.9	11.6	10.0	9.9	9.9
21574	S3 号	59.921	0	59.921	60.031	60.560	60.300	59.922	60.029	59.922	59.838	59.782	60.096	59.933	0.013	9.7	10.9	9.8	9.5	8.9
21577	S4 号	59.881	0	59.881	59.991	60.520	60.260	59.880	60.003	59.880	59.800	59.739	60.053	59.895	0.014	8.3	11.1	9.6	9.8	9.2
21580	S5 号	59.841	0	59.841	59.951	60.480	60.220	59.833	59.955	59.833	59.746	59.707	60.014	59.851	0.010	9.1	11.8	11.0	9.0	9.1
21583	S6 号	59.802	0	59.802	59.912	60.441	60.181	59.783	59.887	59.783	59.691	59.634	59.954	59.790	-0.012	12.0	12.9	12.6	12.4	11.2
21586	S7 号	59.763	0	59.763	59.873	60.402	60.142	59.740	59.849	59.740	59.646	59.603	59.917	59.751	-0.012	11.9	13.3	13.2	11.6	11.0

续上表

项目		阶段理论高程(m)	高程调整值(mm)	调整后高程(m)	桥面铺装高程(m)	防撞护栏高程(m)	中分带高程(m)	控制点高程(m)	实测高程(m)					实测平均高程(m)	差值(m)	沥青铺装层厚度(cm)				
									1	2	3	4	5			1	2	3	4	5
21589	S8 号	59.724	0	59.724	59.834	60.363	60.103	59.713	59.805	59.713	59.622	59.564	59.877	59.716	-0.008	12.4	12.1	11.7	11.6	11.1
21592	S9 号	59.686	0	59.686	59.796	60.325	60.065	59.677	59.767	59.677	59.580	59.532	59.844	59.680	-0.006	12.4	11.9	12.1	11.0	10.6
21595	S10 号	59.648	0	59.648	59.758	60.287	60.027	59.632	59.753	59.632	59.554	59.498	59.800	59.647	0.000	10.0	12.6	10.9	10.6	11.2
21599	S11 号	59.597	0	59.597	59.707	60.236	59.976	59.590	59.697	59.590	59.500	59.452	59.754	59.599	0.002	10.5	11.7	11.2	10.1	10.7
21603	S12 号	59.547	0	59.547	59.657	60.186	59.926	59.542	59.642	59.542	59.452	59.403	59.707	59.549	0.002	11.0	11.5	11.0	10.0	10.4
21607	S13 号	59.497	0	59.498	59.608	60.137	59.877	59.479	59.591	59.479	59.376	59.348	59.657	59.490	-0.007	11.2	12.9	13.7	10.6	10.5
21611	S14 号	59.448	1	59.449	59.559	60.088	59.828	59.419	59.533	59.419	59.338	59.284	59.592	59.433	-0.015	12.1	14.0	12.6	12.1	12.1
21615	S15 号	59.399	1	59.400	59.510	60.039	59.779	59.383	59.483	59.383	59.291	59.234	59.541	59.386	-0.013	12.2	12.7	12.4	12.2	12.3
21619	S16 号	59.351	1	59.352	59.462	59.991	59.731	59.341	59.443	59.341	59.240	59.192	59.500	59.343	-0.008	11.4	12.1	12.7	11.6	11.6
21623	S17 号	59.303	2	59.304	59.414	59.943	59.683	59.285	59.393	59.285	59.197	59.141	59.455	59.294	-0.008	11.6	12.9	12.2	11.9	11.3
21627	S18 号	59.255	2	59.257	59.367	59.896	59.636	59.238	59.346	59.238	59.149	59.087	59.404	59.245	-0.010	11.6	12.9	12.3	12.6	11.7
21632	S19 号	59.195	3	59.198	59.308	59.837	59.577	59.184	59.276	59.184	59.091	59.046	59.340	59.187	-0.008	12.7	12.4	12.2	10.8	12.2
21637	S20 号	59.136	3	59.139	59.249	59.778	59.518	59.123	59.230	59.123	59.038	58.975	59.300	59.133	-0.003	11.4	12.6	11.6	12.0	10.3
21642	S21 号	59.077	4	59.080	59.190	59.719	59.459	59.074	59.173	59.074	58.986	58.922	59.232	59.077	0.001	11.2	11.6	10.9	11.4	11.2
21647	S22 号	59.018	4	59.022	59.132	59.661	59.401	59.030	59.120	59.030	58.928	58.886	59.185	59.030	0.012	10.7	10.2	10.9	9.2	10.1
21652	S23 号	58.959	5	58.963	59.073	59.602	59.342	58.964	59.063	58.964	58.862	58.813	59.129	58.966	0.008	10.5	10.9	11.6	10.6	9.8
21657	S24 号	58.899	5	58.904	59.014	59.543	59.283	58.894	58.994	58.894	58.797	58.760	59.064	58.902	0.003	11.5	12.0	12.2	10.0	10.4
21662	S25 号	58.838	6	58.844	58.954	59.483	59.223	58.826	58.925	58.826	58.748	58.691	59.000	58.838	0.000	12.4	12.8	11.1	10.9	10.8
21667	S26 号	58.776	6	58.782	58.892	59.421	59.161	58.770	58.886	58.770	58.693	58.634	58.944	58.785	0.009	10.1	12.2	10.4	10.4	10.2
21672	S27 号	58.713	6	58.719	58.829	59.358	59.098	58.720	58.833	58.720	58.635	58.574	58.898	58.732	0.019	9.1	10.9	9.9	10.1	8.5

续上表

项目		阶段理论高程(m)	高程调整值(mm)	调整后高程(m)	桥面铺装高程(m)	防撞护栏高程(m)	中分带高程(m)	控制点高程(m)	实测高程(m)					实测平均高程(m)	差值(m)	沥青铺装层厚度(cm)				
									1	2	3	4	5			1	2	3	4	5
21677	S28 号	58.647	7	58.654	58.764	59.293	59.033	58.658	58.751	58.658	58.569	58.501	58.815	58.659	0.012	10.8	10.6	10.0	10.9	10.3
21682	S29 号	58.578	7	58.585	58.695	59.224	58.964	58.572	58.665	58.572	58.481	58.411	58.725	58.571	-0.007	12.5	12.3	11.9	13.0	12.4
21687	S30 号	58.507	8	58.514	58.624	59.153	58.893	58.494	58.601	58.494	58.412	58.338	58.662	58.501	-0.005	11.8	13.0	11.7	13.2	11.6
21692	S31 号	58.433	8	58.441	58.551	59.080	58.820	58.440	58.532	58.440	58.344	58.264	58.588	58.434	0.001	11.4	11.1	11.2	13.3	11.7
21694	N31 号	58.403	9	58.411	58.521	59.050	58.790	58.413	58.514	58.413	58.337	58.258	58.574	58.419	0.016	10.2	10.8	8.9	10.9	10.1
21699	N30 号	58.326	9	58.335	58.445	58.974	58.714	58.333	58.446	58.333	58.244	58.185	58.502	58.342	0.016	9.4	11.2	10.6	10.6	9.7
21704	N29 号	58.247	9	58.257	58.367	58.896	58.636	58.264	58.354	58.264	58.174	58.114	58.431	58.267	0.020	10.8	10.3	9.8	9.9	9.0
21709	N28 号	58.166	10	58.176	58.286	58.815	58.555	58.194	58.294	58.194	58.103	58.054	58.358	58.201	0.035	8.7	9.2	8.8	7.8	8.2
21714	N27 号	58.081	10	58.092	58.202	58.731	58.471	58.121	58.223	58.121	58.029	57.974	58.275	58.124	0.043	7.4	8.1	7.8	7.4	8.1
21719	N26 号	57.995	10	58.005	58.115	58.644	58.384	58.016	58.116	58.016	57.915	57.868	58.179	58.019	0.024	9.4	9.9	10.5	9.3	9.0
21724	N25 号	57.907	10	57.917	58.027	58.556	58.296	57.910	58.009	57.910	57.815	57.777	58.068	57.916	0.009	11.3	11.7	11.7	9.6	11.3
21729	N24 号	57.817	10	57.826	57.936	58.465	58.205	57.811	57.899	57.811	57.726	57.671	57.980	57.817	0.001	13.2	12.5	11.5	11.1	11.0
21734	N23 号	57.727	9	57.736	57.846	58.375	58.115	57.721	57.818	57.721	57.627	57.588	57.880	57.727	0.000	12.3	12.5	12.4	10.4	12.0
21739	N22 号	57.636	9	57.645	57.755	58.284	58.024	57.628	57.730	57.628	57.532	57.486	57.794	57.634	-0.002	12.0	12.7	12.8	11.5	11.5
21744	N21 号	57.545	9	57.553	57.663	58.192	57.932	57.548	57.652	57.548	57.457	57.418	57.699	57.555	0.010	10.6	11.5	11.1	9.1	11.8
21749	N20 号	57.453	8	57.462	57.572	58.101	57.841	57.458	57.545	57.458	57.361	57.319	57.631	57.463	0.009	12.2	11.4	11.6	9.9	9.5
21754	N19 号	57.363	8	57.371	57.481	58.010	57.750	57.367	57.459	57.367	57.283	57.227	57.528	57.373	0.010	11.7	11.4	10.3	10.0	10.7
21759	N18 号	57.272	8	57.280	57.390	57.919	57.659	57.279	57.381	57.279	57.194	57.140	57.437	57.286	0.014	10.4	11.1	10.1	9.6	10.7
21763	N17 号	57.200	7	57.207	57.317	57.846	57.586	57.190	57.268	57.190	57.104	57.052	57.358	57.194	-0.005	14.4	12.7	11.8	11.1	11.3
21767	N16 号	57.128	7	57.135	57.245	57.774	57.514	57.117	57.209	57.117	57.035	56.984	57.280	57.125	-0.003	13.1	12.8	11.5	10.7	11.9

续上表

项目		阶段理论高程(m)	高程调整值(mm)	调整后高程(m)	桥面铺装高程(m)	防撞护栏高程(m)	中分带高程(m)	控制点高程(m)	实测高程(m)					实测平均高程(m)	差值(m)	沥青铺装层厚度(cm)				
									1	2	3	4	5			1	2	3	4	5
21771	N15 号	57.057	7	57.063	57.173	57.702	57.442	57.048	57.149	57.048	56.961	56.908	57.215	57.056	-0.001	11.9	12.5	11.7	11.1	11.2
21775	N14 号	56.986	6	56.992	57.102	57.631	57.371	56.969	57.067	56.969	56.884	56.822	57.134	56.975	-0.010	13.0	13.3	12.3	12.6	12.2
21779	N13 号	56.915	6	56.921	57.031	57.560	57.300	56.904	57.014	56.904	56.801	56.758	57.062	56.908	-0.007	11.2	12.7	13.5	11.9	12.3
21783	N12 号	56.844	6	56.850	56.960	57.489	57.229	56.816	56.910	56.816	56.733	56.689	57.003	56.830	-0.014	14.5	14.4	13.2	11.7	11.1
21787	N11 号	56.775	6	56.780	56.890	57.419	57.159	56.758	56.881	56.758	56.664	56.632	56.927	56.772	-0.002	10.4	13.2	13.1	10.4	11.7
21791	N10 号	56.705	5	56.711	56.821	57.350	57.090	56.694	56.792	56.694	56.601	56.554	56.855	56.699	-0.006	12.4	12.7	12.5	11.3	12.0
21794	N9 号	56.653	5	56.658	56.768	57.297	57.037	56.638	56.738	56.638	56.548	56.506	56.798	56.646	-0.008	12.5	13.0	12.5	10.8	12.4
21797	N8 号	56.602	5	56.607	56.717	57.246	56.986	56.585	56.690	56.585	56.491	56.448	56.745	56.592	-0.010	12.2	13.2	13.1	11.5	12.6
21800	N7 号	56.551	5	56.555	56.665	57.194	56.934	56.533	56.630	56.533	56.442	56.389	56.692	56.537	-0.014	13.0	13.2	12.8	12.2	12.7
21803	N6 号	56.500	4	56.504	56.614	57.143	56.883	56.483	56.584	56.483	56.396	56.348	56.646	56.491	-0.009	12.5	13.1	12.3	11.2	12.2
21806	N5 号	56.449	4	56.453	56.563	57.092	56.832	56.442	56.549	56.442	56.362	56.296	56.610	56.452	0.003	10.9	12.1	10.6	11.3	10.7
21809	N4 号	56.399	4	56.403	56.513	57.042	56.782	56.397	56.498	56.397	56.324	56.272	56.576	56.413	0.015	11.0	11.6	9.4	8.7	9.1
21812	N3 号	56.349	4	56.352	56.462	56.991	56.731	56.346	56.444	56.346	56.269	56.214	56.510	56.357	0.008	11.3	11.6	9.8	9.4	10.6
21815	N2 号	56.299	4	56.302	56.412	56.941	56.681	56.288	56.389	56.288	56.205	56.158	56.442	56.296	-0.002	11.8	12.4	11.2	10.0	12.4
21818	N1 号	56.249	3	56.252	56.362	56.891	56.631	56.221	56.329	56.221	56.140	56.096	56.382	56.234	-0.015	12.8	14.1	12.7	11.2	13.4
21827	N0 号	56.103	3	56.106	56.216	56.745	56.485	56.091	56.185	56.091	55.994	55.926	56.231	56.085	-0.018	12.6	12.5	12.7	13.6	13.9
21836	S1 号	55.959	2	55.961	56.071	56.600	56.340	55.947	56.055	55.947	55.872	55.818	56.101	55.959	-0.001	11.1	12.4	10.4	9.9	12.4
21839	S2 号	55.911	2	55.913	56.023	56.552	56.292	55.907	56.005	55.907	55.813	55.768	56.051	55.909	-0.002	11.3	11.6	11.5	10.1	12.6
21842	S3 号	55.864	2	55.865	55.975	56.504	56.244	55.868	55.959	55.868	55.770	55.721	56.011	55.866	0.002	11.1	10.7	11.0	10.0	11.8
21845	S4 号	55.816	1	55.817	55.927	56.456	56.196	55.818	55.921	55.818	55.734	55.671	55.961	55.821	0.005	10.1	10.9	9.8	10.2	12.0

续上表

项目		阶段理论高程(m)	高程调整值(mm)	调整后高程(m)	桥面铺装高程(m)	防撞护栏高程(m)	中分带高程(m)	控制点高程(m)	实测高程(m)					实测平均高程(m)	差值(m)	沥青铺装层厚度(cm)				
									1	2	3	4	5			1	2	3	4	5
21848	S5 号	55.768	1	55.769	55.879	56.408	56.148	55.772	55.867	55.772	55.678	55.627	55.917	55.772	0.004	10.7	10.7	10.6	9.8	11.6
21851	S6 号	55.720	1	55.721	55.831	56.360	56.100	55.716	55.817	55.716	55.627	55.568	55.870	55.720	-0.001	10.9	11.5	10.9	10.9	11.5
21854	S7 号	55.673	1	55.674	55.784	56.313	56.053	55.668	55.764	55.668	55.572	55.517	55.822	55.669	-0.004	11.5	11.6	11.7	11.3	11.6
21857	S8 号	55.625	1	55.626	55.736	56.265	56.005	55.620	55.719	55.620	55.524	55.466	55.776	55.621	-0.004	11.2	11.6	11.7	11.6	11.4
21860	S9 号	55.577	0	55.578	55.688	56.217	55.957	55.573	55.660	55.573	55.476	55.436	55.728	55.575	-0.003	12.3	11.5	11.7	9.8	11.4
21863	S10 号	55.530	0	55.531	55.641	56.170	55.910	55.514	55.609	55.514	55.428	55.366	55.668	55.517	-0.013	12.7	12.7	11.8	12.1	12.7
21867	S11 号	55.467	0	55.467	55.577	56.106	55.846	55.454	55.548	55.454	55.364	55.311	55.622	55.460	-0.008	12.4	12.3	11.8	11.2	10.9
21871	S12 号	55.404	0	55.403	55.513	56.042	55.782	55.394	55.494	55.394	55.301	55.249	55.558	55.399	-0.005	11.4	11.9	11.7	11.0	10.9
21875	S13 号	55.340	-1	55.340	55.450	55.979	55.719	55.336	55.437	55.336	55.249	55.193	55.494	55.342	0.001	10.8	11.4	10.6	10.3	11.0
21879	S14 号	55.277	-1	55.276	55.386	55.915	55.655	55.274	55.372	55.274	55.184	55.131	55.430	55.278	0.001	10.9	11.2	10.7	10.1	11.0
21883	S15 号	55.215	-1	55.214	55.324	55.853	55.593	55.187	55.301	55.187	55.113	55.057	55.360	55.204	-0.011	11.8	13.7	11.6	11.3	11.8
21887	S16 号	55.152	-2	55.150	55.260	55.789	55.529	55.131	55.221	55.131	55.038	54.984	55.282	55.131	-0.020	13.4	12.9	12.7	12.2	13.2
21891	S17 号	55.089	-2	55.087	55.197	55.726	55.466	55.072	55.158	55.072	54.975	54.919	55.230	55.071	-0.018	13.4	12.5	12.7	12.4	12.1
21895	S18 号	55.026	-2	55.024	55.134	55.663	55.403	55.014	55.111	55.014	54.926	54.873	55.170	55.019	-0.007	11.8	12.0	11.3	10.7	11.8
21900	S19 号	54.947	-3	54.944	55.054	55.583	55.323	54.939	55.054	54.939	54.849	54.804	55.108	54.951	0.004	9.5	11.5	11.0	9.6	10.0
21905	S20 号	54.868	-3	54.865	54.975	55.504	55.244	54.875	54.972	54.875	54.769	54.730	55.034	54.876	0.008	9.8	10.0	11.1	9.1	9.5
21910	S21 号	54.789	-3	54.785	54.895	55.424	55.164	54.797	54.899	54.797	54.702	54.638	54.958	54.799	0.010	9.1	9.8	9.8	10.3	9.1
21915	S22 号	54.709	-4	54.705	54.815	55.344	55.084	54.713	54.812	54.713	54.618	54.573	54.863	54.716	0.007	9.8	10.2	10.2	8.8	10.6
21920	S23 号	54.627	-4	54.623	54.733	55.262	55.002	54.636	54.734	54.636	54.547	54.488	54.793	54.640	0.012	9.4	9.7	9.1	9.1	9.4
21925	S24 号	54.547	-4	54.542	54.652	55.181	54.921	54.551	54.653	54.551	54.468	54.424	54.724	54.564	0.017	9.4	10.1	8.9	7.4	8.2

续上表

项目		阶段理论高程(m)	高程调整值(mm)	调整后高程(m)	桥面铺装高程(m)	防撞护栏高程(m)	中分带高程(m)	控制点高程(m)	实测高程(m)					实测平均高程(m)	差值(m)	沥青铺装层厚度(cm)				
									1	2	3	4	5			1	2	3	4	5
21930	S25 号	54.464	-5	54.460	54.570	55.099	54.839	54.471	54.576	54.471	54.368	54.323	54.637	54.475	0.011	8.9	9.9	10.7	9.3	8.7
21935	S26 号	54.380	-5	54.375	54.485	55.014	54.754	54.384	54.482	54.384	54.290	54.235	54.548	54.388	0.007	9.8	10.1	10.0	9.6	9.1
21940	S27 号	54.296	-5	54.291	54.401	54.930	54.671	54.305	54.401	54.305	54.212	54.148	54.466	54.306	0.010	9.5	9.6	9.4	9.9	8.9
21945	S28 号	54.211	-5	54.206	54.316	54.845	54.587	54.222	54.321	54.222	54.132	54.078	54.388	54.228	0.017	9.0	9.4	8.9	8.4	8.2
21950	S29 号	54.124	-5	54.119	54.229	54.758	54.500	54.132	54.224	54.132	54.042	53.974	54.298	54.134	0.010	10.0	9.7	9.2	10.1	8.5
21955	S30 号	54.037	-5	54.032	54.142	54.671	54.414	54.043	54.140	54.043	53.943	53.883	54.201	54.042	0.005	9.7	9.9	10.4	10.5	9.5
21960	S31 号	53.948	-5	53.943	54.053	54.582	54.326	53.948	54.056	53.948	53.858	53.803	54.121	53.957	0.009	9.2	10.5	10.0	9.6	8.6
21965.9	S32 号	53.844	-5	53.839	53.949	54.478	54.223	53.836	53.929	53.836	53.736	53.678	53.986	53.833	-0.011	11.5	11.3	11.8	11.7	11.7
21966.6		53.832	-5	53.827	53.937	54.466	54.211									加权平均厚度 11.4 cm				

说明：

1. 本高程控制表中，防撞护栏、中间分隔带及桥面沥青铺装施工控制高程为虚拟高程(即后续施工箱梁变形为零)。其控制高程是在箱梁合拢束张拉完成施工阶段理论高程的基础上，结合沥青铺装层厚度控制进行了相应的调整，为了保证两幅沥青铺装层厚度基本一致，左幅桥控制高程部分区域比右幅桥高 1 cm，中间分隔带控制高程为两幅桥的平均值。另外，为了确保线形平顺，与相邻标段接口处比设计高程抬高 5 mm。
2. 每个断面控制点高程为箱梁合拢束张拉完成后的联测值，后续施工过程中控制点高程会发生变化，但控制点高程不做调整。
3. 表中桥面铺装高程指每幅桥桥中线处沥青铺装的顶面高程。
4. 由于箱梁顶面高程随时间、温度及荷载而变化，桥面防撞护栏、中间分隔带及桥面沥青铺装施工放样采用相对高程进行放样，即一幅桥每个断面的高程放样后视该断面的高程控制点。

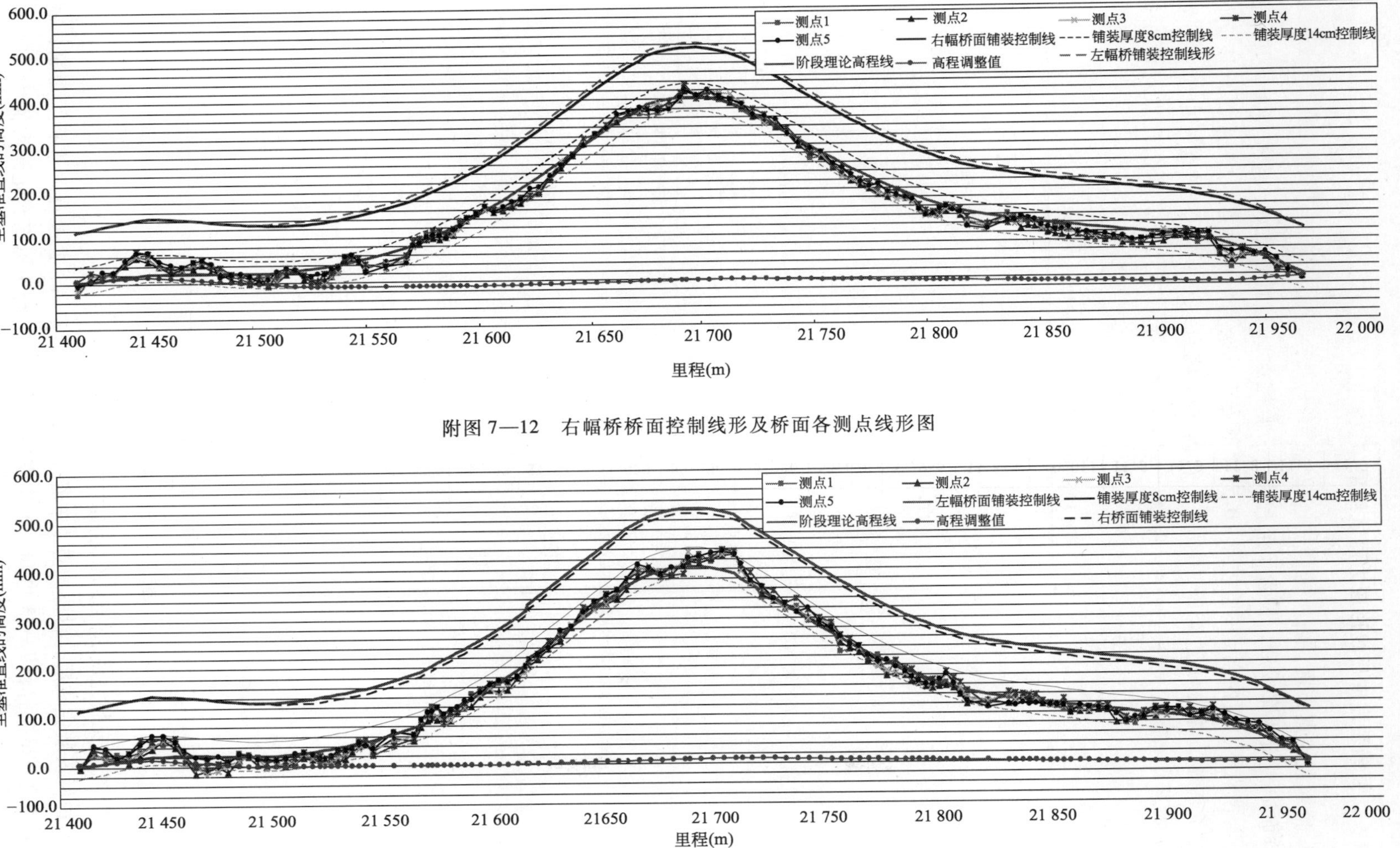

附图 7—12　右幅桥桥面控制线形及桥面各测点线形图

附图 7—13　左幅桥桥面控制线形及桥面各测点线形图

附件 4　二恒铺装完成后线形应力测试结果

1. 桥面监控点布置

桥面护栏安装完成后，设置了监控点 1 ~ 监控点 10、监控点 A、监控点 B，其中监控点 1 ~ 监控点 4、监控点 6 ~ 监控点 10 为墩顶点，其余为跨中测点。11 月份对桥面监控点进行了加密，增加了边跨跨中测点、边跨 1/4 测点、中跨 1/3 测点、中跨 1/6 测点等。具体测点布置见附图 7—14。除 A、B 测点设在分隔带处外，其余测点均设在护栏顶面。

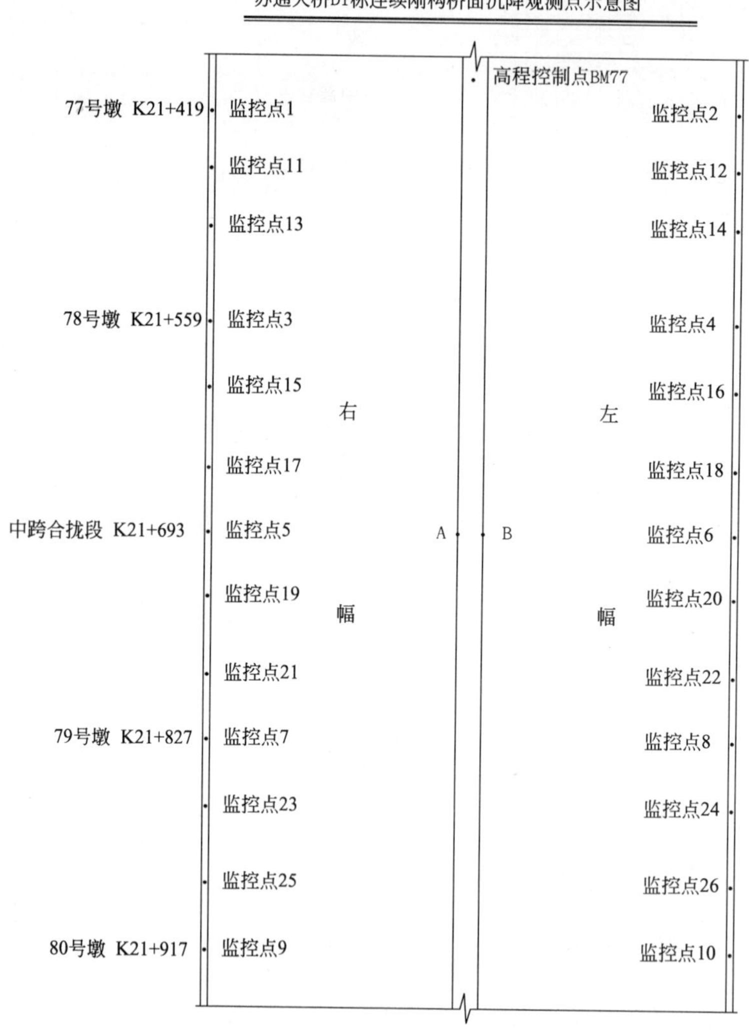

附图 7—14　桥面监控测点布置图

2. 桥面护栏安装完成后的线形观测结果

桥面护栏安装完成后，对监控点 1 ~ 监控点 10、监控点 A、监控点 B 进行了观测，观测结果见附表 7—23。由表 7—23 可知，护栏安装前后，中跨跨中标高变化最大值为 -26 mm，与理论值相差 1 mm。实测挠度与理论值基本吻合。

附表 7—23　护栏安装完成后中跨跨中标高变化（mm）

中跨跨中监控点	实测值	理论值	差　值
监控点 5	-25	-25	0
监控点 6	-26	-25	-1
监控点 A	-25	-25	0
监控点 B	-26	-25	-1

注：测量时间为 2007 年 9 月 14 日 5：30。

3. 上二恒后中跨跨中标高变化

桥面铺装前后中跨跨中标高变化见附表 7—24。由附表 7—24 可知，桥面铺装前后，中跨跨中标高变化最大值为 -55 mm，与理论值一致。实测挠度与理论值基本吻合。

附表 7—24　桥面铺装完成后中跨跨中标高变化（mm）

中跨跨中监控点	实测值	理论值	差　值
监控点 5	-54	-55	1
监控点 6	-55	-55	0
监控点 A	-52	-55	3
监控点 B	-52	-55	3

注：测量时间为 2007 年 11 月 7 日 5：30。

4. 苏通大桥 D1 标桥面沉降监控点高程原始记录

附表 7—25　苏通大桥 D1 标桥面沉降监控点高程原始记录

测点编号	2007-9-14 测试结果（m）	2007-11-7 测试结果（m）	差　值（m）	备　注
控制点 BM77	62. 598	62. 598	0. 000	
监控点 1	62. 807	62. 807	0. 000	
监控点 2	62. 818	62. 817	-0. 001	
监控点 3	60. 738	60. 735	-0. 003	
监控点 4	60. 764	60. 761	-0. 003	
监控点 5	59. 031	58. 977	-0. 054	护栏安装后沉降 0. 025 m
监控点 6	59. 037	58. 982	-0. 055	护栏安装后沉降 0. 026 m
监控点 A	58. 783	58. 731	-0. 052	护栏安装后沉降 0. 025m
监控点 B	58. 787	58. 735	-0. 052	护栏安装后沉降 0. 026 m
监控点 7	56. 674	56. 670	-0. 004	
监控点 8	56. 668	56. 663	-0. 005	
监控点 9	54. 518	54. 511	-0. 007	
监控点 10	54. 532	54. 526	-0. 006	
监控点 11		62. 181		
监控点 12		62. 188		
监控点 13		61. 657		
监控点 14		61. 671		
监控点 15		60. 310		

续上表

测点编号	2007-9-14 测试结果(m)	2007-11-7 测试结果(m)	差 值(m)	备 注
监控点 16		60.279		11 月份新增加的监控点
监控点 17		59.831		
监控点 18		59.859		
监控点 19		58.417		
监控点 20		58.448		
监控点 21		57.782		
监控点 22		57.796		
监控点 23		56.110		
监控点 24		56.120		
监控点 25		55.548		
监控点 26		55.551		

注：1. 2007-9-14 测试工况为桥面护栏安装后，2007-11-7 测试工况为沥青铺装完后；

2. 沉降监控点分布在左、右幅护栏和中跨处中分隔带上。

5. 上二恒后中跨跨中底板应力测试结果

桥面铺装后对中跨跨中底板应力进行了观测，测试结果见附表 7—26。由附表 7—26 可知，桥面铺装后，右幅中跨跨中底板实测应力减小 6.64 MPa；与理论增量相差 0.24 MPa，左幅中跨跨中底板实测应力减小 6.03 MPa，与理论增量相差 0.36 MPa。实测应力与理论应力基本吻合。

附表 7—26 中跨跨中底板应力测试结果(MPa)

测点位置	中跨张拉后			上二恒后			实测应力增量	计算应力增量
	实测值	计算值	差值	实测值	计算值	差值		
78 号墩右幅中跨底板	17.42	16.44	0.98	10.78	10.04	0.74	-6.64	-6.4
78 号墩左幅中跨底板	16.76	16.44	0.32	10.73	10.04	0.69	-6.03	-6.4

注：测量时间为 2007 年 11 月 1 日 6:30。

附件 5 荷载试验完成后线形应力测试结果

1. 荷载试验后中跨标高变化

从桥面铺装完成至荷载试验完成历时约两个月，荷载试验完成后中跨标高变化见附表 7—27 和附图 7—15。由附表 7—27 可知，荷载试验完成后，中跨跨中标高变化最大值为 -10 mm，略小于理论值，实测挠度与理论值基本吻合。

附表 7—27 荷载试验完成后中跨标高变化(mm)

中跨跨中监控点	实测值	理论值	差 值
监控点 15	-5	-5	0
监控点 16	-4	-5	1
监控点 17	-6	-10	4
监控点 18	-6	-10	4
监控点 5(跨中)	-10	-13	3

续上表

中跨跨中监控点	实测值	理论值	差　值
监控点 6(跨中)	-9	-13	4
监控点 A(跨中)	-8	-13	5
监控点 B(跨中)	-9	-13	4
监控点 19	-5	-10	5
监控点 20	-6	-10	4
监控点 21	-4	-5	1
监控点 22	-3	-5	2

注：测量时间为 2008 年 1 月 22 日 7：30。

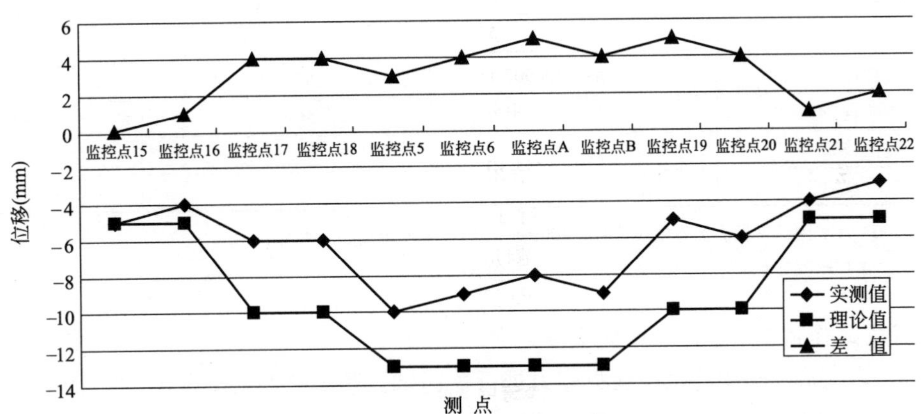

图 7—15　荷载试验完成后中跨标高变化

2. 苏通大桥 D1 标桥面沉降监控点高程原始记录

附表 7—28　苏通大桥 D1 标桥面沉降监控点高程原始记录

测点编号	2007-11-7 测试结果(m)	2008-1-22 测试结果(m)	差　　值(m)
控制点 BM77	62.598	62.598	0.000
监控点 1	62.807	62.805	-0.002
监控点 2	62.817	62.818	0.001
监控点 3	60.735	60.732	-0.003
监控点 4	60.761	60.758	-0.003
监控点 5	58.977	58.967	-0.010
监控点 6	58.982	58.973	-0.009
监控点 A	58.731	58.723	-0.008
监控点 B	58.735	58.726	-0.009
监控点 7	56.670	56.668	-0.002
监控点 8	56.663	56.661	-0.002
监控点 9	54.511	54.510	-0.001
监控点 10	54.526	54.525	-0.001
监控点 11	62.181	62.183	0.002

续上表

测点编号	2007-11-7 测试结果(m)	2008-1-22 测试结果(m)	差　　值(m)
监控点 12	62.188	62.190	0.002
监控点 13	61.657	61.654	-0.003
监控点 14	61.671	61.668	-0.003
监控点 15	60.310	60.305	-0.005
监控点 16	60.279	60.275	-0.004
监控点 17	59.831	59.825	-0.006
监控点 18	59.859	59.853	-0.006
监控点 19	58.417	58.412	-0.005
监控点 20	58.448	58.442	-0.006
监控点 21	57.782	57.778	-0.004
监控点 22	57.796	57.793	-0.003
监控点 23	56.110	56.107	-0.003
监控点 24	56.120	56.120	0.000
监控点 25	55.548	55.547	-0.001
监控点 26	55.551	55.552	0.001

注：1. 2007-11-7 测试工况为沥青铺装完后，2008-1-22 测试工况为荷载试验后；

2. 沉降监控点分布在左、右幅护栏和中跨处中分隔带上。

3. 荷载试验完成后中跨跨中底板应力测试结果

荷载试验完成后对中跨跨中底板应力进行了测试，测试结果见附表 7—29。由附表 7—29 可知，桥面铺装后，右幅中跨跨中底板实测应力减小 1.00 MPa，与理论增量相差 0.44 MPa；左幅中跨跨中底板实测应力减小 1.10 MPa，与理论增量相差 0.54 MPa。实测应力与理论应力基本吻合。

附表 7—29　中跨跨中底板应力测试结果(MPa)

测点位置	上二恒后			荷载试验后			实测应力增量	计算应力增量
	实测值	计算值	差　值	实测值	计算值	差 值		
78 号墩右幅中跨底板	10.78	10.04	0.74	9.78	9.48	0.30	-1.00	-0.56
78 号墩左幅中跨底板	10.73	10.04	0.69	9.63	9.48	0.15	-1.10	-0.56

注：测量时间为 2008 年 1 月 25 日 7：30。

4. 结　　论

从 2007 年 5 月初中跨合拢至 2007 年 11 月初二恒铺装完成，历时约半年，其中跨下挠及底板应力均与计算吻合。从 2007 年 11 月初二恒铺装完成至 2008 年 1 月初荷载试验完成，历时约两个月，其中跨下挠及底板应力均与计算吻合。

附件 6　跨中底板第二次张拉前后线形应力测试结果

1. 跨中底板第二次张拉前后中跨标高变化

从荷载试验完成至跨中底板第二次张拉完成历时约两个月，第二次张拉前中跨标高变化见附表 7—30 和附图 7—16。由附表 7—30 可知，二次张拉前中跨跨中标高变化最大值为 -9 mm，略小于理论值。实测挠度与理论值基本吻合。

附表 7—30　二次张拉前中跨标高变化(mm)

中跨跨中监控点	实测值	理论值	差　值
监控点 15	-4	-5	1
监控点 16	-3	-5	2
监控点 17	-5	-10	5
监控点 18	-5	-10	5
监控点 5(跨中)	-8	-13	5
监控点 6(跨中)	-9	-13	4
监控点 A(跨中)	-8	-13	5
监控点 B(跨中)	-8	-13	5
监控点 19	-6	-10	4
监控点 20	-6	-10	4
监控点 21	-3	-5	2
监控点 22	-3	-5	2

注：测量时间为 2008 年 3 月 1 日 6:30。

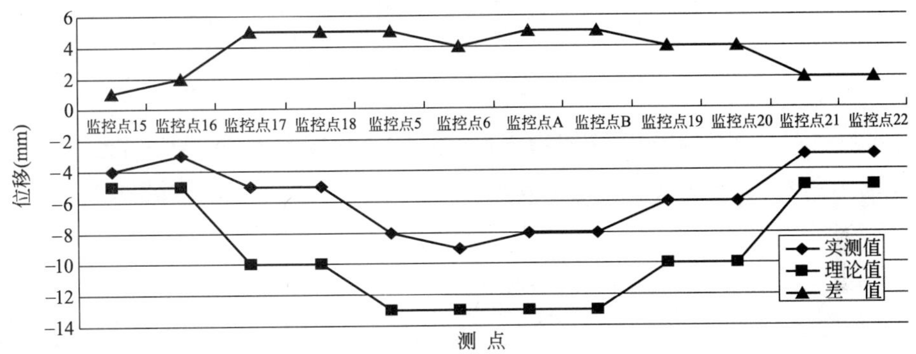

附图 7—16　二次张拉前中跨标高变化

第二次张拉后中跨标高变化见附表 7—31 和附图 7—17。由附表 7—31 可知，二次张拉后，中跨跨中标高变化最大值为 17mm，实测值小于理论值，说明张拉后混凝土变形存在滞后。实测挠度与理论值基本吻合。

附表 7—31　二次张拉后中跨标高变化(mm)

中跨跨中监控点	实测值	理论值	差　值
监控点 15	2	3	-1
监控点 16	3	3	0
监控点 17	8	10	-2
监控点 18	8	10	-2
监控点 5(跨中)	15	22	-7
监控点 6(跨中)	16	22	-6
监控点 A(跨中)	16	22	-6

续上表

中跨跨中监控点	实测值	理论值	差　值
监控点 B(跨中)	17	22	-5
监控点 19	7	10	-3
监控点 20	7	10	-3
监控点 21	4	3	1
监控点 22	3	3	0

注：测量时间为 2008 年 3 月 16 日 6:30。

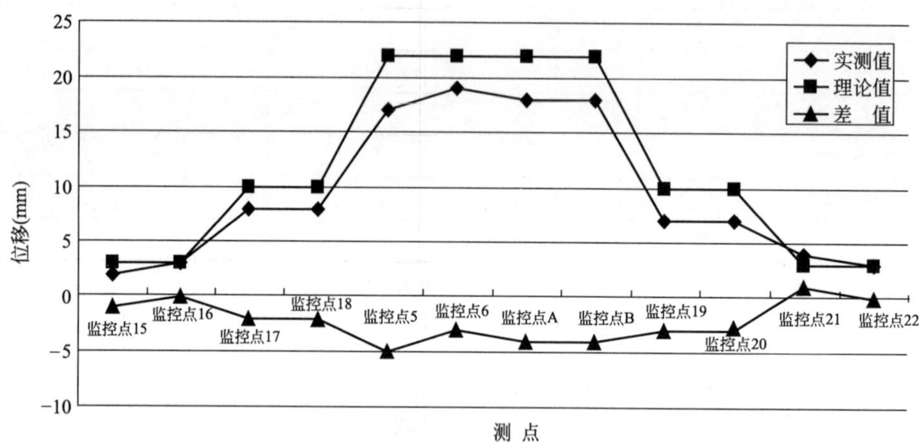

附图 7—17　二次张拉后中跨标高变化

2. 苏通大桥 D1 标桥面沉降监控点高程原始记录

附表 7—32　苏通大桥 D1 标桥面沉降监控点高程原始记录

测点编号	2008-3-1 测试结果(m)	2008-3-16 测试结果(m)	差　　值(m)
控制点 BM77	62.598	62.598	0.000
监控点 1	62.806	62.804	-0.002
监控点 2	62.819	62.816	-0.003
监控点 3	60.733	60.733	0.000
监控点 4	60.759	60.761	0.002
监控点 5	58.959	58.974	0.015
监控点 6	58.964	58.980	0.016
监控点 A	58.715	58.731	0.016
监控点 B	58.718	58.735	0.017
监控点 7	56.669	56.671	0.002
监控点 8	56.662	56.664	0.002
监控点 9	54.509	54.512	0.003
监控点 10	54.524	54.526	0.002
监控点 11	62.180	62.177	-0.003
监控点 12	62.189	62.185	-0.004
监控点 13	61.656	61.654	-0.002
监控点 14	61.671	61.667	-0.004

续上表

测点编号	2008-3-1 测试结果(m)	2008-3-16 测试结果(m)	差 值(m)
监控点 15	60.301	60.303	0.002
监控点 16	60.272	60.275	0.003
监控点 17	59.820	59.828	0.008
监控点 18	59.848	59.856	0.008
监控点 19	58.406	58.413	0.007
监控点 20	58.436	58.443	0.007
监控点 21	57.775	57.779	0.004
监控点 22	57.790	57.793	0.003
监控点 23	56.109	56.110	0.001
监控点 24	56.122	56.123	0.001
监控点 25	55.546	55.548	0.002
监控点 26	55.554	55.555	0.001

注：1. 2008-3-1 测试工况为二次张拉前，2008-3-16 测试工况为二次张拉后；
2. 沉降监控点分布在左、右幅护栏和中跨处中分隔带上。

3. 跨中底板第二次张拉前后中跨跨中底板应力测试结果

二次张拉前后对中跨跨中底板应力进行了测试，测试结果见附表 7—33。由附表 7—33 可知，二次张拉后，右幅中跨跨中底板实测应力增加 2.62 MPa，与理论增量相差 1.85 MPa；左幅中跨跨中底板实测应力增加 3.21 MPa，与理论增量相差 1.26 MPa。实测应力增量小于理论增量，说明张拉后混凝土应力变化存在滞后。

附表 7—33　中跨跨中底板应力测试结果(MPa)

测点位置	二次张拉前			二次张拉后			实测应力增量	计算应力增量
	实测值	计算值	差　值	实测值	计算值	差　值		
78 号墩右幅中跨底板	9.59	9.32	0.27	12.21	13.79	-1.58	2.62	4.47
78 号墩左幅中跨底板	9.21	9.32	-0.11	12.42	13.79	-1.37	3.21	4.47

注：测量时间为 2008 年 3 月 18 日 6:30。

参 考 文 献

[1] 广东虎门技术咨询公司. 虎门大桥辅航道连续刚构桥上部构造工程监理报告,1996. 10.

[2] 铁道部大桥工程局桥梁科学研究院. 虎门大桥270m刚构19号、20号墩箱梁节段裂缝修补报告,1996. 9.

[3] 詹建辉,陈卉. 特大跨度连续刚构主梁下挠及箱梁裂缝成因分析[J]. 中外公路,2005,(5).

[4] 周军生,宋桂峰,编译. 挪威Raftsundet桥简介[J]. 国外公路, 2000,(10).

[5] 周军生,楼庄鸿. 大跨径预应力混凝土连续刚构桥的现状和发展趋势[J]. 中国公路学报,2000,(1).

[6] Walter Podolny,Jean M. Muller. Construction and Design of Prestressed Concrete Segmental Bridges A Wiley-Interscience Publication,1982.

[7] 桥梁信息简报告(1997-10-25):帕劳共和国的科罗尔桥的倒塌

[8] 荆秀芬. 预应力混凝土连续刚架桥的发展概况,1993. 10.

[9] 中国交通部公路规划设计院. 预应力混凝土梁桥裂缝成因分析研究综合报告,1998. 12.

[10] 王迎军,朱桂新. 虎门大桥工程运营状况简介绍[J]. 广东公路交通(增刊),2000.

[11] 马健. 三门峡黄河公路大桥的主桥加固[J]. 公路,2004,(6).

[12] 廉滋苗. 高速公路桥梁病害分析与防治[J]. 铁道建筑,2005,(3).

[13] 王玉军,张世伟. 钢筋混凝土结构病害的防治措施[J]. 铁道建筑,2005,(3).

[14] 周履.21世纪的重要课题:关于混凝土耐久性的新观点[J]. 国外桥梁,1998,(4).

[15] 周履. 预应力混凝土桥梁设计中有关安全性与其耐久性的若干问题[M]. 北京:中国建筑工业出版社,2003.

[16] 林广元. 帕劳共和国的科罗尔岛—巴伯尔图阿普岛桥倒塌[J]. 国外桥梁,1998,(2).

[17] 周履,编译. 美国各类公路桥梁的结构缺陷率及使用寿命期望值的统计数据(1960~1994). [J]. 国外桥梁,1993,(3).

[18] Gerard Sauvageot, J. Muller International: Northumberland Strait Crossing, Canada. Fourth International Bridge Engineering Conference.

[19] 王勇,蒋劲松. 连续刚构设计构思的探讨. 四川省公路学会2004年桥梁技术交流会论文集.

[20] 罗凤林,谢邦珠. 预应力混凝土连续刚构桥的几个问题探讨. 四川省公路学会2004年桥梁技术交流会论文集.

[21] 姚红兵. 庙子坪岷江大桥设计及特色. 四川省公路学会2004年桥梁技术交流会论文集.

[22] 李本伟. 江安长江大桥主体设计. 四川省公路学会2004年桥梁技术交流会论文集.

[23] 凤懋润,译. 澳大利亚布里斯班门道桥主跨结构的设计[J]. 世界桥梁,1984,(2).

[24] 唐怀平,唐达培. 大距径连续刚构箱梁剪力滞效应分析[J]. 西南交通大学学报,2001,(12).

[25] 刘刚亮,王中文. 虎门大桥辅航道270m连续刚构桥悬臂施工控制[J]. 桥梁建设,2001,(5).

[26] 宁晓骏,程海根,李睿. 高速铁路大跨度连续刚构桥梁车桥动力响应分析[J]. 云南工业大学学报,1999,(4).

[27] 张永水. 大跨度预应力混凝土连续刚构桥施工误差调整的Kalman滤波法[J]. 重庆交通大学学报,2000,(3).

[28] 周军生,楼庄鸿. 大跨径预应力混凝土连续刚构桥的现状和发展趋势[J]. 中国公路学报,2000,(1).

[29] 李华,王道斌,曾庆元．大跨度连续刚构桥预应力混凝土箱形梁极限承载力分析[J]．中国公路学报,2000,(1).

[30] 柳学发．大跨度连续刚构桥的应用和发展[J]．铁道标准设计,1999(1).

[31] 王鹏．珠江特大桥大跨度刚构预应力施工的控制措施[J]．桥梁建设(增刊),2005.

[32] 顾安邦,常英,乐云祥．大跨径预应力连续刚构桥施工控制的理论与方法[J]．重庆交通学院学报,1999,(3).

[33] 陈士平,王中平,张焕新．270m 连续刚构上部构造施工[J]．桥梁建设,1998,(4).

[34] 罗世东,严爱国,刘振标．大跨度连续刚构柔性拱组合桥式研究[J]．铁道工程学报,2004,(2).

[35] 刘刚亮,王中文,张焕新,黄建辉．虎门大桥 270m 连续刚构悬臂施工中的抗风计算及其抗风安全措施[J]．桥梁建设,1995,(2).

[36] 陈世锋．190m 连续刚构悬臂施工及挠度监控[J]．中南公路工程,2001,(9).

[37] 楼庄鸿．国内外大跨径桥梁的现状和发展趋势(续三)[J]．中南公路工程,2001,(9).

[38] 许惟国,何广汉．大跨度连续刚构桥墩梁结合部的试验研究[J]．桥梁建设,2003,(5).

[39] 张焕新,钱亮,张晔,刘成龙．大跨径连续刚构悬臂施工及控制[J]．广东公路交通,总第 41 期．

[40] 艾占祥．珠江特大桥主桥大跨度连续刚构的施工[J]．桥梁建设,2005,(6).

[41] 杨高中,杨征宇,周军生,李强,宋贵峰．连续刚构桥在我国的应用和发展[J]．公路,1998,(6).

[42] 黄建跃,王树林,刘成龙,高淑照．大跨度连续刚构桥施工主梁变形监测的必要性与方法[J]．桥梁建设,2003,(1).

[43] 柳学发．大跨度连续刚构桥的应用和发展[J]．铁道标准设计,1999,(1).

[44] 朱桂新,许晓辉,等．GPS RTK 技术在虎门大桥运营安全监测中的应用[J]．公路,2002,(7).

[45] 徐福兴,石林．长江中下游特大桥主要工程地质问题的勘察与研究[J]．中国地质大学学报,2001,(4).

[46] 刘明俊,刘先栋,等．船舶队通过黄石大桥引航技术研究[J]．航海技术,1999,(1).

[47] 刘山洪,钱永久．大跨预应力混凝土箱梁桥腹板裂缝的控制研究[J]．重庆交通学院学报,2005,(8).

[48] 杨金生,赵朋辉．大跨度混凝土连续刚构桥的加固[J]．天津建设科技,2004,(4).

[49] 柳学发．大跨度连续刚构桥的应用和发展[J]．铁道标准设计,1999,(1).

[50] 方志,周光伟．大跨度连续刚构桥梁施工预测控制系统[J]．中外公路,2003,(4).

[51] 李华,曾庆元,等．大跨度连续刚构桥预应力混凝土箱形梁极限承载力分析[J]．中国公路学报,2000,(1).

[52] 郭荣清,胡永志．大跨度桥梁施工阶段应力状态和稳定安全度仿真分析技术[J]．建筑安全,1999,(7).

[53] 张永水．大跨度预应力混凝土连续刚构桥施工误差调整的 Kalman 滤波法[J]．重庆交通学院学报,2000,(3).

[54] 朱峰,周旭东,等．大跨径预应力混凝土连续刚构桥静载实验研究[J]．山西建设,2004,(8).

[55] 金荑．大跨径 T 型刚性结构的悬臂施工[J]．建筑施工,1998,(5).

[56] 巩春领,肖汝诚．大跨径刚构-连续组合梁桥整体受力分析与探讨[J]．结构工程师,2004,(10).

[57] 顾明,等．大跨桥梁颤振控制的试验研究[J]．同济大学学报,1996,(2).

[58] 叶李．大型钢吊箱围堰在承台施工中的应用[J]．公路,2004,(4).

[59] 陈荣魁．福建福安下白石特大桥海上岩土勘察方法[J]．福建地质,2002,(1).

[60] 郭金琼,房贞政．福建平潭海峡大桥方案设计[J]．福建大学学报,1996,(8).

[61] 张瑞良,陈国平．富有特色的大跨度桥梁中边跨合拢方法[J]．湖南交通科技,1999,(6).

[62] 刘明虎．改善矮主墩连续刚构结构受力的措施及可行性探讨[J]．公路交通科技,2004,(1).

[63] 陈列,徐公望．高墩大跨预应力混凝土桥桥式方案及合拢顺序选择[J]．桥梁建设,2005,(1).

[64] 陈性凯．广州华南大桥箱梁裂缝的初步分析[J]．中国市政工程,1997,(9).
[65] 梁立农,曹卫立．广州南部仑头至龙穴岛快速路珠江特大桥方案设计[J]．广东公路交通，2002,(4).
[66] 吴为东．杭州下沙大桥七、八合同段主桥主梁施工挂篮型式的比较与分析[J]．桥梁建设,2003,(6).
[67] 佟海朋,张世奎．杭州下沙大桥栈桥施工[J]．重庆交通学院学报,2003,(12).
[68] 王学东,彭东民．杭州下沙大桥主墩钻孔平台施工[J]．重庆交通学院学报,2003,(12).
[69] 孙国梁等．杭州下沙大桥主桥施工监控技术[J]．公路交通科技,2002,(4).
[70] 李彦兵,吴建华．虎门大桥东塔钢管桩围堰施工技术[J]．广东公路交通,1995,(4).
[71] 瞿国万,廖树忠,等．虎门大桥墩,塔,锚 GPS 施工测量[J]．西南交通大学学报,1999,(10).
[72] 王中文,刘刚亮．虎门大桥辅航道桥悬臂施工阶段风致抖振的控制[J]．桥梁建设,2002,(5).
[73] 戴竞．虎门大桥设计与施工[J]．土木工程学报,1997,(8).
[74] 虎门大桥 GPS 应用技术课题组．虎门大桥施工控制网 GPS 观测试验报告[J]．桥梁建设,1995,(2).
[75] 郑玉书,王保君,等．虎门大桥施工综述[J]．桥梁建设,1995,(2).
[76] 周建军,张有光,等．虎门大桥西锚碇大型混合基础的设计与施工[J]．桥梁建设,1995,(2).
[77] 张国政．虎门大桥中引桥高墩施工技术[J]．中南公路工程,2000,(9).
[78] 秦文强．黄草乌江大桥连续刚构施工技术[J]．铁道标准设计,2004(9).
[79] 李蜡全．黄石长江公路大桥 3m 钻孔桩施工[J]．桥梁建设,1994,(4).
[80] 左明福．黄石长江公路大桥 5 号主墩基础施工[J]．桥梁建设,1994,(4).
[81] 陈光福．黄石长江公路大桥主墩施工若干重大技术决策述评[J]．水运工程,1994(10).
[82] 左明福．黄石长江公路大桥主墩施工新技术[J]．水运工程,1994(10).
[83] 黄春．黄石长江公路大桥主桥 4、5 号 T 构的合拢施工[J]．桥梁建设,1995,(2).
[84] 任回兴,沈中群．黄石大桥边跨与合拢段现浇部分支架的设计与施工[J]．公路,1996,(11).
[85] 王忠明．黄石大桥主梁高强混凝土变形参数试验与应用[J]．水利水电科技研究,1995,(12).
[86] 张永水,顾安邦．灰色系统理论在连续刚构桥施工控制中的应用[J]．公路,2001,(6).
[87] 蒋鹤,刘建彪．澜沧江桥的施工控制[J]．云南交通科技,2002,(6).
[88] 梁合兴,等．连续刚构梁桥薄壁柔性墩身裂缝产生原因[J]．暨南大学学报,2005,(2).
[89] 于忠涛,朱芳芳．连续刚构桥施工监控中的结构分析方法[J]．辽宁省交通专科学校学报,2004,(12).
[90] 贺朋,等．连续刚构桥竖向接缝的质量及其对工后挠度的影响[J]．重庆交通学院学报,2004,(2).
[91] 胡学文,钟永,等．连续刚构桥应用中存在问题的探讨[J]．广西交通科技,2000,(12).
[92] 徐君兰,顾安邦．连续刚构桥主墩刚度合理性的探讨[J]．公路交通科技,2005,(2).
[93] 庄卫林．泸州长江二桥主桥结构技术特点[J]．桥梁建设,2001,(5).
[94] 周军生,宋桂峰．挪威 Raftsundet 桥简介[J]．国外公路,2000,(10).
[95] 胡南,刘开生,等．挪威斯托尔马预应力混凝土连续刚构桥[J]．国外桥梁,2000,(2).
[96] 赵振铭．平潭海峡大桥结构承受温度、波浪、海潮和风作用的设计[J]．福建建筑,1998,(1).
[97] 徐美庚,张水先．葡萄牙新建的波尔图铁路桥——世界上最大跨度的无碴桥面刚构桥[J]．国外桥梁,1999,(3).
[98] 马健．三门峡黄河公路大桥的主桥加固[J]．公路,2004,(6).
[99] 杨菊萍,刘赤英．世界第一长桥——黄石长江公路大桥竣工档案收集回顾[J]．城建档案,1997(4).
[100] 姚谋．谈黄石长江公路大桥建设的管理模式[J]．交通企业管理,1997(6).
[101] 强士中．特大跨度桥梁施工及运营阶段智能健康监测与控制技术研究[J]．基础科学研究,2004,(4).
[102] 刘成龙,瞿国万．特大型桥梁施工高程控制网布设与跨河水准测量实验[J]．四川测绘,,1995,(4).
[103] 李宏江,等．体外预应力在某连续刚构桥加固中的应用及其效果分析[J]．铁道标准设计,2004(12).
[104] 戴竞,凤懋润．我国预应力混凝土公路桥的发展与现状[J]．土木工程学报,1997,(6).

[105] 俞臻,吴建东. 无锡锡澄运河黄石大桥主桥设计[J]. 华东公路,2002,(12).
[106] 陈礼彪. 下白石特大桥竖向预应力钢筋施工工艺与测试[J]. 公路,2003,(9).
[107] 黄国璋. 下白石特大桥下部构造的主要技术特点[J]. 福州大学学报,2003,(12).
[108] 吴立明. 下白石特大桥详勘工程海上钻探工艺[J]. 探矿工程,2001,(3).
[109] 杨昀,向学建. 下沙大桥上部成桥线形施工监控[J]. 华东公路,2003,(5).
[110] 庄建坤,等. 新型 KJ 高效减水剂配制高强与高性能混凝土的试验及工程应用[J]. 混凝土,2004,(4).
[111] 预应力混凝土连续刚构设计[J]. 华东公路,2003,(10).
[112] 张洪武. 预应力混凝土连续梁及连续刚构悬臂施工技术[J]. 山西建筑,2004,(8).
[113] 张从明,沈涛. 元江特大桥的主要施工技术[J]. 公路,2003,(11).
[114] 林胜. 重庆黄花园大桥三向预应力施工技术[J]. 工程力学,2001.
[115] 顾安邦,常英,乐云祥. 重庆黄花园嘉陵江大桥施工控制[J]. 重庆交通学院学报,1999,(12).